人类思想简史

A Brief History of Human Thought

赵哲先 —————— 著

华龄出版社
HUALING PRESS

图书在版编目（ＣＩＰ）数据

人类思想简史 / 赵哲先著. –– 北京 : 华龄出版社,
2023.6

ISBN 978-7-5169-2493-8

Ⅰ. ①人… Ⅱ. ①赵… Ⅲ. ①思想史—世界 Ⅳ.
①B1

中国国家版本馆CIP数据核字(2023)第054393号

策划编辑	梁秋丽		**责任印制**	李未圻	
责任编辑	郑　雍		**装帧设计**	周　飞	
书　名	人类思想简史		**作　者**	赵哲先	
出　版					
发　行	华龄出版社 HUALING PRESS				
社　址	北京市东城区安定门外大街甲 57 号		**邮　编**	100011	
发　行	（010）58122255		**传　真**	（010）84049572	
承　印	北京楠萍印刷有限公司				
版　次	2023 年 6 月第 1 版		**印　次**	2023 年 6 月第 1 次印刷	
规　格	710mm × 1000mm		**开　本**	1/16	
印　张	28		**字　数**	420 千字	
书　号	ISBN 978-7-5169-2493-8				
定　价	98.00 元				

引　子

掩体纪元67年，公元2400年。

自地球舰队的"万有引力号"飞船向宇宙发射引力波广播后，三体星系遭受了黑暗森林打击，从而被摧毁。现在，轮到太阳系和地球了。

宇宙的大神级文明"歌者文明"对太阳系使用了一块小小的二向箔，把整个太阳系拍扁。这是一次维度打击，整个太阳系所在空间像瀑布般从三维跌落至二维，太阳系中的所有生命被彻底摧毁，人类文明灰飞烟灭！

女主角程心乘坐唯一的一艘光速飞船，逃离死神，穿越茫茫星海，飞向那颗爱情的星星。在"星环号"光速飞船的背后，太阳系的行星逐一坠入二维，整个二维太阳系看起来就如梵高的那幅名画《星空》，地球46亿年的时光就此沉淀静止。在这绝望时刻到来之前，人们在冥王星上给地球文明建立了一座墓碑，把人类建立起的灿烂文化的重要成果和信息作为遗产长久保存下来。在人类灭亡之后，这些承载着我们回忆的信息，将向宇宙其他的智慧文明证明：我们，曾经存在过。

以上是刘慈欣的《三体3·死神永生》中的一部分内容。我们可以设想一下，假设你是宇宙中的某一个智慧生命，当你看到了人类文明的墓碑，得知人类文明的发展过程，你会不会由衷地感慨？你又将如何理解人类作为一个有意识、有思想的智慧物种，是怎样一步步走到今天的？

法国著名的哲学家帕斯卡说过："人只不过是一根苇草，是自然界最脆弱的东西，但他是一根能思想的苇草。用不着整个宇宙都拿起武器来才能毁灭，一口气、一滴水就足以致他死命了。然而，纵使宇宙毁灭了他，人却仍然要比致他死命的东西高贵得多，因为他知道自己要死亡，以及宇宙对他所具有的优势，而宇宙对此却是一无所知。因而，我们全部的尊严就在于思想！"[①]

人类的历史，也是一部思想的历史。大约 7 万年前，"认知革命"爆发，让人类历史正式启动。在璀璨的星空下，出现了一位又一位具有代表性的思想家，这些人类的思想精英和广大的人民群众一道，为人类文明的大厦添砖加瓦，取得了辉煌的成果。尽管过程坎坷，但我们仍坚定地一步步走到了今天，并勇敢地面向未来。

那么，就让我们展开卷轴，一起来欣赏这幅绚丽的人类思想画卷吧！

---

① ［法］帕斯卡尔著，何兆武译：《思想录》，商务印书馆，2009 年，第 176 页。

目 录

序章　智人崛起，众神的星空

　　大约138亿年前，宇宙在一个质量、密度无穷大的奇点的大爆炸中诞生，时间与空间产生了，宇宙由无中创生。

　　沿着时间箭头的方向，宇宙不断地膨胀，物质分离又聚合。46亿年前，在位于银河系猎户座旋臂上的太阳系中，行星地球形成了。大约38亿年前，生命在地球上出现，并开始了漫长的演化历程，其间出现了一次寒武纪生命大爆发，数量巨大的生物物种诞生了。

　　大约450万年至600万年前，人类祖先和猿族分离开来。1974年，一具被命名为"露西"的保存较为完整的女性南方古猿全身化石在东非被发现。南方古猿属是约400万年前在非洲出现的，曾一度被认为是最早的人科动物，著名的"露西"也因此被看作全人类的始祖。后来，人们又发现了更早的萨赫勒人，经测算得知他们生活在600万年至700万年前，与人和猿分离的时间几乎同时。现在大部分古人类学家认为，人族可以分成包括萨赫勒人在内的地猿属、南方古猿属、傍人属和人属4个主要的类群。

　　大约在250万年前，最早的人类（即"人属"）从东非开始演化。约200万年前，这些远古人类有一部分走出非洲，踏上征程，足迹遍及亚欧大陆。他们朝着不同的方向演化，发展出几个不同的人种。这些不同的人种同时存在于这个世界上，如能人、直立人、海德堡人、尼安德特人，当然还有我们自己这个人种——智人。早期智人大约 10 万年前在东非出现。到了约 7 万年前，智人从东非扩张到阿拉伯半岛，并很快遍布整个亚欧大陆。智人每到达一个新地点，当地的其他人类族群就会迅速灭绝。通过屠杀和驱逐，智人逐渐将其他人类物种赶下历史舞台。

原先，智人跟他的其他表兄弟之间并无太大区别，那为什么后来胜出了呢？因为在大约 7 万年前，智人发生了一次基因突变，产生了一种新的思维方式和沟通方式，智人的认知能力有了革命性的进展，获得了脱胎换骨式的新生，这就是所谓的"认知革命"。认知革命发生后，智人第二次从非洲出发，这一次，他们把尼安德特人和其他人类物种赶出了中东，并最终将他们赶出了这个世界。渐渐地，智人成为地球上唯一存在的人类物种，今天的我们全都是他们的后代。

认知革命为何如此神奇？因为这场革命改变了智人大脑内部的连接方式和工作方式，让他们能以前所未有的方式来思考，能用新式的语言来沟通。虽然从硬件上来看他们并没有比其他人类物种更加高级，但是在软件上实现了升级。认知革命的标志就是智人产生了较为完善的语言能力，这是一个极大的进步。

语言的威力是巨大的，智人可以通过语言来表征这个世界，可以储存和传递关于世界的信息，能够表达出虚构概念，发展出讲故事的能力，并由此发展出更紧密、更复杂的协作能力，同时创新能力也被很好地激活了。正是由于这种更有效率、更紧密复杂的团结合作能力，智人才将其他的人类物种一一打败。于是，智人崛起，称霸全球。

无论是在狩猎采集时代，还是在农业革命时代，我们的祖先所面对的自然环境都是相当残酷的，既有毒蛇猛兽，又有疾病灾荒。可人类的力量与许多其他动物相比又实在太弱小，虽然人类具有复杂和精巧的团结协作能力，但要活下去，还要活得好，确实相当不容易。环境中处处是危险，一不留神就会一命呜呼。如果我们能有一种"神力"，能呼风唤雨、驱雷掣电、预测未来、控制他人，生活就好过多了。那有没有什么办法能够使人类"掌握"超自然力量呢？有。巫术由此应运而生。

巫术是什么？它实际上是人类想象力的产物。人们试图解释这个世界的种种现象和自然规律，并想要控制自然力，这乍一看跟科学很相似，但是两者采用的是不同的方法论，思维的层次也是没法比的。巫术是一种原始思维，是对自然现象的一种类比和简单的解释，不过是一厢情愿的想象，当然不是真理。愿望虽好，但并不是现实，我们不能用主观愿望来替代客观现实。

巫术先于宗教而出现——英国的人类学家弗雷泽首先提出了这个观点。他的著作《金枝》是一部阐述巫术和宗教起源的权威之作，自问世以来，经受住了时间的考验，誉满天下。

远古的人们相信，诸多复杂的自然现象背后肯定有某种规律存在，只要他们掌握了规律，就能通过某种方法控制自然力，达成自己的目的。巫术采用的是什么思维方式呢？基本是两种：类比思维和关联思维。

弗雷泽将巫术归结为两种类型，即模仿巫术（或称"顺势巫术"）和接触巫术，两者被统称为"交感巫术"。这两种巫术就是应用了类比思维和关联思维。弗雷泽说："如果我们分析巫术赖以建立的思想原则，便会发现它们可以归结为两个方面。第一是同类相生，或果必同因；第二是物体一经相互接触，在中断实体接触后还会继续远距离地相互作用。前者可称为相似律，后者可称为接触律或触染律。"

弗雷泽还说："巫师根据第一原则即相似律引申出，他能够仅仅通过模仿就实现任何他想做的事。从第二个原则出发，他断定他能通过一个物体来对一个人施加影响，只要该物体曾被那个人接触过，无论该物体是否为该人身体的一部分。"

模仿巫术，最经典的就是"画小人"，这种方法在许多影视剧和民间故事里都有表现。比如，你仇恨张三，便可以用纸剪一个小人，或用草扎一个人形，然后在上面写上张三的名字或者他的生辰八字，那这个小人就代表张三本人了。接着，可以把小人扔到水里，或者用火烧它，又或者用针刺刀砍，这样便可置张三于死地了。再比如，小孩子下河游泳常常不小心被淹死，为了避灾避祸，可以做一个人偶，将它丢入河中，那这个人偶就代替小孩去死了。根据同类相生的思想原则，一个人偶看起来与真人相类似，那就可以从某种意义上替代真人，对人偶动手脚就等于是对真人动手脚。

接触巫术，利用的是弗雷泽所说的"接触律"，即认为事物之间是存在相互联系的，而在事物与事物接触后，这种关联还继续存在，可以跨越时空，具有强烈的"附着力"。因此，巫师认为，只要一个人接触过这个物品，即使他离开了，别人仍然能通过这个物品对他施加影响。只要是接触到某人身体的一部分或他的用具，这种巫术就可以达到目的。接触巫术是世界"巫术文化"中常见的一种表现形式，比如中国东北地区的"萨满文化"、东南亚的"降头文化"及起源于非洲西部的"伏都文化"等。用来害人的接触巫术一般被称为"黑巫术"，在黑巫术中常常会搜集某人的头发、指甲、胡须及心爱物品等，用于加害对方。

可是，过了一段时间，人们发现，这种巫术经常不灵，有点撞大运的意思，他们就对巫术产生了怀疑，转而崇拜神灵，原始宗教也就因此产生了。

远古时代，人们普遍信仰万物有灵论，不管是山川河流，还是花草树木，在我们的祖先看来，都是有灵性的。当然，宗教也是人类想象力的产物，光是万物有灵还不够，还得有专门的神。这些神各司其职，掌握着各种自然力，同时掌握着人类的命运。

既然巫术不灵光，那就说明人类无法凭借自己的力量控制自然现象，因此人们认为各种复杂的自然现象和人事变化背后，肯定由一些高高在上的神灵掌管着。这时，就出现了掌管气候、掌管生育、掌管医药等的神灵的概念。人们要想达到某种目的，就要求神。不仅要崇拜信奉众神，同时还要做祭祀，说白了就是跟众神做交易，通过向神灵献祭，来换取神灵的保佑和帮助。负责跟神沟通谈判的人就被称作"祭司"。祭司垄断了与神的直接联系，相当于"众神"这个大公司里的首席执政官（CEO），理所当然的，他们的社会政治地位就会很高，权力也很大。

人类历史进入宗教阶段，是不是巫术就从此消失得无影无踪、退出历史舞台了呢？非也，巫术一直存在。它通过各种方式渗透在人们的生活中，同时也混杂在宗教之中，一直到今天，巫术仍未消失。巫术在中国民间仍然有着一定的群众基础，有的人管它叫作"迷信"，但它的升级版变得很精巧，甚至可以"登堂入室"，美其名曰"玄学"。

为什么巫术没有消失？很简单，巫术的思维方法是人类与生俱来的，不需要经过什么特殊的训练，而科学思维则需要学习和训练。此外，之前说了，巫术是人们试图控制自然力以实现自身目的的一种手段，这是人们内心深处一个非常强烈的愿望。

在前科学时代，如果你不愿意老老实实拜神求神，想要更快速的办法，那就只有依靠巫术了。虽然现代世界已经处在科学时代，但并不是每个人都有良好的科学素养。在缺乏科学精神和科学思维的人群中，巫术仍是一个难以抵抗的诱惑。科学这么难，又不能包治百病，因此寻求另一种更快捷的方法来满足自己的欲望，就显得不那么难理解了。

农业革命开始，宗教革命也随之而来。各个民族发挥自己的想象力，编出了丰富多彩的神话和宗教故事，这个阶段属于多神论和泛神论阶段，而一神论信仰则出现得较晚。

多神论信仰认为，世界由一群神威浩荡的神灵控制着，他们各司其职，掌管着战争、气候、生育等各种事情。人类向这些神灵祈祷，而神灵得到献祭后，就可能会赐予人类胜利、雨水、健康等。这一阶段，泛神论也同时存在着，人类也相信世上存在各种恶魔、精灵、鬼魂、圣树、圣石等，诸如此类。虽然它们的影响力远不及那些厉害的大神，但对于许多普通民众的世俗需求来说，也还算实用。

多神论信仰把整个世界反映为神和人的关系，人类的祷告、献祭、罪孽与善行，会牵动大神们的情绪，改变他们的想法和决策，进而决定整个世界的命运。在这场人神关系的大戏里，神其实和人一样，也有七情六欲，只不过众神具备超强的能力而已。有人的地方就有政治，这种政治关系也同样发生在神与神之间、神与人之间，权力斗争依然无处不在。

在众神的星空下，世间万物皆纳入神的统治。溥天之下，莫非王土，率土之滨，莫非王臣。

在美索不达米亚平原，苏美尔人在两河流域建立起巴比伦文明。在最早的苏美尔文献中记载了祭司对诸神的系统化划分。首先是三联主神，其次是三行星神。我们有一份各种神灵的名单，但除了他们的名字，别的大都一无所知。第一位大神叫由安，是天空之神，也是最高的统治神。第二位大神叫恩利勒，是大气之神。第三位大神叫恩奇，是大地之神，同时也是创造之神。

至少有四个苏美尔故事解释了人类的起源，这些故事可能源自不同的传说，因此彼此之间有很大的不同。第一个神话说，第一个人是从地里长出来的，就像植物那样；第二个神话说，人是由某些工匠神用陶土塑造而成的，随后女神娜姆（又译纳穆）给了人一颗心脏，创造之神恩奇赋予人生命；第三个神话说，女神阿璐璐创造了人类；第四个神话说，人类是从两个被有意杀死的拉格马神的血液中诞生的。

在苏美尔的神话和宗教体系里，诸神担负着维持宇宙秩序的责任，人类必须服从他们的命令。这些命令基于一种更高级的"天命"，它是确保世界和人类社会正常运转的规范。这些天命一旦确立，就立即决定了一切存在、一切生命形式、神灵事务和人类事务的命运。一切模式都预存在天上，人类的行为只是在重复神灵的行为。

第一个关于大洪水的神话就出自苏美尔。在著名的《吉尔伽美什史诗》里也发现了关于洪水的主题，其中表现出很多与《圣经》中的诺亚方舟故事相似的地方。关于大洪水的神话几乎传遍了世界各地，在各个大陆和各种文化层中均有所记载，由于传播过程中信息失真和重构，导致产生了不同的版本。在大多数版本中，洪水暴发都是因为人类犯下了罪孽，所以遭到了神的惩罚，但少数版本则表示这仅仅是出于神要毁灭人类的想法。21世纪有研究表明，大洪水神话有可能是反映了一个事实，也就是大约1万年前末次冰期结束时，海平面上升，海水淹没了在海边不远处的人类族群住地。

大约在公元前1500年，美索不达米亚思想的创造期结束了。在接下来的10个世纪里，人类的学术活动主要集中在博学与编纂的工作上。但在这个时期，美索不达米亚文化的影响力仍在不断增强，那些概念、信仰、技术从地中海西部一直传播到了兴都库什山脉。

辉煌的埃及文明的诞生总是让全世界的历史学家们赞叹不已。在统一王朝形成前的2000年里，新石器时代文化持续发展，却没有任何深层次的变化。然而，从公元前4000年开始，埃及文明与苏美尔文明的接触带来了真正的变化。埃及借鉴了苏美尔文化中的圆筒印章、制砖方法、造船技术及许多艺术主题，尤其是书写文字（苏美尔的楔形文字）。书写文字是在埃及第一王朝初期突然出现的。文字的出现是继语言之后人类生活的又一次大飞跃，其作用之巨大无法估量。

根据埃及的宇宙起源说，创造的各个阶段，即宇宙的创造、诸神的起源、生命的创生等，是各不相同的。造物主的创造性活动是通过自渎或吐痰来完成的。

古人把生育问题视为一等重要之事，于是产生了生育崇拜。因为在古代，婴儿的死亡率太高，经常夭折，所以大家都在不停地生娃。人们将这种心理投射到了神的身上，就想象出了相应的神话。诸神是从最高神祇的身体中诞生的，第一对神灵夫妻，生了盖布（大地神）和努特（天空女神），接着他们的结合又诞生了伊希斯、塞特等神祇。

埃及有着非常浓厚的死亡文化，人们普遍向往来生。《死者书》是引导死者的灵魂到达另一个世界的最高指导，木乃伊与金字塔一样成了埃及文明的标志。根据埃及的神话，人死了之后，心脏要被挂在天平的一端，另一端则是一根象征着正义的羽毛。由阿努比斯神进行审判，如果心脏比羽毛轻，死者就有资格进入天国；如果心脏比羽毛重，死者就要被打入地狱，让魔鬼吃掉。

在中国的神话中，起初宇宙是一片混沌，有一个名叫盘古的巨人在这个混沌里沉睡了很久。突然有一天盘古醒了，他见周围一片漆黑，就抡起一柄大斧将混沌劈开，从此形成了天与地，这就是所谓的"盘古开天辟地"。后来盘古死了，他身体的一部分变成女娲。女娲是一位伟大的女神，她不但捏揉黄色的泥土造出了人类，还用五色石去修补苍天，造福世间万物。

在中国的神话体系里，描述的那个神话时代就是著名的"三皇五帝"时代。三皇五帝带领民众开创了中华上古文明，为人类社会作出了许多杰出的贡献。关于三皇的说法不一，流传比较广的说法是：天皇伏羲、地皇神农、人皇燧人。其中，伏羲还娶了女娲为妻。五帝之首的黄帝，是古华夏部落联盟的首领，被尊为中华民族的始祖。据说黄帝与蚩尤展开决战，在涿鹿之战中黄帝的部落战胜了蚩尤的部落，并统一了中原各部落，从此古华夏族由野蛮时代步入了文明时代，华夏文明开始了。

在希腊，宙斯是一位伟大的印欧天神，也是奥林匹斯诸神的领袖，同时是反抗自己老爹而成功上位的多情"官二代"。

在古希腊神话中，最初只有卡俄斯，即混沌，由此产生了盖亚（即大地女神）和厄罗斯。之后，盖亚生下了与她自己大小相同的乌拉诺斯（即天空之神）。然后乌拉诺斯和盖亚结婚，产生了第二代神，即12个泰坦神。

经过了为了争夺宇宙统治权而进行的一番惨烈斗争后，泰坦神之一的克洛诺斯成功登顶。克洛诺斯生了5个孩子，可他不知从哪里得到消息，说"终有一天要被他自己的儿子推翻"，于是每当孩子们出世，克洛诺斯就把他们吞进肚子里。他的妻子瑞亚听从了盖亚的劝告，在她要生下宙斯的那天，跑到克里特岛，将婴儿藏在一个山洞里，然后把一块大石头包裹在襁褓中，交给克洛诺斯。石头立刻被他一口吞了下去。

宙斯长大后，跟克洛诺斯打了一架，强迫克洛诺斯吐出了他的兄弟姐妹，随后又释放了他父亲的兄弟们。出于感激，这些叔叔伯伯们赠给宙斯闪电与霹雳。拥有了威力如此强大的武器，宙斯得以统辖神灵和凡人。宙斯在与泰坦的战争中取得了胜利，一个新的秩序建立起来了。宙斯结束了各代神灵的相互残杀，成功地巩固了其统治。至此，宇宙进入了宙斯时代。

既然江山打下来了，接下来就要论功行赏。宙斯以抽签的方式将宇宙统治权一分为三，海洋归他的兄弟波塞冬管辖，地下冥府归他的另一个兄弟哈迪斯管辖，天空归他自己管辖，而大地和奥林匹斯山则属于他们共同所有。随后，宙斯完成了一系列的婚姻，生了一群儿女。通过政治联姻和家族扩张，宙斯的权力越来越稳固。不过，宙斯与奥林匹斯诸神的胜利并没有使古代的神灵和崇拜消失，相反，一部分远古的遗产最终并入了奥林匹斯宗教体系。

尽管宙斯并不是世界的创造者，也不是任何生命或人类的创造者，他却证明了自己是无可争议的众神之王和宇宙的绝对主人。在他感到自己的权威已然树立之后，他就将克洛诺斯从地府中释放出来，并让他做一个安乐公。

在由巫术、神话和原始宗教所构筑的原始文化中，人类生活了相当长的一段时间。接着，有小部分人开始进行独立的理性思考，他们质疑宇宙是由各种神灵统治的，也不轻易相信祭司们对这个世界的解释。他们试图凭借人类自身的理性思维能力，去重新认识这个世界，并对自己的理解做出冷静的论证。

历史继续向前推进。在人类实现农业革命数千年之后，随着政治、经济、社会、文化的发展，人们的思想也越来越成熟。量变导致质变，人类社会将迎来一次思想的大爆发，一个人才辈出的时代即将来临。

第一部分　伟大的轴心时代

公元前500年前后，整个世界经历了一场翻天覆地的思想突变，在中国、印度和西方等国家和地区同时出现了思想文化的突破现象，并从此奠定了东西方思想文明的基础。德国哲学家雅斯贝尔斯是第一个论述此不寻常的历史现象的人，他将这个伟大的时代称为"轴心时代"。

在1949年出版的《历史的起源与目标》一书中，雅斯贝尔斯将轴心时代描述为"我们所遇到的历史上最深刻的分界线"。许多重要事件都集中在这一阶段。这是一个思想家辈出的时代，各个文明区都出现了伟大的精神导师。

在中国，有孔子和老子，中国哲学的所有派别几乎都在此时形成，其中包括墨子、庄子、列子等。在印度，诞生了《奥义书》和佛陀。在伊朗，琐罗亚斯德建立了拜火教，宣扬了一种吸引人的观点，即世界就是善与恶之间的斗争。在以色列，出现了众先知，在《圣经·旧约》的《以利亚书》《以赛亚书》和《耶利米书》中，描述了这个辉煌的先知时代。在希腊，有伟大的荷马，有众多哲学家，还有修昔底德、埃斯库罗斯、索福克里斯、欧里庇得斯及阿基米德。在这几个世纪里，这些名字所代表的一切几乎同时在中国、印度和西方世界发展起来，而相互之间却毫无交流。这实在是一个奇迹！

古希腊文明和希伯来文明被称为"两希文明"，是西方文明的源头。通常的说法是：古希腊文明是西方文明理性、哲学的根源，而希伯来文明是西方文明宗教性的根源。希伯来文明的代表就是犹太教，犹太教是世界上第一个一神论宗教，也是犹太民族的生活方式及信仰。

犹太教的宗教经典是《希伯来圣经》（或称《塔纳赫》），内容与《圣经》的旧约部分基本一样，但编排不同。《希伯来圣经》中最基本和最重要的部分是摩西五经，犹太教教徒往往相信这五经是先知摩西所作。

摩西是以色列人（即犹太人）公认的伟大领袖和民族英雄。据《出埃及记》记载，约公元前1445年，摩西率领他的同胞成功地逃脱了法老军队的追击，出埃及，越红海。以色列人出埃及后并未直接到达"应许之地"迦南，而是在西奈半岛辗转逗留了40年。在这期间，最重要的事件是摩西在西奈山接受上帝的启示，领受上帝赐予的法律，内容包括"摩西十诫"和其他诸种法律，并确认了上帝和以色列人之间牢不可破的契约关系，这标志着犹太教的正式形成。所以，摩西是犹太教的实际创始人，摩西五经也因此被称为"律法书"。此后，以色列人进入迦南，建立以色列王国，揭开了历史的新篇章。

犹太教是一个系统的信仰体系和价值体系，也是犹太民族的精神支柱和行为指南。它对后来的基督教和伊斯兰教的产生和发展都有着重要的影响。

在轴心时代，人类整个精神生活的方式发生了巨大变化，由原来自发的精神生活方式转变为反思的精神生活方式。自发的精神生活方式是人类觉醒之前的一种普遍精神形态，而反思的精神生活方式是一种较高级的人类意识，表现出一种明晰的、抽象化的、理性的概念思维。实际上，哲学就是反思。

雅斯贝尔斯认为，在这一时期，人类以某种方式变得更加人性化了，反思和哲学出现，取得了"精神上的重大突破"，人与神的关系是一个人在寻找"内在"目标，而不再是与许多"外在"的神有联系。

在轴心时代，人们开始通过反思的方式来认识和理解这个世界，诉诸理智，诉诸道德，诉诸人性。同时，具有严密系统性教义的宗教也开始普遍产生。由于中国、希腊、以色列、印度等国家优秀的古代文化的进步，人类文明突破和超越了原始文化，进入一个崭新的文明阶段。

第一章　群星璀璨的古希腊

米利都三先驱

　　泰勒斯约于公元前 624 年出生在古希腊的殖民地米利都，他是公认的第一位西方哲学家。他和另外两位自然哲学家组成了米利都学派。在西方传统中，形而上学领域就开始于这个学派。另外两个人分别名叫阿那克西曼德、阿那克西美尼。这两位的名字虽然相似，可他们不是兄弟，而是师生。

　　民间流传着很多有关泰勒斯的逸闻趣事。有一次，泰勒斯利用他学到的天文学知识，准确预测到了公元前 585 年的一次日食。那一天，米堤亚和吕底亚的军队正准备打仗，由于他们将日食视作诸神的警告，所以很快就停止战争并签署和平协议。泰勒斯还因为生活贫穷受到人们的指责。假如用如今的话来说，大家会嘲笑他说："你懂哲学有什么用，自己还是这么穷，简直就是个 loser（即失败者）。"这是古希腊版的"读书无用论"。为了回应这一指责，泰勒斯用他自己的方法预测到来年的橄榄会丰收，于是他购买了米利都所有的橄榄榨油机。奇怪的是，他哪来的这么多钱？估计是通过借贷的方式获得的吧。结果，一切如他所料，橄榄大丰收，他因此狠赚了一笔。还有一次，泰勒斯夜观星象，埋头思考人生，因为想得太出神了，不小心一脚踩空掉进井里。有个美丽的女仆听到这位哲学家的叫喊，就把他从井里救了上来，接着嘲讽泰勒斯是一个"研究天上的星星，却看不到自己脚下的人"。

　　到底泰勒斯平时都在苦思冥想些什么呢？他思考的是，这个世界存在的实在本性到底是什么，世界的本体是由什么构成的。因此，他就是最初的形而上学家。

什么是形而上学呢？它是哲学的一个分支。许多学生在书里学到的关于形而上学的定义是"以孤立、静止、片面的眼光看世界"，是与辩证法相对立的，代表谬误和愚蠢的一种唯心的思维方式——其实并非如此。

形而上学的原意是"物理学之后"，中文译名来自《易经》，即"形而上者谓之道，形而下者谓之器"。可见，形而上学研究的是超越一般现象和物理世界之上的本质，研究的是"道"，是对自然物理的一种超越。

形而上学试图弄清楚"实在"是怎么一回事。本体论是形而上学的一部分，它研究存在的本质。宇宙论是形而上学的另一部分，它研究最真实的东西是怎样产生的。在提出一种本体论的过程中，我们要对世界上林林总总的实体做出评价，并从中挑选出那些最基本的对象。

一般来说有两种选择方式。第一种是，最真实的对象是那种其他事物都依赖于它的对象；第二种是，最真实的对象是那种本身不会被创造或者毁灭的对象。当我们回溯哲学和形而上学的开端，当人们第一次尝试解释世界是什么时，这两种方式都被用到了。

这需要采用一种整体式的还原法，化繁为简，将复杂的现象划归为简单的组分，一级一级地还原下去，直至找到一个基底，这也是现代科学普遍运用的一种思维方式。无论是现代科学、现代神学还是哲学本身，都是同一个古代形而上学传统的延续，反映的是人类根植于内心的一种普遍心理和求知求真的渴望。

泰勒斯的哲学用一句话概括就是：水是最终的实在。他认为水是最初的、最基本的元素，世界是由水组成的。这种说法乍听起来好像很幼稚、很愚蠢，但在当时，却是一项了不起的进展。古希腊科学在当时只能辨认出土、气、水、火这几种元素，古希腊人既没有现代科学知识，也没有化学元素周期表，他们只是用自己的眼睛去观察这个世界，用头脑去思考和理解世界。那么，为了解释这个世界，应该找出哪种元素作为基本元素呢？

泰勒斯之所以会产生这种想法，可能是由于他观察到水是自然世界中的生命所不可或缺的，而且水有三种形态的变化，即固态、液态和气态的相变。因此，水在人们看来似乎处在变化之中，那么认为水是构成世界的基本元素，听起来也挺合理的。我们常说女人是水做的。李小龙的哲学认为，武术的最高境界就是像水一样，要让思想如水一般没有束缚。

在泰勒斯看来，万物产生于水。这个世界似乎是由各种各样不同的质料构成的，如果要把这一切看作是由某种单一的基本元素构成的，这个想法本身就很不简单，是一种思想上的突破。泰勒斯的理论也算是对追寻真理做的一番尝试，虽然结果并不正确，但他的想法是见诸历史记载的第一项形而上学假设。

阿那克西曼德是泰勒斯的学生，出生于公元前611年，米利都人。他比他的老师又进了一步，提出了另一种假设，认为万物都是由某种我们无法经验到的基本"原料"构成的。这个基本"原料"是无穷或者无限的，并且是一个永恒不朽的实体，万物由这一实体产生，又归于它。这个"原料"又可翻译成"无定"。这个形而上学的假设就比水的假设更进了一步，它并非取材于常见的自然元素和现象，而是出于一种抽象思维。

阿那克西曼德还提出循环往复的宇宙论学说。他认为，无数世界实际上是相继的，而不是并存的，存在着一个永恒的、循环往复的进程，从基本实体中分离出来，又回到基本实体中去。循环宇宙假说在现代宇宙学中又称为"火宇宙"模型或"凤凰宇宙"模型。

他对生命起源的思考，具有令人惊讶的现代特点。他认为，最早的生命从原始的潮湿与温暖的互动中产生，随着时间的推移，这些生命中的某些种类离开水，来到陆地上较为干燥的地方，并使自己适应了新环境。人和其他动物一样，最初都是鱼。

阿那克西美尼是阿那克西曼德的学生。他又提出了一种新的假设，认为万物都是由气组成的，水是凝结的气，土则是水进一步凝结的结果。总之，气才是构成世界的最基本元素。

选择将气作为第一原则，可能是因为空气干而冷，介于水火之间。阿那克西美尼观察到气是人类身体里的生命原则，离开了呼吸，人就会死亡。因为气或者呼吸是给予人类生命的必要物质，所以它也是一种宇宙的原则。阿那克西美尼把世界描述成一个呼吸的有机体，如同一个人的灵魂（灵魂也是一种气）支撑着他，呼吸或者空气也包围和维持着整个世界。这种宇宙之气是具有活力的，通过空间无限扩展。

与前辈相比，阿那克西美尼的主要进步在于，他通过稀释和凝聚这两种过程来解释可观察的元素是由基本实体产生的。他认为，通过稀释和凝聚的过程，万物从气中产生。当气变得稀薄时，它成为火，当气凝聚时，它就成为风、云、水、土和石头。阿那克西美尼的理论在将"质的差异性"还原为"量的多寡"这一方向上，是一个进步，简单点说就是"量变导致质变"。

这几位古希腊先驱也被称为"自然哲学家"，他们试图以一种系统的方式来解释这个日常世界，诉诸理性思考，而不是将世界变化归因于神灵所发的脾气或偶然的兴致。基于这些哲学家的努力，人类的思想向前迈出了里程碑式的一步，我们可以通过自己的思维来构建出理论模型，并用它来解释这个日常的现象世界。

各路大神们

自米利都学派三位最早的哲学家之后，在古希腊又涌现出许多大神，他们个个大名鼎鼎，为人类思想的发展做出了自己的贡献。经过这批人的努力，古希腊的思想在三巨头时代达到顶峰，深刻地影响了后世，奠定了西方思想文明的基础。三巨头就是：苏格拉底、柏拉图、亚里士多德。

赫拉克利特（公元前535—前475）出生于一个贵族家庭。他的基本思想是：万物皆流，宇宙处在永不停息的变化中。他提出："一个人不可能两次踏入同一条河流。"米利都三位先驱提出的形而上学假设是万物是水、无定和气，赫拉克利特则认为万物更像是一团活火，而非其他元素。

赫拉克利特强调的是一个个不停变化和连续进行性质转化的过程，他的思想重点突出的是持续运动。因此，赫拉克利特选择将他所知道的最容易变化的实体作为基本元素，即永远不会停息的、永远活动的火。这个火并不是前辈哲学家们所说的那种不变的基质，而是不停地转变为其他事物的东西。他说："所有的事物都与火相互转化，正如货物被交换为黄金，而黄金又被交换为货物一样。"也就是说，事物之所以看上去是永恒的，只不过是因为我们没有察觉到事物之中永不停息的运动变化。

可以说，赫拉克利特的思想是非常前卫的。在当时看来，赫拉克利特关于实在的看法确实太激进了，以致他本人都没能真正坚持下来。他也许相信实在就是永不停歇的变化，但为了缓解不确定性所带来的焦虑，他又提出在一切变化的背后，存在着一个永恒的原则——逻各斯，这个东西是不会改变的。

另一位哲学家德谟克利特则认为，世界是由一些微小的原子构成的，世界上所有的复杂物体和丰富的元素，都是由原子通过不同的方式组合而成的。物体可以再生、变化和消失，但构成物体的基本成分，也就是原子本身却是永存的，始终不会改变，而且是不可毁灭的、不可分的。

德谟克利特的原子论惊人地表达了现代物理学的观念，虽然我们现在知道原子并不是不可分的，在原子之下，还存在着更基本的粒子。伟大的美国物理学家理查德·费曼在他的物理学讲义里说过，假如世界明天就毁灭了，只允许我们选择一项科学知识传给后世，那这个知识就是"万物是由原子组成的"。

与赫拉克利特强调变化和运动的观点相反，当时出现了一个埃利亚学派，他们认为变化和运动是不可思议的，事物的原则必定是恒久、不运动、永不变化的。这个学派的创始人是巴门尼德，因为他的家乡在埃利亚，故得名。

巴门尼德对赫拉克利特的观点提出了质疑。赫拉克利特认为万物都在变化，火变成水，水变成土，土又变成火，事物一开始存在，然后又不存在，变成别的东西。巴门尼德问："这怎么可能？一个事物怎么可以既存在又不存在？"

巴门尼德认为，无中生有是不可能的，存在只能从存在中产生，存在与其自身是同一的，没有事物能够变成其他事物，无论任何事物都是已经存在，并将一直存在下去的。因此，只可能存在着一个永恒的、不是起源于他物的、不变的存在者。

巴门尼德的名言是："存在者存在，非存在者不存在。"这句话听起来有点怪异，翻译一下，意思大概是：已经有的东西，不管你喜不喜欢，它就在那里，不偏不倚，不会变动。而没有的东西，它是不存在的，任你怎么变也变不出来。

在巴门尼德看来，存在是一，而不是多。变化和运动只不过是我们的幻觉，而永恒不动的唯一，才是真实的。而且，存在和思维是一回事，因为不可能被思维的东西就不可能存在，"非存在"就是不可能被思维的。

埃利亚的芝诺，是巴门尼德的学生，也是埃利亚学派观点出色的捍卫者。芝诺提出了四个关于运动是不可能的的著名证明，即二分法、飞矢不动、阿基里斯和乌龟、运动场，这就是大名鼎鼎的"芝诺悖论"。

阿基里斯是古希腊的"飞毛腿""神行太保"，他却不可能追上乌龟。这是怎么回事呢？芝诺证明道：阿基里斯虽然速度很快，但是当他去追乌龟时，他必须先到达乌龟的起始点，可这时乌龟已经爬了一段距离。等阿基里斯到达乌龟新的起始点时，乌龟又往前爬了一段距离。因此，阿基里斯永远追不上乌龟。

芝诺的悖论在当时是无法解决的，直到后来数学家提出极限概念和微积分后，才得到解决。芝诺的功绩在于把动和静的关系、连续和离散的关系、无限和有限的关系提了出来，引起了人们的注意，并进行了认真的考察。

恩培多克勒（约公元前495—前435）就像米利都学派的哲学家那样是个科学家，在天文学、气象学、生物学、生理学等方面均有建树，他在科学上提出的各种学说是和他的哲学思想紧密联系在一起的。他的哲学理论主要有"四根说""爱憎说"和"流射说"。

恩培多克勒主张用物质的元素来解释宇宙万物，元素的种类是有限的，即四种元素或四个根：火、气、土、水。这四种元素按照不同的比例混合，就生化出形形色色不同性质的事物。四种元素的结合与分离使事物不断运动变化，但是作为万物之根的元素本身是不变的，永恒不灭，元素之间不能相互转化。

那么，是什么力量让四种元素相互结合或分离呢？恩培多克勒认为，这种力量来自元素之外，他称之为"爱"和"憎"。"爱"让元素结合，形成万物；"憎"让元素分离，万物分解。这两种力量的斗争不仅存在于自然事物之中，也存在于人类社会，是普遍的。他企图用两种对立力量之间的相互作用来解释宇宙万物，甚至根据四根说和爱憎说提出一种生物演化的理论，虽然有些幼稚可笑，但也包含着"适者生存"的思想，在那个时代确实难能可贵。

在四根说基础上，恩培多克勒提出了一种关于认识发生的学说。他认为，人的感觉和思想都是凭借着元素的结合而进行的，因此人的认识能力与各种元素的结构有关系。人是怎样感知事物的呢？一切事物都会"流射"出连续不断、细微不可见的元素粒子，感觉就是物质的元素粒子与人的感官"孔道"相结合而产生的。恩培多克勒非常强调感觉和感官，认为感觉是知识的来源，是唯一的认识途径。

阿那克萨戈拉（约公元前500—前428）生于爱奥尼亚地区的克拉佐美尼，后来到雅典居住、活动三十年之久。他的哲学思想主要是"种子说"和"奴斯说"。

阿那克萨戈拉认为，宇宙万物是由一种被他称为"种子"的物质微粒构成的。种子的数目无限多，体积无限小，具有各种不同的性质，它们是构成事物的"最初的元素"。头发是由头发的种子、金子是由金子的种子、血液是由血液的种子所构成的，由此可见，阿那克萨戈拉是一个多元论者，他主张本原是无限多的，所有东西都由相同的部分构成。在他看来，每一个事物既是"一"同时又是"多"，因为"一切都包含着一切"，"每件事物中都包含着每件事物的一部分"。

"奴斯"又译作"心灵"，按照希腊文原意，它泛指一切精神活动及精神活动的主体。阿那克萨戈拉认为，"奴斯"的作用是推动宇宙的原始混合体分离出各种事物。简而言之，"奴斯"是一种精神性、能动性的本原，与种子并存，是宇宙运动的推动力，又是一种认识的活动和能力，具有认知的功能。

作为古希腊哲学中智者派的代表人物，普罗泰戈拉是历史上第一个怀疑论者，也是相对主义的鼻祖。"人是万物的尺度"，普罗泰戈拉这样教导人们。在一个人看来是真的的东西，对他而言就是真的，不存在客观真理，只存在主观意见。同样一件事，对一个人来说是对的、好的，对另一个人可能就是错的、不好的。

相对主义思想就像一剂毒品，很容易让人上瘾。相对主义在道德和文化艺术领域反映得最多。一千个人眼中就有一千个哈姆雷特，你觉得好，它就是好的；你觉得这是艺术，它就是艺术；你觉得自己幸福，你就是幸福的，别人同不同意并不重要。站在你的立场看，你觉得这么做是对的，是道德的，但是站在另一个人的立场看，却是错的。不过不重要，你们都是对的，只是立场不同罢了。

在普罗泰戈拉的准则中，"人"不是一般意义上的人，而是指具体的个人。每个人在知识问题上都有他自己的准则，所有的个人观点都是真的。因此，智者的工作并不是去证明真理，而是要说服人们接受自己的观点。那么，在各种相互矛盾的观点中，人们为什么选择一个而不选择另一个，那是因为人们觉得某一个观点比其他观点更好。

不仅是在道德和文化艺术领域，即便是现代科学这个以求真为己任的领域，在对科学的哲学思考（即科学哲学）中，也有相对主义思想的存在。费耶阿本德就是其中一个具有代表性的科学哲学家，他的口号是"怎样都行"。他认为科学并不比人类其他的活动更有理，人类所有的活动都离不开主观意识的参与和评判，科学并不代表绝对的客观真理，实际上只是某种约定俗成。

智者派的另一个代表人物是高尔吉亚，他与普罗泰戈拉是同时代的人。高尔吉亚的论点主要是否认事物的存在及其可知性，他提出三个命题：一是无物存在；二是即使有物存在，也不可知；三是即使有物存在而又可知，也不可能把这样的知识传授给别人。

简单地说，高尔吉亚认为知识只限于个人的感觉和主观经验，主观感觉经验之外的客观事物是不存在的。即使客观事物存在，我们也不能认识它们，或者无法用语言文字把这种认识传达给别人，因为语言文字只是感性经验的符号，不等于客观存在物本身。

当然，高尔吉亚的观点是错误的，但他探究了存在与思想和语言的关系，在哲学史上的意义不容忽视。智者派曾经在古希腊风云一时，但是他们的感觉主义、相对主义和怀疑论，使得他们在理论上陷入困境，在方法上走向诡辩，之后逐渐走向了末路。

伊壁鸠鲁（公元前341—前270）是古希腊的一位哲学家。他认为，人生应该以快乐为本，好的生活就是对快乐的爱，而使人们过上幸福生活是哲学的目标。在形而上学方面，他和德谟克利特的观点相同，认为世界的本原是原子和虚空。

伊壁鸠鲁是历史上最著名的快乐主义者，也成了享乐主义的代名词，直到今天，我们仍然把那些终生追求美食、肉体快乐等的人称为"伊壁鸠鲁主义者"。可事实上，伊壁鸠鲁教导说，并不是所有的快乐都是好的。他提倡简单的快乐、安宁和平静，也提倡心灵的快乐和朋友间的友谊。

事实上，我们中很少有人是极端的快乐主义者。美国康奈尔大学的心理学家詹姆斯·奥兹曾做过一个研究，假设有某一种叫作"快乐箱"的虚拟发明，人只要进入箱子中，给大脑接通电极，就能体会到一波又一波持续的感官快乐。他只要不想出来，就可以选择永远住在箱子里，外界不会迫使他必须从里面出来。

你在箱子里有着绝对快乐的生活，但是代价就是你将为此放弃你的朋友，也放弃运动、阅读、美食、性爱、电影、音乐等。当然，在箱子中待上几个月后，你的身体就会因为缺乏运动而萎缩，显得苍白无力。你的生活比吃饱了就睡、睡好了就吃还要爽，你所得到的感官快乐是持续不断的，直到生命终结为止。你愿意这样做吗？研究表明，只有很少的人表示愿意。这说明，我们中的绝大多数人还是渴望超越单纯的感官快乐，获得其他方面的满足。感官快乐不能代表一个人精神的快乐，也不能代表幸福。

还有另一个实际进行过的实验，科学家用电极刺激老鼠大脑的快乐中枢，之后发现老鼠一直不停地扳动拉杆刺激自己，不眠不休，也不吃饭，最后活活地饿死了，或者说是"快乐至死"。

犬儒学派代表人物之一，著名的古希腊哲学家第欧根尼，大约出生于公元前412年，他的老师是安提斯泰尼。他极为推崇老师的"犬儒哲学"，并以身作则地发扬了这种哲学。第欧根尼的真实生平难以考据，但有关他的许多传闻逸事被流传了下来。因为犬儒学派的这些人，他们的言谈举止、生活态度和狗的某些特征很相似，所以他们的哲学就被叫作"犬儒主义"，意思就是"像狗一样活着"。

第欧根尼特立独行，认为大多数的传统标准和信条都是虚伪的，传统价值是值得怀疑的。他认为，人类在世界上生活，当然必须要满足自然的基本需要，但除此以外，其他的任何东西，包括社会生活和文化生活，都是不自然的，因此是无足轻重的。那么，人们就应当放弃那些舒适的环境和奢靡的享受，恢复到一种简朴自然的生活状态中。古希腊那种崇尚简朴的生活理想，基础就是由第欧根尼的思想奠定的。

他提倡苦行主义，并从中获得一种深深的自我满足。作为一个苦行主义的身体力行者，第欧根尼过着乞丐一般的生活。大白天他还会打着灯笼在街上寻找所谓诚实的人，可以说是一种行为艺术。

第欧根尼是一位"木桶哲学家"，这是因为他喜欢住在一个木桶里。作为极简主义者，他的所有财产加起来只有一个木桶、一件斗篷、一根棍子、一个面包袋。有一次，伟大的亚历山大大帝慕名来拜访他，问他需要什么，并保证会满足他的愿望。第欧根尼却根本不理会他，只冷冷地回答道："我希望你闪到一边去，不要挡着我的阳光。"亚历山大并不生气，他后来还说："我若不是亚历山大，就愿是第欧根尼。"一个征服了亚欧大陆的伟大军事家，却羡慕一个潇洒的乞丐，足见第欧根尼的魅力。

最后，让我们来看看古希腊一位著名的怪咖大神毕达哥拉斯。

毕达哥拉斯是一位数学家，也是一位哲学家，著名的毕达哥拉斯定理（即勾股定理）就是他发现的。他还创立了毕达哥拉斯学派。关于他和他的学派，至今流传着许多荒诞古怪的故事。

毕达哥拉斯建立起一个团体，这个团体具有伦理、宗教和政治目的。团体成员像家人一样生活在一起，一起吃饭，穿同样的衣服，努力钻研艺术和手工艺，也研究音乐和医学，尤其是数学。

这个团体有着很多古怪的规定，比如，不能吃豆子，不能碰白公鸡，不要吃整个的面包，不能在光亮的地方照镜子。毕达哥拉斯团体与许多城市的政治权威都发生了冲突，因为他们实在是太特别、太奇异了。最终这个团体受到了当局的严重迫害，许多追随者都遭到驱逐。毕达哥拉斯团体虽然走到了尽头，但毕达哥拉斯的追随者们还在继续宣传和发展他的学说，历时几百年之久。

毕达哥拉斯学派对世界上的形式和关系非常重视，也对数字十分敏感。他们发现量度、秩序、比例和一致的循环都可以用数字表示。因此，数字必定是万物的基础，数是永恒和不朽的，也是神圣的，世间万物的存在都在某种程度上依赖于数。毕达哥拉斯学派是数字神秘主义者，可称为"拜数字教"。

这个学派宣扬数与事物之间的各种相互关系，他们通过自己的想象力，把数的作用发挥到极致。虽然他们的很多想法听起来非常荒唐，但是其背后的意义并不荒唐。这代表了人们的一种努力，就是试图发现存在于事物中的一种持久的秩序，然后用数和数之间关系的抽象概念把这一秩序表述出来，实际上这就形成了一个伟大的传统，并将在以后的科学革命中得以发扬光大。

开个玩笑，毕达哥拉斯如果活在今天，可能会成为互联网"大佬"、硅谷精英。毕竟，他是最早的"数据主义者"啊！

辩论高手苏格拉底

历史上最会辩论的人是谁？他不仅把辩论当成事业，而且还因为辩论使自己成了名人。他跟你辩论，羞辱了你，而你可能还会心服口服。你想对他反唇相讥，可他却大大方方地承认自己是无知的，你拿他一点儿办法也没有。后来，统治者通过投票的方式，给他定了一个不敬神和腐化青少年的罪名，判处他死刑，而他竟然拒绝逃跑，决然赴死。这个人，就是苏格拉底，一个独一无二的、特别的存在。

苏格拉底于公元前 469 年生于雅典，并一辈子生活在雅典。他把自己称为"思想的助产士"，也就是思想的接生婆。作为一个穷人家庭的孩子，我们不知道他是怎么受的教育，但无疑他对知识的热爱是非常强烈的。苏格拉底认为，知识就是最高的善。他的信念是如此强烈，以致他认为知识可以解决人类所有的问题。

他有一个习惯，就是到大街上、市场里和体育场等公共场合，与各种各样的男人、女人交谈，谈论各种话题，比如战争、政治、婚姻、友情、爱情、家政、宗教、艺术等，特别是道德问题。

他对生活中的各种问题都非常感兴趣。不过，大家在跟他交谈的过程中可不是那么轻松的，因为苏格拉底喜欢较真。他就像小孩子那样，不停地追问，直到你回答不出来。他还善于找出大家在表达自己观点时的漏洞，一句话就堵得你哑口无言，然后让你意识到原来自己的想法很有问题，并不严谨。

苏格拉底毕生致力于道德教育，把完善人的灵魂看作自己的"神圣职责"。他亲身经历了伯罗奔尼撒战争，目睹了战争的残酷和希腊社会的危机，认为拯救的出路就是改善人性和人的灵魂，重振道德。为此，他坚持不懈地进行启迪人们心智的教育活动，也就是孜孜不倦地进行他的辩论事业。

苏格拉底一生没有留下任何著作，却被后人一致认为是一个真正的思想家，并对西方哲学的整个发展产生了不可估量的影响。

那请问苏格拉底是靠什么出名的？当然是夜以继日地坚持辩论了。古代雅典城一共就这么大，人口也就这么多，苏格拉底整天去大街上找人辩论、交谈，久而久之，整座雅典城的人都认识他了。俗话说人怕出名猪怕壮，苏格拉底就是因为太有名了，而且还相当固执，所以最后引起了统治者的不满。

苏格拉底的所有思想，几乎都是通过他的学生柏拉图来展示的，我们只能从柏拉图写的与苏格拉底的对话中了解苏格拉底。这种情形其实挺常见的，古代很多大思想家都没有留下著作，而他们的思想都是从弟子们后来通过回忆记下来的语录中展示出来的，比如孔子、佛陀，当然，还有苏格拉底。

苏格拉底认为哲学就是反思，他的目标不是构建一个哲学体系，而是要激发人们对真理和美德的热爱，帮助人们正确思考，以便人们能够正确地生活。他根本没有提出任何理论，而是实践了一种方法，并以身作则地教导其他人遵守这个方法，按照这个方法生活。

"德性就是知识"，这是苏格拉底思想的一条基本原则。他一再强调，道德奠基于知识，道德行为产生于知识。如果一个人没有知识，不懂得善是什么，就不可能行善；而如果一个人有了知识，懂得什么是善，就能行善，不会作恶。善源自于知，恶源自于无知。一个有自知之明的人，可以分辨哪些事情该做，哪些事情不该做，所以，"认识你自己"与"德性就是知识"是相通的。

确定性的、普遍性的知识只能通过理性的思维活动来求得，苏格拉底把理性看作人类灵魂的神圣部分。人类的本质就在于人有理性，而人生最高、最终目的与理性的最高、最终目的是一致的，都是"至善"，也就是说，知识就是至善。在苏格拉底这里，真理和美德获得了统一。

在苏格拉底看来，我们的头脑里有各种空洞混乱和模糊不清的思想。有许多观点我们根本没有充分理解，却以为自己已经懂了；有许多观点我们从未检查过，就当成正确的来使用；有许多观点明明就是一种偏见，我们却完全没有意识到。在日常的交谈中，我们随随便便就得出大量任意的断言，如各种结论、各种评判，而且还坚信自己是正确的，很少有人会承认自己是错的，更不会承认自己无知，因为这是相当没面子的事。

因此，我们如果想获得真理，就不能轻易相信进入我们头脑中的每一个偶然观点。事实上，我们是将理智的大厦建立在沙土之上的，根基不牢靠，整座大厦就会坍塌。要想获得真正的知识和信仰，需要做的工作有这几点：我们要努力使观念明晰起来，而不是任由它模糊不清。我们要去理解术语的真正含义，而不是浅尝辄止。我们要对所使用的概念做出正确的定义，这样才能准确地知道我们正在谈论什么，要不然就是你说一套、他说一套。最后，我们还应该为自己的观点提供理由和辩护，提出的论断是需要证明的，而不是信口雌黄。我们要认真思考，而不是图省事去猜测，要用事实来证实自己的理论和说法。知之为知之，不知为不知，发现自己错了就要及时纠正。

苏格拉底不是为了辩论而辩论，他的目的是促使人们去思考。他坚信他的"苏格拉底方法"，即质疑每件事和遇到的每个人。这是一个怀疑论式的方法，用现代的术语来说，就是"批判性思维方式"。

只有清晰地认识到自己的无知和不足，承认自己的无知，我们才能取得真正的进步。苏格拉底对待知识和真理的态度是值得每一个人学习的。

苏格拉底生活简朴，不贪钱财，不爱慕虚荣，他讥讽智者派以贩卖知识为生财之道。他在政治上不参与任何党派，不同流合污，不屈从权贵，也不随波逐流。在柏拉图的《申辩篇》中，苏格拉底说："我劝你们所有人，年老的和年轻的，不要考虑你们个人或者财产，首先最重要的是关心灵魂的进步。我告诉你们，美德并不是通过钱财而获得的，而是美德带来了钱财和所有其他人类的善，公共的和私人的。"

未经反思和审视的人生是不值得过的！这就是苏格拉底的精神。

哲学王子柏拉图

柏拉图生于公元前 427 年，父母都是贵族。柏拉图 20 岁那年第一次遇到伟大的苏格拉底，就被深深地折服了，从此他立誓追求哲学人生。柏拉图后来在雅典建了一所学园，在那里他通过连续的讲课和对话，教授数学和哲学。

有一种说法，2000 多年的西方哲学史不过是柏拉图哲学的注脚。这种说法当然有些夸大其词，但也反映出柏拉图的思想在整个西方哲学史上的地位是非常高的，他的影响是如此的深远和广泛。

柏拉图最重要的一个思想是他的理型论（或称为"理念论""理式论"），这是他最具原创性的哲学成就。柏拉图认为，最真实的东西并不是平时我们看到的物理世界，而是一些非物质的实体，他把这些实体称为"理型"，这些理型构成了一个永恒的、不变的、真实的理型世界，形式才是实在。

比如，你在纸上画一个三角形，你会发现，即使你用世界上最精密的仪器，都无法画出绝对直的边，画出的角也有误差。你画的这个特殊的三角形不是一个精确的三角形，而是一个不完美的三角形，误差是肯定存在的，那你如何用这个三角形来证明几何学定理呢？在这里，你所真正打交道的其实是三角形的理型，这个理型才是真正完美的，而你画的三角形不过是完美理型的物质实例罢了。

又比如，我们看到各种各样的狗，有不同的品种、不同的大小，每一只狗都不一样。但是我们把这些不同的狗都归为一类，称之为"狗"，我们所谈论的狗其实是狗的理型。如果要画一只具体的狗，就是根据狗的理型来画，几条尾巴、几只耳朵，等等。所有现实的狗都不过是完美的"理型狗"的近似罢了。

我们还可以用数学中集合的映射关系来解释。"理型世界"构成一个集合，里面的元素就是各种理型，而"现实物质世界"则构成另一个集合，里面的元素就是世间万物。这两个集合之间建立起元素之间的映射关系，可以是一一对应的关系，也可以是一对多的关系。

柏拉图的哲学是建立在两个世界的基础之上的，一个是我们生活于其中的这个日常的物质世界，另一个是纯粹的理型世界。物质世界时时刻刻处在变化之中，虽然也存在一定程度的真实，但总是存在瑕疵，是不完美的。柏拉图通过一则著名的"洞穴比喻"来解释人类与真实世界的关系。

这是一个思想实验。设想有一群人居住在洞穴中，他们犹如囚犯，从未见过外面的世界。他们背对洞口被绑起来，无法看到背后的阳光。有一把火炬在洞口外燃烧，从火炬前面经过的人的影子会投射在囚犯对面的墙壁上，如果有过路人开口说话，声音会从墙上发出回音，那么囚犯就会以为听到的声音是由影子发出的。由于一出生就被困在洞穴里，他们会把这些闪烁摇曳的影子当成唯一的真实。

现在，有一名囚犯突然挣脱了束缚，转头面向光明。他的双眼一时无法适应阳光，感到刺眼。慢慢地，等逐渐习惯了光明，看到了真实的世界，他才猛然醒悟，原来自己以前所看到的一切不过是真实世界的影子，是虚假的幻象。于是，此人欣喜若狂地回到洞穴，把这个消息告诉那些囚犯伙伴，可是没有一个人相信他，都认为他疯了。

这个故事像极了电影《黑客帝国》中的情节。绝大多数人都生活在母体矩阵所创造的幻象中，没有人知道这个世界是虚构的。只有一小部分人生活在真实的世界，那是一个残酷的、地狱般的世界，人类成了供养机器文明的生物电池。主人翁尼奥面临一个选择：吞下红色药丸，就会看到世界的真相，但再也无法回到过去那种懵懂无知的状态，这是一条不归路，就如同那个看到光明的囚犯一样；而吞下蓝色药丸，就当一切都没发生过。最终尼奥选择了真相，并开始了与矩阵的斗争历程。

《黑客帝国》里的设定来自一个名叫"缸中之脑"的思想实验，这个思想实验是由美国哲学家普特南提出来的，但其根本构想却古老得多。我们的一生也许只是一场幻梦，我们用感官知觉到的这个世界到底是不是真实的？我们是不是把看到的假象当成了真实？这些是值得思考的问题。

从柏拉图的立场来看，如果一个人把一切注意力都集中在这个凭自己的感官所能接触到的日常物理世界，那就像把大部分时间都浪费在看电视上一样。他所打交道的对象只是虚假的影像，而不是这些影像背后的实在，并且他还会把这些假象当成实在，就如同一个人把电视剧当成现实生活本身那样。哲学的根本任务就是去理解真正的实在，这也是理智所担负的工作。

柏拉图的理型论在数学哲学中也有反映，被称为"数学柏拉图主义"，现代许多数学家都秉承这个观点，自认为是数学柏拉图主义者。

数学柏拉图主义认为，数学对象是一些理想化的结构，它们处于柏拉图的理型世界中，独立于人脑而客观存在。人们只能去"发现"数学对象和数学真理，而不能"发明"它们。数学真理具有客观性，而不是由人脑随意构造的。由于柏拉图思想的深远影响，人们还把五个正多面体命名为"柏拉图多面体"。

关于"灵魂"的学说在柏拉图哲学思想中占有重要地位，比如灵魂永恒不朽说、灵魂与肉体分离的二元论、灵魂三分说、理性是灵魂之本性和最高原则。希腊哲学从产生开始就有关于灵魂的种种说法，对于希腊哲学家而言，灵魂学说更具有形而上和心理学上的意义，我们不要单纯地将其理解为宗教或神秘主义。柏拉图的灵魂学说也同样如此，而且他比以往的哲学家更重视灵魂学说的形而上学意义。

柏拉图认为，灵魂和肉体是相互分离的，各自是独立存在的实体，但是灵魂是永恒不朽的。这个观点就是理型论在灵魂学说上的应用，与具有永恒性的理型与具体事物相分离而独立存在这个看法是一致的。

人的灵魂除了理性之外，还有非理性的部分。柏拉图提出了灵魂三分说，即人的灵魂包含着理智、激情和欲望，这是支配人的行为的三个原则。理智控制思想活动，可以进行思考和推理；欲望是非理性的、贪婪的，与各种满足和快乐相伴；激情介乎于理智和欲望之间，它是理智的盟友，但如果被不良的教育所败坏就会与欲望结盟，反对理智。

柏拉图认为，人类灵魂的三个部分要各司其职、彼此协调，才是一个健康的灵魂，也就是让理智起领导和统治的作用，欲望和激情一致赞同理智的领导而不反叛。柏拉图用一个生动的"灵魂马车"比喻来描述自己的灵魂三分说：人的灵魂是两匹马和一位驾驭者的组合，驾驭者好比理智，骏骥好比激情，劣马好比欲望。当驾驭者看到自己心爱的人时，整个灵魂充满了情欲，骏骥因为知道羞耻而不敢贸然行动，劣马则不听指挥、躁动不安，拖着马车奔向爱人。后来的精神分析鼻祖弗洛伊德的"本我、自我、超我"人格结构学说与柏拉图的这个观点可谓不谋而合。

在社会政治思想方面，柏拉图在他的名著《理想国》里阐述了其国家理论。《理想国》全文分为十卷，柏拉图在书中讨论了何为正义的问题，也逐一讨论了荣誉制、寡头制、民主制、僭主制四种政体形式。柏拉图认为，灵魂是不朽的，它存在着许多功能，而国家中存在许多不同的阶级，这些阶级彼此之间的和谐关系，就类似于一个健康灵魂中各部分之间的关系。那么，理想的社会就应该是一个完整的统一体，各个阶级各尽其责、和谐共生。

柏拉图在《理想国》里提出了许多惊世骇俗的设想。柏拉图反对个人财产，反对一夫一妻制，主张实行财产共有和共同占有妻儿，即"共产共妻共子"。他提出，男性和女性并无本质的不同，应该根据妇女的禀赋来决定她能够从事的职业，对妇女也要进行与男子相同的培养和训练。他还提出，在理想国中，只有优秀的男女才有资格生儿育女，并且他们生出来的孩子不必自己抚养，而要交给国家指定的专职保姆来抚养，那些体弱多病的、先天不健康的孩子将会被无情地处理掉。要推行义务性国家教育，并对艺术品和文学作品进行检查。

只有哲学家在国家中获得王权，或者国王或君主充分掌握了真正的哲学，即政治权力和哲学掌握在同一个人的手里，城邦和人类才能得到解放，人民才会得到幸福，这就是"哲人王"的思想。柏拉图所设想的这个理想主义式的国家通常被称为"乌托邦"，英国作家赫胥黎在其反乌托邦名作

《美丽新世界》里，以小说的形式对柏拉图的许多想法进行了想象和详细的描绘。

正义是柏拉图政治、社会、伦理学说的最重要最基本的概念，柏拉图的一系列社会政治主张都是围绕探讨正义和非正义这个根本问题而提出来的。正义是柏拉图所主张的理想国家的立国之本，这个理想国家必须具备明显的道德伦理品性，即智慧、勇敢、节制和正义。正义是一种美德，柏拉图认为"正义就是做自己分内的事和拥有属于自己的东西"，违反这个原则，就是不正义，就会危害国家。他想要建立理想城邦国家，是为了全体公民的最大幸福，而不是为了某个阶级的幸福。

为了实现这个目标，在实践中就要贯彻"哲人王"思想，使哲学智慧和政治权力相结合。因为哲学家专注于追求真理，具有卓越的品质和禀赋，所以由哲学家来当最高统治者，他无疑会成为城邦最完善的护卫者。哲学家是理性的，他的本性接近于至善，由哲学家来领导城邦，就可以使理想国家的全部制度得以实现。

柏拉图认为，关于宇宙的理性知识是可能的，知识来源于理性，而不是感官知觉。由此，他的哲学思想奠定了西方思想中的理性主义传统。柏拉图指出，我们的知识并不是通过学习得来的，而是灵魂回忆起了理型世界中早已经存在的东西，这就是知识的"回忆说"。他在《美诺篇》中举了一个例子，有一个童奴没上过学，也没有接触过数学和几何学，但通过适当的诘难和启发，他就能解答几何学难题。这就证明了，知识是人心中固有的，只是通过恰当的方式引起了回忆。

回忆说是建立在灵魂和肉体相分离的基础上的，又以灵魂不朽为前提。柏拉图指出，人的灵魂先于肉体而存在，灵魂对理型世界早就有所认识了，这些知识在人还未出世以前灵魂早已具有了。当灵魂投生人体后，由于受到肉体的干扰或玷污，就把原有的知识暂时忘记了，要重新获得这些原本就有的知识，必须经过"学习"，而所谓的学习，实则为"回忆"。

柏拉图在《斐多篇》中写道："如果我们真的是在出生前就获得了我们的知识，而在出生那一刻丢失了知识，后来通过我们的感官对感性物体的作用又恢复了先前曾经拥有的知识，那么，我们称之为学习的过程，不就是恢复我们自己的知识吗？称学习就是回忆对不对？完全正确。学习就是回忆。"

人被劈成圆形的两半，人终生追求爱情，就是寻找人世中自己失落的另一半，这样才能成为一个完整的人。这个想法也是柏拉图提出的。"柏拉图式的爱情"因主张追求心灵沟通的精神之爱才是高尚的、纯洁的爱情而闻名于世。实际上，柏拉图在提出自己的爱情观时，认为这种高尚而又珍贵的精神之爱，只限于同性之间。这和当时古希腊的社会风气有关，在雅典，同性之爱被法律赋予了保护和支持。柏拉图终身未娶，他所强调的爱情，是摒弃了肉欲的纯粹的同性之爱。

柏拉图对西方哲学的影响不仅仅是提出了具体的观点和论证方法，在整个西方哲学发展的方向、思路、方法等一系列根本问题上，柏拉图都可以说是西方哲学主流的奠基者和创始人。

柏拉图虽然一生都没有当上"哲人王"统治国家，但是就他在西方思想中的地位和影响力而言，柏拉图是当之无愧的"哲学王子"。

全能型选手亚里士多德

亚里士多德于公元前 384 年出生，家乡是马其顿，17 岁进入柏拉图的学园，成为柏拉图出色的学生。他跟随柏拉图学习了 20 年，被称为"学园之灵"。他后来创立了自己的学校吕克昂，边授课边撰写著作。他还当过著名的亚历山大大帝的老师，于公元前 322 年死于埃维亚。

亚里士多德是人类思想史上最伟大的人物之一，也是一位全能型选手。他就许多论题写下了大量的著作，如逻辑学、修辞学、诗歌、物理学、植物学、动物学、心理学、伦理学、政治学、经济学、形而上学等。他的大量著作都流传了下来，其中大部分是真品。有人估算过亚里士多德著作的数量，包括那些失传的，大约一千种。

作为古希腊哲学家中最博学的人物，亚里士多德宣称自己的哲学是"研究真实宇宙原因的科学"，并首次明确提出将知识划分为三类。按照该分类方法，他把自己的学问分为：理论的科学（数学、自然科学和形而上学）、实践的科学（伦理学、政治学、经济学和修辞学）、创制的科学（诗学）。

形而上学在亚里士多德这里是作为"第一哲学"的，他把第一哲学看作最高的理论知识。在《形而上学》第四卷中，亚里士多德阐述了一门研究"作为存在之为存在"的一般科学，也就是形而上学。

各门特殊科学是以"存在"的某一部分作为研究对象，唯有哲学、形而上学是以整个"存在"作为研究对象。亚里士多德强调，形而上学的主题是所有事物，它是求本原、求最高原因、求存在因何之为存在的一种学问，故称之为第一哲学。本体说和本质说，是亚里士多德第一哲学的核心。

柏拉图把世界一分为二，一个是可见的物理世界，另一个是不可见的理型世界。亚里士多德认为这种说法是没有必要的、多此一举的。他抛弃了柏拉图的"理型"和"形式"，像普通人那样，从常识的立场出发，主张真实的世界就是我们看到的这个世界，另一个世界并不存在。形式不再与具体事物分离，而是存在于事物中，与事物是永远在一起的。

不过，现象和本质之间还是存在重要区别的。虽然亚里士多德坚持日常世界就是实在，但他对现象与本质的区别处理得远比柏拉图精妙。柏拉图直接让它们分属两个不同的世界，而亚里士多德则说，事物的形式就在事物本身之中，而不是存在于另一个地方。物质和形式结合在一起构成具体的个体事物，每一个个体都在其形式的支配和引导下运动变化、生长和发展。

亚里士多德用"实体"取代了柏拉图的"理型"。柏拉图把实在看作某种区别于我们这个日常世界的东西。亚里士多德则认为，真正的实在就是日常生活中的"实体"。他们两个人的出发点是完全不同的。与形式和物质之间的对立关系相似，亚里士多德提出了潜能和现实之间的对立关系。潜能是尚未实现的现实，现实是已经实现了的潜能。作为学生，亚里士多德完成了对老师柏拉图的超越，可谓青出于蓝而胜于蓝。他有一句名言："我爱我的老师，但我更爱真理。"

在灵魂学说方面，亚里士多德对前辈思想家的观点进行了批判继承。他指出，运动和感觉是灵魂的两个特性，这些特性能将有灵魂的东西和无灵魂的东西区别开来。在《论灵魂》中，他宣称所有生物体都既是形式，也是质料。心是人的形式，肉体和骨头是人的质料。要理解心身关系，就必须把握形式与质料的关系，灵魂作为形式而存在。

心或者灵魂是有不同层次的。亚里士多德进一步分析灵魂所具有的各种能力，他认为有的生物具有灵魂的一切能力，有的只有其中几种，有的则仅有某一种，这就形成了一个由低到高的层次。理性，是人类灵魂所独有的能力。

创建逻辑学是亚里士多德最令人惊叹的成就之一。亚里士多德讨论了证明的性质，即由最初的事实到派生性命题的阐述过程。他的证明或推论总是采用一个或一系列三段论的形式。三段论，是所有思维运动都具有的一种基本形式。这种形式逻辑的演绎推理方法，是由亚里士多德提出来的，其论述形式逻辑的代表作主要是《形而上学》和《工具论》。

亚里士多德创建的逻辑学，其核心内容是关于推理的学说。他要寻求一种探索的方法，通过这种方法，就能够使人们就所遇到的每个问题及对种种意见进行推理。他把推理分为四种：第一，证明的推理；第二，辩论的推理；第三，强辩的推理；第四，错误的推理。

亚里士多德把逻辑公理看作客观事物的基本规定，他指出，逻辑学这门学问对三个方面有用处，即智力训练、交往会谈和学习哲学知识。他的逻辑学涉及范围很广，其中包括关于一般语词（范畴）的论述，关于谓词的论述，关于命题的论述，关于直言三段论的论述，此外还有关于谬误、证明和归纳法的论述等。

因果概念在亚里士多德那里得到广泛应用。事物的出现所必需的条件都被称为"原因"，有四种原因在任何过程中都起作用，这就是亚里士多德的"四因说"。一是"质料因"，意思是事物是由那些天然的、未经分化的原材料构成的；二是"形式因"，意思是事物的本质在事物身上所体现出来的模式或结构；三是"动力因"，意思是推动事物变化和产生的种种动力因素；四是"目的因"，意思是引导事物变化过程的目标或目的。每一个个体事物都不只有一类"原因"，所有事物，无论是自然物、有生命的动植物，还是人造物体，都可以通过这四种原因进行说明。

在亚里士多德看来，求知是人的本性，而求知就是问"为什么"，就是要探究事物的"原因"。他认为自己提出的这四种原因就是对于事物的"为什么"这个问题的回答，任何事物的形成都必须有这四种原因。

由于存在一个"目的因"，自然就引出了"目的论"。亚里士多德的形而上学在目的论这里达到了顶峰。在他看来，物质所具有的永恒运动预设了一个永恒的施动者。宇宙中一个特定的运动是由其他运动产生的，而前一个运动又是由前前一个运动产生的。为了避免无穷倒退，就必然要求有一个不动的施动者或者上帝，作为这一系列运动的第一因，也就是"第一推动"。

这一论证可能是被称为关于上帝存在的宇宙论证明的第一个完整表述。此外，上帝还是所有事物的"目的因"，他是世界中最高的目的或者最高的善，世界上所有的存在者，无论是植物、动物还是人，都因为这一最高的善或者上帝而渴望实现其本质。因此，世界的原则就是所有事物都要努力实现自身的目的，实现上帝安排的美和秩序。

在基督教一统西方世界的时代，由于亚里士多德的思想得到了认可，他本人被捧到一个至高无上的位置，他的思想也成为统治西方世界千年的标准理论。

亚里士多德的形而上学和心理学构成了他的伦理学理论的基础，他的伦理学是第一个综合性的道德理论，在现代伦理学中被称为"德性伦理学"。在亚里士多德看来，所有的人类行为都具有某个目的，经过层层递进，这个目的就是要到达一个最终的原则和最高的善。这个最高的善代表着幸福，人类要过上幸福的生活，活出理性的生命，就必须向最高的善看齐，努力使自己拥有美德。

什么是美德？美德是一种适度，追求的是"中道"，即"过"与"不及"之间的中间道路。例如，奢侈和贪婪之间的中道是慷慨，懦弱和鲁莽之间的中道是勇敢，羞怯和无耻之间的中道是谦虚。在亚里士多德看来，一个人拥有美德，那么他的灵魂就是秩序良好的灵魂，在这个灵魂里存在着理性、情感和欲望的正确关系。

对人类来说，最高的善就是自我实现。当一个人被高尚的动机激发，当他促进他人的利益，服务于他的国家，他才算实现了真正的自我。在《尼各马可伦理学》中，亚里士多德阐述了友爱和正义，谈到了高尚的利他主义精神。的确，人的最高级需求就是自我实现。当代著名的人本主义心理学家马斯洛提出的"需求层次理论"，就把自我实现的需求列为人的最高需求，认为"仓廪实而知礼节，衣食足而知荣辱"。

《尼各马可伦理学》是一本大部头的著作，在书中，亚里士多德想要对美德做出充分的说明，他提出了一个完整的美德表，然后逐一讨论它们。与他的老师柏拉图相比，他有更多常识性的观点。亚里士多德说，如果有人行为不良，不是因为他们无知，而是因为他们有性格弱点，意志薄弱是一种显著的理性缺陷。与柏拉图一样的是，亚里士多德认为，献身于沉思的哲学家的生活方式，最终将引导人类达到所能有的最完满的繁盛。

"人是天生的政治动物"，亚里士多德如是说。亚里士多德没有对希腊社会的组织和制度提出尖锐的批评，他认为人的本性是社会的，人类不可能仅靠自己就过上幸福生活。对亚里士多德来说，最好的生活就是人们能够主动参与规划他们自己社会面貌的生活。参与城邦的政治生活，对人们来说是十分重要的，参与政治不仅能表达人们的内在需要，而且能实现人们自身的价值。因此，亚里士多德的政治学观点与柏拉图的极为不同。

亚里士多德非常重视政治学，把政治学看作是一切知识和技艺中最重要的。政治学的目的是至善，这种善就是正义，也就是公共利益。

在《政治学》一书中，亚里士多德致力于对政治社会各种形式进行详尽研究，他将历史上出现过的和当时流行的君王制归纳为五种类型，即：斯巴达式、野蛮人式、古希腊民选邦主式、英雄时代式、家长制式的全权君主。

作为一位崇尚思辨而又注重实际的思想家，亚里士多德在考察分析各类政体时，十分注意理想化与可行性之间的区别。他提出一种既理想化而又能够实行的最好政体，也就是中产阶层执政的政体。这个主张与他在伦理学中提出的中道原则是一致的。

亚里士多德认为，中产阶层执政是合乎中道的最佳政体，理由有几点：首先，中产阶层公民是城邦中最安稳可靠的，他们不会像穷人那样希图他人财物，也不会像富人那样引起穷人的觊觎，由他们组成的城邦构造最好，也最稳定；其次，这种政体可以避免党派之争；最后，中产阶层是贫富二者的仲裁者，任何政体都要把中产阶层包含进来，一个城邦中的各种政治因素混合得越好，就越持久。

亚里士多德在考察评论希腊各种政体的基础上，提出了构成政体的三个要素，即：与公共事务有关的议事机构、与行政事务有关的行政机构和司法审判机构。中产阶层执政和政体三要素的理论，核心就是以中道为准则的权力制衡论，这就是亚里士多德设计最佳政体的指导思想，也是他的基本理念。他的政治哲学的根本要义，就是为了城邦国家和公民的幸福与至善。

在《论天》中，亚里士多德提出，宇宙由两个世界构成，即"月上世界"和"月下世界"。月上世界从月球开始向上扩展，由恒星和行星组成。恒星由"以太"元素构成，处在永恒的、持续不断的圆周运动中，月上世界是完美、永恒的。亚里士多德知道地球距离恒星十分遥远，他推论宇宙空间不可能充满地球上的四元素之一，既然大自然厌恶虚空，那必定有另一种元素填满空间，这就是第五元素"以太"。

月下世界就是我们的地球世界，由四元素构成，这是一个有变化和消亡的世界。根据亚里士多德的观点，地球静止地躺在宇宙的中心，诸天体围绕它运动。

亚里士多德的观点在天文学上影响很大，深入人心，即便是后世的哥白尼提出日心说时，也没有彻底摆脱亚里士多德的理论。哥白尼认为，由于月上世界的完美性，所以地球围绕太阳旋转的轨道是正圆形，毕竟正圆形的圆周运动才是最完美的。

亚里士多德的物理学曾经统治西方世界将近两千年，直到牛顿物理学诞生，才打破了亚里士多德的垄断。亚里士多德曾提出：物体从高空下落的快慢是由物体本身的重量决定的，重者下落快，轻者下落慢。一直以来，人们都把这个论断当作真理，后来意大利人伽利略发现了这一理论在逻辑上的矛盾，并通过在比萨斜塔做的自由落体实验，得出了正确的答案。原来，物体的下落速度与它的重量是无关的，亚里士多德的错误在于他没有考虑空气阻力的作用。

可见，亚里士多德是用他的观察力，加上他强大的思考能力，从一个个日常现象出发，从朴素的常识立场出发，得出了一系列结论和知识。但是问题在于，他并没有摆脱"直觉物理学"和"直觉心理学"的局限，因此得出来的许多"知识"都是存疑的。不过，这丝毫不影响亚里士多德的伟大，他是有史以来最伟大的常识理论家和常识缔造者。

无论我们采取何种标准来评判他，亚里士多德在人类思想史上都占据着独一无二的位置。亚里士多德学识的渊博、原创性和影响力，使他的哲学在其领域之内成为人类心灵所能达到的最为广博的知识体系。

亚里士多德建构了一个庞大的体系，他是古希腊哲学的集大成者，他的哲学既是一部关于事实的百科全书，也是一个原创性的综合。在古代和中世纪，没有哪位思想家能像亚里士多德那样，在自己的体系中包含数量如此广博的知识。亚里士多德的思想在中世纪的影响是巨大的，甚至在近代的其他伟大体系中，包括斯宾诺莎、康德和黑格尔的体系中，这种影响也是显而易见的。

古希腊文明在人类文明史中占有举足轻重的地位，古希腊思想家们的思想对后世影响极其深远，不仅奠基和塑造了西方文明，而且把人类整体的精神生活提升到了一个新的水平。古希腊文明发出的璀璨光芒，意味着人类理性的崛起和进步。

第二章　佛光普照的古印度

古波斯，以及古印度的吠陀时代

在轴心时代的古代波斯地区和中东地区，拜火教是人们主要的信仰体系，因为拜火教的创始人是琐罗亚斯德，所以拜火教也被称为"琐罗亚斯德教"。哲学家尼采的重要著作《查拉图斯特拉如是说》，主角就是拜火教的一个先知。尼采曾说，琐罗亚斯德是"人类历史上最深刻的错误的来源，他创造了道德"。[①]

拜火教起源于公元前 2000 多年的一批移民，他们被称为印度—雅利安人。这群人后来分裂为两支，靠东的一支发展出吠陀教，后来演变为印度教，而靠西的一支则发展出拜火教。

拜火教最为重要和神秘之处，在于它引入了像神一类的抽象概念，此外还在于它的其他特点。琐罗亚斯德构想出了灵魂的三种类型：乌尔瓦尼，个体的这一部分在人死后依然存活；佛拉瓦奇，死后居于泥土；达恩那，就是良心。

琐罗亚斯德是对一个敬奉火的民族来宣讲其思想的。拜火教教徒崇拜常见的天地神灵，还包括一大群恶神、幽灵和魔鬼。拜火教教徒相信琐罗亚斯德直接从一位真神阿胡拉·马兹达那里得到了启示。在这个新生的宗教里，天堂在理论上向所有人开放，但是只有正直的人才能最终到达。

在通向来世的路上要经过一座"钦瓦桥"，善良的人和邪恶的人在此

[①] ［英］彼得·沃森著，姜倩等译：《人类思想史：浪漫灵魂》，中央编译出版社，2011 年，第 181 页。

被区分，而那些罪人将永远留在罪恶屋中。许多宗教都用桥来分隔现世和来世，比如中国人最熟悉的"奈何桥"。而审判的思想则成了犹太教、基督教和伊斯兰教的一个主要特征。实际上，来生、复活、审判、天堂、地狱和魔鬼等概念，最初都来自拜火教。

琐罗亚斯德最突出的一个思想，是把整个宇宙看作善与恶永恒斗争的战场。拜火教不但相信善良的神灵，也相信邪恶的神灵。整个世界被一分为二，善与恶之间的力量对比处于一种动态平衡中，并没有一个唯一的、全能的善神来掌管这一切，这与后来的一神论是有很大不同的。它也和其他的神话或多神论不太一样，多神宗教尽管也有很多神，其中也存在坏蛋，神与神之间也经常打架，但统治整个宇宙的权柄依然落在一个或几个善良的大神手里。

这个世界是善与恶的角斗场，我们都被深深地卷入其中，善恶之间的力量势均力敌，此消彼长，不停地斗争。这种思想非常特别。在这个宇宙模型中，善良的一方虽然有道德上的优势，但不一定会胜利，决定胜利与否的是力量，无情的权力斗争才是世界的真实面目。尼采大概就是受到了这种思想的启发，才提出了他的权力意志理论。

在南亚次大陆，公元前 2000 年前后，雅利安人开始进入印度的西北部。经过几百年的入侵和征服，他们成功击败了原住民达罗毗荼人，成为印度的统治者，并开始了与原住民文化的共生，这便是印度的吠陀时期。

雅利安人对印度的影响很深远。雅利安语在印度发展成了梵语，跟希腊语、拉丁语和其他印欧语言都有联系。《梨俱吠陀》是他们的宗教经典，其中最重要的神有因陀罗、阿格尼、伐楼那等。因陀罗是最受欢迎的神，大约有 250 首赞歌是献给他的。在吠陀时期，第二代神灵中最具代表性的是湿婆和毗湿奴，他们在后来印度教的上千万个神灵中成为主神，地位极高。

《梨俱吠陀》中有一篇《原人歌》。原人将自己献给诸神，从而创造了宇宙。原人是一个神秘的实体，被想象成既是一个祭品又是一个身体形式，赋予世界秩序。造物主通过祭祀创造了这个世界，原人作为一个与众不同的世界灵魂而存在。

《原人歌》中描述，原人的嘴由祭司组成，手由统治者组成，大腿由商贸阶层组成，脚由工匠和农民组成，至于贱民，则被排除在身体之外。最初，这四种不同阶级并不是世袭的，后来变成了世袭制。因此，在古代印度，社会阶层分为婆罗门（祭司、献祭者）、刹帝利（武士、贵族）、吠舍（工商业生产者）、首陀罗（农夫、奴隶）。这就是印度种姓制度的起源。这种制度在后期吠陀时代成形，是古代社会最典型、最森严的等级制度。

随着历史的发展，印度社会和印度人的精神都经历了一场巨变。城镇不断扩大之后，由于商人阶层的兴起，原有的秩序被破坏，由国王和祭司组成的权力联盟瓦解了。后来，印度爆发了一场宗教叛乱。因为当时的一些知识分子对吠陀教不满，便开始编写一系列新的经文，并互相秘密传递。这些新的经文就是所谓的《奥义书》，该书中的经句从一开始就背离了传统，对很多事情进行了新的解释。

《奥义书》的作者们毫不犹豫地贬低献祭本身所具有的一切功效。《奥义书》认为，没有关于"自我"（即阿特曼）的冥想，献祭就无法完成。救赎不在于祭祀，而在于意识到比神还高的、绝对的、永恒的真实与一个人最深的自我是完全一致的，也就是"梵我合一"。

《奥义书》中的救赎不仅指从罪恶中解救出来，还包括从人类生活状态中解脱出来。这一点标志着一种新的宗教的诞生，我们现在称之为"印度教"。

轮回和业力这一对孪生教义正是在《奥义书》中出现的。轮回就是生命的重生，业力则代表一种生命的力量，其具体特性会决定一个人下一世的形态。这一过程的主体就是自我，即灵魂。为了与梵合一达到解脱，成功地踏上"天道"，获得救赎，自我就必须要战胜"无明"（即无知）。人可以揭示和理解真实世界的深层结构，并掌握绝对真理，只是这个"知"被"无明"所遮蔽或摧毁。因此，人们最重要的任务就是勘破无明，从这个虚幻的世界中解脱出来，看清事物的真相。

后来的佛陀释迦牟尼，就是借用了很多印度教《奥义书》中的思想来构建自己的体系，提出了新的革命性的思想。佛陀的思想，包括同时期的其他思想，比如耆那教等，它们都被统称为"沙门思想"，以此与占统治地位的印度教思想相对立。由此可见，人类思想的发展从来都是站在过去文化的基础上，站在巨人肩膀上，然后做出一些创新和变革，一步步地推动思想的进化。与之类似，生物的进化也遵从同样的逻辑，通过偶然的突变一点一点向前。

从《奥义书》时期开始，越来越多的人远离了社会生活，遁入"森林"，完全沉浸在苦行和冥想中。这种习惯很早就成为一种范式，在现代的印度仍然很流行，这便是印度的"苦行者"传统。一方面，这些人努力将纯粹的精神自我从感官体验及心理活动中分离出来，只有自我脱离了庸俗的心理体验，才能与梵合而为一，被视作不朽；另一方面，他们努力阐述和分析"全体的存有者"（梵）与大自然的关系。苦行与冥想都是为了使自我从心理体验中分离出来，是所谓修行实践的主要方法，这在早期的瑜伽论述中都有详细的说明与阐述。

佛陀的故事

2500年前，古印度诸国林立，相互对峙，彼此攻伐，有些类似于中国的春秋战国时代。在喜马拉雅山的南麓，有一个叫迦毗罗卫国的小国家，这个国家的主要民族是释迦族。乔达摩·悉达多就出生在这个小国家，他的父亲是国王，叫净饭王，母亲是摩耶王后。

相传某日，多年不孕的摩耶王后梦到一头白象进入了她的身体，不久后即怀孕，生下了悉达多王子。摩耶王后生下王子不久就离开了人世，悉达多是由他的姨母带大的。

当时有一位很著名的相士阿私陀，他听闻王子出生，就进宫去看了王子。他对净饭王说："王子投生帝王之家，其富贵福分达到尘世的顶点，要不是前世积德行善，严格修行，是不可能有这样富贵之命的。"净饭王听后非常高兴。

接着阿私陀又说："可是从王子的面相上看，他可不是贪图荣华富贵的凡夫俗子。像这样的相貌，在世做人定是四海的主人，出家修行定能成为三界佛陀。他色相皆空，定能获得大彻大悟，天人佛祖非太子莫属。"

阿私陀表示很可惜，他自己等不到王子成佛的那一天，因此悲喜交集。净饭王听后觉得天崩地裂，他年过半百才喜得贵子，怎么能容忍自己的孩子去当什么隐士、修行者，把悉达多培养成一位出色的国王才是他最想做的事。

为此，净饭王为他请了许多名师教授他文学、数学、武学等各科学问和能力，并且有意不让他离开王宫，让他能够尽情享受人间的快乐。刚一成年，17岁时，净饭王决定为悉达多娶妻，让他享受成年男子的快乐。然而，新婚之夜，悉达多却抛下美丽的妻子，不辞而别。他趁着宫里大婚庆典之际，许多人都喝醉了，利用夜色偷偷地溜出宫去，就像一个越狱的囚犯一般，逃到城外。逃婚途中，悉达多在东门遇见了孤苦伶仃的老人，在南门遇见了生病的农夫，他看到了人生的痛苦和不幸。悉达多悲从中来，不忍心再看下去，就回宫了。

时光流逝，到了春暖花开的季节。净饭王看到娶妻之后的王子依然闷闷不乐，就决定让悉达多出宫春游散散心。悉达多从小就在王宫中长大，锦衣玉食，很少出宫，这当然是由于净饭王害怕王子出宫后看到残酷的社会现实和生老病死，更加激发他的苦恼和出家的心。

这次出宫春游，净饭王自然做好了十足的准备，规划好路线，沿途安排好一切，保证王子看到的是一幅歌舞升平的画面，绝对不会有老弱病残进入王子的视线。

各地的行政官员为了讨好国王，更为了保全性命，在王子经过的地方，安排了许多手持鲜花的青壮年夹道欢迎，把那些老弱病残者都集中在一个地方严加看管。王子的出游安排得非常气派，不用象车和马车，而用大白牛车，白牛在古印度被视为神物。

这次出游避开了东门和南门，从西门出城。白牛车在欢呼的人群中缓慢前行。突然，人们一阵骚动，牛车停了下来，不知前面什么东西挡住了王子的去路。原来是前面有一队送葬的人经过，怕惊动王子所以牛车停了下来。悉达多看到前面有一群人抬着死者慢慢地走，送葬的人一个个哭得呼天喊地。他就问车夫："这是干什么，他们为什么要哭？"车夫回答："这是一个死人，后面哭喊的是死者的亲人。"这是悉达多王子第一次看到死人，他脸色发青，满脸愁容，陷入了沉思。

看来百密一疏，组织工作没有做到位，车队立刻绕道从北门回宫。

车队在快要抵达北门时，遇到了一个苦行者出家人。悉达多来到苦行者面前，恭敬地问道："请问尊长，您是什么人，为什么一个人在这里？"

"年轻人，我是一个以四海为家的苦行者。"

"苦行者？什么是苦行者？"王子问道。

"苦行者就是脱离一切世俗欲望的人，想要超脱生老病死苦恼的人，年轻人，你懂吗？"

"四门观苦"是流传最广的一个故事，也是悉达多决定出家苦修的一个重要理由。但实际上，对悉达多来说，出家并不是一件简单的事。他出身刹帝利种姓，有继承王位、治理国家的责任，而且又有如此爱他的父王和妻儿。无论从哪个方面来说，他都不可能轻易一走了之。

四门观苦后，悉达多就越来越不"正常"了。净饭王忧心忡忡，难道阿私陀的预言就要成真了？他想尽一切办法，企图打消悉达多出家苦修的念头，可是并没有奏效。

在悉达多29岁这年，他终于下定决心，弃家出走，进山修行。

悉达多出走后，整座王宫陷入痛苦和混乱之中。净饭王知道王子心意已决，自己已无力回天，但他还是派出了桥陈如等五名侍臣，去苦行林寻找悉达多，希望能把王子劝回来。

五名侍臣在苦行林中找到了悉达多，结果不但没有将他劝返，反而被王子伟大的精神和决心所感动，决定留下来陪王子一起苦修。

悉达多苦修了整整六年。在苦行林的两千多个日夜里，悉达多一刻也没有停止过对生死的思考。最初他每天食一麻一麦，后来渐渐发展到七日食一麻一麦，最后不饮不食。严重的营养不良，使悉达多的身体骨瘦如柴，手摸腹部，竟能触到背脊。

悉达多渐渐发现让肉体受苦受难，并不能得到真正的解脱。人之所以烦恼，最根本的原因是心灵不干净，而要清除心灵上的污垢，单靠绝食和苦修是不行的。

一天，悉达多看到尼连禅河的一艘船上有一位琴师和徒弟。琴师对徒弟说，琴弦不能绷太紧，太紧容易断，也不能太松，太松则弹不出好声音。悉达多听后打了一个激灵，没错！这么苦修下去是没有用处的，重要的是不能绷太紧，也不能太松，要取一个"中道"。

他毅然决定放弃苦行生活，站起来摇摇晃晃地离开打坐的地方，向尼连禅河走去。悉达多走进河里，用清澈的河水冲洗满身的污垢。他静静地躺在河水中，开始思考一种新的修行方法。然而，当他走上岸的时候，由于身体太虚弱了，没走几步，就眼冒金星，昏死过去。

这时，刚好有一个牧羊女顶着一罐牛奶路过河边，发现了河滩上躺着的悉达多。此时的悉达多骨瘦如柴，奄奄一息。牧羊女是一个善良的人，她扶起悉达多的头，小心翼翼地往悉达多嘴里喂牛奶。

在河岸上，桥陈如等人看到了这一切，发现悉达多又是洗澡，又是让牧羊女喂牛奶，感到十分震惊。五个人很气愤，觉得王子放弃了苦行，严重地背叛和欺骗了他们。他们觉得再多看一眼悉达多都恶心，于是就不辞而别，离开了悉达多。

悉达多喝了牧羊女的牛奶后，渐渐恢复了体力。他感谢了牧羊女的救命之恩后，就非常兴奋地去找桥陈如他们，想把新想法告诉自己的伙伴。然而，悉达多怎么也找不到他们，后来才听说他们对自己产生了误解，已经离他而去了。

悉达多无法找到同伴，又不见他们回来，就独自一个人渡过尼连禅河，向迦耶山走去。虚弱的悉达多走得又累又乏，这时，他看见前方不远处有一棵又高又大的菩提树，枝繁叶茂，像一把撑开的绿色大伞。悉达多的精神不由为之一振。菩提树的枝叶在风中轻轻摆动，仿佛是在向悉达多招手致意：尊贵的王子，未来的佛陀，欢迎您！

悉达多围着树转了一圈，发现树下有一块很大很平坦的石头正好可以当座位。悉达多决定在这个风景秀丽的好地方修行打坐，不打算再往前走了。这时，刚好有一个孩童路过，他给了悉达多一筐干草，可以铺在石头上做草垫儿，这样坐着舒服一些。

带着一心正念，悉达多暗暗发誓："我若不能大彻大悟，就永远不离开这里！"怀着强烈的信心，他凝神定思，渐渐进入了一种不苦不乐的境界。

悉达多在菩提树下坐了多久才悟道成佛的呢？经典上的说法不一，有的说是七天，有的说是四个七天，这都无从考证。不过，这些并不重要，重要的是悉达多终于大彻大悟。

那年悉达多35岁，那天是中国的农历十二月八日，这一天被定为"成道节"。此后，每年这一天，各佛庙都要做佛事，进行纪念活动，庆祝悉达多成佛。此外，为了纪念牧羊女对佛陀的救命之恩，人们就用各种杂粮煮成乳粥来吃，这也是中国民间吃腊八粥的由来。

"佛"的意思是人生的"觉者"。佛并不是神，而是人。众生是潜在的佛，是尚未觉悟的佛，众生如果觉悟了，就是佛。实际上我们拜佛，并不是拜神，而只是崇拜一个智者。不过很多老百姓已经在不知不觉中把求神和拜佛等同起来了，以为佛是一个神，并希望佛祖给予他们各种帮助，以满足他们的各种愿望。

悉达多对人生问题进行了漫长的思考，觉悟了真谛，这样便成为人生的觉者，所以被称为"佛"。他也因此成为释迦族的圣贤，故称"释迦牟尼"。

悉达多的成佛过程是怎样的呢？佛经上用了一个他降伏魔王波旬的故事来表达。这实际上说的是悉达多内心一场激烈的思想斗争，其活动的内容难以确知，所以采用故事的方式来形象地描绘。通过这个故事，我们知道悉达多战胜了自己心中的所有欲望，比如贪欲、权欲、情欲等，这也是每一个普通人心中都会有的欲望和烦恼。这些深藏在内心深处的欲望会起到阻碍智慧的作用，都属于魔障，使得我们不能到达智慧的彼岸。魔王代表的是悉达多心中的欲望，是悉达多的另一个自己，所以悉达多战胜魔王就是战胜自己。战胜自己，无疑是世界上最难的事，修行的过程就是战胜自己的过程。

战胜魔王后，悉达多进一步勘破无明，大彻大悟，心中一片光明。他六根清净，摒弃七情六欲，进入一个崭新的精神境界，成为人生的觉者。悉达多成佛了，成为人类历史上的一位伟大人物，我们称他为"佛陀""佛祖"。佛陀为人类思想的发展做出了突出的贡献，特别是在疗愈人生方面，使许多人找到了精神上的安慰。

得道成佛的释迦牟尼看上去精神饱满，神色庄重，气定神闲，与未成佛前的那个骨瘦如柴、面如死灰的悉达多判若两人。释迦牟尼苦苦探求真理，历经六年的苦行磨炼，为的就是觉悟人生真理，以此来拯救迷惑无知的众生。因此，成佛之后，他决定不进入涅槃，而是离开森林，去往有人的地方，向人们说法。

释迦牟尼用余生的几十年时间走遍各地，积极传道，建立起僧团组织，扩大自己思想的影响，一直到他80岁那年涅槃为止。

佛陀的证悟和思想

如果从佛教信仰出发，采取一种神秘主义的态度的话，释迦牟尼觉悟到的最终智慧之果，是某种超思维的东西，只能自己去领悟，而无法言传。当然，如果试图把觉悟到的真理传授给他人，就必须用语言文字来表达，并且必须有可以用思维逻辑进行把握的内容，这部分内容就是佛理。也就是说，佛理是可以学的，也可以当成一门学问来研究，称为"佛学"。但是，要真正地成佛，我们就必须要领悟到那最终的灵明觉知，而这个过程是神秘的，无法传授的。

释迦牟尼将自己悟得的思想做了进一步的推敲和归纳。他发现，生命流转的经过是十二因缘，苦是流转的主体，苦的具体现象便是生老病死。释迦牟尼将他悟出的人生真谛归纳为几点，也就是佛陀的主要思想精华，即四圣谛、八正道、十二因缘因果链条。

四圣谛，即苦谛、集谛、灭谛、道谛。所谓"谛"，有真实、真理的意义。"四圣谛"的意思就是四种真实不虚的真理。苦谛、集谛二谛说明了人生的本质及其原因、过程，灭谛、道谛二谛指明了人生解脱的途径和归宿。

痛苦是佛陀理论的起点，也是核心概念。苦谛说的是生命的存在本身就是苦的，社会人生的真实现象也是苦的。释迦牟尼把苦分为八种，依次是生、老、病、死、爱别离、怨憎会、求不得和五取蕴苦。其中，五蕴包括色、受、想、行、识，八苦既包括肉体上的痛苦，也包括精神上的痛苦。

释迦牟尼认为，人的身心活动都是造业，会产生连锁因果反应，引出将来或者下一世的痛苦。业报和轮回都是印度教《奥义书》中的理论概念，佛陀早已熟悉，并吸收采纳进了自己的理论体系。痛苦是连绵不绝的，短暂的人生就如同茫茫的黑夜，尘世间的甜蜜和幸福转瞬即逝，而痛苦却亘古不衰，无始无终，源远流长。

为什么苦如此顽固呢？第二谛，即集谛，就是这个问题的答案。"集"是"苦"的原因，它是造成人生痛苦的根源。

在现实中，人们醉生梦死，目光短浅，看不到宇宙的永恒，无视人生苦短。在这个物欲横流的世界里，众生怀有各种无法摆脱的欲望，所以这些乱七八糟的欲望就汇集起来。这些不良善的欲望"集合"，就成为无尽的"苦谛"的根源。众生都处在生死轮回之中，在欲望的控制之下生活，不能自拔，并因此产生无尽的痛苦和烦恼。

那么，怎么才能彻底清除淤积的集谛呢？怎样才能使人生摆脱痛苦呢？这就需要我们把握四圣谛中的第三谛，即灭谛。灭谛告诉我们，痛苦是可以消灭的，只要我们斩断痛苦产生的根源，就能彻底解脱生死轮回，获得无上圆满正觉。"灭"就是消灭欲望、消灭痛苦。

接下来，就是如何做的问题了。如何修行，如何改变自身，才能达到解脱目的？这就是最后一谛，即道谛，这指的是行正道。道有很多种，修行的方法也有千万种，各种法门。道谛主要是指修行八正道，修了八正道，就会证得般若智慧，解脱诸般痛苦，到达清净安乐的涅槃彼岸。

八正道，也就是中道，是释迦牟尼思想的主要成果。他认为只要遵循八正道去做，任何人都能真正转迷成悟。八正道也叫八圣道，即正见、正思、正语、正业、正命、正精进、正念和正定。这是一整套行为规范和道德要求，很容易理解，但做起来却不容易。

一个人要身体力行，实践八正道，就要有正确的世界观，行为端正，口出良言，从事正当的职业，努力提升自己，有坚定的信念和正义感，培养专注力，做一个高尚的正人君子。

十二因缘因果链条，佛陀的这个思想带着强烈的形而上学色彩。十二因缘的理论为生命的流转变化提供了一套本体论的解释，并对如何变化做出了逻辑说明。

佛陀认为，万事万物都是由于一定的原因而产生的，这个原因就是"因缘"，因是内因，缘是外因。所以，这个观点也叫作"万法缘起"。"法"是佛学中一个很重要的术语，意指世间万物及一切现象。既然一切事物都是随因缘而起，那就可以推理出，一切事物都不能脱离因缘而独立存在。只有适当的因缘在适当的时候出现并凑齐了，相应的事物才会出现，等到因缘消失了，事物也会随之消失。

中国人常常说的"缘分"，其实指的就是因缘，合适的人在合适的时间出现了，就是一种缘分。人与人之间的关系随因缘而起，你有交朋友的心，是内因，遇到了具体的某个人，是外因，这些东西凑齐了，你们就可以成为朋友。等缘分消失了，那人与人之间的关系也就到头了、消失了。

万法缘起的观点，结合轮回和业报的理论，就形成了一整套因缘规则，即所谓的"因果报应"。为了解释因缘的运转方式，释迦牟尼针对个人具体的生命流转变化，指出了人一生中因缘聚散的过程，这便是十二因缘。

十二因缘因果链条，指的是十二个因缘按照因果的逻辑顺序排列，构成一个完整的链条。链条的开端叫作"无明"，它是最根本的原因，一切皆因无明而起。第二个因缘是"行"，大意是"造业"，我们的前世由于无明，所以做出各种傻事，造出"业"来。"识"是链条中的第三个因缘，代表生命的"种子"，我们在今生的生命就是由"识"产生的，它受到前世所造业力的驱动，携带着善恶的种子来投胎。换句话说，也可以认为"识"就是"我"的灵魂。人的前世和今生由十二因缘因果链条联系在一起，这是一个轮回的过程。人从前世投胎到今生后，接下来，因果链条要描述的就是一个人今生的具体生命过程了，包括了人的发育、出生、成长、老化，最后是死亡。"识"这个种子进入母体后，我们开始在母亲体内发育成形，即第四个因缘"名色"。色指的是形体，我们的灵魂和物质结合起来成为胎，胎相初成叫作"名色"。接着，我们逐渐拥有各种感官知觉（第五、第六、第七个因缘），即"六入""触""受"，然后我们出生到这个世界中。在我们的成长过程和整个人生中，由于种种感官体验的诱惑，我们产生各种欲望，即第八个因缘"爱"。欲望必须要得到满足，不然人就始终处于一种紧张的状态，因此我们就不得不做一些事情来满足自己的欲望（第九个因缘"取"、第十个因缘"有"），而这个做事情的过程就是我们今生的造业。最后我们的生命走到了尽头——死亡（第十二个因缘），死后还会有来生（第十一个因缘"生"）。这样，一个完整的轮回就完成了。

《过去现在因果经》中的描述是："无明灭则行灭，行灭则识灭，识灭则名色灭，名色灭则六入灭，六入灭则触灭，触灭则受灭，受灭则爱灭，爱灭则取灭，取灭则有灭，有灭则生灭，生灭则老死忧悲苦乐灭。如是顺逆，观十二因缘。第三夜分，破于无明。明星出时，得智慧光，断于习障，成一切种智。"

人生充满痛苦，我们若想彻底摆脱痛苦，最根本的办法就是摆脱生死轮回，要想办法跳出这个轮回。也就是说，我们的目标是不经历这个环环相扣的"十二因缘"的过程，要达到这个目标，那就要将这个因果链条斩断，使它不能形成一个完整的轮回过程。跳出轮回的状态叫作"涅槃"，达到涅槃就实现了修行的目的。

佛陀的基本思想理论，还可以用佛教四法印来高度概括，即"诸行无常""诸受皆苦""诸法无我""涅槃寂静"。

诸行无常，是说世间万事万物都处于永恒不断的流动变化之中。一切存在都只是暂时的，没有一个是常住不变的，即"无常"。

诸受皆苦，是说人生的真相就是痛苦。执着于各种情感、感官感受、欲望，就是我们痛苦的来源。

诸法无我，是说世间万事万物并没有独立的、不变的个性实体存在，也就是"空无自性"。既然一切事物都是随因缘而起，那就不能脱离其他事物而独立存在。因此，所谓的"自我"是不存在的，只不过是一种生理和心理幻象罢了。

涅槃寂静，是说涅槃的境界可以灭除一切生死的痛苦，无为安乐。因此，涅槃状态是寂静的，意指不生不灭、身心俱寂的解脱境界。

相对于古希腊诸贤提出的关于世界的形而上学假设，释迦牟尼的形而上学假设是：事物的本质是"空"。这是一个十分耐人寻味的假设，内涵相当丰富，是佛陀思想的结晶。

佛陀之后的佛教思想

释迦牟尼涅槃后，他的弟子们便吵成了一团，僧团也分裂了。因为释迦牟尼活着的时候并没有著书，不立文字，靠的是演讲和口授。弟子们都根据自己的记忆来整理佛陀的言论，每个人对佛陀思想的理解也不一样，意见自然难以统一。释迦牟尼在世的时候，至少权威还在，大家有什么问题和分歧都可以有一个最终的裁决。但是佛陀一涅槃，权威不在了，又没有权威著作和经典文本供大家学习和仲裁，群龙无首，分歧和分裂就在所难免了。

在世的几个大弟子召集了五百罗汉，共同结集编出佛陀的教法，这就是"第一次结集"，后来又有了阿难系僧团主导的第二次结集。一开始，由于还有一些出色的弟子，他们地位很高，学识广博，属于僧团的精英阶层，还可以对僧团进行权威的集体领导。但随着时间的推移，各种分歧和争端越来越多，再加上权力斗争，僧团组织便发生了部派分裂，分裂为上座部和大众部，原始佛教分裂为部派佛教。

释迦牟尼死后300多年，印度佛教徒内部对教义有了巨大的分歧，新出现的学派管自己叫"大乘"，把原先的学派叫"小乘"。大小乘的主要区别，就是小乘只讲自己修行，而大乘则主张普度众生，帮助他人修行。这艘航向解脱彼岸的智慧之船，乘坐的人多了，就是大乘，乘坐的人少，就是小乘。

佛教走出印度，开始了北传和南传两条路线。北传到东北亚地区的大多是大乘佛教，大乘佛教本身也分为许多派别。南传到东南亚一带的是小乘佛教，正式名称是"上座部"教派，即"南传上座部"佛教。

释迦牟尼死后，印度出现了一位非常了不起的佛教思想家，他将佛学思想发展上了一个新的台阶，达到了一个佛学高峰，这个人叫龙树。他的学说被称为"中观学"。

中观学的"中"，即指"中道"，意思是不用极端的眼光来看待事物，而要采取不偏不倚的立场。在中观学看来，认为"万法实有"和"万法虚无"都是错的，因为太极端了，事物的真正本质是"假有"。

"假有"的意思是说，我们既不能认为事物是永存不变的，也不能认为事物是不存在的。意思是说，事物虽然存在，但并不是永存不变的，它是"假装自己是永远存在的"。因此，我们既要认同事物是存在的，同时也要看到事物无常和变化的一面，意识到它的虚幻性，这样才不会执着留恋于某一个具体事物，从而破除"我执"和"法执"。

"假有"是一种持续的状态，事物每时每刻都处于"既存在也不存在的状态"。这句话很明显违反了逻辑规律，是一种矛盾的表述。的确，用任何语言，我们都不可能从正面去形容事物假有的本质。在量子力学里有一个"薛定谔的猫"的思想实验，说的是，当我们不去看盒子里的猫时，猫咪处于生死态的叠加，也就是"既活着又死去的状态"。这可以跟"假有"的那句表述稍微类比一下。

既然事物是"假有"的，那么我们就不能对事物进行正面的描述，所有的正面描述都是错的。说一个事物"是"什么，这是比较困难的，但说一个事物"不是"什么，倒是相对容易得多。龙树就是用否定的形式来描述事物的，这个选择不是耍小聪明，而是由他的理论观点决定的。其实，就连"假有"这个词本身也是一种否定的形式。

龙树用八个否定句来描述事物的本质："不生亦不灭，不常亦不断，不一亦不异，不来亦不去。"这就是所谓的"八不中道"，也是龙树中观学的思想核心。这几句话对我们惯常认为的事物存在的状态进行了否定。我们一般认为事物是会创生出来，并且也会毁灭的，但龙树却说事物既不会创生，也不会毁灭，没有生和灭的过程。我们也会认为事物存在一种连续的状态，或者中断的状态，比如数学上常说的一条连续的直线或中间存在断点，但龙树却说事物既不是连续的，也不是间断的。在不同的事物之间，我们一般会认为它们要么存在相同之处，要么存在相异之处，龙树却说它们既不是同一的，也不是相异的。我们一般认为，事物变化的原因要么是内因，要么是外因，或者是二者共同的作用，但龙树却说事物的原因既不在这个事物之内，也不在这个事物之外。

龙树强调"空"就是事物的本质，事物除了"空"之外再也没有别的属性。世间万物，本性都是"空"，佛法和佛陀也是"空"，无论其外在形式如何，本质都是假有的。"空"和否定是紧密联系的，因此这个"空"是需要不断否定的，甚至就连"空"这个字本身也应该被否定掉。领悟了"空"，也就领悟了事物的本质，难怪《西游记》中齐天大圣的法名取作"孙悟空"。

"般若学"是大乘佛教第一阶段的佛学。"般若"是梵文的音译，意为"智慧"，特指超越一切的佛智慧。龙树的中观学是般若学的高峰和代表，所以很多时候两者合起来被称作"中观般若"，在佛教中又被称为"空宗"。

佛教在汉代时传入中国，经过长期的传播发展，佛教思想与中国本土思想结合，形成了具有民族特色的中国佛教。中国佛教形成三大系，即汉传佛教、藏传佛教和云南地区上座部佛教。

佛教在中国南北朝时期得到弘扬和发展，至唐代达到鼎盛，可是印度本土的佛教却在13世纪初由于伊斯兰教的进入而消亡。虽然佛教被赶出了出生地印度，但它在印度之外却得到了很好的发展，并成为当今的三大世界性宗教之一。

在诸多的佛教派别中，有两支派别特别有意思。一支是超级难的"唯识宗"（又被称为"法相宗"），可谓佛学中的"博士后"；另一支是不立文字的"禅宗"，是佛学中最擅长搞怪的，属于"九年义务教育"，大家都能学。

在中国的南北朝时期，印度的一些大乘佛学家们提出了一种和中观学不同的学说，就是"唯识学"。唯识学家们觉得龙树强调"空"强调得太过了，这本身或许就是一种走极端的方式。他们认为有一些事物还是实有的，所以唯识学也称为"大乘有宗"，与"空宗"相对。主张唯识学的学派又叫作"瑜伽行派"，《瑜伽师地论》是唯识学的经典。

隋唐时期，中国经济文化高速发展，唐朝的对外交流很活跃，对待外来文化也采取开放姿态。在这一时期，中国化的佛教成熟了起来，中国僧人进行了很多创造性的工作，先后形成许多具有中国特色的佛教宗派。

玄奘法师就不远千里到印度本土去留学，这个《西游记》里西天取经的唐僧，对中国佛教的发展做出了巨大的贡献。玄奘最擅长的就是唯识学，毕竟他是个高才生嘛。但唯识学实在是太难了，非常烦琐复杂难懂，对老百姓根本没有吸引力，因此唯识学在中国难以发展下去，毕竟曲高和寡，太不合群了。

"万法唯识"是唯识学的基本命题，关于这一命题的论证主要有三自性说、阿赖耶识缘起说和唯识四分说。

唯识学特别注重对法相（即事物现象）的分析，分析得出的结果认为一切事物都是"识"的变现，事物不能离开"识"而独立存在。"识"也叫作"心"，它是意识主体对事物加以了别（了解、分别）的功能。所谓主、客观世界的一切事物都是依托于识的假象，唯有识才是真实的存在，这就叫"万法唯识"。

中观学太强调"空"，唯识学认为这么做有一个最大的危险。想想看，如果一切都是空的，那么轮回的主体到底是谁？当我们说普度众生的时候，普度的到底是谁？所以，唯识学认为，十二因缘中的第三个因缘"识"，有一部分是实有的，不是空的，它的名字叫"阿赖耶识"，这就是众生和轮回的主体。它承载着我们造过的种种业，也承受相应的果报。阿赖耶识才是一切事物的最终根源。

唯识学构造了一套精巧复杂的理论，便于在不违背基本佛教思想的情况下，能够自圆其说，解释一切。在唯识学的框架里，意识分为三类八种。第一类是"了别境识"，即眼识、耳识、鼻识、舌识、身识、意识，前五种相当于人的五种感觉，意识相当于直觉和思维，也就是人们常说的"第六感"，既可以了别外境，也可以省察内心。

第二类是"末那识"，也就是"第七识"，梵文是manas，意译为"思量"。按照玄奘的解释，这种意识"恒审思量"，它是一种持续不断的意念作用，它所思量的内容就是阿赖耶识。就是这个末那识让我们产生了"我"的概念，它是由阿赖耶识产生的，同时也是第六识的生起根据，所以它类似于现在说的心理深层的自我意识。这种意识深深地固执于所谓的自我实体，即"我执"。于是，它既是颠倒的执着，也是众生烦恼的根源。同样，末那识也是虚幻的，是"空"的。

第三类就是"阿赖耶识"，即"第八识""本识"，梵文是alaya，意译为"藏"。阿赖耶识就是第七识所执着意念的那个"我"，它好比一个仓库，所以也叫作"藏识"。

"阿赖耶识缘起"说的是一个因果过程。首先，存在一个实有的阿赖耶识，它产生了代表着自我意识的末那识，然后末那识又产生剩下的六识。除了阿赖耶识之外，其余的七识都是无明和造业的结果，本质上是"空"的。第七识和第六识幻化出了人类的各种心理活动，代表着感官知觉的五种识幻化出了人类的各种感觉。于是，我们通过体验到各种感知觉，就会以为外部世界存在着各种实实在在的事物，而不知道这只不过是"心识"的变现。在这个过程中，只有阿赖耶识才是实有的、纯净的，它是一切的根本。所谓修行，目的就是要破除前七识所产生的种种幻象，只剩下最纯净的阿赖耶识，这样我们就能成佛了。

那么，纯净的阿赖耶识为何会产生虚幻的末那识和其余种种识呢？假如这是造业的结果，那么纯净的阿赖耶识怎么会造业呢？

阿赖耶识是一个容器，可以储存各种"种子"。所谓种子，就是阿赖耶识中所包含的可以引起和产生自身结果的东西，也称作"习气"，指的是意识活动的潜在势能。习气储藏在第八识中，就像植物的种子一样，既是过去前七识活动留在第八识的痕迹，又是诱发未来前七识活动的潜在势能。

种子被"业"污染了，就会产生种种虚假幻象。种子之所以会被污染，是因为拥有这个种子的生命造下了业，污染了种子。生命造业的过程可以称为"熏染种子"，被熏染的种子变出的幻象就是生命所受的业报。在这个过程中，阿赖耶识始终是纯净的，它不过是一个容器，那些乱七八糟的事情跟它没有丝毫关系。被业污染的只是其中的种子，而不是阿赖耶识本身。

禅宗是中国佛教的实践派，号称传的是佛祖的心印，即佛教的觉悟之心，故也称"心宗""佛心宗"。传统说法是，由佛陀弟子迦叶（就是"拈花微笑"典故中的那个迦叶）传承佛心到菩提达摩，在印度共传二十八代，即"西天二十八祖"。达摩于南北朝梁武帝时到中国传法，历经"东土六祖"。慧能之后，众弟子分头传法，禅宗逐渐传遍大江南北。禅宗有两脉，神秀是北禅的创始人，慧能是南禅的创始人。慧能是禅宗的主要代表，他所著的《坛经》一书是中国民间最流行的佛教书籍。"菩提本无树，明镜亦非台。本来无一物，何处惹尘埃！"这段名句就出自《坛经》。

禅宗所关心的问题有三个：一是关于觉悟解脱的可能性和根据问题；二是关于修行实践的方法问题；三是关于觉悟解脱的境界问题。

禅宗的基本看法是"自性成佛""心法与无法""顿悟与无心无所得"。简单来说，就是众生能否成佛要根据自己的本心；众生应当自主修行，不需要采取某种固定模式，可以自行安排具体的修行方法；众生达到觉悟和解脱的境界时，会豁然明朗，但从表面上看起来又无所得，与平时没什么两样，看山还是山，看水还是水。

这就使得修行成佛的形式大大简化了，大大降低了学佛和修行的门槛。这样，广大的普通老百姓就都能参与进来，而且传播起来也非常容易，成本很低。所以，禅宗走的不是精英教育路线，而是大众普及路线，与"科普"类似，禅宗相当于"佛普"。禅宗不立文字，它不需要你饱读佛经，不强求你出家，也不要求你坐禅，任何人在任何时候都能修佛，都能成佛。因为人人身上都具有佛性，只要你明心见性，顿悟了，即可成佛。由此可见，禅宗是佛教派别里最自由的一个。

禅宗里最引人注意的，同时也是最有意思的，就是公案。禅宗的典籍里记录了大量的故事、对白。由于这些故事和对白中有大量令人思量的内容，学习者要像研究法庭案例那样反复琢磨，以便理解它们说的到底是什么意思，所以这些故事和对白被称为"公案"。

讲故事、听故事是人的本能，用故事来进行教育，内容生动鲜明，能触动人的情感，同时便于记忆。所以，禅宗的方法是很有效的。禅宗大量的公案都是对话。禅宗通过各种千奇百怪、答非所问的回答，来破除人们日常习惯的理性和逻辑思维，以达到进一步破除妄念，明心见性，使人顿悟的目的。

此外，还有"当头棒喝"，禅机不一定要用语言来表达，使用出其不意的行为也可以表达。只要达到"吓人一跳"的效果，人们的理性思维就会暂时中断，在愣住的那一瞬间，心底里的佛性就有可能显现。

禅宗独树一帜的特色，使得它在中国历史上辉煌一时。到今天，它依然是中国佛教界最流行的学派之一。

第三章　春秋战国，百家争鸣

诸子百家

在古代中国，西周灭亡以后，人们不再对国家大事漠不关心，而开始思考天下兴亡。读书人纵论时政，百无禁忌，出现一派言论自由的社会景象。人们关注时事，并且针对社会、人事展开广泛探讨。通过对如何统一天下、治理国家、教化百姓等问题的探讨，产生了很多不同的观点。主张这些观点的人的影响力逐渐扩大，并形成了自己的学派。其中，最有影响力的学派是儒家、墨家、道家、法家。因为学派众多，故而被统称为"百家"，而"诸子"则指这些学派的创建者以及代表人物。

各学派的人物大多喜欢四处游说，向统治者和民众推销自己的思想观点，推行自己的政治主张，又或者著书立说，扩大自己思想的影响力。在这个时期，人们的思想空前活跃，表现出惊人的创造力，在中国思想文化史上形成了一个百家争鸣的繁荣局面。

从某种角度来看，诸子百家及三教九流可以看作某种早期的学科分类体系。比如，儒家、法家、兵家、纵横家等偏向政治军事和伦理领域，墨家、道家、名家、医家和农家等偏向自然工艺与逻辑等领域，杂家、书画家等则偏向人文艺术等领域。

诸子百家是对春秋战国时期各种学术派别和代表人物的总称。这个时期的思想文化对中国后世的影响极其大，奠定了中华文化的基础。下面让我们大致浏览一下几个主要的派别。

儒家学说是孔子所创立，"儒"最初指的是司仪，后来逐渐发展为以"仁"

为核心的思想体系。孔子去世后，儒家在战国时分化为诸多支派，儒分为八派：子张之儒、子思之儒、颜氏之儒、孟氏之儒、漆雕氏之儒、仲良氏之儒、孙氏之儒、乐正氏之儒。

在儒家诸派中，以思孟学派和荀子学派最富有思想性，影响也最大。自汉武帝"罢黜百家，独尊儒术"后，儒家逐渐被神圣化、绝对化。在中国历史中，儒家既有着系统有序的发展，也有着令人尴尬的僵滞。

中国幅员辽阔，民族和人口众多，于是封建统治者都以建立一套中央集权制度来维护统治的稳定。"罢黜百家，独尊儒术"是为了有利于封建统治，用儒家那种提倡服从、等级秩序和人伦的观点来进行思想与文化上的渗透和控制，渐渐使之变成中国人的精神特质。由此，中国在两千多年的封建社会中形成了一个独特的"超稳定结构"。

道家思想起始于春秋末期的老子，在创始人老子以后，道家内部分化为不同派别，著名的有四派：庄子学派、杨朱学派、宋尹学派和黄老学派。道家思想在中国传统文化中的地位仅次于儒家，魏晋玄学、宋明理学都是糅合了道家思想发展而成的。佛教传入中国后，也受到了道家的影响，同时也促进了道教仪轨的形成和发展。

道家思想后来发展出了道教，道教尊老子为太上老君，奉《道德经》为道教的经典，奉《庄子》为《南华真经》（或者《南华经》），并用老庄的哲学来论证道教的神仙学，建立起一套宗教哲学体系。

作为先秦诸子百家中重要的学派之一，墨家和儒家一起并称为先秦时代的两大"显学"。墨家的创始人是墨翟，世称"墨子"。墨家的代表著作《墨子》由墨子的弟子根据其授课内容编撰而成。

墨家能够在先秦具有如此大的影响力，与其严密的组织和严明的纪律不无关系。在墨子死后，墨家内部产生严重的分歧，矛盾日益加重，并于战国中后期分裂为三派，各自在社会上活跃着。战国后期，墨家通过多年的发展融合，形成两个分支。其中一个分支宣扬游侠精神，秦汉时期的很多游侠就是这一分支培养出来的；另一支则致力于研究逻辑学、认识论、力学、数学、光学等，继承并发扬了墨家前期的社会主张。

由于墨家制度上的严苛，不适合所有人艰苦训练及理想主义思想，故在战国已经开始衰落。西汉时期汉武帝"罢黜百家，独尊儒术"的政治主张更是加速了这一学派的衰落，致使墨家从显学逐渐变为绝学。

我们可以猜想一下，假如墨家没有消失，而是被官方大力提倡和发展，那中国的面貌将会是怎样的？现代科学是否会产生于中国？这是一个值得玩味的问题。

法家是先秦诸子中颇具影响力的一个学派，因主张以法治国，"不别亲疏，不殊贵贱，一断于法"，故被称为"法家"。法家的代表人物有管仲、商鞅、慎到、李斯、韩非等，法家著作中最重要的是《商君书》和《韩非子》。

在春秋战国时期，法家成为政治上的主流学派。就政治层面而言，法家的影响力远比其他各家大，在战国各诸侯国的变法革新中占据了领导地位。

秦始皇崇尚法家，治国用法家学说为指导，秦国的法律在战国七雄中可以说是最严苛的。秦国之所以能灭掉六国，统一中国，原因是多方面的，完善的法律制度体系也是其中一个重要原因。自西汉时期，汉武帝推出"罢黜百家，独尊儒术"的政治主张之后，法家已经衰败，并逐渐退出了政治舞台，但法家学说仍然或隐或显地发挥着作用。历代统治者多数都会采用外儒内法、儒法并用的统治方法。

孔孟之道

孔子（公元前551—公元前479），名丘，字仲尼，春秋时期鲁国人，他可称为中国最具影响的思想家，被奉为"大成至圣先师"，世称"孔圣人"。

孔子一生都希望在仕途上有所作为，但是很可惜，他始终无法实现自己的政治抱负。相反，他之所以出名和名垂青史，是因为他去当了一名教授，当时号称"弟子三千"，并创立了儒家学派。弟子们将孔子平时的言传身教记录下来，汇集成《论语》，成为中华文化最重要的经典之一，其中许多名言警句都是中国普通老百姓耳熟能详的。

孔子对先人在文化上的成就进行系统整理，并在这个基础上进行补充，创立了新的思想体系。孔子这一思想体系的核心是"仁"，这也促成了儒家学说在文化上占据主流地位。

事实上，"仁"这个字并未出现在殷代和西周的甲骨文中，到春秋时代才开始频繁被人提起。尊亲敬长、爱及民众、忠于君主和仪文美德被人们统称为"仁"。孔子将前人的观点发扬光大，创立了系统的关于"仁"的学说。在《论语》中，孔子屡屡提到"仁"，多达一百多次。虽然包含的意义极其广泛，但主要还是以"爱人"为主。此后，后人又不断发展了"仁"的含义，使之更加丰富，更加耐人寻味。可见，孔子是较早的人本主义者，而不是神本主义者。

孔子的思想不是宇宙论、本体论等形而上学形式的，他主要立足于社会秩序、人格、行为和道德规范等来进行思考，注重的是实践精神和理论的指导性，具有强烈的实用主义特色。从某种意义上说，孔子是一个社会思想家、道德思想家。

儒家的目标，就是培养一个践行"仁"的理想人格，即君子。成人，就是成就一种君子的人格，而完美的人格离不开礼乐的熏陶。

君子从外表看起来好像温恭随和，实际上是外柔而内刚，其灵魂深处有一股强大的力量，内心十分强大，具有不怕牺牲的豪杰精神。杀身成仁、舍生取义是舍弃自己的生命而成就仁德，这表明"仁"是高于生命的，是比生命更重要的。"仁者必有勇"，杀身成仁遂成为古往今来许多志士仁人做出为国捐躯等壮烈行为的主要精神来源之一。

西周社会建立后，周公将从远古到殷商的原始礼仪进行了大规模的整理和规范，形成较完备的周礼。到了孔子的时代，他深感当时社会处于礼崩乐坏、世风日下的局面，觉得重建一套道德系统和礼仪规范非常必要。于是，以重建和维护良好社会秩序为己任的孔子，就提出了自己关于"礼"的一整套思想，这也成为儒家学说中非常重要的一部分。因此，儒教也被称为"礼教"。在中国火红的革命年代里，打破所谓封建礼教的束缚，解放人民的思想，就成为一项重要任务——这是后话。

孔子对"礼"的思想主要体现在四个方面：

第一，礼是社会秩序。孔子认为，礼是"王之大经也"，是统治者治理国家的纲纪准则，能够"务国家，定社稷，序人民，利后嗣者也"，因此，"坏国、丧家、亡人，必失去其礼"。借用刘慈欣《三体》中的名言，我们可以说"失去财富，失去很多，失去了礼，失去一切"。可见，孔子说的"礼"实际是社会秩序和社会制度。

第二，礼是礼仪规定。具体来讲，上至朝廷的祭祀、出征、朝聘，下至普通老百姓的婚丧嫁娶，与人往来接触时的言行举止、生活细节，根据不同的阶层出身和身份角色，就会有不同的礼仪规定，这实际就是社会秩序和制度的具体形式。孔子说"务民之义，敬鬼神而远之，可谓知矣"，又说"未能事人，焉能事鬼"。从中我们可以看出孔子的思想重人事而轻鬼神，改变了以往周礼特别重视祭祀鬼神的传统。

第三，礼是人的道德标准。孔子改变了周礼"礼不下庶人"的规定，告诫人们要把礼作为德行的最高标准。礼作为一套道德标准和规范，可以看作一种成文的道德制度，比起笼统的原则，它显得更加具体。礼是春秋战国时期的核心价值观，并且还附带了许多具体的形式和规定。

第四，礼以仁为实质。仁是内容，礼是形式，二者的结合就是一种制度的完善。孔子开办私学，广收门徒，实行"有教无类"，改变了周礼"学在官府"——只有贵族子弟能够接受教育的局面，打开了民间传播文化之门。孔子主张用"仁"的精神改造人的思想，用"礼"的准则来规范人们的行为，这样就能实现社会秩序的安定良好。

在治国方略上，孔子同样将其与"仁"和"礼"联系起来，主张以德治国，为政以德。用道德和礼教来治理国家是最高尚的治国之道，施行仁政的君主才是贤明的君主，这叫"德治"，与另一种方略"法治"相对应。

孔子推崇用道德和礼去教化和约束人们的言行，落实在政治上就是要做到"君君，臣臣，父父，子子"。在社会中，每个人都要扮演好各自的社会角色，在人与人的关系上要遵守"非礼勿视，非礼勿听，非礼勿言，非礼勿动"。

孔子重礼轻罚，反对滥用刑罚，重视道德教化和感召的作用。他认为，若要治理好一个国家，执政者就必须正己、正名，任用德才兼备的人才来治理国家，必须在保障老百姓生活的基础上加强教化，慎用刑罚惩戒百姓的过失。这种仁者的理想主义思想，其逻辑是建立在"人性本善"的基本假设上的，带着一种乐观主义的情绪。

子贡问曰："有一言而可以终身行之者乎？"子曰："己所不欲，勿施于人。"这是孔子在道德领域提出的一个黄金法则。后来的西方哲学家康德提出的绝对律令与之非常相似，尽管表述上略有不同。己所不欲，勿施于人，这是一个非常重要的伦理学思想，也是孔子的一大贡献。

在个人修养和社交方面，孔子强调要行中庸之道。人与人相处的过程中，应秉持中庸之道，心平气和地行事，讲礼貌，讲文明，彼此谦让包容，这样人们之间的摩擦和矛盾就会减少，社会才会和谐发展。

《论语·雍也》中，孔子说："中庸之为德也，其至矣乎！民鲜久矣。"意思是说，中庸作为一种道德，该是至高无上的境界吧，只是人们缺乏这种道德已经很久了。更重要的一点是，这句话说明了中庸在孔子的学说中是至德的地位，是孔子哲学的基础和最高的道德准则。

由此可见，孔子其实是一个伟大的革命家，不仅是思想变革者，也是社会革命者。孔子作为"万世师表"，是一个先行者，勇敢地改革教育体制，大力发展教育。孔子为社会制定价值观和行为标准，重视发挥道德教化的作用，是一个道德的"立法者"。孔子对原始宗教进行批判，号召大家少谈鬼神，多研究问题，要冷静对待超自然现象，关注世俗，把思考重心转移到现实的人与人之间的关系上来，转移到现世人生上来。孔子提出以德治国的方略，对执政者提出严格要求，这是一个革命性的观点，如此等等。所以，孔子的思想和主张不仅对当时的中国社会产生了促进作用，也对后世产生了巨大的影响，深刻地塑造了中国人的灵魂。

孟子是儒家当之无愧的第二号人物，有"亚圣"的称号。孟子的学说和孔子的思想合在一起被称为"孔孟之道"，基本上被当作儒家思想的代名词。

孟子（公元前372—公元前289），名轲，战国时期鲁国人。在孟子小的时候，母亲为了给他一个好的学习环境，曾三次搬家，这便是"孟母三迁"的典故。孟子长大后，被儒家思想所吸引，师承子思。他继承和发展了孔子的思想，建立起一套完整的思想体系，终于名扬天下。

成名后，孟子周游列国，游说他的"仁政"和"王道"思想。但当时各诸侯国忙于战争，几乎没有人采纳他的思想。于是孟子就去著书立说，给弟子们讲学，写出《孟子》七篇。孟子善于辩论，他的写作风格气势恢宏。到宋代，《孟子》一书被升格为儒家经典，与《论语》《大学》《中庸》合称为"四书"。

孟子的主要思想是"性善论"和"民贵君轻"的仁政学说。

性善论，即"人性本善"，是孟子谈人生、谈政治的理论根据。他认为，仁、义、礼、智、信是人们与生俱来的东西，这种良善的本性是生而有之的，不是从外部世界获得的。当然，有的人之所以坏，那是因为良善的本性被扭曲、污染了，或者环境所迫。假如所有人在处理人际关系的时候，都以仁义为基本准则，那么就能保障天下统一和社会长治久安。

孟子的社会政治思想是"民贵君轻"，这也是他仁政学说的核心。孟子对国家与君主、百姓之间的关系提出了自己的主张，他的主张在中国民本主义思想史上占据重要位置。孟子非常看重民心的向背，在他看来，一个国家的治乱兴亡，取决于国家如何对待自己的臣民。为了阐述这一关系到国家兴亡的问题，他拿许多历史事件举例说明。他说："民为贵，社稷次之，君为轻。是故得乎丘民而为天子，得乎天子为诸侯，得乎诸侯为大夫。"

孟子对孔子"为政以德"的思想进行了继承和发扬，并结合他的性善论，最终形成了自己的政治思想主张。俗话说，恻隐之心，人皆有之，那么在具体的政治实施方面，行的就是不忍心之政，也就是仁政。相对于孔子的"德治"，孟子的"仁政"内容更加具体，涵盖了政治、经济、教育及统一天下的途径等。实行仁政，就是在政治上重视人民，经济上养民，要保护小农经济，只有老百姓都吃饱穿暖，政权才能稳定。

君主要想得到百姓的真心拥戴，就要以仁治国，这也是最理想的政治状态。如果君主一味地残酷剥削，无视百姓生死，那么人民将会推翻他的统治。"水能载舟，亦能覆舟"，得民心者得天下。孟子关注人民的权利，坚持以人为本，他的思想在中国古代思想发展史中占有重要地位。

儒家思想的长期熏陶，造成中国人的潜意识里有一种"圣君情结"和"清官情结"，以为只要有好的皇帝和官员就能一劳永逸地解决所有社会问题，就能建立起完美的人间天堂，实现幸福生活。流行的影视剧里有许多就迎合了中国人的这种心理，如《康熙微服私访记》《宰相刘罗锅》等。

道家老庄（一）

道家学派起始于春秋末期，创始人是老子。老子是个很神秘的人物，约出生于公元前571年，姓李，名耳，字聃。他曾担任守藏室之官（相当于现在的国家图书馆馆长），博学多才。相传他晚年时骑青牛西去，在函谷关写下五千字的《道德经》（也称为《老子》），然后不知所踪。

自道家学派创始之后，又分化出不同派别。其中，庄子继承并发扬了老子的道家思想，成为道家仅次于老子的第二号人物，与"孔孟"相类似，"老庄"成了道家的代称。

庄子又叫庄周，约出生于公元前369年，是道家学派的代表人物。庄周身世不详，据说出生于没落的贵族家庭。庄周是一位富有诗人气质的哲学家，他写作的《庄子》一书，在中国的思想史、文学史上占有极其重要的地位，为人类思想史留下了一笔宝贵的精神财富。

在中国传统文化中，道家及其思想影响深远，地位仅次于儒家。尽管汉武帝"罢黜百家，独尊儒术"之后，道家成为非主流思想，但它仍对统治者、知识分子及底层阶级产生了深远影响。到了东汉末年和魏晋南北朝时期，社会动荡，战事连连，政治分裂，儒家趋于衰落。魏晋时代，知识分子喜欢谈玄论道，探求人生意义，一时蔚成风气，道家思想的演变迈入新的阶段。那时候，人们的主要研究依据是"三玄"，即《老子》《庄子》和《周易》这三本书。因为他们经常讨论的都是"玄远之学"，与具体事务相去甚远，故而这一时期的思想潮流被后世称为"魏晋玄学"。

作为魏晋玄学的主要代表人物，王弼认为玄学中的"玄"即是"远"，因此玄学所代表的就是高远之学，不切合实际，也就是形而上学。由于年代久远，现代人逐渐忽略了玄学的原意，认为其是研究鬼怪、灵异的学派。

玄学自魏晋后就基本没人再研究了，随着时间的推移，玄学也慢慢变质了。流传到了今天，"玄学"这个词真的就成了鬼怪灵异和各类迷信的代名词，实质就是一种巫术的变种。

清谈是玄学的表现形式。魏晋时期，玄学家之间盛行清谈之风。他们不谈国事、民生等俗事，专谈老庄、周易。清谈被统治阶级和有文化的人视为风雅之事，乃是当时的时尚。山水也是玄学家最常接近和赞咏的对象，他们从自然山水中去领悟"道"的具象。

由于人们关注的主题由世俗政治转向个体生命，魏晋玄学培养了一大批潇洒飘逸、放浪形骸的骚人墨客，他们往往愤世嫉俗、喜欢浪漫，形成了一种追求个性自由的风气，这种情况有些类似于 20 世纪 60 年代美国的嬉皮士运动。

儒学的思想和主张，在国家政治稳定、社会太平、中央集权强大的时期是比较管用的，是统治者很好用的一个社会政治管理工具。但是，在社会动荡、政局不稳、民不聊生的时代，儒学就很难奏效了，因此就逐渐衰落，这一衰落就是几百年之久。

在乱世中，人们严重缺乏安全感，在政治上也看不到希望，在心理上自然就会转向避世，倾向于逃避现实，关注个人和精神生活，关注宇宙规律、人生意义等形而上学的问题，不愿意去谈论国家大事。因此，在魏晋时期人们就倾向于道家玄学，还有从印度传入中国的佛教思想。道家和佛家，可以给乱世中的人们以心理安慰，它们的影响力在中国社会逐渐扩大开来。儒家代表入世，道家和佛家代表出世，这两种截然不同的心态是特定时期中国社会心理的反映。

出世的心态很容易造就一种宗教。道家学派产生后，在乱世中逐渐形成了道教。东汉末年，太平道和五斗米道的出现，标志着道教的形成。此后，经历了魏晋南北朝的发展演变，道教在隋唐时期获得皇家青睐，并得到大力扶持，从而进入鼎盛时期。至金元时期，出现了全真教，其在当时有极大的影响力。全真教最著名的一个人物是丘处机，他受到统治者和人民群众的共同敬重，在晚年他曾亲自远赴西域劝说成吉思汗止杀爱民。自此之后，道教各个分支逐渐融合。道教在明清之后逐渐式微。

道教是中国本土的一种多神论宗教，在中国古代，其影响力仅次于佛教。道教历史渊源较早，内容也很庞杂。简而言之，道教中包括了先秦时期的古代巫术、道家思想、鬼神崇拜，秦汉时期的黄老之学、谶纬思想、神仙方术，以及部分西南地区少数民族的原始宗教信仰等。

"道"是产生世间万物的根源，也是道教的最高信仰。它无所不在，无所不包。道教奉老子、元始天尊为教主，对《道德经》《抱朴子》《南华经》等众多道家著作极为推崇。主张清静无为、清心寡欲，追求长生不老、得道升仙，提倡修炼丹药、实施祈祷等宗教仪式。

道教之所以主张修道养生，是因为道教重生恶死，认为人的生命应该掌握在自己的手中，而不是听任上天做主。道教有很多修炼成仙的方法，如炼丹、服食、吐纳、辟谷、按摩、胎息、房中术、导引、诵经、服符等。我的生命我做主，中国人的养生观念受到了道教的深刻影响。

道教的派系众多，因分派标准不同而名称各异。作为本土传统宗教，道教在长期的发展和传播过程中，对中国的社会发展、民族心理、民族文化的发展演变产生了重大的影响，涉及政治、经济、哲学、文学、艺术、音乐、医学、化学、建筑、养生、民俗等，影响延续至今。

对于大多数人来说，"道家"与"道教"这两个词是同一个意思，可以相互替代，但事实上，这两个词在本质上大有不同。道家是一个学派，有其特有的思想演变过程，也有诸多的代表人物。道教则是一种宗教，与其他宗教一样，具有特定的信仰崇拜、一系列的宗教仪式，也会组织教众进行活动。不过，站在中国思想史的立场上，不能简单地将道家和道教分开来看，因为两者有着千丝万缕的联系。道教脱胎于道家，道家哲学思想是道教的重要思想渊源和宗教理论的主干。

道家老庄（二）

"道"是道家哲学的最高范畴，老子通过思考和追问世间万物最初从何而来，从而提出了这一概念。这是彻底的形而上学路子，"道"的概念中就包括了本体论和宇宙论，还具有生成论的意义，是老子抽象出来的一个形而上学假设。

根据老子的描述，"道"是非常玄妙的，既具有物质的某些属性，又不是某种具体的物质。"道生一，一生二，二生三，三生万物"，道化生万物、生生不息，又非他物所生。道无处不在，又没有具体形态。道是大公无私的，不偏不倚，以万物为刍狗。道相当于自然规律或必然性，可看作某种情势，也相当于古希腊哲学家赫拉克利特所说的"逻各斯"。总之，"道"的概念十分丰富、深奥、复杂，用语言文字很难准确地表述。

《道德经》开篇的第一句话就是"道可道，非常道；名可名，非常名"，大意是：道是抽象的、超验的、不可言说的、不可名状的，可以言说的道，不是恒久的道，可以称呼的名，不是恒久的名，除了"可以命名"的形而下的事物之外，还有"无法命名"的形而上的事物。老子还说"玄之又玄，众妙之门"，他认为，语言并不能反映这个世界的本质，这是道家哲学的一个重要观点。

道家认为，语言只会歪曲真理，而不能代表真理，真正的"道"只可意会不可言传，也就是说，语言描述不出真理。这是一个非常好的观点，西方哲学也有相似的主张。能看出语言本身的局限性，这是一个了不起的洞察。但是，这也产生了一个问题，假如无法用语言表述，那么，对于道家思想和玄学，古人又是如何讨论和传播的？

要传播思想就要写书，即使不写书也得演讲和口授吧？那就离不开语言文字。如果老庄想要传播自己的主张，就不得不用文字写下来。无论他们如何排斥语言，都必须这么做。于是我们就看到了《道德经》《庄子》这些著作。

既然真理无法用语言来表达，那么《道德经》和《庄子》中所写的文字就只能说是对真理的尽力接近，而并非真理本身。那么，大家在阅读老庄的著作时，要做的就是根据书中的提示去领悟。

老庄对逻辑式的语言很是不屑，加之他们觉得真理只可意会不可言传，从而导致他们的作品读起来都很古怪，让人很难读懂。庄子的著作还好点，有散文和诗的气质，也有许多比喻和寓言，可老子的著作就真的是"有话不好好说"了，让人丈二和尚摸不着头脑。

不用逻辑语言，那就难以辩论。这样一来，就变成了讨论得越多，错得越多。老子主张人应该抛掉理性思维，才能更好地效仿自然。既然不用理性也不讲逻辑，那就只有靠"悟"了。道只能悟，用文字来解释说明是没什么用的。

假如完全依照原著的字面意思去学，那么根本学不到老庄思想的精髓。要想依照老庄的主张去生活，就不得不给老庄的字面意思打折扣，在其中加入自己的理解，其中自由发挥的空间很大。每个人的领悟和理解都不同，所以每个人眼里的道家思想都不太一样，这就好比一件艺术品，没有严格的、唯一的答案，而是"一千个人眼中有一千个老庄"。

道家的政治理想是"小国寡民""无为而治"，提倡君主不要管这么多事情，而要放手让百姓自己做事，也就是使百姓处在某种"自然状态"中，君主的这种"无为"反而可以使国家得到"大治"。

世事多纷繁，世人多烦恼。之所以会这样，老子认为，这是因为人们做的事情太多了，而不是太少。在生活中，人们总是想控制一切，总希望秩序井然、一切尽在掌握之中。这就是一种过度的强求，失去了自然的状态。因此，国君应该以道为法，自己无为，而让百姓各凭本事，做自己想做的事。庄子强烈反对政府运用国家机器实行统治，因为一切体制、政府、法律，实际上都要求压制差异，强求一律，把自己觉得好的东西强加给别人，其结果通常都会适得其反，所以要让大众享受自由，率性自然。

尽管老子和庄子都主张无为而治，但他们的依据却是不一样的。老子强调"反者道之动"，认为统治者越是想要加强统治，就越不能得偿所愿，反而会适得其反。庄子却着重于人为与天然的不同，认为统治者越想要人为地进行统治，就会有越多的苦难。可见，道家的政治主张有点类似于今天所说的自由主义、"小政府大社会"体制。

老子有一个想法，就是希望回归原始社会。在他看来，万物的运行是循环往复的，再强盛的国家，最终也会迎来天下大乱，所谓盛极必衰，迟早有一天会回归原始社会。与其这样，一开始就回归原始社会，岂不是更好？

不过话又说回来，原始社会真的不如后来的社会好吗？狩猎采集时代的人们，每天工作时间很短，有大量的空闲时间，也不愁吃，生活还是蛮富足的。他们的幸福感难道比农业社会的人弱吗？对远古时代怀有玫瑰色幻想和好感的不只老子一人，西方的启蒙思想家卢梭也是这么觉得的。在卢梭看来，人类不平等的起源就是因为人心和社会被农业文明污染了。

道家最关心的问题是，人生在世，怎样才能全生？怎样才能避祸？老子认为，一个人应当谦逊、谨慎、温和、知足。做事为人要顺乎自然、不强求，矫揉造作和轻率放肆恰恰是与顺其自然相对立的。人顺德，就是顺着事物的本性来做事，也就是顺着道来做事。在《道德经》中，"道"与"德"在某种程度上是同一的。人如果顺着道或德来生活，就能超越世俗的是非善恶，因为道是中立和无私的。人失去了原有的德，是由于欲望太多，知识太多，就以为自己很了不起了，不顺着德来做事。用如今流行的话来说即：不作死就不会"死"。

人们以为，只要满足了自己的欲望就能获得快乐，因而竭尽全力追求欲望的满足。然而欲壑难填，人们不但没有得到真正的快乐，反而适得其反，陷入一种无尽的焦虑和烦恼之中。所以，老子强调要清心寡欲。此外，人还要绝圣弃智。其实，知识本身就是欲望的一个对象，人们总希望自己懂得很多，当一个聪明人，而往往懂得越多，知识越多，就越不满足，越渴求更多的知识。俗话说得好，傻人有傻福。

道家注重人性的自由，提倡人们用谦、柔、弱、坐忘、心斋、化蝶等生活方式来面对世界，主张"齐物""逍遥"，对待世间万物要"无所待"。在《逍遥游》中，庄子表达了自己的看法，认为世间万物皆"有所待"，需要依赖一定的外界因素才可以活动。然而，"无所待"才是世间万物和人生的最高境界，这种自由自在的境界才是名副其实的逍遥游。

庄子是通过故事和寓言的方式来说理的。《逍遥游》中描述的许多故事都很有意思，其中所蕴含的哲理是：人们所说的快乐其实有着不同的层次，人的本性获得自由发展，就能得到相对的快乐，但要想获得"至乐"，就需要更加深入地去了解事物的本性。

庄子描述了什么样的人才能达到至乐境界，这个人一定是一个完美的圣人，内心自由，不受任何约束。这样的人超越了普通事物的界限，超越了主观和客观的界限。他超越了"我"，达到了"无我"的境界，与道合一，可以不需要依赖他物，单凭自身就能获得纯然的快乐。

清静无为、返璞归真是庄子认为的理想状态。他渴望遗世独立、超然物外，在他看来，只有放弃世间的所有纷争，不被世俗拖累，才能达到一种"天地与我并生，而万物与我为一"的逍遥境界。庄子十分重视自由和快乐的问题，如果要做类比的话，庄子就是东方的伊壁鸠鲁或第欧根尼。

中国哲学的特点

战国时期，阴阳五行学说盛极一时。我们最早可以在《易经》和《尚书》中发现"阴阳"和"五行"的概念，不过这两种观念在更远的年代以前就已经产生了。阴阳五行是中国古代一种朴素的哲学思维。古人发现宇宙万物普遍存在着两种相反相成的性质，于是将其抽象为"阴阳"的观念；五行学说认为万物皆由金、木、水、火、土五种元素组成，这些元素彼此相生相克，用这五种元素的性质和变化便可说明世间万物的起源和变化。

先秦阴阳家们的学说源自古代的方术，行方术者称为"术士"。方术或者法术来自迷信，也就是弗雷泽所说的巫术。战国时期鼎鼎大名的阴阳家邹衍，他根据五行相生相克的原理，发展出一个新的历史哲学，自创"五德终始说"。他认为朝代更替遵循五行之道，并以此论证了将有新王朝推翻周王朝，取而代之。

关于阴阳的理论主要来自《易经》。《易经》一直以来都被中国人看作一本玄奥之书，内含深邃的原理，号称"群经之首"。实际上，《易经》的基本思路十分简单，就是反映了中国古代一种朴素的哲学思想。在《易经》看来，宇宙万物是因阴阳交感而生，是阴阳的对立统一。为了体现阴阳学说的深奥性，阴阳家们就把事物变化的原因和过程神秘化。这样的话，就只有他们才可以参透和解读这些神秘的信息了，即所谓"深观阴阳消息，而作怪迂之变"。

五行学说的一个重要观点就是"天人感应"，即自然界和人之间存在着某种神秘的相对应关系。五行学说将自然界的各种事物，根据其不同的属性进行归纳和分类，形成一个五行结构系统。这个系统将空间结构的"五方"、时间结构的"五季"、人体结构的"五脏"作为基本架构，把人与自然环境统一起来。这样，不仅可以用来解释疾病，也能解释运势和风水。

一般人想到《易经》，就会联想到八卦。对于八卦的起源有多种说法，传统认为，是伏羲创造了八卦，即"先天八卦"。在商朝时盛行占卜，方法是将龟甲用火烤，根据其龟裂产生的纹路来占卜。用龟甲占卜这种方法，一是成本较高，二是产生的裂纹千变万化，图像识别比较困难，以龟甲裂纹图像来解释天象人事和吉凶祸福不太容易操作，所以到了周代逐渐改用蓍草占卜。这大概就是《易经》的起源。

《周易》分为《经》和《传》两个部分，相传为周文王所作。在大多数时候，我们用《易经》来代称《周易》。《易传》中包含解释卦辞和爻辞的七种文辞，共十篇，统称为"十翼"。

在《易传》中，不仅记载了"阴阳"的概念，还记载了另一个重要概念——数。古人借助蓍草占卜来探索宇宙的奥秘，因为这种占卜方式与蓍草数量息息相关，所以古人就认为数字中隐藏着宇宙的奥秘。后来，阴阳家还想要用数字将阴阳和五行联系起来。这样看来，中国古人对"数"的重视，和毕达哥拉斯学派何其相似！

阴阳五行学说可以说是中国影响最广、最深远的理论，涉及方方面面，深刻地塑造了中国人的思维方式和生活方式。无论是占卜、预测吉凶，还是风水、养生、食疗、医学，又或者是武术、艺术、建筑，甚至是婚丧嫁娶，都有阴阳五行学说的应用。中医学，也是以阴阳五行学说作为理论基础的。

与西方哲学思想相比，中国哲学有什么特点呢？

第一，中西方哲学传统有根本性的差异。中国哲学围绕着社会人生、伦理问题展开，是以人为本的，精髓是"内圣外王"。西方哲学围绕着宇宙本原问题展开，以研究自然为重点，可谓以"天"为本。中国哲学是人本主义，西方的基督教哲学是神本主义。

中国哲学并不是起源于"惊异"，而是起源于"忧患"。它始终强调非智力因素，所以不能归结为"爱智慧"。

许多西方人觉得，中国人不像其他民族那样重视宗教。有人认为，中国文化的精神基础不是宗教，而是伦理。根据中国的哲学传统，哲学不是为了增进关于自然的知识，而是为了提高人的心智，为了服务于道德伦理，解决社会人生中的现实问题。著名的西方哲学家黑格尔就从西方的角度出发，认为中国实际上没有哲学，只有思想。

在许多人看来，中国哲学是一种"入世的哲学"，这种哲学主要思考的是社会中的人际关系和人事，通常只探讨道德价值，不愿意去谈论超越道德的价值，觉得那些东西根本没法谈。中国几乎所有的哲学派别都关心政治和伦理道德，有的是直接，有的是间接。因此，宇宙并不是中国大多数哲学家关心的重点，社会才是。他们关心人的今生和人际关系的日常功能，而不关注来世、天堂与地狱。

中国古代社会是小农经济的封建社会，人与人的联系是小范围的，与外界的交流也不会太频繁和畅通。在一个封闭的体系内，人们注重的是家族观念、宗族权力，因此民间的道德规则、习俗就成了社会生活的仲裁者和决定者。也因此，中国演变成了一个关系和人情的社会，在某些地区某些情况下，道德在社会管理中扮演的角色比法律要重要得多。著名社会学家费孝通在《乡土中国》一书里，对中国农村社会进行了鞭辟入里的分析。

中国的传统认为，圣人应该具备某种品格，只有"内圣"方可"外王"。所以，哲学的作用就是阐明人如何才能发展出这样的品格，内圣外王之道就是中国哲学重点关注和探讨的主题。那么很显然，它难以脱离政治。中国无论哪一派的哲学，它的哲学思想都必然是它的政治思想。至于形而上学、伦理学或者逻辑学等，都以不同形式与政治思想联系在一起。

学问和知识是中国哲学家们所重视的，但在他们眼中，更为重要的是高尚的人格和境界的追求。既然中国哲学关注内圣外王之道，那么研究哲学就不只是为了获得学问，还为了培养品德。哲学所代表的不只是知识，还是一种生命体验，是人生的实践活动。它是一件非常严肃的事情，而并不只是智力游戏。

这便是"求知"和"闻道"的关系。孔子在处理二者的关系时，提出了"志于道、据于德、依于仁、游于艺"四项原则。人只要按照这个要求坚持不懈地努力，就能达到圣人的境界。前三项讲的都是道，只有最后一项谈到了知识技艺，之所以这样，是因为道不可以空谈，只有在以六艺为主的实践活动中，才能体现"闻道"。而一旦"闻道""希圣"的理想得以实现，精神实现了最终的超越，人就可以死而无憾了。这便是所谓的"朝闻道，夕死可矣"。

第二，中国哲学的方法论是辩证法，推崇辩证逻辑，其核心是"阴阳之道"，即对立统一学说。西方的矛盾观主要讲"对立"，中国的矛盾观主要讲"统一"，阴阳合德。前者突出斗争精神，后者突出和谐原则。中国辩证法归根结底是实现和谐的方法和艺术。

中国古代社会是一个小农经济的社会，从某种意义上说，中国的哲学家也是农民，或者跟农民的心态和眼界有很大的联系。对于中国哲学来说，这种农民的眼界不但对其内容有所制约，更重要的是还对其方法论有所制约。

在日常生活中，农民经常接触的都是一些他们一眼就能认出来的事物，譬如庄稼、农田。他们的心态呈现出的是原始的纯真状态，倾向于对事物进行直接的认知，非常注重直觉思维。这也导致了认识论在中国哲学里从未得到真正的发展。认识论要发展，就需要明确区分认识的主体和客体，而且认识主要来自对自然界的思考与研究，而中国哲学恰恰在这方面是弱项。

西方哲学擅长演绎和分析式的思维，而中国哲学擅长直觉式、类比式、归纳综合式的思维。前者重视还原论，后者重视整体论。中国哲学的很多概念是提示性的，而不是明晰的。因为这些概念的产生，大多不依赖于理性和演绎逻辑，所以中国的哲学家只是将自己所看到的说出来，并且语言很简短，不过，其中却蕴含着十分丰富的内容。

第三，中国哲学家立言简约，喜欢形象表述手法，大多具有诗人气质。中国哲学作品不重视逻辑结构，往往是语录集锦，非常耐人寻味。

中国的文字是表意、象形文字，一词多义、一字多义，这就决定了中国哲学言简意赅，同时逻辑性弱，歧义现象很常见。西方的文字是字母拼音文字，所以适合逻辑的产生，严谨性很强，容易构建体系和方便人们学习，而不像中国哲学这般模糊和似是而非，重视主观和体悟。

事实上，很多中国哲学家并没有专门为哲学著书，而只是在书中阐述了一些哲学思想，这与西方的哲学著作有很大的不同。因此，当西方人阅读中国哲学著作时，总是会发现作者的言论和著作非常简短，甚至相互不连贯。

自古以来，中国人并没有将哲学划分为一门独立的学科，也没有专业的哲学家。"哲学"这个词语是采用日本的译法，在近现代时才被引进中国。中国当代著名哲学家冯友兰先生曾指出："在中国历史上，没有专门哲学著作的哲学家比有专门著作的哲学家，为数多得多。"用今天的话来说就是"民哲"众多。我们想要对这些人的言论和思想有一个透彻的理解，就不能只读他们的作品，还要研究他们与学生、朋友之间的言谈和书信。因为记录他们言论的并不只有一个人，所以相关著作中就很容易出现不连贯，甚至自相矛盾的地方。

相较于西方哲学家的著作，中国哲学家的著作表达都很简练。这不仅因为语言文字的差异，还因为中国哲学家常常用格言、比喻、警句及事例等方式阐述自己的思想。比如，《庄子》中有很多寓言故事，《老子》则以格言的形式写成。虽然某些西方哲学家也喜欢用格言警句的方式来写作，但毕竟不是主流，数量也没有中国哲学家这么多。

用格言、警句、比喻和事例来说理，这种方法有一个问题，就是不够明晰和透彻。那应该怎么办呢？这也就只能依靠其中蕴含的暗示了，即靠暗示来补足。越是明晰的语言，越缺少暗示；越是不明晰的语言，越充满暗示。中国哲学家的语言这么不明晰，那么其中就几乎蕴含着无限的暗示，这就给了阅读者联想和解释的广阔空间。所以，对经典进行注释，就成了中国许多知识分子喜欢的功课。

对所有人来说，如果不能直接阅读某种哲学原著，那么由于语言障碍，就必然很难对原著有一个透彻的理解。由于中国的哲学著作往往以提示引人联想，这就使得翻译难度加大。将中国哲学家的言论和著作中的种种暗示翻译成外文，是一件极其困难的事。这个时候，为了方便读者阅读理解，往往就会采用一种明确的陈述语句来表达原著中的暗示，如此一来，暗示就没有了意义，原著也就失去了味道。

　　不同的哲学造就了不同的思维方式、不同的文化、不同的社会景观和不同的性格气质，并在一定程度上影响了民族的历史和命运。

第二部分　千年中世纪

在世界古代史上，罗马帝国是最大的君主制国家之一。在全盛时期，罗马帝国拥有 590 万平方千米领土，国土北起莱茵河和多瑙河一带，南达非洲北部，西到西班牙、高卢与不列颠，东至幼发拉底河上游。公元 395 年，当时的罗马皇帝狄奥多西一世将帝国一分为二，东部地区传给他的大儿子阿卡迪乌斯，西部地区传给他的小儿子霍诺里乌斯。从此东罗马、西罗马实行永久分治。

由于蛮族入侵，西罗马帝国于 476 年灭亡。君士坦丁堡则在 1453 年被奥斯曼土耳其帝国攻破，东罗马帝国（亦称"拜占庭帝国"）灭亡。西罗马帝国灭亡到东罗马帝国灭亡的这一段时间，史称中世纪（476—1453）。中世纪还有另一种分法，即从 395 年罗马帝国分裂到 1453 年君士坦丁堡陷落的大约一千年。

在中世纪，基督教凌驾于一切之上，统治着欧洲的知识分子。基督教纪元被定为公元纪年，在全世界通行。在基督教纪元的最初几百年，不仅标志着罗马帝国与希腊罗马哲学的衰亡，还代表着基督教作为一种教义与制度建立起来。

在千年中世纪时期，欧洲处于一种封建割据状态，战争频繁，王权受制于教权。基督教禁锢着人们的思想，导致生产力和科技发展都处于停滞状态，人们生活在水深火热之中，看不到希望。因此，西方人通常把中世纪叫作"黑暗时代"。在他们看来，这是欧洲文明史上比较落后、发展比较缓慢的时期。意大利文艺复兴时期的学者彼特拉克将欧洲历史划分为两个阶段，第一阶段是古希腊和古罗马时期，第二阶段就是中世纪黑暗时期。

整个中世纪，哲学和思想基本上是同质的，因而可以将中世纪哲学等同于经院哲学，千年中世纪也可以看作一个经院哲学时代。

332年，罗马皇帝君士坦丁大帝迁都拜占庭，就此埋下了基督教东教会、西教会大分裂的隐患。此后，东教会、西教会逐渐疏远，隔阂越来越严重。1054年，基督教发生第一次大分裂，分成天主教和东正教。后来又由于宗教改革运动，基督教发生第二次大分裂，从旧教（罗马天主教）中分出了新教（即狭义基督教）。

在中国的宋朝，儒家学派经过几百年的衰落之后，迎来强势的复兴，诞生了新儒学。宋朝虽然在政治和军事上比较薄弱，但是在经济和文化上非常繁盛。

在阿拉伯半岛，一个新兴的一神论宗教伊斯兰教诞生了。阿拉伯帝国随之建立。13世纪，蒙古在草原上崛起。在成吉思汗的统领下，蒙古铁骑横扫亚欧大陆，建立了人类历史上最广袤的世界帝国。蒙古帝国极大地促进了亚欧各地的经济和文化交流。

1346—1350年间，黑死病大规模袭击欧洲，有资料称欧洲三分之一的人口死于这场灾难。这场黑死病对欧洲传统社会结构造成了沉重打击，导致了封建与教会势力变弱，也影响了人们的精神状态，从而间接促成了后来的文艺复兴与宗教改革。

第四章　基督教的影响

上帝之国

罗马兴起之后，罗马人接受和采纳了希腊的神话和哲学，并继续向前发展。所以从思想文化方面来看，我们把这个历史时期称为"希腊—罗马世界"。这是一个从轴心时代古希腊起就一直延续着的思想与文化传统。

罗马人为希腊诸神换了一个罗马名字，构建了自己的万神殿。宙斯在罗马的名字叫朱庇特，赫拉叫朱诺，海神波塞冬叫尼普顿，战神阿瑞斯叫玛尔斯，雅典娜叫密涅瓦。由此可知，在罗马世界，宗教是多神论信仰。

在思想和哲学方面，斯多葛学派由芝诺于公元前300年前后在雅典建立，这一学派在希腊和罗马有许多追随者，其存在一直持续到基督教时期。请注意，这个芝诺与埃利亚的芝诺是不同的两个人，不能混淆。

斯多葛主义在罗马共和国时期广受欢迎。在罗马帝国时期，这一学派分为两个派别，一个是通俗派，另一个是科学派。通俗派中的一个代表人物就是著名的哲学皇帝马可·奥勒留，他是罗马皇帝，同时也是哲学家，写了《沉思录》一书。

简单来说，斯多葛主义认为宇宙的主导原则是逻各斯，就如同赫拉克利特所说的那样，逻各斯是世界的主宰，是贯穿世间一切的最高理性，永存不朽。逻各斯同时也是"神"或"命运"，这三个词语可以互通，意思一样。神是一个整体，个人只是其中的一分子，个人理性也是普遍理性的一部分，每一个人都像是一个"小宇宙"，乃是"大宇宙"的缩影。既然人也产生于最高的理性逻各斯，与自然界并无区别，那么人人生而平等。

斯多葛主义主张，幸福并不来自任何外在事物，一个人要想获得幸福，唯一的方法就是过一种有德行的生活，而德行的基础就是知识。人要顺应逻各斯的引导，即顺应"命运"，清心寡欲，这样才可获得幸福。说白了，斯多葛主义就是主张宿命论和禁欲主义。不过，它是一种积极的宿命论：虽然我们不能改变世界的律法和命运，但是可以改变自己面对世界的心态；虽然我们被绑在命运的车轮上，被迫跟着车子走，却不应该生气和不满，而是要懂得欣赏沿途的风景，这样就会心情舒畅。

斯多葛主义者宣称自己是世界主义者，宣扬人类是一个整体，公民应该只有一种，那就是宇宙公民。这就是说，所有人都处在普遍法规与政府体制的管辖之下，法律面前人人平等，这就是"自然法"概念。当然，斯多葛自然法和罗马国家的法律不是同一的。作为一门独立学科的法理学，罗马自然法是由罗马的法学家们创立的，而这些法学家的倾向总的来说接近于斯多葛主义。

在罗马，斯多葛主义者推崇希腊文化与希腊哲学。他们的思想很开明，其中最优秀的就是西塞罗。作为政治家、哲学家、演讲家，西塞罗创立了"人本主义"思想。另一位斯多葛学派人士塞内加认为："对人类而言，人是神圣的。"这句话后来变成了人本主义的口号。历史上，首次论证了天赋人权、人人生而平等理念的就是斯多葛学派。斯多葛学派人数众多，对社会产生了极大的影响，特别是在罗马时期，也对后世产生了深远影响。

公元前 63 年，罗马将军庞培率军征服巴勒斯坦和叙利亚地区，从此，这个地方划归于罗马的统治之下，并设置为犹太行省。很快罗马人发现，这个偏远的地方很不好管理，犹太人经常反抗作乱，动荡不堪。更重要的是，犹太人这个奇怪的民族竟然信仰一个名叫"耶和华"的神，认为宇宙中只有这么一位全知全能的大神，没有其他的神祇。罗马人不管采取什么手段，这群固执的犹太人就是不肯相信伟大的罗马诸神。

罗马为了更好地实行统治，就采取"以犹制犹"的方针，扶持犹太傀儡政权代行统治，实权在罗马总督手里。在宗教问题方面，罗马人想尽一切办法，都无法压制犹太教，只好作罢。

过了几十年之后，这个地方出现了一个小小的犹太教支派，他们宣扬一种新的革命性观点。这个叫作基督教的小支派宣称一个名叫"耶稣"的人是救世主，并追随他的脚步。犹太教的拉比们觉得这实在是太反动了，并感受到了威胁，感觉到了信仰危机。于是，他们就说服了罗马总督，让罗马人把耶稣抓起来处死。很快，耶稣就被钉死在十字架上。

可是，基督教并没有因为耶稣的死而消失，反而发展得越来越壮大。耶稣的追随者们走遍罗马帝国各地，积极传道，其中最出色的就是使徒保罗和彼得。

罗马帝国此时处于经济巨变时期，社会和宗教发生动荡。人们从希腊—罗马诸神的传统信仰中所获得的安全感越来越弱，传统的多神信仰正走向末路，许多新生教派逐渐崛起，将传统诸神取而代之，如密特拉、伊西斯、西布莉、基督教和诺斯替主义等。

这些新生教派之间不只存在竞争关系，还会相互借鉴学习，将其他教派的教义和宗教仪式融合在自己的宗教中。人们开始相信宇宙只有一位万能的神，他具有人格属性，统治着全世界。人们渴望能与这位唯一真神建立亲密联系。对于世界上存在着的恶，很多人认为唯一真神直接给予的启示可以帮助他们解决。

在希腊—罗马世界，基督教逐渐发展壮大。在公元后第一个世纪的希腊世界，使徒保罗获得成功，帮助基督教扩张到耶路撒冷以外的地区，这也是基督教自建教以来第一次扩张到其他地区。直到300年后，基督教势力才真正遍及罗马帝国全境。

罗马帝国对基督教和基督徒采取迫害政策，几百年间，大量的基督徒死去。但是他们毫不畏死，仍勇敢地坚持自己的信仰，坦然面对死亡，很少有人变节。一群基督徒被丢入狮口，他们在临死前面对狮子淡定地祷告。

后来，事情终于有了转机。罗马皇帝君士坦丁在晚年皈依了基督教，他是第一位加入基督教的罗马皇帝。313年，君士坦丁大帝颁布《米兰敕令》，承认宗教信仰自由，在罗马帝国境内，基督教与其他所有宗教信仰一样，在法律上是平等的，具有相同的自由和权利。基督教被帝国迫害打压的历史就此结束。

相传，君士坦丁在米尔维安大桥战役前夕梦见了呈十字架形状的火焰在空中燃烧着，与此同时，还传来了一个声音："这是你克敌的迹象。"第二天他果然大获全胜。后来，君士坦丁就皈依了基督教。

有一种猜想，说君士坦丁大帝信奉基督教，只是顺应了历史发展的潮流，并未真正改变历史的进程。那时候基督教已经具有很强大的势力，尽管罗马帝国使用了很多极端手段来迫害和打压基督教，但始终没有得逞。因此，就算君士坦丁大帝不进行干涉，基督教最终依然能取得胜利。

这样的猜想并不能以理服人，因为忽略了特定历史人物的作用。我们根本无法猜测，假如没有君士坦丁，历史将会朝哪个方向发展。但可以确定的是，基督教在他的支持下得到迅速扩张。只经过了不到一个世纪的发展，基督教就从一个只有少数信徒的宗教，一跃成为罗马帝国最有影响力的法定宗教。所以，在欧洲历史上，君士坦丁是一个关键人物。

392 年，罗马皇帝狄奥多西下令，罗马帝国境内除了基督教以外的所有异教庙宇都要关闭，所有人只能信奉基督教，不能信奉其他宗教，否则以叛国罪论处。自此，基督教成为罗马帝国的国教，罗马成为上帝之国。

从兴起到 392 年近四百年的时间里，缓慢而和平的扩张方式，让基督教取得了最终的成功。这种看似缓慢实则坚实的传播方式，让基督教慢慢适应了周围的异教环境，并最终广泛影响了世界。

救世主耶稣

首先，解释几个名词。"基督"一词是希腊语，是希伯来文"弥赛亚"的希腊文翻译，是"受膏者"的意思。因为古犹太人的君王和祭司在受封的时候，会让人在他们头上抹膏油，所以弥赛亚意味着犹太人的王。在《圣经·旧约》的多部先知书中，弥赛亚是先知所预言的能够拯救万民于水火的救世主，如《但以理书》《以赛亚书》中均有记载。所以，"耶稣基督"所代表的意思就是"救世主耶稣"。

耶稣的称呼和头衔有很多，如神的儿子、万王之王、人子、以马内利、道、大祭司、中保、君王、拿撒勒人耶稣、拉比等。"以马内利"的意思是"神与我们同在"。耶稣的称呼这么多，确实会让人感到头晕。不过不能忽视这些别称，因为它们经常会出现在不同的场合，如果不了解，那就不知道经文说的是什么。

据《圣经》所载，当时耶稣的母亲玛利亚已经有婚约，未婚夫叫约瑟。还没有被迎娶的玛利亚感应圣灵而怀孕，这就是"处女受孕"。这种事情只发生过一次，所以，耶稣是上帝的独生子。这件事正好应验了《圣经·旧约》中先知说的话："必有童女怀孕生子，人要称他的名为以马内利。"

约瑟发现自己的未婚妻怀孕后，内心十分纠结，不过他是一个仗义的好人，一心想暗中取消婚约，以免玛利亚当众遭受羞辱。就在他思考要如何做的时候，天使托梦给他，说："大卫的子孙约瑟，不要怕，只管娶过你的未婚妻玛利亚，因她所怀的孕是从圣灵来的。她将要生一个儿子，你要给他起名叫耶稣，因他要将自己的百姓从罪恶里救出来。"

要知道，在1世纪那种封闭保守的社会里，一个女人如果未婚先孕，在当时就是犯了奸淫罪，是会被石头砸死的。玛利亚遇到了一个好男人、好丈夫，如果约瑟没有迎娶玛利亚，作为未婚妈妈，玛利亚的命运实在堪忧，那耶稣的出生和长大成人就是未定之数了。

耶稣出生在伯利恒的一个马厩里。当时，统治犹太地区的是罗马帝国分封的希律王，他听闻消息，说伯利恒会有一个未来的君王诞生。那还得了？这对希律王的权力地位是极大的威胁，必杀之。于是，希律王下令，将伯利恒及其周围地区两岁和两岁以下的所有婴幼儿全部杀死，一个不留。因为得到了天使的警告，约瑟和玛利亚就带着耶稣跑到埃及去避难了，一直等到希律王死后才返回犹太地区。

耶稣是在一种斗争和恐怖的气氛中来到这个世界上的，他的幼年岁月是在埃及的逃难中度过的。后来希律王的一个儿子做了王，他把施洗约翰的头砍了。施洗约翰是耶稣传道之前的前辈，为耶稣做了很多准备工作。他曾亲自给耶稣施洗，因为经常喜欢给人做洗礼，所以被称为"施洗约翰"。

作为人类的救世主、上帝的独生子，耶稣为什么会出生在马厩这种地方？即使不讲究排场，这也太落魄了吧？在伯利恒的这个夜晚，上帝需要极大的勇气，看着他满脸沾血的儿子在这个冰冷无情的世界降生，他的感受是否也像任何一位无助的父亲一样呢？

上帝肯放弃权能和荣耀置身人间，而且以这样一种低调，甚至是有些作践自己的方式降世到地球，其背后是有意义的。上帝展示了他的决心及勇气。

耶稣来到这个世界，就是来替全人类赎罪的。他的使命是伟大的，不但注定了他将来会受苦，而且注定会为全人类而死。耶稣受尽折磨，被钉死在十字架上，死状相当惨。所以，把耶稣的使命和后来的结局联系起来，出生于马厩就显得十分正常了。如果连这么一点苦和侮辱都受不了，耶稣怎能完成赎罪大业？这同时也展现了耶稣谦卑的姿态和美德，展现了他平易近人的特征，与旧约里那个上帝的形象是完全不同的。

耶稣长大以后，首次"正式"的作为，就是在旷野中经受住魔鬼的试探，取得对决的胜利，完成传道前的自我完善工作。类似的事情也同样在其他几个大宗教里出现，教主在正式出山之前，必然要经历一次神秘的"顿悟"和"觉醒"，比如释迦牟尼在菩提树下的彻悟，穆罕默德在隐修的山洞里受到启示等。

魔鬼撒旦搞不清楚道成肉身的奥秘，他不知道耶稣到底是上帝的显现，还是一个普通人，或者只是一个天使，就像他本人那样。地狱之王撒旦原名"路西法"，是上帝身旁地位最高、力量最强的大天使。路西法因为生骄傲之心，想跟上帝平起平坐，所以开始反叛上帝。后来他自然是失败了，被上帝赶出天国，打入地狱，于是他带走了三分之一的天使，加入反叛上帝的军团中，成为堕天使。

撒旦试探了耶稣三次，分别代表肉体的欲望、因身份的优越感而产生的骄傲，以及统治万国的权力欲望，耶稣全部都经受住了考验。这个经历与释迦牟尼战胜魔王是何其相似，同样也是战胜了情欲、傲慢、权欲等人性的弱点。

在旷野试探中，上帝始终是隐藏的。撒旦对耶稣采用激将法，他说："如果你是上帝，就给我露一手，证明你就是上帝。"而耶稣则淡定地回答："只有上帝能做这些决定，我不会听你的要求做任何事情。"

旷野试探主要回答了一个问题，即弥赛亚是什么样的人。人们希望要一个威武强大的弥赛亚，而不是一个受苦的弥赛亚，可耶稣为什么偏偏就是一个受苦的弥赛亚呢？他到底有什么样的力量呢？旷野试探的最大意义是揭示了耶稣基督的力量源泉。耶稣不需要像撒旦那样，通过显示威权来强制、诱惑和逼人服从，耶稣是通过内在的力量，不带强制性地获取人心。简单点说，耶稣是通过感化，而不是用暴力和强制手段来征服人心的。

关于耶稣行神迹的问题。耶稣在传道过程中行了不少神迹，比如在宴会上将水变成酒，在水面上行走，治愈瘫痪者和盲人，治愈病危的人，让门徒打到鱼等。许多神迹都是关于治病救人的，这十分平淡无奇，很多骗子、魔术师、邪教教主、气功大师等都会这么做。耶稣行的最大神迹就是"五饼二鱼"，也就是用五个饼和两条鱼让五千人吃饱，但这种规模的神力与希腊罗马诸神的威力比起来，还是太弱了。

神迹在福音书中并不怎么受重视，耶稣经常要求那些看见神迹的人不要跟人说自己看见了神迹。虽然耶稣从未拒绝请求医治的人，但是他始终不愿意为了讨好人们而进行示范表演，也不愿去讨好任何一个大人物。

在耶稣那个时代，人们通常认为悲剧的发生是一种报应，是一种对自己罪过的惩罚。对于一切悲剧皆为罪有应得这一观点，耶稣并不赞同。他想要让病人知道自己是蒙受爱与恩典的，并非遭到上帝诅咒。因此，他每一次展现医治的神迹，其实都是在嘲讽和反对犹太教的拉比们所宣扬的"罪有应得"观点。耶稣是通过行神迹来反抗犹太教传统的，这是一种革命行为。

行神迹也给耶稣带来了许多麻烦，当局认为受到了威胁。在耶路撒冷，耶稣被谴责为异端。实际上，人不一定会因为看到神迹而产生信心，恰恰相反，只有人拥有坚定的信心，才有可能产生神迹，所谓"信则灵""心诚则灵"。见证一个神迹只是使那些寻找方向的人看到一个征兆而已。

耶稣对行神迹的做法是爱恨交织的。没错，神迹会吸引观众，博得掌声，但却极少能鼓励人们悔改并建立长久的信心。耶稣给出的是顺服上帝和牺牲之类的严肃信息，而不是为了给看热闹、追求感觉的人提供娱乐助兴节目。耶稣不是哗众取宠的马戏团小丑，而是一个严肃的导师。

因此，在行"五饼二鱼"的大神迹后，耶稣的教导有了新的变化。在一天之内他经历了从接受喝彩到遭受弃绝的落差，他清楚自己的未来，开始更多地讲述他的受难。他明白光靠神迹是不能达到目的的，只有从内心深处打动他人，才是正途。

那么，为什么要行神迹呢？耶稣所行的医治，让少数人恢复了健康，这并不能解决人间的所有痛苦。不过，耶稣在世间用神奇的力量修正了一些错误，这就是在传递一种信息，让人们看到生活是有盼头的。耶稣的神迹就是在提示人们，上帝可能要有所行动了，因为上帝就像世人一样，对这个世界也是不满意的。

登山宝训是耶稣最著名的一次讲道。与摩西的"十诫"比起来，登山宝训对人类提出了更高的道德要求，这是一种无法企及的道德标准。耶稣以摩西五经为起点，将道德律法严苛化。这种严苛让喜欢研究和推行律法的法利赛人望尘莫及，也没有哪个修道士敢按照这种道德要求去生活。耶稣为什么要把道德律法变得无人能遵守，然后他又要求人们去遵守呢？

登山宝训的意义在于，耶稣告诉了人们上帝是谁、上帝有什么样的品格。耶稣的本意并不是给人类施加压力，而是让人类承认自己与上帝存在巨大的差距。人们从登山宝训中了解上帝的理想，并通过不懈的努力向这个理想看齐。如果有人妄图投机取巧，通过降低上帝要求的方式来缩小人类与上帝之间的差距，那么说明他根本就没有领会登山宝训的意思。

耶稣想要塑造的是一种"全新的"人类。他设定了一个绝对的理想和标准，让人们承认自己永远都无法达到这个标准，并能坦然接受自己不能达到标准的这个事实。通过这样的方式，登山宝训终结了所有的律法主义。耶稣告诉人们，所有人在上帝面前都站在同一水平线上，除了安身在神的绝对恩典的安全网里，人类无处可以存身。

耶稣受难于十字架上。钉十字架是罗马帝国一种残酷的死刑。在加略山，耶稣悲痛地说："我的神，我的神，为什么离弃我？"在这时，耶稣并没有用"我的父亲"这样的表述，这就表现出一种情感上的距离，体现了他们之间的严重疏离。在上帝的位格中出现了一种不可思议的分离，即圣子觉得圣父抛弃了自己。面对耶稣的痛苦，上帝没有出现。

教会经过很长时间才接受了十字架的耻辱，后来罗马皇帝君士坦丁看到十字架异象后，才废除了这种死刑。具有讽刺意味的是，在经历了异象后，君士坦丁命令士兵都要在盾牌上画十字架，十字架不再是受难的记号，而成为君士坦丁胜利的象征。从此，十字架就成了基督教信仰的记号。

上帝在道成肉身的这段时间里体会到了做人是什么样的感觉。上帝的儿子经历了贫穷，在社会上被抛弃、遭人嘲讽辱骂、经受背叛。在这些历练中，耶稣感受到了痛苦的滋味，也明白了痛苦的意义。耶稣以一种完全的、从未有过的方式来面对邪恶。他必须要亲自承担人类的罪，然后才能赦免人类的罪。为了打败死亡，传递永生天国的信息，他必须自己先死，然后通过复活来证明这一切。

相信耶稣的复活，是基督教的关键。如果耶稣没有复活，他充其量就是个先知和导师，而不是上帝之子。确实，在犹太教和伊斯兰教那里，耶稣就只是被视为先知。

死人复活，这种事情是难以置信的，更何况耶稣在生前还直接预言了自己的复活。最早的基督徒，把一切希望都建立在复活的基础上。使徒保罗在给哥林多教会写信的时候说："若基督没有复活，我们所传的便是枉然，你们所信的也是枉然。"

对于复活所采取的不同态度会引发出两种不同的结果。那些选择相信的人，他们的生命发生了根本性变化，他们充满勇气，信念坚定，并走出去积极传播基督教信仰，从而改变了世界；而那些持怀疑态度的人，也能找到诸多借口和理由忽视复活，然后依然故我。

"你们因看见了我才信，那没有看见就信的有福了。"耶稣说。得到恩典的那些人自然是相信的，但是他们只是少数，其他人怎么办呢？当耶稣不再显现时，那些从未看过的人要怎么办？教会如何才能稳固？所以，这就需要坚定的见证者和传道者，使人们根据那些看过的人的见证而抉择。

一群并不虔诚也不那么靠谱的人被耶稣感化，变成了毫不畏惧的传道士。他的门徒从背叛和离弃耶稣，变成全然相信死而复生的耶稣基督，成了殉道者的先驱。他们为了把耶稣的教义传到地极，毫不畏死，面对罗马帝国的迫害面无惧色。这种改变是非凡的，这群胆小又多变的人身上所发生的变化，就是一个最大的神迹。

德国神学家朋霍费尔曾说："教会不是别的，只是基督切实在其中模塑的一群人。"这群人被使徒保罗形容为"基督的身体"。保罗看到有一种新人类组成了一个新族群，他们用自己的一举一动来赞美上帝、表彰上帝。

还有一个重要的问题。耶稣到底是人还是神，抑或是半人半神？要回答这个问题，相当不容易，它涉及了基督教教义的基石，即"三位一体"。

耶稣是一个出生在伯利恒的犹太人，他有名字、有父母，跟普通人一样是实实在在存在的人，但同时耶稣又和大地上任何一个活过的人完全不同。也就是说，耶稣既是人又是神，既具有人性又具有神性，并非"半人半神"。这是一个统一的状态，与三位一体一样，需要人们越过一般的逻辑思维，从一个整体性的角度来把握和理解它。

圣父、圣子、圣灵三位一体，这三者构成一个统一的整体，上帝就是三位一体。问题是，上帝怎么可以既是父亲，又是儿子，同时还是一个灵？这不是违反了逻辑规则吗？按照逻辑来说，应该认为圣父是上帝，他生了圣子耶稣，而圣灵应该是独立存在的另一个东西。可是，事实并非如此。基督教认为，圣父、圣子、圣灵全都是上帝，它们是完全同一的，之所以分出三个不同的概念，是因为上帝有三个位格，这并不影响其统一性。

由此可知，耶稣不仅是上帝的儿子，同时也是上帝本身！

打个比方，人类生出来的孩子是人类，造出的是塑像。而上帝生出的是基督，造出的是人类。因此可以得知，就像人类的孩子是人类一样，上帝的儿子与上帝是一样的，所以上帝之子也是上帝。

上帝与人类的不同，还在维度上有所体现。就像一维空间是一条直线，二维空间的平面图形是由多条直线组成的，而三维空间的立体是由多个平面图形组成的。一维的世界永远无法理解二维世界，二维世界也永远无法理解三维世界，但反过来，高维的生物就很容易看清楚低维生物，可以说是一览无遗。英国作家埃德温·艾勃特写的一本著名的科幻小说《平面国》，就很形象地表达了这个道理。

同理，人的层面是一个简单的层面，维度比较低，而上帝的层面就要高得多。上帝是一个人格神，你可以在上帝的层面找到人格，只是你会发现人格在那里以全新的形式组合在一起。只不过因为人类不生活在那个层面，所以对此无法想象，就如同一个"平面人"无法想象一个三维空间的"立体人”那样。

在上帝的维度上，你会发现这样一个存在，它拥有的位格数量多达三个，却依然属于同一个存在。因此，人们不能因为无法想象这种超人格的存在，就断然选择不相信它。

在人们已经对上帝有了某种隐约的感知和粗略的认识时，突然出现一个自称上帝的人，那么，只是单纯地把这个人视为疯子是不合理的。这个人得到了人们的信任，在人们亲眼看到他被害之后，他又再次出现在人们面前。后来，相信他的这些人联合起来，组成一个团体，并且发现上帝之灵在他们体内指引着他们，让他们充满勇气和力量，能去做从前不敢想、不敢做的事情。这个团体的成员就是基督徒，而那个自称是上帝的人，就是耶稣。当基督徒们了解这些，就会发现自己实际上已经得出了基督教对三位一体的上帝的定义了。

基督教为什么要推出这么复杂的三位一体概念？为什么不能简单一点，以便普罗大众理解和接受？如果从信仰的角度出发，答案是这样的：三位一体的概念不是虚构和杜撰的，它是真实的，是来自耶稣基督真实的事迹，所以只能得出这个结论，而不可能设计得简单一些。

三位一体的教义是整个西方基督教神学的基础，这一教义直到325年的尼西亚会议才有了明确的形式。大家集中在一起开会，讨论问题，解决分歧，以达成共识。三位一体的争论，在381年的君士坦丁堡会议上才得到解决，并且，涉及基督人性和神性之间关系的进一步争论，在451年的迦克墩会议上才得到解决。三位一体的教义这才被确立为教会可靠的、公认的基础。

尼西亚会议形成的决议就是《尼西亚信经》。《尼西亚信经》有多个版本，其中一个圣公会版本是这样写的：

“我等信独一之神，即全能之圣父，创造天地，及一切有形无形之万物之主。

“我等信独一之主耶稣基督，上帝独生之圣子，是圣父在万世之先所生，是从神所出之神，从光所出之光，从真神所出之真神，是生非造，是与圣父同体，万物皆藉圣子而造；圣子为要拯救我等世人，从天降临，为圣灵感动之童贞女玛利亚所生，成为人身，在本丢彼拉多手下，为我等钉十字架，被害而葬，照《圣经》之言，第三日复活，升天，坐在圣父之右；将来复必有荣耀而降临，审判生人死人，其国无穷无尽。

"我等信圣灵即是主，是赐生命者，是从圣父、圣子所出，与圣父、圣子，同是当拜，当称颂者，众先知说预言，皆是被圣灵感动；我等信使徒所立独一圣而公之教会；我等信因为赦罪设立之独一洗礼；我等望死后复活，又望来世之永生。阿门。"

《圣经》的那些事儿

《圣经·创世记》中说道，人类的祖先亚当和夏娃是因为听了蛇的蛊惑，偷吃了禁果，因此被上帝逐出了伊甸园。为什么是蛇，而不是其他生物来蛊惑呢？这里面的缘由就是古人普遍的蛇崇拜。而《圣经》作为古代典籍，必然会将古代的主要文化反映在其中。

远古时期，各种动物是人类的一大威胁，其中占据重要位置的就是蛇，因此人类对蛇怀有畏惧和崇拜之心。在古代，蛇被赋予神秘色彩，拥有魔力，是所有动物中拥有最多象征含义的动物。与蛇有关的神话故事、图腾崇拜及宗教信仰在世界各地都普遍存在。

在古埃及，很多神灵的形象都带有眼镜蛇的特征。蛇在埃及神话中是大地之子，拥有原初生命的创造力。在印度，蛇在文化中占有重要位置，是生命、生殖、死亡、帝王和神灵的象征。在中国古代的神话故事中，女娲和伏羲是人首蛇身的。蛇还具有医学意义，世界卫生组织图标上的蛇形图案，就来源于古希腊医学之神的权杖，也就是"蛇杖"。

蛇在《圣经》里既是邪恶的，也是充满智慧的。在旷野中，蛇是所有动物中最狡猾的，并且象征着神秘和权力。摩西向上帝祈求力量，上帝让他把权杖放下，随后权杖变成了蛇。摩西听从上帝的命令抓住蛇的尾巴，蛇又变回了权杖。

还有一个最著名的"衔尾蛇"图案，这是一条自绕一圈叼住自己尾巴的蛇。基督教普遍认为，衔尾蛇代表着整个物质世界的边界，是稍纵即逝世界里的一个短暂的存在。

《圣经》分为旧约和新约两个部分。旧约就是上帝与摩西、以色列人立的约，因为以色列人是上帝拣选的民族。整部旧约实际上可以看作上帝与以色列人之间的互动，以及以色列人的历史。可是，仅仅局限于一个民族，这就显得范围有些狭窄了，因此后来就有了新约。

新约就是通过救世主耶稣，上帝重新与人类立的约。这次的立约并不局限于某一个民族，而是把范围扩大至全体人类。所以，基督教后来可以发展成为世界第一大宗教。新约的主体是四福音书，讲的是耶稣的生平事迹。"福音"的意思就是"好消息"，传教士们传福音，就是向全体人类传播好消息。新约中还有《使徒行传》和书信集等。

旧约和新约有很大的不同，这个不同反映在上帝的脾气和行事方式上，以致人们会产生上帝是两个人的错觉。的确，同一个上帝前后怎么性格气质相差如此之大？也许是因为之前面对的只是一个孩子，即犹太人，而后来面对的是一大群各类型的孩子，即全人类，所以上帝的表现有所不同。

据传，希伯来民族和阿拉伯民族的祖先都是亚伯拉罕。他和他的家族原居于苏美尔的吾珥，后来全家迁徙到哈兰。在迦南地，上帝启示了亚伯拉罕，并说道："我要把这地赐给你的后裔。"

有一天，上帝为测试亚伯拉罕，命令亚伯拉罕将爱子以撒作为祭品献给他。尽管上帝下达如此残酷的命令，虔诚的亚伯拉罕依然无怨地遵守，带着孩子和祭具上山行祭。当亚伯拉罕正准备动手时，突然，神的使者在天上呼唤他。天使说："你不可在这童子身上下手，一点儿也不可害他。现在我知道你是敬畏神的了，因为你没有将你的儿子，就是你的独生儿子留下，不给我。"

天使对亚伯拉罕说，这是上帝对他的考验。这个考验实在太残酷了，是人类难以承受的。那时候，迦南地存在用大儿子献祭的习俗，上帝为了考验亚伯拉罕，特意用了这个外邦人的习俗。事实上，对于人祭这种行为，上帝一直是讨厌的，并从此严禁希伯来人进行人祭。他在亚伯拉罕的献祭现场准备了羔羊代替以撒作为燔祭，这件事就算圆满解决了。这就是"替罪羊"一词的由来。

《圣经》教导人不可试探神，可是为什么神会以这样一种极端的方式来试探人？上帝为什么会下达这样残酷的命令？亚伯拉罕又为什么没有质疑，而是贯彻到底呢？

亚伯拉罕并不是盲目顺从，其实他也在试探上帝。在最后一刻，上帝阻止了献祭，也由此赢得了人心。从此，在亚拉伯罕和他的后代的心中，耶和华就成了一个完全值得信赖的神，被称为"亚伯拉罕的上帝"。

《约伯记》是《圣经》中最独特的一卷书，着重讨论了"苦难"这个主题。该书讲述了约伯的故事：一个原本富有的男人，突然间莫名其妙地失去了财产和子女，并患有严重的皮肤病，从此生活坎坷。不过约伯很坚强，他的忍耐和信仰，最终使得他比受苦之前更加蒙福，生活更加富足和幸福。

约伯是一个义人，按理说他应该活得好好的。可是，约伯无意间竟然成为上帝与撒旦之间赌局中的一枚棋子。《约伯记》的重点其实不在于苦难，而是把苦难当作材料，来探讨更重要的问题，也就是关于信心的问题。

有一天，撒旦对上帝说，约伯早就被惯坏了，他是因为上帝对他好，所以才对上帝这么虔诚。撒旦嘲笑上帝，说上帝因为得不到爱，所以才用这种贿赂的方式来讨好人，让人追随他。上帝听了肯定不服气啊，所以就与撒旦打赌。

撒旦说，上帝你信不信，只要事情稍不如意，像约伯这种人就会很快离弃你。于是上帝接受了撒旦的挑战，同意用约伯的反应来验证撒旦的说法是否正确。就这样，一个个莫名其妙的灾难就降临到可怜的约伯身上。

苦难逐渐击倒了约伯内心的信念，他迷惑了，动摇了，愤怒了，绝望了。在经历了一系列痛苦的内心挣扎之后，最终，约伯依然找回了对上帝的信心，并更加坚定。于是，上帝在这场赌局中获胜，并赐予约伯非常多的好处作为弥补，结局还算圆满。

《约伯记》的一个独特之处在于，竟然原原本本地描述了约伯对上帝愤怒的控告，即一个普通人对上帝的控告。约伯好像在审问、控诉上帝为何如此对待一个无辜之人，他用近乎亵渎的言辞宣泄对上帝的埋怨，其中夹杂着愤怒、嘲讽及遭到背叛的痛苦。这种大逆不道的情节和亵渎的语言出现在《圣经》里，可能仅此一次。

实际上，《约伯记》的重点并不在于苦难——痛苦时上帝在哪里，而是在于信心——痛苦时约伯在哪里。简单点说，这个意思就像美国前总统肯尼迪的那句名言："不要问你的国家能为你做些什么，而要问你能为这个国家做些什么。"

作为《圣经》中的重要教义之一，"因信称义"是说，神称信耶稣的人为义，因信基督称义，不因行律法称义。这是基督徒获得救赎及成为上帝眼中的义人的必要条件。"称义"的意思是"成为正义的"。

这一观点是由使徒保罗提出来的。后来在宗教改革运动中，马丁·路德根据《罗马书》中因信称义的观点，引申出信徒能因为信仰而直接成为义人，不用进行中世纪的那种烦琐仪式，所以因信称义是路德派的重要教义。

保罗可以算是基督教的首位神学家，也是公认的对早期基督教会的发展做出最大贡献的使徒。刚开始时，保罗是一个法利赛人，他对犹太人的各种律法都很熟悉，也对上帝很热心、很虔诚。因为耶稣所传的福音与犹太人对摩西律法的认识有很大冲突，所以保罗认为基督徒是异端，非常令人讨厌。他曾积极参与迫害基督徒的活动，是基督教徒眼中的一位"鬼见愁"。一次，在前往大马士革抓捕基督徒的路上，他见到了耶稣现身，随后双目失明，幡然悔悟后眼睛又重见光明。从此他皈依了基督教，成为基督教强有力的支持者和传教者，耶稣称保罗是"上帝拣选的器皿"。

在地中海各地，保罗进行了三次传道，他的足迹遍布小亚细亚、希腊、马其顿和地中海东部各岛，他还在外邦建立了很多教会。其中有两年，他曾被当局关押，出狱后保罗又再次踏上了传教之路。后来，罗马皇帝尼禄下令处死保罗。保罗成了一个殉教者，也成了一个传奇。

基督教从一个犹太人的小教派变为世界性的大宗教，保罗功不可没。保罗影响了后来的许多基督教神学家，也是《圣经·新约》最重要的作者。在《圣经·新约》的二十七部书中，最少有十四部被认为是保罗所撰写的。

保罗指出了基督徒应该具有的三种美德，即信、望、爱。

信就是信心，是信仰生活的基础。"信"通常有两层含义：一是指相信，即接受基督教教义，或认为这些教义是对的；二是指将自己完全地"交托给上帝"，这是更高层面上的信。

望，就是盼望，是基督徒生活的原动力。基督徒应该对永恒世界怀有持续的盼望，这是必须要做的事情，并非一种逃避或一厢情愿。在基督徒看来，如果对于天国的渴望是假的，那为何人们生来就具有这些渴望？对于天国的渴望不像对美食、美女这类的渴望，它在尘世中是无法得到满足的。如果在尘世中，一种渴望总是无法得到满足，那么唯一能够解释的是，人类是为另一个世界而造的。

爱，就是爱心，是最大的恩赐。爱指的是基督教意义上的爱。这并不是一种普通的爱，指的并非感情状态，而是一种意愿状态，也就是人们天生对自己怀有，也要学会对别人怀有的那种意愿。

对于《圣经》里的奇迹与神恩现象，应该如何看待？

根据热力学第二定律，整个宇宙有一个熵增的趋势，而生命现象是一种自组织现象，它是逆着熵增的力量发展的，生命体需要从环境中摄取"负熵"来生存。生物进化过程与熵的力量相互冲突，发展趋势是由低到高。进化的阶梯逐渐变得复杂，步入高度分化和有组织的状态。进化阶梯发展至人类，意识和复杂的行为模式便产生了，这是进化的奇迹，自此，人类占据进化阶梯的顶层。

说进化过程是一个奇迹，是因为它从表面上看起来违反了热力学第二定律。而人类的心灵和精神进化，也可以看成是相同的模式。人只有经过艰苦卓绝和不间断的努力，才能实现心灵的成长，达到心智的成熟。这是因为人不但要对抗熵增的自然力量，还要对抗墨守成规的自然倾向。人的一生会面临无数的问题，不应该逃避，而要积极面对和想办法解决。

因此，生物的进化，以及心灵的成长，可以视为上帝的恩典。美国杰出的心理学家斯科特·派克所撰写的畅销书《少有人走的路：心智成熟的旅程》，对《圣经》里的奇迹和神恩现象，从心理学和心理治疗的角度做了精彩的分析。

派克说："你仔细回顾你的一生，也很容易发现，生活中有无数'千钧一发'的时刻，带给你极其神奇的体验。你险些发生意外事故的数量是实际发生的好几倍。你会意识到，你具备特有的求生模式，对意外事件有着某种特殊的抵抗力，而这并不是你自主选择的结果。既然如此，难道说，绝大多数人的人生，本来就充满巨大的刺激吗？我们能活到今天，真的要感谢神奇的力量吗？"

对于各种神秘的偶然事件，难道仅仅是运气而已吗？各种不可思议的现象，以惊人的频率在各地出现，这种情形被称为"同步性原理"，是由著名心理学家荣格提出来的。

1930年，荣格首次使用"共时性"这个词来描述超自然现象。荣格发现，他这一生遇到过许多"有意义的巧合"。如果只用"巧合"来解释这些事情，并不准确。特别是当一个人一生中经历了许多次这种巧合，就更难用概率性来说明了。

荣格无法接受巧合论的解释。他说："众多事情难以预料地凑合在一起，使得视概率为唯一决定性的因素之观点，很难成立。"于是，他想要用一种理论性的概念来对这种超自然现象进行描述。"共时性"这个概念就是被用来描述这种心理状态与客观事件之间的非因果关系。这就是同步性原理。

为了说明这个理论，荣格举了他在心理咨询中碰到的一个真实例子。有一位年轻女患者，由于她受教育良好，懂的事情很多，秉承理性主义，所以荣格的治疗很难进行下去。某天，这位女患者向荣格诉说她前晚做的一场印象极为深刻的梦，梦中有人送给她一件很贵重的珠宝——一只金色的甲虫。正当她对荣格诉说其梦时，荣格发现窗外有一只相当大的昆虫在飞撞着窗户，荣格立即打开窗户，让昆虫飞进来，并一把抓住了它。它是一种甲虫，名叫"玫瑰金龟子"，它身上那种黄绿的颜色与金色甲虫极为相像。荣格把这只昆虫交给了女患者，说："看，这就是你的甲虫。"这个事情瞬间打碎了女患者理智抗拒的坚冰，洞穿了她自负的理性主义，从此荣格对她进行治疗的过程十分顺利，并成效显著。

我们无法为这个现象提供合理的解释：女患者前晚梦见金甲虫（事件一），窗外飞进来甲虫（事件二），两者之间没有因果关系，却在女患者诉说梦境的时候，神奇地同步发生了，从而让女患者的后续治疗得以顺利进行。

共时性原理无法解释事件的原因和过程，只能说明类似事件同时发生的概率要高于单纯用概率论预测的结果。就奇迹本身而言，是无法用共时性原理来解释的，只能让人们确定所谓奇迹不过是普通的事件，只不过它们与特殊的时机巧妙结合，达到了完美的程度，所以看起来非常神奇。

《圣经》中的《启示录》是使徒约翰根据自己在海岛上看到的异象而写成的。《启示录》主要讲述了基督的胜利和他的荣耀。在未来的某一时刻，基督再临，经由末日审判，惩治那些刚硬不化、不信神的人，把前所未有的大灾难降临到他们身上。基督将所有掌权的邪恶势力全部毁掉，然后在人间建立神之国。从此，人间大地揭开新篇章，人们永享福乐，撒旦、假先知、敌基督者及那些不知悔改的罪人都会成为过去。

《启示录》是奇特的，读者必须明白它的风格，才有可能看懂里面描述的那些异乎寻常的怪兽。"天启四骑士""第七封印"等概念就出自其中。

《启示录》是《圣经》的最后一卷，在《圣经》中占有重要地位。假如没有《启示录》，《圣经》就不完整了，就不能成为一部有始有终的作品。那样的话，人们就只能看到神的创始，而无法看到终结；只能看到神的恩赐、仁爱，而不能看到神的最终胜利和无比的荣耀；只能看到神开始做的计划，以及漫长的进程，而不能看到目标的达成。

第五章　经院哲学时代

基督教神学

1世纪前后，罗马世界急剧增长的宗教热情，复兴了毕达哥拉斯学派。这个新生的运动采纳了柏拉图的一些学说，用折中主义方式和其他希腊理论结合起来，因此它和早期毕达哥拉斯主义是有很大不同的，这便是新毕达哥拉斯主义。之后，这个学派又影响和催生了新柏拉图主义。

新柏拉图主义最早诞生于埃及的亚历山大，该学派最重要的人物是普罗提诺（又译作"柏罗丁"）。他被认为是新柏拉图主义之父，是新柏拉图学派最有名的哲学家。在晚期的古罗马哲学中，普罗提诺是公认的大师级人物，被誉为整个古希腊哲学伟大传统的最后一个辉煌代表。

以希腊思想为基础来构建一种宗教哲学，这一追求在新柏拉图主义那里达到了顶峰。在新柏拉图主义看来，不能从孤立的角度来看待个人，而要将个人放置在一个大的宇宙图景之中。"恶"被新柏拉图主义描绘为一种缺失、一种非存在，灵魂被看作存在，而身体被看作非存在。新柏拉图主义的目标是把灵魂从肉身框架中解放出来，以实现个人灵魂与世界灵魂的合一。

普罗提诺对柏拉图主义中把世界一分为二的理型论做了新的诠释。他把宇宙设想为一种由光明和黑暗所构成的等级关系。宇宙的核心是不可表达的精神本体，即"太一"，它是万物之源。太一是我们通过理性能够接近，但却无法描述的，相当于中国道家哲学所讲的"道"。

太一将"存在"投射到万物，就像光源一样，在黑暗中照亮周围。光线随着它从光源辐射出去而逐渐减弱，直至消失在黑暗中。这便是流射学说，它意味着，作为精神性最终基础的存在是最有力量的，这是一个等级结构，等级越往下，就愈加不完善，就愈加可朽。意思就是，光源是最亮的，离光源越远的地方，就越黑暗。流射过程可分为三个阶段：一是纯粹思维或心灵阶段，二是灵魂和思想阶段，三是物质和身体阶段。

也就是说，人类既有等级高的灵魂，又有等级低下的肉体，这就造成了一种灵与肉之间的紧张关系。因此，人生的最高目标就是让自己的灵魂复返太一，与之合一。个人的灵魂与太一的终极之光合二为一，这是神秘的、不可言传的。可见，新柏拉图主义的这个观点十分类似于印度教《奥义书》中所说的"梵我合一"。

新柏拉图主义对教父哲学和中世纪基督教神学产生了重要的影响。它本身只是一种学说，在被基督教吸收采纳之后，加上了一个活生生的人格神，以及一个救赎天堂的信息，大批人便从中找到了满意的答案，他们的宗教追求变得有理可据了。

教父哲学是中世纪哲学的开端，是护教者为基督教教义辩护的一种思想体系。在教父时期，早期基督教和古希腊哲学进行了结合。教父是指那些既要宣讲又要写作的护教者。他们对制定和论证基督教教义做出了贡献，所以被尊称为"教会的父老"，简称"教父"。教父哲学也是因此得名。

教父哲学主要分为两大派：一派是以塔提安、查士丁、克莱门、奥里根、伊雷纳乌斯等人为代表的希腊派；另一派是以杰罗姆、奥古斯丁、安布罗斯、德尔图良、格雷高里等人为代表的拉丁派。希腊派创建了教父哲学，而拉丁派把新柏拉图主义塞进基督教教义中，使哲学和神学混为一体。奥古斯丁是教父哲学最后的完成者，将教父哲学推向了巅峰。

总体来看，护教者著作中的基本思想是，世界虽然会毁灭，但会显示出理性和秩序的踪迹。上帝是永恒不变、善良正义的第一因，是所有生命和存在者的来源。上帝超越了人类所有的概念，难以形容。同时，上帝又是理性的，宇宙中的秩序和目的都是因为上帝的理性而存在。

如同光来自太阳一样，逻各斯来自上帝。逻各斯是由上帝发射出去的，在耶稣那里成为人类，基督就是逻各斯的化身，这便是所谓的道成肉身。

圣灵被看作一种实体，是上帝另一种形式的显现。

有关人的堕落与自由意志的学说，是护教者所共有的另一种学说。这一学说讲的是，人类的精神是由上帝创造的，由于人类的祖先亚当和夏娃偷吃了知善恶树的禁果，因此人类的精神可以对善恶进行区分，并且可以自由地选择善恶。于是，有些人类的精神会选择反抗上帝、远离上帝，趋向肉体享乐，这是一种堕落和罪恶。这种罪恶会得到惩罚，这些精神会堕落到较低一级的生命中。等到审判日来临，正义者会过上永恒的生活，而邪恶者则会遭到永久遗弃。

基督教的基本信仰认为，上帝之子耶稣将会降临人间，让人类远离罪孽、获得救赎。这一简单命题产生了许多问题，基督教神学家们为此争论了几个世纪，经过漫长而激烈的争论后，才正式解决了这些问题。

安瑟伦（1033—1109）是一位大主教，名字又译作安瑟尔谟。他是经院哲学家的典型，第一个做出了经院哲学的思想综合。他最有名的是提出了一个关于上帝存在的"本体论证明"。

这个证明的大意是：上帝是一个"不可设想"的伟大存在者，但是，如果上帝不是实际存在的，而仅仅只是人们脑子里设想出来的，只存在于人们的思想中，那么人们还可以设想出一个更伟大的存在者，在逻辑上这是自相矛盾的。因此，上帝作为一个"不可设想的无与伦比的伟大存在者"，就不仅是存在于人们的思想中，也必须存在于现实中。这一段表述的形式与安瑟伦的原文是基本一致的，乍一看不太好理解，毕竟不够通俗。

打个比方来说明，某个男人找对象，他按照自己设想的完美女神标准去找。他想找白富美，结果他找到了，却又发现这个女人不够完美，比如脾气不好、学历不高等。接着他又想找一个更好的、更完美的女人，但是他发现无论怎么找，现实中的女人总有缺点，总是不完美的。

也就是说，这种"可设想的"完美女神，她在现实中存在，可是你总能够再想出比她更完美的人。而"不可设想的无与伦比的伟大存在者"是完美的顶点，它与现实中存在的那些不完美的人是不一样的，它是"不可设想的"，你再也无法想出一个比它更完美的东西了。所以，这个最完美的上帝不仅存在于人的思想中，也必须存在于现实中，毕竟不是实际存在的东西肯定算不上是最好的。最完美的东西必然存在，上帝的概念必然包含了上帝的存在。

在中世纪，西方基督教世界意外地发现了一个新世界，这个新世界给经院哲学的研究带来了新的动力。人们从阿拉伯人那里得到译本，然后把它们翻译成拉丁文，开始了解到关于数学、天文学和医学方面的希腊著作，以及亚里士多德和一些希腊哲学家的著作。

1150 年前后，亚里士多德和阿拉伯哲学的主要著作都从阿拉伯语翻译成拉丁语。在 1210—1225 年，亚里士多德几乎所有的著作都已为人所知。人们对这些书倾注热情，用心加以研究，依照阿拉伯人的方式，用新柏拉图主义精神对其进行阐释。"发现亚里士多德"是一个重要事件，无论是对亚里士多德本人的学术地位和历史影响而言，还是对经院哲学的发展而言，都具有巨大意义。

"拉丁教父"奥古斯丁

圣奥古斯丁是早期基督教会中最伟大的、有创建的思想家，是教父哲学的伟大代表。他于 354 年出生在北非，父亲是异教徒，母亲是基督徒，母亲对他影响很大。

在名字前面加一个"圣"字，代表此人是圣徒，为基督教做出了巨大的贡献，地位很高，比如圣彼得、圣保罗、圣托马斯等。一般来说，多神崇拜、偶像崇拜是一神论基督教严厉禁止和反对的。但是，历史总是在开玩笑，这种偶像崇拜在基督教中又以圣徒崇拜、圣母崇拜、教皇崇拜等多种形式重新表现出来。

这也许是人类的一个深层心理，很难杜绝。毕竟从远古开始，人们就开始崇拜和迷信各式各样的神灵。如果只崇拜和思念唯一的一个上帝，似乎有一些单调，因此需要多一点选择。

当然，这并不是上帝的错，也不是耶稣教导错误，就是人类的权力欲和私心在作祟。通过各种其他样式的崇拜，实际上就是把上帝的权力分散了，分权给了教会、教皇、圣徒、各类神职人员。这么做的结果就是导致了基督教的第二次分裂。

天主教的这套做法，受到了基督新教的强烈反对。基督新教认为，人们可以直接与上帝建立一对一的个人联系，而不需要教会和教皇作为中介。人们只需要认真研读《圣经》，凭着自己的虔诚和信心即可，不需要去崇拜圣母玛利亚和其他圣徒，不需要听从教皇的指手画脚，也不用忍耐教会的腐败。

这种革命性的主张当然会受到保守势力的强烈反对，因此，在宗教改革的年代，各种血雨腥风，两派的信徒互相杀戮、互相攻击、互相鄙视，都是在所难免的。

言归正传。奥古斯丁早年信奉摩尼教，又转向怀疑论，还研究了新柏拉图主义，就是不信基督教。他曾经放浪形骸，荒唐无稽，之后浪子回头，所以晚年他写了自传《忏悔录》。在他30多岁那年的某一天，他突然受到圣灵的启示，有了一次宗教神秘主义体验，从而顿悟。

《忏悔录》中记载，当他在自家花园因为信仰而迷茫时，一个清脆的童音突然在耳边响起："拿起，读吧！"他连忙把手边的《圣经》翻开，正好翻到圣保罗的教诲那里："不可荒宴醉酒，不可好色邪荡，不可争竞嫉妒。总要披戴主耶稣基督，不要为肉体安排，去放纵私欲。"奥古斯丁年轻时生活放荡不羁，这段话直击他内心深处。他顿觉有一道恬静的光射到中心，驱散了阴霾笼罩的疑云。他在387年复活节这天正式改信基督教。之后他在家乡北非过起了隐居生活，三年后经过教徒的推选，他当上了省城希波教会执事。又过了五年，奥古斯丁升任主教，因此他也被称为"希波的奥古斯丁"。

经历一种神秘的心理体验，确实是一个人笃信一种宗教的重要原因。美国近代哲学家、心理学家威廉·詹姆斯在他的著作《宗教经验种种》中，采访和研究了很多个案，他发现，确实有不少人信教都是由于经历了一次独特的心理体验。

詹姆斯写道："这种非理性的、直觉的信念是我们身上深层的东西，理性的论证则不过是外表的显示。本能引路，理智只不过是跟随。如果一个人像我引用的例证那样，感觉到有个活生生的上帝，那么，你的批判性论证不管多么前所未有的高深，对转变他的信念来说均属徒劳。"

奥古斯丁在许多方面对基督教哲学做出了贡献，他的学说主要有创世说、原罪说、救恩论、时间论、三位一体论、幸福论、恶的问题、自由意志学说等。在奥古斯丁的神学中处于统治地位的几个要点是：新柏拉图主义的绝对概念和上帝的尊严，以及脱离了上帝的创造物是无足轻重的。

上帝全能、全善、全智，他是绝对自由的。对上帝来说，意欲和行动是一回事，他仅凭意念就能完成任何事情，不需要任何中介物，所以他仅凭语言就可以将整个世界创造出来。

上帝从虚无中创造了世界，这个创造和新柏拉图主义所理解的是完全不同的。在《圣经·创世记》中写道："起初，神创造天地。地是空虚混沌，渊面黑暗，神的灵运行在水面上。神说'要有光'，就有了光。"时间和空间也是上帝创造出来的，但上帝自己并不在时空之中。上帝的创造是一个连续的创造，除非有上帝的支撑，否则世界就会消亡。

奥古斯丁认为，亚当既然选择了背叛上帝，那就失去了上帝赐予的神圣礼物，即不朽、神圣性、正义、摆脱欲望。这种堕落是亚当咎由自取的，结果使人类成为"沉沦的一群"。因为亚当是人类的始祖，他将有罪的本性遗传给了他的后裔，所以人类也就承接有罪的本性。世人都从罪中创生，这种罪是一种原初的、带有遗传性的罪。人们可以自由地犯罪，却无法自由地摆脱罪。这也就是奥古斯丁所谓"原罪"的由来。

只有神才能帮助罪人恢复自由，让其改过自新，获得新生。这种恩典是上帝给予的。上帝"不可抗拒的恩典"指的是改变人的意志，让他心甘情愿做善事，而不是强迫他做善事（包括不作恶）。因此，人要发自内心渴望与神结合才行，而不是假模假式地做一点儿好事，就以为可以得救了。实际上，人类与罪的战斗是无望的，唯有上帝的恩典才是唯一的希望。

自从人类先祖亚当、夏娃因偷食禁果而被贬下凡间后，现实世界就一分为二，成了两座城。奥古斯丁说："一座城由按照肉体生活的人组成，另一座城由按照灵性生活的人组成。"也就是说，一座城是尘世之城，属于撒旦的领域，城中的子民都是注定要遭受惩罚和毁灭的人类。在现世中，代表尘世之城的是异教徒们的生活态度和生活方式。另一座城是永恒的上帝之城，城中的子民都是上帝的选民，是预定获救的基督徒。在现世中，教会是上帝之城的化身。

上帝和魔鬼的斗争，被奥古斯丁解释为每个人内心中都存在的一场斗争，并且这种斗争还存在于历史层面上。在个人生活中，是救赎与原罪之间的对立；在历史层面中，是教会的发展、国家的壮大，以及人们生活方式的变化，这都是上帝之城与尘世之城之间对立的体现。

恶的问题，是基督教的一个大问题，也是难题。既然上帝是全知全能全善的，那为什么这个世界上还会有"恶"存在呢？奥古斯丁采取了三个策略来进行解释。

首先，他给予恶以相应的地位。恶是善的必要手段，有恶的存在其实是一件好事，就像图画中的阴影有利于整体的美一样，恶对于世界的善来说是不可或缺的。如果没有恶，善也不可能存在。

其次，他将恶定义为善的缺乏。恶可以被认为是一种缺陷，善的缺乏就是恶，这种缺乏意味着人性中本来应当具有的某种东西缺少了。所有种类的恶都被归类于缺乏的概念之下。道德上的恶产生于人和堕落天使的意志，这种恶不会影响宇宙整体的美，神性的缺乏才是最坏的恶，也就是说，主动拒绝上帝是罪大恶极的。

最后，他将对恶应负的责任归于人类。人类是根据自己的自由意志来行动的，上帝赋予了人类自由意志，也就赋予了人类选择的权利。人类可以选择寻求上帝，也可以有意不追随上帝，也就是说，人类可以选择罪。所以，罪恶是产生于人的自由意志，由于人们自由地选择了罪恶，就出现了罪恶。

奥古斯丁还主张一切过程都是上帝预先计划好的。一方面，一切都已经是上帝预先知道的；另一方面，人类是自由行动的，有自由意志的，这不是一个矛盾吗？

上帝预先知道了人类的行动，但人类却仍然是自由的。奥古斯丁解释说，有两种时间角度，人类生活在"非永恒的"时间里，而上帝则超越了这种时间观。我们说上帝预先知道一个人的行动，是指他超越非永恒的时间，因此与时间同时存在。上帝是独立于时间以外的绝对存在，无论是过去、现在还是将来，对上帝来说都是"现在"。

上帝虽然具有先知先见的能力，但他并不会对人类的行为进行提前安排或者干预。因为他自己在时间之外，所以他可以看到万事发生，但他并不会插手。这就像我们想起以往一个行为时，只是进行回忆，而不能说由于我们"知道"了自己过去的行为，所以就"预先"决定了自己过去一定会这么做。

为了让大家更好地理解上述的意思，牛津才子、《纳尼亚传奇》的作者路易斯在他的著作《返璞归真》中举了一个绝妙的例子。他说："假如我在创作一部小说，我写道：'玛丽放下手中的活儿，紧接着就听到一阵敲门声！'对于故事中生活在想象的时间里的玛丽来说，放下手中的活儿与敲门声之间没有时间间隔。但是我——玛丽的创造者却不生活在那段想象的时间里，在写这句话的前后两半之间，我可能端坐了三个小时，专心致志地考虑玛丽的事。我可以把她当作仿佛是书中唯一的人物来考虑，想考虑多久就多久，我考虑的那几个小时根本不会出现在玛丽的时间里（亦即故事的时间里）。"

通过这种作家与故事人物的类比，我们就很容易理解上帝与我们在时间上的不同。上帝就像作家，而我们就是他作品里的人物。作家已经构思好了整个故事，而故事中的人物却对自己的命运茫然无知。故事里的时间可以任意跳跃，一下子就是好几十年，可是，作家却不在故事的时间线之内。

上帝不生活在任何时间系列中，所以他是无处不在、无时不在的。我们绝对不能将自己日常惯用的时间概念套用在上帝身上，因为上帝在时间之外！

"天使博士"阿奎那

一个针尖上能站立几个天使？这个问题是不是很无聊？可这却是经院哲学的一个命题。要知道，在中世纪，基本上知识分子都要为宗教服务，否则就是大逆不道，所以许多问题看似无聊，却是有用的。

托马斯·阿奎那（1225—1274）是中世纪著名的哲学家、经院神学家。

作为经院哲学的集大成者，他逝世之后获得"天使博士"的美称，亦称"圣托马斯"。他把理性引入神学，并用自然法则论证君权神圣说，是最早主张自然神学的人之一。

他写了许多哲学和神学专著，其中《神学大全》是他最有名的著作。他还对许多古代著作做了注释，其中最重要的是亚里士多德的著作。在阿奎那的努力下，一套系统完整的神学体系被建立起来。他推动了基督教神学的发展，影响深远。在中世纪的基督教神学和神权政治理论方面，他是公认的最高权威。

阿奎那寻求信仰和理性之间的综合，在《神学大全》中提出了五种论证上帝的方法，如宇宙论论证、设计论证等，它们常被称为"五种证明的方法"，是采用理性和逻辑来证明宗教教义的一个范本。

第一种证明是最简单的：一切事物都是由其他事物产生的，一个事物的运动总是受其他事物的推动。因此，所有运动的产生都源自它之前的另一个运动，这样一直推导下去，最终肯定能推导出一个不受其他事物推动的第一推动者，它就是上帝。

第二种证明是：从动力因的性质来证明上帝是存在的。在现象世界里，存在一个动力因的秩序，其中没有任何一个事物的动力因就是其自身。动力因也不可能推溯到无限。所以，假如第一动力因是不存在的，那么中间的原因与最终的结果也是不存在的。综上所述，必然存在一个最初的动力因，也就是上帝。

第三种证明是：从可能性和必然性来证明上帝是存在的。世间万物都是存在的，也是不断变化的，存在可能性，也存在必然性。但是，一切事物的可能性和必然性都来源于其他事物，而不是自身。按照这种思路推理，我们必然要认可存在某一事物，它所拥有的必然性来源于自身，而不是依赖于其他事物，并且其他事物具有的必然性是来源于它的。这个事物就是上帝。

第四种证明是：从事物真实性的等级来证明上帝是存在的。世间万物在一定程度上都是好的、高贵的、真实的，而它们与最好、最高贵、最真实的事物接近的程度就是评判它们的标准。所以世间肯定存在这样一种事物，它是所有事物得以存在、拥有良好和其他完美性的原因。这个原因即是上帝，也就是说，上帝是最完美的。

第五种证明是：从世界的秩序（或目的因）来证明上帝是存在的，也就是设计论证。世间所有事物的活动都是有目的的，活动遵循同样的规律，追求获得最好的结果。显而易见，它们是在有计划地追求自己的目的，而并非盲目地。假如没有一个智慧的存在者指引它们，它们就无法到达目的地。因此，肯定存在一个有智慧的存在者，他指引所有事物达到它们的目的。我们把这个存在者叫作"上帝"。

这就是自然神学的一个重要思想。后来，英国神学家威廉·佩利也提出一个类似的设计论证。佩利说，假如你在海滩上捡到了一块手表，肯定不会认为它是被海水冲上岸的普通小石头，因为手表是一件非常精致复杂的东西，不可能自然形成。所以，你肯定能推理出手表是由一位钟表匠制造的。既然整个大自然也展现出相同的特点，既精致又复杂，那么在这背后必定隐藏着一个智慧的设计者，也就是说，上帝必然存在。

这个论证在达尔文的进化论出现之前，几乎是不可攻破的。著名的进化生物学家理查德·道金斯写过一本通俗的关于进化论和自然选择的书，书的标题和内文都围绕着佩利的这个论证。这本书叫《盲眼钟表匠》，书名意味深长。道金斯被誉为当代"新无神论四骑士"之一，是著名的《自私的基因》的作者。他说过，在进化论出现之前的年代，无神论几乎是不可能的，不相信上帝的话，你根本就无法解释自然界和生物形成的复杂性。

我们根据论证上帝存在的这五种证明可以看出来，阿奎那的证明之所以与安瑟伦的本体论证明有形式上的区别，是因为阿奎那采用和修改了亚里士多德有关运动和变化、原因和结果、潜能和现实及目的论的学说。然而就其本质而言，这些论证所遵循的思想原则依然是实在论所特有的。事实上，在"温和实在论"这个经院哲学派别中，阿奎那是一个重要的代表人物。

虽然阿奎那提出上帝存在的理性证明，但他也清楚有一个无法摆脱的难题，即在基督教信仰中，上帝存在的基础在于信仰者的信心，上帝是不能用理性来验证的。

面对这个难题，阿奎那将知识与信仰加以区分，认为上帝的存在、三位一体只能是信仰的真理，人类是无法凭借理性对其进行了解的。同时，对于人类理性而言，上帝的存在不是直接自明的，我们需要证明上帝是存在的。阿奎那说道："人的自然理性只能通过受造物去认识上帝。从受造物认识上帝是从结果推溯至原因。因此，人的自然理性所能认识的上帝，只是就其必然是世界万事万物的根源这一特点。"阿奎那通过这种方式，既用理性证明上帝是存在的，又避免了人们对他的各种证明的批评。

既然上帝的存在并不能完全由人类的理性来证明，那么我们要想确信上帝是存在的，就只能依赖"信仰的真理"了，而信仰是对未见事物的确断。因此，这就需要人们超越理性的局限，达成一次"信心的飞跃"。这也就是"因为荒谬，所以相信"的真实含义。

如果上帝是万物之因，那么他是否也是恶之因？对于恶的问题，阿奎那也提出了一些论证。他同意奥古斯丁提出的两个辩护，也就是说，恶是善的缺乏，同时恶也是人类对自由意志的滥用导致的，并不是上帝引起的。

此外，阿奎那还提出了自己的论证。他认为，因为我们生活在一个有限的宇宙之中，所以事物在时间和空间上必定是有限度的，事物并不永久持续，而是有可能毁坏的，包括人在内。事物的这些限度，意味着它们是不完美的，所以就包含了恶，这是必然的，即便是在最完满的宇宙中也是如此。因此，不能将这些恶归于上帝的意志，其只不过是因为事物的有限性和可朽性罢了。

很多东西我们认为是恶的，只是因为我们视野太狭窄，从有限的立场看才觉得这是恶。假如我们从一个更大的视角、站在一个更高的高度来看，就不会觉得它是恶了。当然，仍然有一些恶是由上帝引起的，这是上帝在惩罚我们的罪过时所导致的附带的恶，大概属于意外伤害的范畴。不过，这种恶说到底也不是由上帝引起的，而主要是由人类的罪过引起的。

阿奎那的道德哲学，具有明显的亚里士多德主义特征。他认为，在基督教之外，人也可以过一种良好的社会生活，也能获得有关生活的伦理规范知识。毕竟在亚里士多德的时代还没有基督教，而阿奎那采用了亚里士多德的很多观点。人类具有用各种方式来实现自身潜能的能力，所谓善的行动就是在最大程度上实现最佳人性的那些行动。行动是具有目的性的，我们追求某种目标，这个目标首先是掌握人之所以为人的那些独有的能力。理性优先于意志，我们的行动是追求理性认为是善的事物的。显然，这些观点都来自亚里士多德。

神权政治论是阿奎那主张的政治思想。这一政治思想主要认为，上帝是至高无上的，高于一切的，世间万物都要服从、服务于上帝。他提倡政治应隶属于宗教，世俗要服从于教会，国王应听命于教皇。实际上，他的政治主张就是为了维护和保障封建宗教神学和教会的利益。

阿奎那与亚里士多德的观点相同，都认为人类是社会性造物，是天生的政治性动物。人类生来就是群居动物，与同类共同生活在社会上，而不是独居，并且天生就是社会或政治的存在。既然社会对于人类来说是自然和必要的，那么维护社会秩序的国家也是自然和必要的。

在没有神之启示的情况下，人类的确也能生活得幸福快乐，而且可以拥有德行。为这种生活的实现铺路就是政治家的任务。然而，除了追求德行和幸福，还存在"拯救"这一终极目标，追求这个目标便是教会的任务。这样，政治家的任务就和教会的任务自然重合了，因为过一种文明生活，即拥有德行和幸福，是拯救的基础。

国家和教会在任务上虽有重合，但两者之间还是存在很大区别的。阿奎那指出，寻求超自然的善，即了解上帝，就是教会的目标。很明显，国家所追求的公共的善低于超自然的善，因此国家低于教会。总的来说，就是国家要听命于教会，国王只是上帝的仆人。

社会和国家都有神圣的正义和权威，这个权威当然是由上帝赋予的，也就是所谓的君权神授。国家的建立是为了公共的善，是服务于上帝的伟大事业的。阿奎那说，尽管君主政体、贵族政体及民主政体这些政体都很好，但君主政体才是人类社会最好的政体。

共相之争

在中世纪发生了一场重要的争论，即共相之争。在哲学上，这场争论也被称为"唯名论和实在论（或称'唯实论'）之争"。唯名论与实在论争论的焦点是共相是否真实存在，这属于经院哲学内部的争论。换句话说，这场争论是在争究竟"一般"（共相）是实在的，还是"个别"（殊相）是实在的。

在认识论方面，这场争论体现在普遍概念的产生、性质及意义问题上；在本体论方面，这场争论体现在理念、精神实体及个别事物的独立存在问题上。若追溯思想的渊源，可以关联出赫拉克利特、德谟克利特、柏拉图和亚里士多德等古希腊哲学家。

3世纪，新柏拉图主义者波菲利对亚里士多德和柏拉图的思想分歧加以研究，并将其总结为与共相性质相关的三个问题。第一个问题是，共相是独立存在的实体，还是只存在于思想中？第二个问题是，假如共相是独立存在的实体，那么它是否是有形的？第三个问题是，假如共相是无形的，那么它与感性事物是相分离还是存在于感性事物之中并和感性事物保持一致？波菲利在其著作中提出的这三个问题，成了中世纪共相之争的问题由来。

针对共相与殊相的关系，人们展开了争论，形成了唯名论和实在论两种对立的观点。唯名论以罗瑟林、罗吉尔·培根、阿贝拉尔、司各特、奥卡姆的威廉等人为主要代表。他们认为，共相并不具有客观实在性，共相后于事物，真实存在的只是个别的感性事物。实在论以阿奎那、香浦的威廉、安瑟伦等人为代表。在他们看来，共相自身就具有客观实在性，共相先于事物，是独立存在的实体，也是个别事物的本质。

从11世纪末到12世纪中叶，在中世纪早期经院哲学争论中，关于共相的讨论一直是中心问题，尤其是牵涉到形而上学、本体论方面的争论，始终没有停止。这场争论一直持续了3个多世纪，直到14世纪末才停止。因为大家在这场长期的争论中持有的观点不完全一样，所以根据激进程度的不同，唯名论可分为极端唯名论、温和唯名论，实在论可分为极端实在论、温和实在论。

极端唯名论者认为，共相只是个名词，是个别事物的名称或人们语言中的"声息"，不具有客观实在性。共相后于事物，并不是独立存在的实体，只有个感性事物才具有客观实在性。

温和唯名论者则认为，尽管共相并不具有客观实在性，但它可以表现出个别事物的相似性和共同点，所以共相只是人们的思想产物，是一种思想概念。这种观点又被称为"概念论"。

极端实在论者认为，共相具有客观实在性，它先于事物，是独立于个别事物而存在的第一实体。个别事物的本质或原始形态就是共相，个别事物只是从共相这个第一实体中派生出的个别情况，属于一种偶然现象。

温和实在论者则认为，共相虽然具有客观实在性，是独立存在的实体，但从不同的角度来看，共相既是先于殊相，也是寓于殊相，还是后于殊相的。简单来讲，共相作为上帝创世的原型、理念、形式，先于殊相存在于上帝理性中。共相又是上帝创造的个别事物的本质或形式，所以寓于殊相之中。此外，共相还是一种普遍概念，是人们对个别事物进行抽象归纳而形成的，所以它后于殊相，存在于人的理智中。

基督教的最基本信条是三位一体，实在论恰好就是三位一体的理论依据。圣父、圣子、圣灵是上帝的三个位格，也是同一本质的三种不同状态。不过，按照逻辑来讲，上帝是共相，而圣父、圣子、圣灵则是三个具体的殊相。

因此，对共相的否认将直接威胁到三位一体的信条，进而威胁到基督教的基础，这便是唯名论与实在论的争论如此激烈的原因，除了其本身所具有的逻辑意义之外，宗教意义才是根本。

总的来说，由于触及宗教的敏感神经，唯名论是争不过实在论的，但到了中世纪的晚期，唯名论又有了一定的复兴。奥卡姆的威廉是14世纪著名的逻辑学家、圣方济各会修士，他对有关共相问题的旷日持久的持续争论心生厌烦，就写书对实在论从共相推论殊相的观点进行批评。

他只承认确实存在的东西。在他看来，在具体的感性实体之外，加上一层一般的实体完全是多此一举，应该将那些空洞的东西彻底清除掉。他提倡一个思维经济原则，这一原则可以用八个字来概括，即"如非必要，勿增实体"。后来，这句话被人们形象地比喻为"奥卡姆剃刀"。

这把"剃刀"出鞘后，极大地影响了人们的思维方式，在后来的文艺复兴、宗教改革和科学革命中，皆可见到这把"剃刀"的运用。经历了几个世纪的发展，这把"剃刀"超越了原先狭窄的范畴，逐渐拥有了更广泛、更深刻、更丰富的意义。

　　"奥卡姆剃刀"是人类思想史上一条非常伟大的原则，可以运用到许多领域。它确保了理论的简洁之美，正如同物理学中"最小作用量原理"所揭示的那样，自然界总是选择最短的路径，大自然喜欢经济和简约。

　　"奥卡姆剃刀"对很多领域都产生了影响。对科学家来说，"奥卡姆剃刀"还有一种更加常见的表述形式，即当你同时有两个或者多个存在竞争关系的理论时，它们得出的结论是相同的，那么最好的理论就是那个最简单的，或是那个能够证伪的理论。

　　这一表述还有一种更加常见的强形式。那就是，假如你有两个或者多个都能对观测到的事实进行解释的原理，那么在发现更多证据之前，你应当选择那个最简单的，或那个能够证伪的原理。大道至简，就解释现象而言，简单的解释通常比复杂的解释更正确。几个世纪以来，人们在科学领域广泛应用了这一原理，"奥卡姆剃刀"已成为一种重要的科学思维理念。

第六章　新儒学的复兴

儒学的自我更新

589 年，隋文帝杨坚结束了中国长达几百年的战乱分裂。然而仅过了很短的时间，更加强大、更加中央集权化的唐朝就推翻了隋朝，取而代之。在中国漫长的历史长河中，唐朝是唯一可以和汉朝相媲美的强大王朝，其文化和政治的发展都达到了巅峰，甚至在某些方面比汉朝还好。在海外，有众多的唐人街，唐人与汉人一样，都成了"中国人"的代称。"汉唐盛世"是中国历史上最令人赞叹和骄傲的时期。

经过几百年的乱世，儒家已经逐渐衰落。直至新的、强大的唐王朝中央政权建立之后，儒家的处境才开始有所好转。622 年，儒家经典正式成为科举考试的标准科目。628 年，在唐太宗的授意下，孔庙开始在太学中修建。之后，唐太宗下令让博学的大儒审定儒家经典，从中选出经书的标准文本，并对内容做出官方注疏，由皇帝颁布，应用于太学的讲学中。从此，儒家思想再次被认定为官学，在全国广泛传播。

然而，此时的儒家思想已经失去了过去的辉煌，不再具有春秋战国时期和汉朝时的影响力和活力。经历了几百年的乱世，此时的人们对道家和佛家的思想更感兴趣，喜欢思考人的本性和命运问题，以及形而上学问题。儒家思想已经无法满足时代需求，尽管儒家的经书文献都还在，并且比过去拥有了更多的注疏，但人们依然对它没有太大兴趣，虽然唐朝的官方学者做出了诸多努力，却依然改变不了这种局势。面对新的时代、新的问题，旧的儒家思想传统已经不足以应付时代的挑战了，人们需要的是一次革命。

与道家和佛家相比，儒家最缺乏的是一个形而上学的体系，缺乏宇宙论和本体论。如果想要和道佛竞争，重现儒家的辉煌，就必须对儒学进行自我更新和完善，建立一个新的、更加完整的理论体系。只有这样，儒学才能更好地适应时代，抓住人心，重回思想学术界的统治地位。

直到唐朝中期以后，才有韩愈和李翱对《大学》《中庸》做出新的解释来回应时代提出的新问题，"道统说"被他们再次提起。在很多人看来，自孟子之后，道统的传承就中断了。李翱宣称自己了解道统，并坚信自己的教化活动继承了孟子的统绪。后来，经过更新的儒家都接受了韩愈、李翱的"道统说"，并以继承道统自诩。因此，这些人也被称为"道学家"，他们的理论被称为"道学"。

这种经过更新后的儒学，也就是"宋明理学"，亦称"宋明道学"，被称为"新儒学"，与过去的旧儒学相对应，以示区别。新儒学的复兴一直要等到宋代才正式开始，因为整个唐代基本上是道家和佛家的天下。

宋代的新儒学是更完善的儒学，其思想来源主要有三个：一是儒家本身的思想；二是佛家思想和经过禅宗中介而来的道家思想；三是道教，其中占据关键位置的是阴阳家们的宇宙论观点，这也是新儒学所持的宇宙论观点的主要来源。

这三种思想成分混合在一起，会存在许多互相矛盾的地方。当时的哲学家们要把这些思想糅合在一起，建构一个完整统一的思想体系，当然需要充足的时间慢慢来做。混搭风不仅要做到没有违和感，还要自圆其说，这确实相当不容易。

因此，新儒学思想尽管在唐代就已初见端倪，但直到宋朝才形成了系统的、明晰的思想体系。宇宙论是新儒学形成初期最引人关注的问题，这也是旧儒学最不擅长的问题。

新儒学的宇宙论

周敦颐（1017—1073）是第一位讲宇宙论的宋代哲学家，也是宋明理学的开创人。据传，周敦颐从某位道士手里得到一幅图像，随后他修改了图像，用它来说明宇宙演进的过程，这幅图像就是《太极图》。他写了一篇很短的文章，即《太极图说》，对《太极图》进行说明，它反映了周敦颐的宇宙论思想。

《太极图说》是对整个世界图景的一种简洁描述，周敦颐说："无极而太极，太极动而生阳，动极而静，静而生阴，静极复动。一动一静，互为其根。分阴分阳，两仪立焉。"从文字上看，《太极图说》主要讲了两个方面的内容：一是宇宙万物如何形成；二是人在宇宙中的地位。

周敦颐认为，"无极"在"太极"之前，而太极是阴阳乃至万物产生的根源。虽然他没有对无极和太极进行准确的解释，但很显然，无极意味着先于天地万物的某种无形的存在，更多的是某种精神性的东西。人是宇宙中最重要的存在物，是最有灵性的生物，周敦颐的宇宙论图景明确了人的这一地位。并且，他认为天地人之道，都是圣人立法的结果，这就将人的地位进一步突出了。

《通书》是周敦颐的第二部重要著作。在文中，他对"无欲"的阐述，与道家的"无为"、禅宗的"无心"相似。他认为，圣人和一般人的关系就是师生关系。既然如此，那普通人就可以通过学习来成为圣人。周敦颐认为，无欲而静是圣人设立的，是作为人的存在和行动的前提。无欲近圣，学习的过程就是明白做人的标准并切实贯彻的过程。

周敦颐认为，如果一个人的内心没有私欲，那么其内心就像一面明镜，能够随时将镜子前的事物反照出来。当一个人内心没有私欲时，面对外界刺激，他就能直截了当地做出纯粹的自然反应，即"动直"。处于动直状态的人是正直和无私的，他对人、对事都一视同仁。那么，如果可以时常地保持这种状态，那他就是一位圣人。这就是周敦颐所说的成圣方法，这种方法与禅宗所提倡的"率性而活，率性而行"十分相似。

第二位讲宇宙论的北宋哲学家邵雍（1012—1077），他和周敦颐一样，在形式上借鉴了道家，用以对儒学进行改造。邵雍根据《易传》以"太极"为世界第一原理，并用"数"来解释易象。他同样也是采用图解的形式来说明其原理。

邵雍在其主要著作《皇极经世》中说："太极，一也，不动；生二，二则神也。神生数，数生象，象生器。"这跟《易传》里"太极生两仪，两仪生四象，四象生八卦"的意思是一样的。不同的是，他明确地用数来描述这个过程，以此更为严整地表达了汉代以来的象数之学。

惊人的是，他对整个宇宙的日月星辰、鱼虫鸟兽等进行了数目运算，并构造了世界生成发展和毁灭再生的年表，为世界构造了一个"数"的图式。他认为，数的图式是来自"心"的，事物的图式先于事物而存在，并决定着事物。

根据邵雍《皇极经世》中的详细年表，世界从形成到毁灭，这一过程所需要的时间是 129600 年。尧的时代，是现存世界的黄金时代，但这个时代已经是过去式了。现今的世界就像《易经》中的剥卦所提示的，是万物衰落的开始。

邵雍的宇宙来源理论完全是从他的图中演化出来的。他大概是中国历史上最细致、联想力最丰富和最会画图的人了吧。

第三位谈到宇宙论的是北宋哲学家张载（1020—1077），他同样是从《易传》中发展出宇宙论，但所持的却是另一种观点。他的学说是以"气"为本的。在后来新儒学的宇宙论和形而上学思想中，"气"的概念越来越重要，占据极其重要的位置。古希腊哲学家阿那克西美尼也提出了"气"是世界的本体元素，与张载所提的"气"有些许类似的地方。

在张载看来，"太极"就是"气"，"气"是万物的本原，万物的生成和消灭是由"气"的聚散决定的。"气"是动的，意味着矛盾和矛盾的统一，意即"太和"。"太虚即气"，太虚之气作为万物的本原，既是万物存在的本体，又是万物存在的法则。"太虚"是指气的本体，"太和"是指宇宙混沌统一的状态，二者的基本意思是一样的。太虚不是绝对的真空，只是宇宙处于气散的状态下，人凭肉眼看不见。

张载还着重讨论了气、心、天等之间的关系，提出了人性二重说，即人性分为"气质之性"和"天地之性"。张载认为，人的本性源自气之本性，即天地之性，当天地之性进入了气聚集成形的身体后，被其束缚，则为气质之性。不过，人虽然被身体所束缚，但天地之性本身不会被形体所遮蔽，所以人的气质之性也可以通过天地之性来通达天地之道。

由于世间万物有了"气"这个共同的本原，万物都是气的聚散变化，张载就得出一个结论：万物是一体的。

人与他人之间，人与万物之间，从根本上说都是一体的。所以，人们服侍乾坤就应该如同服侍父母一样，对待世人应当如同对待自己的兄弟姐妹一样。人为社会大众所做的事情，同时就是为宇宙、父母所做的事情。这便是一种博爱精神，而且强调了人的责任。张载认为，人活着，就应该尽一个社会成员、一个宇宙成员应尽的责任，那么当死亡来临时便可安息。

程朱理学

从北宋年间一直到 11 世纪下半叶，新儒学分裂成两个学派。其中，一个学派以程颢为首，另一个学派以程颐为首。巧合的是，这两个人不仅是兄弟，还都是周敦颐的学生，世称"二程"。这对龙兄虎弟，虽然学术观点不一致，但在政治上，他们都反对王安石的变法。

在程颢创立的学派中，最著名的人物是陆九渊和王阳明，故史称"陆王学派"，亦称"心学"。程颐创立的学派由朱熹集大成，故史称"程朱理学"。程氏兄弟是宋明理学的真正创立者，实现了新儒学的复兴，意义重大。但是，朱熹和陆九渊两个学派从此开始了漫长而激烈的学术争论，两个阵营都有自己的粉丝，双方展开各种斗法、辩论，却谁也不能说服谁，往往不欢而散。

程颐的"理"的观念，是直接受了张载和邵雍的启发。张载用"气"的聚散来解释万物的产生与灭亡，不过这一理论并不完美，无法给世间万物为何会存在不同种类这一问题提供合理的解释。对这一问题的解答促使程颐提出"理"的观念。在程颐看来，我们看到的世间万物的确是由"气"汇聚而成的，但是在万物的形成过程中还存在一个"理"的作用，万物皆有它们各自的"理"。树之所以会成为树，是因为"气"按照树的"理"

而汇聚集结，于是便形成了树。

这就相当于古希腊哲学家们所讲的事物的形式和质料的区别。"理"是事物的形式，"气"是事物的质料。比如我们用陶土捏一个碗，陶土是制作这个碗的材料，而碗的形状和样子则是碗的"理"。我们是依据"理"的形式，用陶土（也就是"气"）来捏成一个碗的。光有物质材料而缺乏碗的"理"，我们就不能制作出一个碗，可能捏出来的是其他的东西，成为废品，那就不能用了。

程颐逝世 23 年后，朱熹（1130—1200）出生于福建。朱熹在中国学术史上常被称为"朱子"，带"子"字的称呼是对这个人学术地位的最高表彰。他不仅学识渊博，而且留下了大量著作。程颐开创的理学到朱熹时完成，朱熹成为这个哲学体系的领袖，影响了中国思想界达六百年之久。虽然受到心学的挑战，但程朱理学始终是中国最有影响力的哲学学派。

朱熹的理学，与古希腊柏拉图的"理型论"有高度的相似性。"理"是一直存在着的，且永不消失，在具体事物产生之前，与这些事物所对应的"理"便已经存在。朱熹认为，在"理"和"气"的关系上，"理"决定"气"，此二者的结合则构成天下万物。"气"是组成万物的原材料，"理"是形成万物的本质依据，所以，世间一切事物的产生都离不开它们。

我们可以看到，朱熹的这一观点，直接将张载认为是世界本原的"气"降到了第二等级。"气"与"理"相结合，形成一个完整的统一体，不可分割。在这个理气统一体中，"理"是第一性，"气"则是第二性。

世界被一分为二，"理"代表的是形而上的世界，就相当于柏拉图的"理型世界"，而"气"代表的是形而下的世界，是物质的世界。"理"是永恒的，永恒是超越时间的，而"气"的世界是有时间的，所以"理"和"气"之间并没有谁先谁后的问题，毕竟一个在时间之外，一个在时间之内。

每类事物都有它的"理"，这个"理"便是事物的本质，是事物的终极标准。那么在整个宇宙中，肯定存在一个终极标准，它至高无上又包含万物，是一切"理"的概括。这个"理中之王"被朱熹称为"太极"。朱熹还认为，太极不仅是宇宙万有之理，还内含于所有种类的事物的个体中。每个具体的事物，不但有它个别的"理"，还有太极的整体之"理"。所谓"一沙一世界"，太极无所不在。

每一个事物都有一个"理"居于其中，这个"理"指导着事物的生成、变化，因此这个"理"就构成了事物的本性。人也是宇宙中的一个具体事物，与其他事物一样也必然有一个代表其本质的"理"，人类的"理"就是人性。人类的"理"是共同的，大家都一样，但是为什么实际上每个人都不同呢？因为光有"理"还不够，还需要有"气"。一个人必须禀气而后生，每个人禀受的气不同，所以人与人之间就不相同，这就是朱熹所说的"气禀"。"理"是永恒的、完美的、善的，可是形成每个人的质料却是千差万别的，所以，就出现有的人善良、有的人邪恶的局面，这就是朱熹关于恶的来源的学说。

气质之性是一个人所禀受的具体人性，它是不完美的，必须向着它的理念原型，也就是完美的天地之性看齐。在这里，朱熹继承了张载的这个思想。因此，心也是由"理"和"气"结合而产生的，与其他事物并无不同。心与性的不同之处是，心是具体的，而性是抽象的。心可以活动，比如思考、感觉，但性却不能有这些活动。根据人性的二分法，在朱熹看来，心是心，性是性，人性中有相应的"理"，二者不能混淆。而陆王学派则认为，心即是性，心即是理。这就是程朱理学和陆王心学思想最主要的一个分歧。

每个人禀受着不同的"气"，"气"有清有浊。天地之性所具有的是清气，是好的，而气质之性的气既有清气，也有浊气，善恶相混，好坏混杂。气质之性很不坚定，很容易受到外界的物欲诱惑和拖累，从而产生欲，也导致好人变成了坏人。

所以朱熹认为，人若不想把"气"变浑浊，就必须远离声色犬马，放弃对名利的欲望追求，避免产生贪嗔痴爱等不良念头。因此，我们应当让"人心"回归"道心"，即让气质之性以天地之性为标准，向其看齐、回归，这就是我们常说的"存天理，灭人欲"。

既然世间万物都有自己的"理"，那么国家作为一个实际存在的事物，也必然存在属于它的"理"。在政治上，假如一个国家和政府能够依照"理"来组织和治理，就可以发展得富强兴盛，否则就会陷入动乱，甚至灭亡。

这就好比建造房子。我们要想修建一幢房子，就一定要遵循建筑学原理。这些原理是不变的，并且始终存在，即使世界上没有任何房子，建筑学的原理依然存在着。作为一位建筑师，必须懂得建筑学的原理，按照这个原理来设计、施工，这样建造的房屋才能持久牢固，否则就是豆腐渣工程，很快就倒塌了。

圣人在治理国家的时候，就是遵循着政治上的"理"来做的。无论是谁，只要他想要在政治上有所建树，就一定要遵循政治的"理"，也就是遵循为政之道。要想一个国家繁荣昌盛，就应该把它交给圣人或哲学家来治理，因为这些人了解政治上的"理"。许多中国哲学家都持这种看法，与柏拉图提出的"哲人王"思想是相似的。

"格物致知"这句著名的口号就是由程朱理学提出来的，大意是说，我们要对外部的客观事物进行仔细的调查研究，从中获得知识、扩大视野，在调查研究的时候我们要做到心无旁骛、专心致志。我们研究和了解外部世界，是为了扩大对永恒之理的认识，为了更多地体认出永恒之理。

"格物"是为了从有形之物中体认出超越物体的"理"，我们要做的是通过"格物"来"穷理"。这样做得到的结果就是：我们既能领悟"理"的永恒世界，同时也能了解自身的内心之性，并且越是领悟"理"，就越是了解"心性"。人心通常都会被禀受之气所蒙蔽，看不清世界的真相，通过"格物穷理"，就可以使"理"这颗宝贵的珍珠从具体事物中显现出来。

自宋朝开始，一直到清朝，程朱理学始终是中国历代皇帝主推的官方统治思想。程朱理学已经深深融入当时人们的日常生活中，成为他们评判言行举止的标准。自南宋之后长达六百多年的时间里，程朱理学有效地帮助人们提高理论思维能力，教会他们知书识礼，并维护了社会的稳定。然而，在中国封建社会后期，程朱理学却在历史和文化发展方面产生了很大的负面影响。有人批判程朱理学说："酷吏以法杀人，后儒以理杀人。"

心学崛起

心学肇始于程颢，经过陆九渊和王阳明而完成。陆九渊（1139—1193），人称"象山先生"。他和朱熹是朋友，但在哲学见解上却有巨大的分歧，为此两个人常常进行口头和文字的辩论，在当时已经引起人们的很大兴趣，比较著名的有"鹅湖之会"的故事。

朱熹支持程颐的说法，认为"性即是理"，而陆九渊却说"心即是理"。这两句话只差一个字，却是两个学派的根本分歧之所在。在朱熹的思想体系中，心与抽象的理是不相同的，因为心是"理在气中"的具体表现。而在陆九渊的思想体系中，心则是性。在朱熹看来，现实包含两个世界，心与性其实是不同的。而陆九渊则认为，现实只包含一个世界，即心的世界。陆九渊的名言"宇宙便是吾心，吾心即是宇宙"，是一种主观唯心主义的哲学理论。

自宋朝以后，程朱理学成为官方统治思想，从而导致朱学影响力大增，超过了陆学。到了明朝的王阳明这里，他集心学之大成，创造了一个完整的思想体系。

王阳明（1472—1529），明朝人，原名王守仁，因曾在贵州的阳明洞学习，故被称为"阳明先生"。他经过了龙场悟道，创立了自己的心学思想体系。经历了"顿悟"后，王阳明更加确信自己的思想是真理。他的思想言论由弟子辑录为《传习录》。明代后期，王学大盛，出现了众多流派，对后世产生了极大的影响。严格来说，王阳明不属于千年中世纪的时间范畴之内，但为了展现思想发展的连贯性，在这里一并说了。

在王阳明看来，宇宙本身就是一个完整的精神实体，这便是天地之心。这个精神实体构成了我们经验中的世界，并不存在额外的朱熹所说的理的世界，心外无物。按照朱熹的思想，不管心是不是存在的，理都是抽象的、永恒的实在。王阳明的观点则与之相反，他认为，如果心是不存在的，那么理也是不存在的。心为宇宙立法，理是由心立的。

《传习录》中记载："先生游南镇，一友指岩中花树问曰：'天下无心外之物。如此花树，在深山中自开自落，于我心亦何相关？'先生曰：'你未看此花时，此花与汝心同归于寂；你来看此花时，则此花颜色一时明白起来，便知此花不在你的心外'。"

"致良知"是王阳明心学思想体系的核心。《大学》里讲：格物、致知、诚意、正心、修身、齐家、治国、平天下。按照王阳明的思想，"致知"就是"致良知"，"修身"也是"致良知"。顺从自己的良知去生活，将由直觉产生的知识落实到实际行动中，这就是个人的精神修养。这就引出了王阳明所提的另一个口号——"知行合一"。

在王阳明看来，知和行不是分开的两件事，而是合一的。只要一念发动，便即是行了，所以必须不能让那些邪恶的念头潜伏在心中，不要以为自己没有采取实际的行动就万事大吉了。他充分地强调了主体实践的能动性，不赞成寻求纯客观认知的"知"，也不赞成脱离了行动的"知"。

既然是"致良知"，那什么是"良知"呢？在王阳明看来，良知就是人心固有的善性。一切人，无论善恶，基本上都同有此心，正所谓"人同此心，心同此理"。每个人都有良知，每个人都应该是善的，可现实并非如此。王阳明解释说，这是由于除了圣人之外，一般人很容易受到物欲之遮蔽。

即便一个人极度自私，他也不会完全泯灭心的本性。本性常常体现在人对外界事物的本能反应上。比如，许多人发现他人处于危险处境时，往往会有一种救危扶难的本能反应，不会袖手旁观，见死不救，正所谓"恻隐之心，人皆有之"。人对事物的第一反应表明，在人的内心深处，知道什么是对的，什么是错的。这种潜意识就是人类本性的表现，王阳明称之为"良知"。因此，人应该顺应内心良知的指引，按照它的要求去做事，并且不能有任何犹疑。假如一个人为了满足自己的私欲，而找各种借口无视内心良知的指引，不按照良知的命令去做事，那么他就会失去至善，离圣人的境界越来越远。

有一个流传很广的关于王阳明的小故事，常被用来说明"人人都具有良知"这个道理。王阳明有一次在半夜里抓到一个小偷，便跟小偷讲了"良知"的道理，让他洗心革面。那小偷笑着问："请问，我的良知在哪里？"王阳明回答他："那让我把你的良知找出来给你看看。"当时天气炎热，小偷按照王阳明的要求，依次脱掉了外衣和内衣。等到王阳明让小偷脱掉亵裤时，小偷犹豫了。他面露难色地说："这恐怕不妥吧。"王阳明便笑着对小偷说："这便是你的良知！"

良知就是人的本心，这是每个人都有的。凭借良知，人们能够懂得是非对错，所以人们只要凭着良知去分辨是非对错，依照良知的指引做事，就能成为圣人。也就是说，"致良知"则人人皆可成圣。

王阳明的思想体系传承自宋代的周敦颐、程颢、陆九渊等人，区别只在于王阳明用词更准确，表达更加系统。他的思想体系和精神修养方法因为简单易懂、清楚明了，所以受到许多人的欢迎，具有很强的吸引力，许多学者和名人都称自己"一生俯首王阳明"。

人们只需要懂得，每个人都有一颗本心，这颗心与天地之心是一体的，通过顿悟即可成圣。人所需要的就是相信自己，正心诚意，勇往直前。由此可以清楚地看出，陆王心学与禅学思想具有相当的一致性。

第七章　阿拉伯世界的贡献

伊斯兰教的兴起

7世纪初期，伊斯兰教在阿拉伯半岛的希贾兹地区兴起。当时，拜占庭帝国和波斯萨珊帝国为了抢夺东西商路与势力范围，时常发生剧烈冲突，阿拉伯地区由于夹在两大帝国之间，因此成为军事入侵的焦点。频繁的冲突和战争严重影响了当地的定居民和游牧民的经济生活。在这种背景下，阿拉伯各部落联合组成统一的民族和国家的历史前提渐趋成熟，阿拉伯人的民族意识开始觉醒了。

随着氏族社会的解体，阿拉伯古老的部落宗教也濒于崩溃。犹太教和基督教虽然早就传入阿拉伯半岛的一些地区，但传播十分不顺畅。于是，具有模糊一神论观念的一些人开始探索真正的民族信仰。

约570年，穆罕默德出生于阿拉伯半岛的麦加城。据说他在将近40岁时，经常到麦加城郊区希拉山的一个山洞里静居隐修，昼夜沉思冥想。在610年的一个夜晚，穆罕默德在山洞里忽然接到"启示"，安拉派遣天使向他传达旨意，并首次向他启示了《古兰经》的经文，授命他作为安拉在人间的使者。

自此之后，穆罕默德接连得到启示，受命宣扬安拉的指示，教导人们信奉伊斯兰教。从此，穆罕默德便成为伊斯兰教的"先知"，开始了他的传道事业。穆罕默德大约在613年开始公开传道，并很快集合了一批皈依者。穆罕默德向大众提供了对现实社会的说明，要求大家都顺从和追随安拉，并且主张将教众之间的情谊作为社会的基础，不赞同用金钱关系取代氏族血缘关系。那些信奉穆罕默德的人被称为"穆斯林"。

随后的历史发展，就是一连串战争与征服的过程，伊斯兰教也迅速地传播开来。穆罕默德于632年去世，他的去世并没有带来伊斯兰教的瓦解，而是紧接着出现了一个新的发展时期。穆罕默德发动的伊斯兰革命，顺应了当时社会发展的历史趋势，他向阿拉伯人传授的经典及他的言行，至今仍在影响穆斯林的日常宗教生活和世俗生活。

伊斯兰教像旋风一样迅速席卷阿拉伯半岛，并开始向外扩张。穆斯林的大军挥舞着圆月弯刀，征服巴勒斯坦、大马士革、埃及、西北非、中亚，并进军西班牙。阿拉伯人以惊人的速度崛起，不断扩张，很快就建立了一个地跨亚洲、欧洲、非洲三大洲的封建军事帝国。阿拉伯帝国极盛时疆域达到1340万平方千米，历经600多年，分为四大哈里发时期，最后被蒙古灭亡。

伊斯兰教的扩张，让西方基督教世界惶恐起来。1096年，在罗马教廷的准许下，基督教"十字军"开始东征，前后共计有九次，并持续到13世纪末。这是一场持续近200年的宗教战争，其中甚至还包括一次儿童"十字军"的东征。"十字军"东征在名义上是为了收复被阿拉伯人占领的土地，收复耶路撒冷。参与这场战争的基督教士兵都佩戴十字标志，因此被称为"十字军"，这场战争也被形象地描述为"十字架对新月"。

《古兰经》是伊斯兰教的基础和基本经典，"古兰"一词的本义是"诵读"。穆斯林认为，安拉通过穆罕默德降示的启示，组成了一部诵读的经典。

起初，穆罕默德认为伊斯兰教和犹太教、基督教是同源的。因此，《古兰经》中并没有否认与犹太教、基督教经典的渊源和关系。《古兰经》中记载的很多故事和传说，与《圣经》中的很相似，这类经文数量达到1500多节。三大宗教的教义基础都来自这些相似的故事想要证实的概念，如宇宙一神论、天启经典、先知与使者等。

《古兰经》规定，穆斯林不仅要礼拜、施舍，还有一项重要的宗教义务，就是拿起武器，维护主道。在早期的穆斯林中，履行这种义务的主要方式就是圣战。

《古兰经》还要求人们行善，从而使穆斯林社会的公德和私德都具有宗教的特性。对于人们的社会义务和日常生活的行为举止，《古兰经》也提出了伊斯兰教的伦理规范。这些规范保留了阿拉伯部落的传统美德，同时也做了改革。

就像其他任何大的宗教一样，伊斯兰教也主要分为逊尼派、什叶派两大派系和一些小派系。

在伊斯兰教兴起后的第一个世纪，伊斯兰教在被征服地区也只是一种统治的宗教，还没有成为大多数当地人都信奉的宗教，各征服地区的居民仍然保留着自己原有的宗教信仰。

随着阿拉伯人在各征服地区与当地波斯人、突厥人、埃及人、柏柏尔人等其他民族的人通婚，皈依伊斯兰教的人慢慢增多，终于在居民成分中居多数，占据了主导地位。此外，在这个过程中，还发生了大规模的信仰上的改宗现象。最终，阿拉伯哈里发帝国真正实现了伊斯兰化。

阿拉伯的贡献

罗马帝国崩溃以后，希腊的哲学和科学遗产中的大部分在西方都流失了。但是，在中世纪，希腊的哲学和科学遗产在阿拉伯伊斯兰文化圈很好地保存着。阿拉伯人并不是希腊文化的消极接受者，相反，他们积极地吸收希腊的文化遗产，并创造性地将其推进。

阿拉伯帝国征服了先前由罗马人控制的一些地区，在这个过程中，希腊文化并没有因为战争而流散。在埃及、叙利亚、伊拉克和伊朗，并没有出现精神生活的中断。在叙利亚、伊朗和其他地区，希腊的哲学和思想传统被完好地保存着，亚里士多德和其他希腊哲学家的著作很早就被翻译成古叙利亚语。后来，在巴格达的阿拔斯王朝时期，发生了一次文化传递的大突破。

阿拉伯世界第一次全面的希腊文化复兴，其开端是一个庞大的翻译规划。阿拉伯的统治者积极支持学者们学习希腊语和翻译希腊的哲学著作，甚至还派遣特使去西方寻找和购买希腊手稿。

翻译涉及语言，而当时的阿拉伯语词汇十分匮乏，缺乏许多抽象概念，因此翻译工作的一个重要部分是扩展阿拉伯语词汇，以及发展与希腊概念相对应的哲学概念、科学概念。在这个过程中，希腊文化的重要部分被吸收进了阿拉伯语。不过，阿拉伯人对希腊的修辞、诗学、戏剧和历史的兴趣不大，他们采取一种实用的态度，关注点大多集中在哲学、医学、光学、数学、天文学，以及像炼金术和巫术这样的秘术学科上。

到了 9 世纪末，巴格达已经确立为一个阿拉伯学术中心。阿拉伯人掌握的不只希腊文化，在东方，他们与伊朗、印度和中国都有重要接触。阿拉伯人在算术计算中使用的印度数码，后来就被称为"阿拉伯数字"，通行全世界。

翻译和文化沟通使得大量新图书馆建立了起来，在 10 世纪和 11 世纪，整个阿拉伯世界已经有几百个图书馆，拥有大量的藏书。据说在巅峰时期，巴格达的图书馆收藏了 10 万册手稿。著名的阿拉伯民间故事集《一千零一夜》，其主要部分就来源于以巴格达为中心的阿拔斯王朝时期。

在哲学和神学方面，阿拉伯哲学家和很多基督教神学家相同，设法用亚里士多德的概念和新柏拉图主义将伊斯兰的真理表述出来。

一位名叫阿尔加扎里的哲学家认为，当哲学与《古兰经》发生冲突的时候，哲学就应该让位。如我们所知，类似的冲突大致也于同一时期发生在基督教世界。

而另一位哲学家阿威罗伊则认为，哲学结论和《古兰经》之间是不可能有任何矛盾的。他引入了一条重要的诠释原则，即对《古兰经》中的任何东西都不能只做字面理解。

在科学发展方面，阿拉伯人的主要贡献集中在医学、光学、天文学等学科。据传，最早研究麻疹、水痘等儿童疾病的医生就是阿拉伯人。阿拉伯科学家阿尔哈金采用实验方法研究光学现象，并且详细分析了眼镜的机理，在光学领域做出了突出贡献。在天文学方面，阿拉伯人也是遥遥领先。他们主张用数学模型来解决理论与观察之间的误差问题，直至哥白尼出现。相比于西方世界，阿拉伯人当时的天文学模型要先进很多。

阿拉伯的哲学家和科学家把自己的工作建立在希腊哲学和科学的基础上，也就是说，这些人只是单纯地继承和发展了希腊的哲学和科学，却没有把它们放在一个伊斯兰教的框架内加以说明。

在 12 世纪和 13 世纪，伊斯兰世界的宗教压力增加了。所谓的外来科学只有能够在宗教上得到辩护的时候，或者具有某种宗教功能的时候，才能指望得到支持。因为穆斯林必须知道确切的祈祷时间和麦加城的方向，所以天文学、数学、几何学和算术都是重要的，是值得研究的。

此外，阿拉伯文化中还缺少科学的建制性基础，独立的阿拉伯科学从未被建制化，也没有受到宗教和政治精英的支持。阿拉伯世界没有像中世纪的欧洲那样，形成独立的大学。

附：蒙古的世界帝国

1206 年，铁木真统一了蒙古各部落。这一年，蒙古各部落在斡难河源头召开库里台大会，建立大蒙古国，推举铁木真为蒙古大汗，号"成吉思汗"。从此，漠北结束了长期混战的局面，蒙古作为一支新生的势力，在草原上崛起。

随后，一代天骄成吉思汗和他的子孙们，不断地率军发动战争。蒙古铁骑一路东征西讨，最远打到欧洲多瑙河河畔。剑锋所指，所向披靡。蒙古开拓了一片辽阔的疆域，横跨亚欧大陆，国土西起地中海，东至日本海，南达波斯湾，北到西伯利亚，极盛时期总面积达 3300 万平方千米，建立了人类历史上面积最大的世界帝国。

蒙古西征以后，在占领的土地上建立了钦察汗国（亦称"金帐汗国"）、察合台汗国、窝阔台汗国和伊尔汗国四大汗国。四大汗国同奉大蒙古国为宗主国，其掌权者在血统上均出自成吉思汗的"黄金家族"。直到 1259年蒙哥去世以后，四大汗国才获得实质性的独立。

蒙古帝国的国土太大，境内地形复杂，交通落后，民族众多，各民族的文化和语言存在差异，并且社会和经济发展水平不一，因此很难实现真正的统一。14 世纪中叶以后，四大汗国逐渐衰落，不复当年的盛况。

蒙古帝国的建立，促进了各民族之间的沟通，对东西方文化、经济和技术的交流传播产生了积极作用。当时，从欧洲到中国有多条商路，商人们在欧亚大陆间自由贸易。贸易的兴盛不仅使商人们赚取了高额利润，也促进了经济和商业的发展。因此，我们可以把这段神奇的时期看作"蒙古自由主义"时期，因为它与现在自由主义市场经济贸易的某些方面颇有类似之处。

这个时期，西方世界最著名的旅行家是马可·波罗，传说他到过中国，游历各地。他回到家乡威尼斯后，在监狱中口述了自己的旅行见闻。他向欧洲人详细介绍了那个时代的中国，使西方人对世界有了更多的了解。当然，也有人认为，马可·波罗压根没有到过中国，他所说的不过是道听途说罢了。

1234年，蒙古铁骑攻破金国，完全占领华北。1259年，蒙哥去世，阿里不哥与忽必烈争夺汗位，导致大蒙古国分裂。1260年，忽必烈成功登上汗位，建元中统。1271年，忽必烈取《易经》中"大载乾元"之意，改国号为"大元"。第二年，忽必烈迁都燕京，改燕京为大都，即现在的北京。1279年，元军与宋军在崖山进行大规模海战，宋军大败，南宋宣告灭亡。自此，元朝统一中国。

之后，元朝继续向外扩张。在出海征讨日本和东南亚诸国的过程中，元军连连失利，大败而归。元军两次大规模出海伐日都遭遇了大飓风，致使惨败。日本人因这两场飓风得救，因而对飓风心怀感激，尊称其为"神风"。"二战"时期，日本组织神风特攻队，对美军发动自杀式攻击，"神风"二字的含意就来源于此。

1304年，四大汗国共同认可了元朝的宗主国地位。1310年，元朝与察合台汗国结盟，联手攻破窝阔台汗国，占领了漠西领土。1368年，朱元璋率军占领南京，随后北伐占领北京，建立了大明王朝，元朝统治不足百年便终止了。此后，大元朝廷退居漠北，史称"北元"。1388年，北元后主被杀，北元灭亡，大元国号被取消，名字重新叫"蒙古"，明朝称他们为"鞑靼"。

当时在欧洲，蒙古铁骑所向披靡，连续攻占数十个城池，占领多个国家，导致欧洲各国的君王惶恐不已。古代欧洲人对亚洲游牧民族军队的恐惧除了来自蒙古之外，还来自匈奴人和突厥人，匈奴王阿提拉被欧洲人称为"上帝之鞭"。19世纪出现了"黄祸"一说，泛指所有东亚黄种人带来的威胁，最常被提起的自然是蒙古帝国。

蒙古国只有约百万人口，在军队总人数不到13万人的情况下，他们就对外发起了侵略战争。只有这么少的兵力，他们凭借什么征服欧亚大陆？为什么蒙古兵这么能打？我们来简单地分析一下。

首先，蒙古是游牧民族，战斗时来去如风，没有任何负担，不像农耕民族和定居者那样有太多的顾虑和限制。

其次，蒙古兵骑射能力超强，通常一个人有三匹马轮流骑乘，并且骑的都是脚力奇好的蒙古马，因此蒙古军组成的机动军团是人类历史上从未有过的，其战斗力和机动力都远远超过之前的骑兵部队。

再次，技术上的优势。蒙古人所使用的复合弓，可以在马上灵活运用，同时威力惊人。蒙古人十分善于运用和开发新技术、新武器，他们在各文明区俘虏的工匠和技术人才从不会白白浪费。

最后，战术上的优势。蒙古人非常擅长神出鬼没的运动战，这些像风一样的骑兵在上百里的范围内迂回、穿插，还经常使用佯动、诈败等手段，许多农业国家的军队根本无法适应这种战法，相当吃亏。此外，蒙古人经常利用俘虏和降兵来打前阵，之后真正的蒙古铁骑才出击送上致命一击。蒙古帝国在征战过程中，还会不断地吸收其他民族优秀的将领来充实蒙古军队。

还有最重要的一点，就是名声。蒙古人的军事作风对各地的人们在心理上造成了极大的恐惧感。在通信不发达的古代，经过人与人之间的口耳相传，信息难免会被夸大。很多人一听到蒙古人来了，就已经吓傻了。在冷兵器时代，心理战"诛心"的威力，比实际的战斗更有效果。

1206年，铁木真称"成吉思汗"，蒙古帝国建立，一直到1635年林丹汗上交可汗印信，蒙古帝国前后共计429年。东亚和西亚的很多国家都被蒙古帝国消灭，东西方文明在蒙古帝国的版图上被连在一起，这在人类历史上是前所未有的。蒙古帝国的建立促进了东西方文明的交流。在人类发展史上，它发挥了其独一无二的重要作用。

第三部分　文艺复兴大变革

文艺复兴，意味着人的觉醒，以及人文主义的兴起。

在经历了长达千年的经院哲学和神学统治后，人们开始发起变革，把工作重点转移到人本身上来。

欧洲经历了黑死病的浩劫，人们的精神状态发生了很大的变化。人们会想，如果上帝是全能的，那为什么会允许如此巨大的灾难发生？在人们受苦受难的时候，上帝跑到哪里去了？此外，教会的腐败和无能又催生了宗教改革运动，新的思想诞生了，人们开始重新思考人与神的关系。

随着唯名论的发展，人们的思想发生了变化，开始批判经院哲学。在这个时代，人们对旧传统产生怀疑，反思与批判精神慢慢积累，并最终爆发。此时出现了一种公然反对权威与传统的形势，在大势所趋之下，国家反对教会，个人对教会的种种压迫也做出反抗，而理性则反对规定的真理。

教会在人类心灵中的权威被逐渐削弱，个人开始坚持理智的独立性，而不再盲从权威。中世纪哲学的兴趣主要集中在超自然的事物上，而新时代的人们则将目光从天堂转向尘世，也就是说，人们不再"不食人间烟火"了。自然科学得到了发展，宗教改革运动如火如荼。在信仰问题上，人们诉诸《圣经》和良知，不愿受到教会的束缚，显示出强烈的独立精神。

人们渴求新事物，反对过去。这时，为了完成这项伟业，有两条路可供人们选择。一条路是人们创造生活、艺术和思想的新形式，另一条路是回到古代的模式中去。人们首先选择了后一种做法。

原因很简单，由于人们的心灵在中世纪习惯接受权威和传统的束缚，导致思想已经麻木，创造力也被压制了，人们不可能立刻沿着新道路进行创新。在这种现实情况下，理智的改革者要做的，就是回到古典文明中去寻找灵感。于是，希腊和罗马文化又获得新生而重新流行，即"文艺复兴"，人性也被重新发现，即"人文主义"。

在这个风起云涌、激动人心的新时代，人们的创造力逐渐被点燃，各种新思想、新做法、新发明不断产生。无论是在哲学与思想领域，还是在宗教领域，抑或是艺术和建筑等领域，都出现了不少精英。

"文艺复兴三杰"所达到的艺术高度和成就，至今仍令人叹为观止。达·芬奇可能是有史以来最牛的全才，蒙娜丽莎的微笑也是全人类的微笑。米开朗基罗在西斯廷教堂的画作《创世纪》恢宏无比，难度极高，震撼人心。拉斐尔的代表作有油画《西斯廷圣母》、壁画《雅典学院》，其作品博采众长，是后世古典主义者不可企及的典范。

文艺复兴时期，对人类成就的兴趣被激发起来，人的天赋不再被视为无足轻重或者是可鄙的，人受到赞美，天才受到颂扬。这是一个承前启后的大变革时代，为后来的科学革命和人类文明的转型升级，奠定了坚实的基础。

第八章　新时代的新气象

宗教改革

　　15世纪末16世纪初，基督教发生第二次大分裂（宗教改革），从旧教（罗马天主教）分裂出新教。

　　1453年，在乌尔班大炮的轰鸣声中，奥斯曼土耳其攻陷君士坦丁堡，拜占庭帝国（即东罗马帝国）宣告灭亡。东罗马帝国的许多学者纷纷逃到了西欧，并带去了大量古代典籍。随着这些学者的到来，文艺复兴在西欧得到了快速发展。在这个过程中，欧洲逐渐开始流行人文主义思想。人们对中世纪以神为本的人生价值观产生怀疑，并开始认真考虑以人为本的新思想。在新思潮下，人们也逐渐开始质疑基督教原有的观念。

　　中世纪的欧洲大致可分为两个阶级，一个是由教士、贵族和骑士组成的上层阶级，另一个是由农奴和平民组成的下层阶级。随着工商业的复兴，资产阶级作为一个新的阶级出现了。在经济活动中，以普通的平民商人为主的资产阶级逐渐建立了银行、行会等比较完善的商业组织。资本主义的兴起，带动了社会经济的高速发展。

　　在中世纪，教皇的权力远高过君王。教会时常干涉政治，并且往往是基于自身的利益。因此，国王与教皇之间经常会爆发冲突。到了文艺复兴时期，民族主义思想在民间迅速传播，教权慢慢被削弱。人们以国王为尊，不再拥护教皇，渴望摆脱天主教的控制，建立统一的民族国家。随着历史的发展，欧洲逐渐摆脱了教权统治，国家转为由国王和资产阶级主导。

　　经济的发展也促发了相应的民生问题，如阶级对立、贫富差距等。当时，不仅国家要求人民缴纳各种税收，教会也有很多要求人民交钱的活动，如各项圣礼、仪式等，而且费用高昂。教会对人民在经济上的压榨，导致人民对教会的怨恨不断加深。天主教神学的精神控制阻碍了资本主义的发展，日渐强大的资产阶级意图打破这个局面。由于罗马教廷反对借贷生息，不利于工商业的发展，于是资产阶级便与新贵族和封建君主形成了联盟，一起反抗教廷。

随着工商业的发展，社会的经济形势越来越好，教会也因此获益，拥有丰厚的教产。俗话说"饱暖思淫欲"，富裕后的神职人员，其道德防线逐渐松懈，爆出了种种丑闻，一些高阶神职人员甚至身陷性丑闻纠纷中。许多高阶神职人员的职位都是用金钱买来的，而不是由于道德高尚和有学问而当选。这种卖官鬻爵的现象，导致了神职人员队伍里混进了许多滥竽充数的人，有些所谓的神父甚至都弄不清楚十诫和主祷文是什么。

由于奢靡浪费的风气，钱越来越不够花。教会为了缓解财政方面的负担，竟然公开贩卖"赎罪券"，并声称买了赎罪券就能赎罪上天国，没买的话就只能到地狱去。这简直就是赤裸裸的无耻交易，把上帝的恩典和救赎变成了一门生意。

人们对教会的要求越来越高，教会不但无法满足，还陷入腐败之中。无法获得心灵安慰的人们，不得不转而寻求其他方法，从而促使了宗教改革的发生。看来都是钱惹的祸，教会已经失去了早期的那种风骨和感召力了。

宗教改革运动起源于德意志，并很快就蔓延到全欧洲，欧洲各国都展开了轰轰烈烈的宗教改革。1483 年，宗教改革运动的先驱马丁·路德在艾斯莱本出生。在大学时期，路德就觉得当时教会的解释与做法和《圣经》原文极其不符。等到他做了神父，内心依然充满了困惑。1513 年，他在教授《圣经》时灵光乍现，彻底领悟了因信称义的含义，从而豁然开朗。

1517 年，路德在威登堡大教堂门口贴出《九十五条论纲》，反对出售赎罪券，这标志着宗教改革拉开序幕。路德的《九十五条论纲》得到了贵族和人文主义者的大力支持，尽管当时印刷术刚刚被使用，但是这篇战斗檄文仅在两周后就传遍全德意志。四周之后，各种版本的《九十五条论纲》

的译文在西欧各个地方迅速传播。

对此，教皇和教廷大为震怒。1520 年，路德被定为异端，并被革除教籍，他的著作也遭到焚毁。在这种情况下，路德并不屈服，而是越战越勇。此后，以他为代表的教派被称为"更正教"，亦称"新教"，与之相对的东方、西方基督教，就成了旧教。

路德直接建立的教会称为"路德会"或"信义宗"。他认为，《圣经》不应该由罗马教廷全权解释，而应该由人们自己通过阅读来理解《圣经》的思想。他还将《圣经》翻译成了德文。他认为，人与神之间不需要教会作为中介，不需要那么多繁文缛节，人应该自己与上帝建立个人关系。

经院哲学遭到路德的拒绝，他认为经院哲学是空洞的文字游戏。在神学问题上，路德追随奥卡姆的威廉的唯名论。与奥卡姆的威廉一致，路德将信仰置于理性之上，并且认为有关信仰的问题，人们应该知道的东西都存在于《圣经》之中。基督徒完全可以通过阅读《圣经》了解这一切，而不需要求助于教皇、神父或教廷议事会。

他还主张，受信仰引导的理性可以成为神学的侍女，但是，理性绝对不可以把自己变成人们信仰的对象，这样的自负是不可原谅的，必须清除干净。

由此我们可以看出，尽管宗教改革运动与文艺复兴一样，都对空洞的经院主义进行了谴责，挑战教会的权威，歌颂人类的良知，但不同之处在于，文艺复兴还歌颂人类的理智，分享生命的愉悦，这些都是宗教改革运动所不具备的。路德对理性持一种怀疑态度，在他看来，理性在关于我们灵魂的拯救问题上是盲目的。

宗教权力与世俗权力之间的关系就是路德政治思想的聚焦点，他主张政教分离。他认为，上帝创建了两个功能不一样的政权，一个是世俗政权，另一个是宗教政权。世俗政权的功能是，以剑为武器，维护社会公平公正，保证秩序；而宗教政权的功能是，以语言为武器，诉诸国王和臣民的良心，提升他们的精神。实际上，政教分离意味着教会在与国家的关系方面承受了某种权威失落，再也不能像以前那样去领导国家了。

另一个宗教改革的领导者是约翰·加尔文，他出生于法国，曾在巴黎大学研究神学三年。1536 年，加尔文出版了《基督教原理》一书，指出人们接触上帝的途径应该是阅读《圣经》，而不是通过已经变质的教会传统。人不可能凭借自己行善而得义，能够成就这一切的唯有上帝。

之后，加尔文前往瑞士日内瓦，不过他改革教会的提案被驳回，并且当局还以驱除异端分子的名义将他驱逐出境。1541 年，支持宗教改革的一派执掌政权，加尔文受邀再返日内瓦，并受到热烈欢迎。在之后的二十多年里，当地教会一直由加尔文治理。在他的努力下，日内瓦成为新教"归正宗"的中心。

加尔文提出"上帝预选论"，即人在出生之前，得救与否就已经注定，上帝早就做出了预选。但这种主张容易导致宿命论，而加尔文又是反对宿命论的。在他看来，任何一个即将获救的基督徒都应该具备虔诚的信仰和完美的德行，他们应当努力工作，以此来荣耀上帝，让他人受益。

加尔文的教义受到许多工商业者的欢迎，成为新教的主流，其中以长老会的发展最快。长老会的制度是共和式的，长老会由议会选举产生，可以独立行使教会司法权。长老制规定，世俗事务由日内瓦市议会负责，人民的宗教信仰和道德生活由教会负责。可实际上，这两者结为一体，政教合一。因此，加尔文成为这个政教合一的日内瓦政权的实权领袖。

在宗教改革的大时代里，英国国王亨利八世原本与罗马教廷是站在一起的，反对路德和更正教，并曾获得教皇赐予的称号——信仰拥护者。亨利娶了西班牙王室的凯瑟琳公主，然而凯瑟琳久不产子；加上亨利爱上了一位宫中贵妇，因此他产生了休妻的念头。为此，他请求教皇批准，却被否决了。于是，他冲冠一怒为红颜，此事遂成为他进行宗教改革的导火索。

1531 年，亨利禁止国内教士效忠教皇，并逼迫他们承认自己作为英国教会领袖的身份。1532 年，他强行要求国会通过一项法案，规定人们向教廷进贡必须得到国王的允许。1534 年，亨利联合更正教，通过《最高治权法案》，创建了英国国教会，称为"圣公宗"，亦称"圣公会"。实际上，英国国教那时候的教义和仪式与罗马旧教几乎完全相同，只不过是英国国王代替罗马教皇成为政教权威。至此，亨利八世彻底摆脱了罗马教廷的控制。

宗教改革运动拒绝教会作为基督教信仰的仲裁者，诉诸《圣经》和个人良知，赋予理性以判断宗教教义的权利，并且鼓励个人主义。这样做的结果，就在一定程度上培育了人们的批评反思精神和独立思考精神。不过，宗教改革者们自己在解释重要的基督教教义时也不尽相同，新教不久就分裂为不同的派别。

革命是需要流血的。欧洲各国的宗教改革运动引发了很多战事，牺牲了很多人。如1610年亨利四世被刺杀，法国再次发生内战，大量新教信徒逃亡。1618年开始，德国路德派与国内的天主教徒交战了三十年，史称"三十年战争"，这场惨烈的战争让德意志损失了大量人口。直至1648年《威斯特伐利亚和约》签订后，双方才重新和平相处。1568年，荷兰北部的加尔文派教徒与当时的统治者西班牙交战，起因是后者反对新教。十一年后，荷兰终于获得独立和信仰自由，正式建国。

在英国，改革后的国教依然带有许多旧教习俗，一些受加尔文派影响过深的人被称为"清教徒"。他们对现状不满，渴望改革，而当时的国王查理一世却一心想要重振旧教。双方的观念相悖，清教徒遭到了查理一世的迫害。于是，许多人逃至美洲新大陆，其中最著名的是"五月花号"轮船搭载的一群清教徒，这些人后来在北美建立了美国。

1640—1649年，英国内战爆发。在这场战争中，清教徒获得胜利，新教团体因此得到了比较自由的发展空间。1685年，新国王詹姆斯二世意图恢复旧教和专制统治，引发了众怒。经过1688年一场不流血的"光荣革命"之后，英国的清教徒才获得了最终的胜利，彻底得到了信仰自由。

强权政治

宗教权力开始衰落，政治权力就开始强大，这是一个此消彼长的过程。

文艺复兴时期，人们试图提出一套新的国家理论，这一理论要独立于神学和亚里士多德，同样也要反对其他思想领域的权威和传统。

在这个新时代，国王不断扩展其权力基础，直到他能作为专制君主实行统治为止。为了实现这一目标，国王和市民阶层是相互支持的，他们形成了一个联盟，共同反对教权，并且促进了自由资本主义的发展。在强权政治、早期资本主义和新兴自由市民阶层的共同作用下，封建社会终于土崩瓦解了，人类社会进入了资本主义时代。但这是一个漫长的过程，不同的地区其进程也不相同。

马基雅维利（1469—1527）是意大利人。当时的意大利四分五裂，诸多小国间一直有冲突，社会生活在许多方面是以放荡不羁的利己主义为特点的。在这种环境下，作为一个知识分子，马基雅维利的理想是能建立一个统一、独立和稳定的意大利国家，这与处在中国分裂乱世中的文人的心理是相同的。

马基雅维利的政治理想表达了对理性共同体的渴望，以及对他所处时代腐败的世俗与教会的憎恨。他提倡政治专制制度，这源于他对人性的悲观主义观念。在他看来，人们只会因为饥饿而变得勤奋，也只会因为法律而拥有美德。

除了以武力对抗武力、以欺骗对抗欺骗，马基雅维利找不到任何可以解决他所在的那个时代腐败和混乱问题的办法。乱世要用重典，要拿起武器与邪恶战斗。为了达到目的，就必须不择手段，要采取彻底果决的措施，绝不能有妇人之仁。

马基雅维利最感兴趣的是纯粹的政治博弈。他的政治理论可以看作一种力学理论，政府或君主就是一个受力点，在某种法则的驱动和支配下与其他政府或君主进行博弈。因此，这种政治理论是一种政府或君主之间的外交博弈理论，可以直接运用于意大利小国之间的政治斗争。从这个角度来看，他有点儿像中国春秋战国时期的纵横家，马基雅维利就如同意大利的鬼谷子。

在他看来，因为人是自私自利的，而且资源是稀缺的，所以就一定会产生冲突。保护个人权益，避免个人被他人侵犯，这是国家存在的意义。假如没有法律的话，国家就会出现无政府状态，因此，有必要确立一个强权统治者来保障人民的安全。

在当时的意大利，最重要的是建立一个统一的国家，因此，一个强大而无情的君主是必要的。马基雅维利认为，只要是为了实现国家主义的目标，君主采取任何手段都是正确的，无论是暴力、欺骗、严刑，或者是违反所谓的道德。他给统治者的建议是："让众人惧怕胜过让众人喜爱，为人残酷比为人慈悲更加精明。"

他最为人熟知的，是关于一个领袖如何在一个腐败的社会里赢得权力的理论。1513 年，在献给佛罗伦萨统治者美第奇的《君主论》中，马基雅维利以道德中立的立场，详细阐述了君主应该如何取得政权和维护政权。马基雅维利玩的是一场权力的游戏，唱的是一首冰与火之歌。

"人们现实的行为方式与他们应该的行为方式相去甚远。任何人如果以理想代替现实，必定自取灭亡。"马基雅维利如是说。马基雅维利认为"世人多邪恶"，这与很多哲学家认为"世人多愚蠢"的观点很不一样。他认为，统治者应该假设民众是邪恶的，在幸运的情况下，民众才会同时又是愚蠢的。他所说的邪恶，通常指的是自私自利和放纵。

马基雅维利认为做大事者不应该受到所谓道德的束缚，道德和政治在他那里是被区分开来的。他设法描述政治上实际运用的政治手段，而不考虑它们是不是好的，是不是可取的。他认为关键的问题在于目标是不是值得追求的，实现这些目标的手段是不是有效的，效率是不是高的。

将目的和手段截然区分开来，这是一种较新的想法。对于一些行为或手段，无论它们能不能导致可取的目的，都应该遭受谴责，如盗窃、杀人等行为。在这一点上，许多希腊哲学家和基督教神学家的观点是相同的，都认为应该这样，而马基雅维利却说"不"。

从目的和手段的截然区分出发，马基雅维利声称，在政治中，目的的正当，证明了手段的正当。《君主论》一书强调的是手段，而不是目的。在政治中，手段是权术性质的，是无关道德的，是超越道德评价的，而目标是最终获得和平和秩序。

后来，马基雅维利因为他的政治权术说、政治无关道德说而声名远扬，甚至臭名昭著。许多别有用心的人，比如墨索里尼，就利用这种学说为不加约束的权力炫耀做辩护，对马基雅维利的理论进行了别样的诠释。这是马基雅维利本人的悲哀，历史也许忽略了他当时的心态与处境，也扭曲了他的本意。

托马斯·霍布斯（1588—1679）出生于英国，他曾在牛津大学读书，后来做了贵族的家庭教师，并游历了欧洲大陆。他提倡君主专制，反对君权神授，并且将罗马教皇比喻成魔王，将僧侣比喻成魔鬼。

霍布斯是近代精神最勇敢和最典型的代表之一，他试图与过去完全决裂。作为"第一个近代唯物主义者"，他强调哲学和科学的实际功效，知识的目的就是力量。他完全否认神学具有科学特征，否认灵魂的唯灵论观念。霍布斯接受了新自然科学，并提出机械唯物论。他认为，宇宙是由做机械运动的物质颗粒所组成的，所有物体都在遵照着必然的因果规律来运动。

为了理解社会到底是什么，霍布斯采用了一种分解组合法。他用钟表进行类比：当我们想理解一个钟表是如何工作的时候，就要把钟表拆开，研究其各种部件及其属性，然后再把钟表重新组装起来，使它运转如故。通过这种方式，我们就可以认识到这些部件是如何彼此联系的，钟表是如何运作的，这样我们就可以理解什么是钟表了。这似乎也是儿童最喜欢做的一件事，即把各种玩具拆开，然后再尝试组装起来。通过这种方式，小朋友的智力也得到发展。

同理，采用相同的方法，把社会分成不同部分，考察这些部分，然后把它们重新放在一起，我们就可以看出它们是如何彼此相连的，是如何运作的。这样，我们就可以理解社会是什么了。当然，我们不可能真的分解社会，只能通过思想实验的方式，想象我们在这样做。

于是，霍布斯采用了一种思想实验，他让我们想象国家还不存在的时候，人类的生活会是什么样的。霍布斯采用了他有关自然状态的学说，来说明没有国家的人类生活会是什么样。

《利维坦》是霍布斯最重要的代表作。在这本书中，霍布斯表达了他对社会基础和政府合法性的观点。他指出，当人类处于自然状态下时，一些人或许比别人更聪明或更强壮，但不管他们多么聪明或强壮，仍然会对暴力下的死亡充满恐惧。处于自然状态的人们，在遭受死亡威胁的时候，一定会倾尽全力保护自己。

在自然状态下，每个人为了生存和发展，为了满足自己的欲望，理论上就对世界上的所有东西都有需求，同时也拥有对所有东西的自然权利。

但由于世界上的资源总是匮乏的，所以人们争夺权利的状态便永远不会结束。

这是一场"所有人对所有人的战争"，人是"狼"，社会是一片丛林。人们处在永不停止的相互争斗之中，在这种自然状态下，人的一生是"孤独、贫困、污秽、野蛮又短暂的"。

因此，社会如果想要结束这种自然状态，获得和平，就需要有社会契约。霍布斯指出，所谓社会，就是一群人服从于一个威权，并且所有人将自己"刚刚好"的自然权利交给这个威权，这样，这个威权就可以维持社会内部的和平，并抵御外来侵略。而这个威权不管采取什么样的制度形式，无论是贵族制、君主制，抑或是民主制，都必须是一个绝对的威权，也就是"利维坦"。"利维坦"是《圣经》中的一个威力强大的怪兽的名字。霍布斯认为，保障契约的执行就是法律存在的意义和作用。

在预防侵略、发动战争等所有关于保证国家和平的事务方面，利维坦国家所具有的威权是无限的。而国家在其他方面则完全可以彻底放手，不加管束。只要一个人不做侵犯别人的事，他就不会受到国家主权的干预。

霍布斯认为，所谓的自然法，是指那些可以借助理性而达到的规范或普遍法则。首要的、基本的自然法，就是每个人在有可能的情况下，都应该设法取得和平。

有一个规则：假如我们还没有达到和平，就必须动用所有的政治手段和力量来促进和平。这个规则体现了自然权利的整体概念。什么是权利？权利就是人们可以选择行动，也可以放弃行动，人们拥有这种自由。什么是法律？法律就是规定人们应该做些什么，不应该做些什么。

假如社会处在自然状态下，那么自然权利就发挥着决定作用。也就是说，在理性认可的自我保存欲望基础上，人们可以自由地保护自己，不用拘泥于手段和方式。但当国家成立以后，自然法就开始发挥作用了。

自然法是一些理性规则，简单点说就是，我们用理性来思考，当所有人都从自利的角度出发，那么人们为了保存自己的生命财产和维护安全生活，需要什么样的社会条件？应当为此而做些什么？人们必须遵守哪些规则？这些规则就是自然法。然后，我们来遵守这些规则。

理性规则是建立在人的自我保护本能基础上的。如果我们生活在一种自然状态下，那么我们就必须利用全部可能的自卫手段；如果我们生活在一个有序的社会中，那么我们就必须维护和平。

由此我们可以看出，从本质上讲，霍布斯的政治原则是拒绝伤害，他的道德黄金律与孔子一样，是"己所不欲，勿施于人"。

以抽象人性原则与人的理性概念为基础，霍布斯首次用社会契约论对国家的产生与基础进行了系统的阐述。他指出，从本质上说，国家其实是一部人造机器，是人们为了遵守自然法，通过订立契约而产生的。这个思想无疑是一种进步。此外，他还对君权神授论进行了批判，确立了近代资产阶级国家学说的基本形态。他对国家主权的阐述，标志着西方近代政治思想史上国家主权说的正式形成。

人类自古以来就一直追求着公平正义，如果有机会为社会彻底地重新立法，那么我们应该如何从理性的角度出发，打造出一个公平正义的社会，并保证这些基本的理性规则都能让其他人共同接受呢？20世纪美国政治哲学家约翰·罗尔斯在其名著《正义论》中提出了一个名为"无知之幕"的思想实验，用来阐释正义如何产生。

这个思想实验说的是，有一块"无知之幕"笼罩着社会的立法者，让他无法预知他在新社会中将处于什么位置、他的身体和精神状况会如何等他在新社会中将要拥有的一切信息。虽然他可以决定一切游戏规则，但他却不知道自己将在哪一个位置、哪一个阵营参与游戏。那么，在这种情况下，立法者所制定的规则必须不偏不倚，要秉持一种公正无私的心态。因为如果他制定的规则不公平，导致社会形成了剥削者和被剥削者、特权者和弱者的对立，那么他自己很可能会在这个社会中处于弱势群体的位置，受到来自自己制定的规则的伤害。因此，"无知之幕"说的是，只有当立法者不知道其决定将会对自己有何影响时，他的决定才会是最公正的。

从17世纪初开始，政治理论和神学分得更开了。德国的阿尔图修斯建立了一个国家契约论，其基础不是宗教，而是社会群体。这个"契约"概念不但用来说明了社会群体，而且也说明了君臣关系。

荷兰的法学家格劳秀斯通过对自然法观念的发挥，为高于特定国家法律的国际法提供了基础。他在这方面的努力获得了赞许，他的理论后来被吸收进产生国联、纽伦堡审判和联合国的那个国际法概念之中。

文学和艺术的辉煌

在文艺复兴时期，意大利境内城邦林立，各个城市相互独立，俨然一个个小国家。14世纪以后，各个城邦相继从共和制转向了独裁制。独裁者们积极维护艺术家对世俗生活的描绘，原因是他们想继续享受奢靡生活，不再受宗教禁欲主义的控制。此时，罗马教廷也在走向腐败，历届教皇与独裁者们一样耽于享乐，甚至比独裁者们还要奢靡。所以，教皇和教廷同样也是艺术家的保护者，并且他们不反对艺术表现与正统宗教教条的要求存在一定程度的偏差。

文艺复兴首先在意大利开始。但丁早在1300年前后就写出了长篇叙事诗《神曲》，他的作品影响了彼特拉克和薄伽丘。

自1338年开始，彼特拉克历时四年，写出了著名的叙事史诗《阿非利加》。他用优美的语言，对第二次布匿战争作了生动的描述。这部史诗使得彼特拉克蜚声诗坛。后来，彼特拉克到处演讲，并将自己的文艺思想与学术思想命名为"人学"，以此与"神学"对立。他高声呼吁，要来"一场古代学术——它的语言、文学风格与道德思想的复兴"。所以，人们把彼特拉克看作文艺复兴的发起人，尊称其为"人文主义之父"。

1348年，黑死病在欧洲流行，悲惨的社会现实促使薄伽丘写出了长篇小说《十日谈》。《十日谈》是欧洲文学史上第一部现实主义巨作，曾有人将它与但丁的《神曲》并列，称之为"人曲"。这部作品使文艺复兴在意大利越来越势不可当。14世纪中期至15世纪中期，意大利陆续出现了一大批杰出人物，文艺复兴也迅速地从意大利传播开了。

文艺复兴时期，意大利的佛罗伦萨在诗歌、雕刻、音乐、绘画、建筑等领域都取得了显著成就，它是文艺复兴的发祥地。佛罗伦萨的美第奇家族资金雄厚，是当时艺术发展的主要资助者。著名的"文艺复兴三杰"拉斐尔、米开朗基罗、达·芬奇都是意大利人。

拉斐尔被称为文艺复兴时期的"画圣"。他的一系列圣母画像，都是以母性的温情、青春、健美来体现人文主义思想，完全不同于中世纪时期画家对同类画作所使用的表现手法。《卡斯蒂廖内·巴尔达萨雷伯爵像》《披纱巾的少女》都是他的代表作。

米开朗基罗是文艺复兴时期雕塑艺术的代表人物，也是杰出的画家和建筑师，代表作有《大卫》《创世纪》《末日审判》等。

达·芬奇是文艺复兴时期最著名的意大利画家、文艺理论家、诗人、音乐家、雕塑家、工程师、发明家、地理学家、科学家、建筑师，可谓前无古人，大概也后无来者。因近乎全能的才华，达·芬奇被公认为是文艺复兴时期最完美的代表人物。他为人类艺术宝库留下了许多珍品，受到人们的尊重和赞颂，其三大杰作就是肖像画《蒙娜丽莎》、壁画《最后的晚餐》和祭坛画《岩间圣母》。

在文学方面，欧洲各地的作家都开始弃用拉丁语，而用自己的母语或方言进行文学创作，这使大众文学在文艺复兴时期得到了很大的发展。

法国的文艺复兴运动分为两派：一派是贵族派，以七星诗社为代表；另一派是民主派，以拉伯雷为代表。统一民族语言这一主张最早就是贵族派提出来的，这一行为直接促进了法国民族语言和民族文学的发展。贵族派还对法国民族语言和诗歌理论做出突出贡献。不过，他们只服务于少数贵族，排斥民间诗歌，具有一定的局限性。拉伯雷是杰出的人文主义作家，《巨人传》是他历时二十年创作的优秀作品，这本书采取现实与幻想交织的表述方式，是欧洲文学史上影响很大的一部现实主义作品。

英国这一时期的代表人物是托马斯·莫尔、莎士比亚。托马斯·莫尔是杰出的人文主义思想家，也是空想社会主义的奠基人，著名的《乌托邦》就是他的作品，这本书是世界上第一部空想社会主义作品。莎士比亚是天才戏剧家、诗人，与荷马、但丁、歌德一同被誉为欧洲文艺复兴时期划时代的四大作家。莎士比亚的作品人物鲜活，语言生动，情节动人，结构完整，深受人们的喜爱。莎士比亚的作品代表了欧洲文艺复兴时期文学的最高峰，极大地影响了欧洲现实主义文学的发展。他在文学中的地位相当于物理学中的牛顿。

西班牙这一时期最著名的代表人物是塞万提斯、维加。塞万提斯创作了大量戏剧、小说和诗歌，其中最出名的是长篇讽刺小说《堂吉诃德》。这个呼喊着要对风车作战的"英雄"的故事，对欧洲文学的发展产生了深远影响。作为戏剧家，维加对西班牙民族戏剧的发展起到了奠基作用，有"西班牙戏剧之父"的美誉。除此之外，他还是诗人和小说家。他十分高产，一生中创作的剧本有 2000 多个，其中有 600 多个剧本保留至今，深受广大群众喜爱。

在音乐方面，15 世纪末，复调宗教音乐开始变得复杂。从某种意义上说，这一时期的音乐与当时发展到巅峰的绘画有一定的关系。16 世纪早期，又开始流行简单明了的音乐。而 16 世纪晚期的音乐，尤其是小曲，则趋向于半音音阶，变得更加复杂。

在建筑方面，这一时期新的建筑风格逐渐产生。基于对中世纪神权至上思想的批判，以及对人文主义思想的赞同，建筑师们在建筑中呈现古典比例，以此来表现和塑造理想中的古典社会和谐秩序。因此通常来讲，文艺复兴时期的建筑都讲究比例和秩序，有着十分严谨的立面构图和平面构图，并且很好地继承了古典建筑中的柱式系统。

在教育方面，文艺复兴时期还建立了新的寄宿学校，并不培养牧师，而是培养商人的子弟。学校课程注重的是古典作品研究和体育运动，其宗旨是教育学生们快乐、健康地生活，成为有责任感的公民。

总的来说，文艺复兴时期的文学作品一般都对中世纪的禁欲主义思想和宗教观进行批判，提倡个性解放。与此同时，它们也批判蒙昧主义，提倡科学文化；批判神权至上，提倡人权，鼓励人们将权威和传统教条一一舍弃。在政治观点方面，它们反对封建割据，肯定中央集权。

文艺复兴时期的艺术倾向于对人体美进行歌颂。当时，人们认为世界上最完美、最和谐的比例就是人体比例，并将其运用到建筑上。教会不再是各种艺术的唯一资助者，艺术家们受到来自其他方面的支持和鼓励，转向了除传统《圣经》题目以外的其他主题。尽管依旧存在很多以宗教故事为主的绘画、雕塑，但创作的重点越来越倾向于以揭示普通人内在灵魂为主的肖像画，以及用鲜艳色彩与形式给人以心旷神怡感觉的绘画。

那么，什么是艺术，什么是美呢？在西方文化与亚洲文化中，一直存在一个与艺术相关的持久信念，那就是艺术揭示了世界的某种深层实在，这些实在甚至是科学与哲学都无法阐明的。概括来讲就是：艺术来源于生活，又高于生活。

将美与终极实在画上等号的最权威人士是柏拉图。当然，后来关于艺术和美的不同理解和观点有很多，但在文艺复兴时期，或者说西方艺术的大部分时期，艺术的目的是借助某种媒介来模仿实在的现象。技术的发展会带来新的媒介和表达方式，比如后来的摄影、电影等，但都是为了模拟实在。

也就是说，西方的艺术是重视"写实"的，不像中国的艺术那样重视"写意"。于是我们可以看到，文艺复兴时期的绘画和雕塑栩栩如生。宛如用照相机拍出来一般的油画作品，以及可以以假乱真的雕塑，都是写实艺术的巅峰之作。

后来的西方艺术界又出现了许多稀奇古怪的流派，比如抽象派、印象派、野兽派等。许多哲学家认为，美学理论上的分水岭出现在艺术家杜尚展出他所谓的"现成品"时，这些"现成品"都是日常环境中的物品，通常只略作修改。杜尚的现成品中包括小梳子、雪铲等，其中最"臭名昭著"的是几个小便池。真不可思议，小便池也是艺术吗？

杜尚的"现成品"展览不仅震惊了艺术界和公众，也促使哲学家用一种新的思路提出问题。如果这些东西是艺术，那么是什么使之成为艺术？哲学家们开始考虑一个问题：说某种东西是艺术，这是什么意思？是采取功能性定义，还是诉诸一种程序上的艺术定义？

又或者是不是说，你认为这玩意是艺术，它就是艺术？相对主义的思想就这么渗透进了艺术之中，伴随着后来所谓的"后现代主义"思潮，艺术被越来越多的人"玩坏了"。

在文艺复兴时期，人们都认为自己生活在一个与中世纪彻底划清界限的新时代。因此，文学和艺术的主要目的是表现人的思想感情，要求摆脱神学束缚，解放人的思想和智慧，主张个性自由。这一时期，文学和艺术的辉煌对人类社会历史的发展起了很大的推动作用。

自然科学的兴起

在文艺复兴时期，科学还没有完全从哲学中分离出来。哲学依然是一门无所不包的、象征智慧的学问，毕竟哲学一词的原意就是"爱智慧"。

因此，一些科学，特别是涉及原理性的科学，都被冠以"自然哲学"的名头，即便是后来牛顿写的那本改变世界的巨著，名字也叫《自然哲学的数学原理》。

随着经济的发展和人文思想的影响，以及资本主义自身发展的迫切需要，新的自然科学和技术也随之兴起。文艺复兴时期的欧洲科学有了长足的进步，为紧随而来的科学革命和物理学的全面胜利奠定了坚实的基础。

在近千年的亚欧大陆中世纪历史中，最惊人、最重要的改变就是西欧摆脱了贫穷，从毫不起眼到傲然崛起，此后西方文明称霸全球。在公元500—1500年这长达一千年的时间里，西欧大多数时间都属于亚欧大陆的落后地区。

与当时中国的发达比起来，西欧的这种落后就显得特别引人注目。那时候，中国的文化高度发达，商业规模庞大，工艺精巧先进，官僚系统完善高效，因此，中国人自然会觉得自己的文明要优于其他任何文明，中国自古便有"夷狄之辨"。可是，中国却被后来的欧洲超越了，这是为什么？有两点原因：资本主义和科学革命。问题是，为什么科学革命发生在欧洲，而不是发生在当时文化发展更先进的中国呢？这个问题就是著名的"李约瑟之问"。

在多数文化中，都存在着利用事物的实践兴趣。这就是说，人们有利用事物为自己服务的兴趣。为了达到这个目的，人们就要对事物进行研究，然后才能掌握规律，才能很好地控制和利用事物来为人类服务。但是，由于缺少恰当的理论指引和一定的社会条件，这种实践兴趣往往导致的是巫术和方术，而不是科学和技术。而在文艺复兴时期，历史上第一次出现了这样一种结合，即理论与利用事物的实践兴趣的结合。

文艺复兴期间，自然科学的兴起是一个漫长过程的结果，其中包括中世纪哲学之内的科学概念的形成，以及在工艺和农业中技术的发展。自然科学的兴起既不是单凭理论，也不是单凭实践兴趣，两个因素必须同时存在才行，而这就是文艺复兴时期所发生的事情。

在意大利，很多自然哲学家虽然并没有完全摆脱诸如炼金术和占星术等迷信的束缚，但也开始逐渐具有了真正的科学精神。在文艺复兴时期兴起的科学运动中，许多思想家完全去除了神秘和巫术的元素，试图以一种完全自然的方式来解释自然现象。创新者们在逐渐的摸索中慢慢地找到了一条新的道路。

17世纪初期，实验科学开始形成，人类的精神生活迎来了一个新的开端。而实验科学的建立和新方法的诞生，意大利物理学家和天文学家伽利略厥功至伟。

1543年，波兰天文学家哥白尼的《天体运行论》问世。在这本书中，哥白尼提出了"日心说"，这与托勒密的"地心说"有很大的不同。地心说构建了一个十分复杂的"本轮"体系，在解释同一现象方面，"日心说"比"地心说"更加简洁，因此符合奥卡姆剃刀原则。哥白尼的"日心说"让人们从一个完全不同的视角来看待世界、看待人类自己。这种反思性的视角疏离和视角逆转，被人称为"哥白尼式的革命"，后来的德国哲学家康德就把自己的哲学称为"哲学领域的哥白尼革命"。

意大利哲学家布鲁诺著有《论无限性、宇宙和诸世界》《论原因、本原和统一》等作品。他在书中宣称，宇宙在空间和时间上都是无限的，太阳并不是宇宙的中心，而仅仅是太阳系的中心。后来，布鲁诺被宗教裁判所囚禁，然后被烧死在罗马的火刑柱上。

德国天文学家开普勒对哥白尼的模型做了改动，他研究丹麦天文学家第谷的观测数据，在1609年和1619年分别提出了行星运动的三大定律，判定行星是沿着椭圆形轨道绕着太阳运转的，并且做的是一种不等速的运动。

伽利略（1564—1642）生于比萨，他在二十多岁的时候就成为很有声望的数学教授。1609年，伽利略发明了天文望远镜，并用他新发明的望远镜观察到了若干个有趣的发现。他发现了月亮上的山脉和低谷，还发现金星具有和月亮一样的相位，看到木星有不少于四颗卫星在围绕其运行。他还探测到太阳表面的黑点，即太阳黑子。所有这些观察都可以作为反对亚里士多德与托勒密的论据。伽利略找到了一连串的旁证，一点一点地瓦解了"地心说"，并将最重要的成果发表在他1610年出版的《恒星使者》一书中。

1615年，伽利略去罗马向教皇展示他的望远镜，当时教廷并没有直接反对他的工作。但对于教廷来说，最重要的是维护《圣经》的权威性，新的科学发现如果不想惹麻烦，就要想出一些巧妙的解释和通融的说法来保持"政治正确性"。于是，教皇将关于天文学和神学的问题交由一个神学专门委员会来裁定。1616年，该委员会一致认为哥白尼体系是异端，与此同时，罗马宗教裁判所禁止传播哥白尼的观点。

过了几年后，神学和政治形势有了些变化。新教皇乌尔班八世上台，他比较开明、宽松，并且与伽利略的私交非常好。这时，伽利略认为发起新一轮攻势的条件成熟了。可是，他怎样才能绕开禁令，说服人们接受哥白尼的观点呢？于是他决定写一本书，采用对话体的形式，但没有独断的结论，所以他可以不用为对话中表达的观点负责。

1630年，伽利略写好了《关于托勒密和哥白尼两大世界体系的对话》，献给教皇，直到1632年才被允许出版。虽然对话内容表面上看起来不偏不倚，是三个虚构人物之间的辩论，但傻子都可以看得出来伽利略是支持哥白尼体系的，尽管是通过间接的方式。

这本书引起了很大的轰动，并激起了强大的神学反弹。新教皇虽然是伽利略的朋友，但是出于宗教和政治大局考虑，还是决定审判伽利略。

1633年春，伽利略被召去罗马宗教裁判所出庭受审，他不得不声称放弃自己的观点，并被判处终身监禁。其实后来改成了软禁，新教皇对老朋友还是不错的，给他较好的物质条件，只是伽利略从此再也不能公开对抗教廷了。

伽利略在科学史上扮演了重要角色。他通过多次实验，发现了自由落体、抛物线运动和振摆三大定律，据说他还"发现"了新的实验方法。伽利略强调了数学在自然科学中的重要性，他认为，自然之书是用数学语言写成的，所以一切问题都应该用数学语言来解答。伽利略的自然观和数学观，使他置身于从毕达哥拉斯到柏拉图的那个传统之中，也就是说，我们的感官并不能使我们直接把握实在的这个维度，必须采取其他更巧妙的办法。

几何学在新自然科学的奠定过程中也起了关键作用，用几何学的语言，可以按照可测量的方式来描述现象。随着实验程序的发展，技术也被拉进了科学工作中。

随着新物理学的出现，亚里士多德的运动观完全崩溃了。毕竟，亚里士多德的物理学是从常识的角度出发的，而常识性的观察是很有限的。当新物理学引进了实验方法，包括数学工具的定量研究，以及采取了新的思考方法后，亚里士多德的常识物理学就被超越了。

在文艺复兴时期，数学取得了重要发展。人们不仅发现了三次方程和四次方程的解法，还引入了虚数。16 世纪，法国数学家韦达创立了符号代数学。1591 年，在《分析方法入门》一书中，韦达对代数学进行了系统化的整理，首次自觉地用字母来表示未知数和已知数。三角学也得到较大发展。1464 年，德国数学家 J·雷格蒙塔努斯所著的《论各种三角形》一书，系统阐述了平面三角、球面三角，制作了精密的三角函数表，是欧洲首部独立于天文学的三角学著作。法国数学家笛卡尔创立了解析几何学。最有名的法国业余数学家费马发现了求切线、极大值、极小值和定积分的方法，提出了费马大定理。

在物理学方面，意大利物理学家托里拆利用实验证明了空气压力的存在，并且发明了水银柱气压计。英国化学家波义耳发现了气体压力定律。法国物理学家帕斯卡发现了液体与气体中压力的传播定律。笛卡尔将解析几何学运用在光学研究中，首次在理论上推证了折射定律。

在医学与生理学方面，比利时著名医生和解剖学家维萨里出版了《人体构造》。在这本书中，他质疑了古罗马医学家盖伦的学说，挑战了盖伦在医学上长期占据的统治地位。西班牙医生塞尔维特发现了血液的小循环系统，证明血液是从右心室流出，途经肺部及一系列曲折路线，最终流达左心室。英国解剖学家哈维根据他大量的动物解剖实验，在《心血运动论》等著作中详细阐述了血液运动规律和心脏工作原理。他指出，心脏是血液运动的中心和动力来源。这个重大发现让他名垂千古，他被后人认为是近代生理学的鼻祖。

此外，这一时期，欧洲重新独立发明了印刷术，造纸术、火药、指南针等发明从东方传入欧洲，从而促进了科学思想的迅速传播和技术的高速发展。自然科学的兴起，使人的能力得到了很大的增强，与文艺复兴的时代精神相吻合，并且相互促进，形成了一个良性循环。不久之后，人类将迎来一个全新的时代，即科学时代。

发现新世界

欧洲的航海家们无意之间发现了美洲大陆。1492 年，哥伦布当时并不知道这是一个新世界，还以为自己到达了印度，所以就误以为当地的原住民是印度人。从此以后，美洲的原住民就被称为"印第安人"。而中美洲加勒比海的群岛，也非常无辜地被称为"西印度群岛"。后来欧洲的殖民者成立了东印度公司和西印度公司，美洲竟然成了西印度！

其实，最早到达美洲的欧洲人并不是哥伦布。11 世纪，曾经有一批北欧海盗，也就是维京人，在偶然间最先到达了北美洲，但是没待多久就离开了。美洲大陆原住民的祖先是在冰河时代，趁着白令海峡结冰，跨过陆桥而来的智人。经过许多年的缓慢迁徙和扩张，人类足迹终于踏遍美洲大陆，一直延伸到南美洲的复活节岛。

新世界的发现，给亚欧大陆的"旧世界"带来了巨大的影响和改变，涉及政治、经济、农业、金融、社会生活等各个方面。

美洲大陆有丰富的资源，有许多旧世界没有的生物物种，而这些物种对旧世界的改变与影响是非常巨大的。比如玉米、辣椒、番薯、西红柿（又叫"狼桃"）、可可、咖啡、烟草、马铃薯（又叫"土豆"，中国人还管它叫"洋芋"，意思是洋人的芋头）等，哪一样不是大名鼎鼎？当然，还有大量白花花的银子及金灿灿的黄金。白银产量的剧增，改变了旧世界的货币金融体系。

资本主义工商业的发展，迫切要求开辟新的市场和新的商路。欧洲人展开海外冒险事业的动机有很多，其中最重要的动机大概就是寻找黄金及服务于上帝。而技术的不断发展，也直接有助于海外扩张，这方面尤其表现在造船上。航海技术有了一次质的飞跃，来自西班牙、葡萄牙、意大利的探险家们陆续出海进行远程航行。

欧洲君主们的新力量，也为海外探险提供了必要支持。从事海外冒险事业，需要大量的人力和物力资源，那些新建立的强有力的国家，为海外冒险事业提供了资源上的重要支持。在早期阶段，来自意大利的探险家占了航海探险家人数的一大半。不过，他们的资助者并不是自己家乡的那些小城邦，而是新兴的民族君主国。西班牙和葡萄牙政府大力支持哥伦布和达·伽马，法国与英国则积极支持了很多别的探险家。

新世界的发现，正式揭开了持续几个世纪的欧洲海外探险扩张和殖民的大时代序幕。西方殖民者的入侵，给美洲大陆的原住民带来了巨大的灾难，造成大量的人死亡。在第一次与欧洲人接触之后，印第安人以惊人的速度死亡。据统计，墨西哥人口在1492年有2500万，等到1608年就仅剩大约100万。同样暴跌的还有美洲其他地方的人口数量。

美洲印第安人的三大文明是中美洲的玛雅文明、墨西哥的阿兹特克文明和秘鲁的印加文明。这些文明都取得了令人印象深刻的成就，而仅仅一小撮西班牙探险者，就轻易推翻和根除了阿兹特克文明和印加文明。拥有几百万人口的国家，竟然被区区几百个西班牙冒险家推翻了。这到底是怎么回事？一般来说，有以下几个原因：

一是技术上的差距。美洲没有马匹，印第安人不会冶炼矿石，金属也常常只是用来做装饰，他们只懂得用木头、石头、骨头等材料做工具。因此，单单凭借长矛和弓箭，印第安人无法抵挡西班牙人的马、枪和铁器刀剑，注定处于劣势。

二是印第安各民族之间缺乏团结，而且人比较单纯，容易受骗。西班牙人利用各种诡计，离间了他们，还把他们的国王抓起来，导致阿兹特克帝国和印加帝国群龙无首，丧失了抵抗力。这种被动性，还因为宗教的抑制而进一步加剧。此外，印第安人对于战争的观念和军事传统也是一大障碍。

最重要的一个原因，就是传染病。由于美洲大陆和亚欧大陆的隔绝，美洲的印第安人缺乏抵御欧洲人所带来的种种疾病的免疫力，在生物性上，他们很容易受到欧洲人所带来的天花、麻疹、伤寒、黄热病和其他疾病的伤害。这是印第安人大批量死亡的根本原因。

1586 年，秘鲁发布的一份报告详细描述了这场规模宏大的灾难和它的恐怖场景："流感不像钢刀那样寒光闪闪，但印第安人都躲不开它。破伤风和斑疹伤寒比一千只目露凶光、口吐白沫的灵猫更能夺人性命，天花比所有的枪炮消灭了更多的印第安人。四下蔓延的鼠疫正在使这些地区荒芜。受鼠疫感染的人都倒地身亡：鼠疫吞食人的身躯，啮噬人的眼睛，封住人的喉管。一切都散发出腐臭的气味。"①

后来，大批移民开始从欧洲移居到美洲，印第安人陷入绝境，被彻底征服了。最早到来的是商人，他们几乎未遇到任何抵抗就渗入南北美洲各地。由于后来印第安人对种种疾病逐渐产生了免疫力，幸存者们渐渐东山再起。在今天的玻利维亚和危地马拉等国家，印第安人占了人口的大多数。

在印第安文化里，文化的传播主要是口头传播，而不是文字传播，但这些口头文化逐渐消亡了，或是被殖民者摧毁了。各种印第安部落都信奉同一种哲学观点，那就是：敬畏自然。人类是大地的一部分，与大地是彼此依靠的关系，人类并没有"统治"其他生灵万物的权利，自然界的万物并非仅是供我们感官享受的资源，人类要对生态负责，要懂得约束自己的行为。

也就是说，人类对地球和其他生物是负有道德责任的。印第安部落通常把自然界看成是某种"伟大精神"的显现，认为人类对待地球应有敬畏之心，要照料它，并且尊敬它。动物也有道德尊严，应当得到像人一样的对待。印第安狩猎部落承认他们亏欠那些被杀掉的动物们，在他们看来，杀掉其他生物并非人的权利，而只是一种不得已的生存需要，人必须对此心怀感激和敬畏。

西班牙入侵后，拉丁美洲发展出来的哲学长期以来由欧洲哲学传统所支配。最初引入的欧洲哲学是经院哲学传统。后来，由法国哲学家孔德创立的实证主义吸引了一些拉丁美洲的思想家，这些人反对那种用基督教思想来为帝国主义辩护的方式。此外，马克思主义也在中美洲和拉丁美洲产生影响。在拉丁美洲，贫富差距的悬殊促使很多思想家提出了社会公正问题。

---

① ［美］斯塔夫里阿诺斯著，吴象婴、梁赤民、董书慧、王昶译：《全球通史：从史前史到 21 世纪（第 7 版修订版）》，北京大学出版社，2012 年，第 330 页。

第九章　欧洲大陆的理性主义

我思故我在

欧洲近代的哲学思想主要分为两个系统，一个是以欧洲大陆为代表的理性主义（或称"唯理论"），另一个是以英国为代表的经验主义（或称"经验论"）。双方主要是围绕着认识论的问题而产生分歧和展开争论的。简单来说，就是关于认识世界和获取真理，究竟是理性重要，还是经验重要呢？唯理论认为理性重要，而经验论则认为经验重要。

在文艺复兴的大变革中，新的时代催生了新的思想，新的自然科学开始兴起，资本主义发展逐渐加快，探索新世界的冒险精神受到鼓励。因此，人们焕发起了认识世界和改造世界的热情。那么，如何认识世界，如何寻找真理，这个问题便自然而然地反映到了思想与哲学中。这是一个紧迫而且切合时代需要的问题，绝对不是那种无聊的、类似于经院哲学式的讨论。

勒内·笛卡尔（1596—1650）出生于法国，早年在耶稣会公学学习，但他很快就开始质疑学习的价值。笛卡尔认为，大多数学科并没有一个坚实的基础。于是，他撇开书本，开始游历欧洲各地。有一段时期，他在"三十年战争"中站在新教一边。1619 年冬，他在德意志时形成了他的基本思想。1628 年，笛卡尔定居荷兰，在那里安静地生活和做研究。1649 年，他受邀去斯德哥尔摩担任瑞典女王克里斯蒂娜的老师，却因北欧的严寒气候，于 1650 年患肺炎去世。

笛卡尔用法语和拉丁语两种语言写作，他最著名的作品就是《谈谈方法》和《第一哲学沉思集》。其中，《第一哲学沉思集》是一部具有很强学术性的作品。笛卡尔不仅是一位哲学家，也是一位数学家和科学家，解析几何就是笛卡尔发明的。原本他还打算撰写一本有关物理学的书，但听到伽利略的遭遇后，害怕遭到相同的命运而不敢冒险出版。

笛卡尔为近代哲学开启了新的一页。他把数学作为其哲学方法的典范，希望为人类关于世界的普遍知识找到一个坚实的基础。他希望通过有条理的怀疑，把一切可疑的命题过滤掉，从而找到在逻辑上无可质疑的命题。这样的话，我们就可以把这些命题作为演绎体系的前提来使用，然后通过演绎推理来获得可靠和正确的结论。

我们知道，演绎推理的前提非常重要，如果前提不正确，即使你的推理步骤正确，那么结论也是错。笛卡尔认为自己真的就找到了这个坚固的前提，为整个哲学体系找到了绝对确定的起点，并称之为"第一哲学原理"。

他是怎么做的呢？笛卡尔从以下几个方面入手，对不同类型的知识进行讨论，并用有条理的怀疑对这些知识加以检验，以此来进行他的知识肃清工作，为知识大厦打下坚固的地基。

他首先讨论哲学传统。他指出哲学家们过去和现在在许多方面都意见不同，所以他们的话是值得怀疑的。

那么，我们的感官呢？逻辑上有没有可能怀疑我们的感官呢？这是有可能的。笛卡尔说，视觉和听觉有时候会欺骗我们，而且，物体太远或太小导致无法看清时，通常会犯类似的错误，我们有时候确实会陷入幻觉和错觉。

人们对同一样东西常会有两种相互冲突的感觉印象，不同的人对同一样东西的感觉印象也不同。人的感官知觉还常常会产生顽固的错觉，甚至明明在理性上知道正确答案，但感觉还是会犯错，心理学家做过的许多测试都证明了这点，比如艾宾浩斯错觉、缪勒-莱依尔错觉等。所以，感官并不可靠，值得怀疑。

还有，从逻辑上说，我们无法分辨自己到底是醒着还是做梦。相信大部分人都有过这样的经验，梦境有时过于生动鲜明以致信以为真，直到醒来才恍然大悟。而且，我们有时候会对某个场景和人产生似曾相识的感觉，这也是潜意识在欺骗我们。

对于想象，当然也是可以怀疑的了。不过，人们的想象往往难以脱离已有的观念及现实世界中的经验材料，即便是最荒诞的想象都难以脱离现实，比如独角兽，虽然它是人们的幻想产物，但它其实是由触角和马组合而成的，仍然是人们根据真实动物想象出来的。

于是，为了论证我们自以为知道的一切其实都是可以怀疑的，笛卡尔提出了一个思想实验。请想象有一个强大又邪恶的恶魔，它正在欺骗我们，它用尽各种手段误导我们的感官，混淆我们的理智，让我们在不知不觉中出错，而我们对此一无所知。我们完完全全地受骗了，这样，我们将无法对我们"以为"自己知道的东西抱有信心了。那么，我们应该怎样才能知道自己不是被恶魔欺骗呢？有没有什么东西是可以超越这种欺骗的呢？笛卡尔说，有的。

在这里，笛卡尔将怀疑发挥到了极致，用一种完全夸张式的怀疑来打破既有的一切，认为每一个他所持有的信念都有可能是错的，每一种知觉也都有可能是虚幻不实的。但是，笛卡尔发现，即使他怀疑一切，他也无法怀疑他"正在怀疑"这件事本身！也就是说，这个正在怀疑着的笛卡尔本身的意识是存在的。

笛卡尔把这个主张表达为"我思故我在"。请注意，"我思故我在"的真实意思并不是"我思维，所以我存在"，而是"我怀疑，所以我存在"。因为我无法怀疑我在怀疑，所以我存在。

这不是一个逻辑推理，而是一种怀疑者无法拒绝的洞见。这个无法拒绝的洞见，就是笛卡尔找到的最坚固的前提、最牢靠的地基，是第一哲学原理。

我们已经有了关于真正知识的一条基本原理和标准，但是我们还不知道上帝是否存在，并且，如果上帝存在，他还不能是一个骗子。这个困难必须得到解决。从我思故我在，笛卡尔确立了对上帝存在的一种证明，他从某种完美的东西的观念，得出一个完美的存在，即上帝的存在。

笛卡尔认为，任何事物皆有原因，但是结果不能大于原因，原因必须包含着与结果一样多的实在。那么，关于一个完善之物的观念，不可能是由不完善的东西引起的。

也就是说，我心中有一个关于上帝的观念，这个上帝的观念是有关一个完善的、无限的存在者的观念。那么，这个观念作为一个结果，它的原因来自什么呢？既然我自己是不完善的、有限的，那么我不可能是上帝这一观念的原因。所以，就只能推理出，上帝的观念必定是来自一个无限的存在者，或者说这个观念是由上帝置于我心中的，因此上帝必定存在。

笛卡尔的这个证明乍一看跟安瑟伦的本体论证明很像，都涉及完美的观念，但两者不是一回事。这是一个因果证明，这一证明从"存在于我心灵中的完善存在者"的观念开始，通过因果推论，由上帝的观念推进到上帝自身的存在。

现在我们知道了上帝的存在，那么另一个需要考虑的问题则是外部世界问题。我们可以想象，在我们之外存在着物质世界，那么如何知道它们实际存在呢？既然感官知觉经常会欺骗我们，那么我们就不可能通过经验的存在来证明物质的存在。

但是，如果上帝在我们心灵中烙印上了根深蒂固的信念，使我们确信外部世界的存在，那么一旦这样的世界不存在，我们就可以认为上帝是一个骗子。可是，由于上帝是完善的，他不可能是一个骗子，而我们心中的幻想或梦，是可以和神圣的善性共存的，因为上帝已经赋予我们理智的力量来消除、纠正这些谬见。所以可知，我们的感觉必定是由真实的物体引起的，确实有一个独立于我们思维而存在的外部物质世界。

关于物质与精神的关系、身心关系，一般来说，哲学上分为唯物主义和唯心主义。唯物主义认为物质是第一性的，而唯心主义则认为精神（心灵、灵魂）是第一性的。笛卡尔却说，它们之间是平行对等的关系，不存在谁是第一的问题，这就是笛卡尔的"心物二元论"思想。

从我思故我在，笛卡尔很容易推导出确实存在一个"心"或者灵魂，这是一个思想的存在，尽管心在认识世界时有可能受骗。笛卡尔自己存在着，并且有意识、有思想，对他来说这是不证自明的，而物质世界又被证明是实实在在地存在着。既然如此，笛卡尔就很自然地得出结论：世界上存在两个根本不同的实体，即心灵（灵魂）和广延（物质）。

笛卡尔承认有一个绝对的存在者，也就是上帝。心灵和物质相互独立存在，但都依赖于上帝。心灵和物质在属性上完全不同，心灵只有意识而没有广延，物质只有广延而没有意识。

既然心灵和物质是两个截然不同的领域，那么它们是如何相互作用的呢？这就是所谓的身心问题。心灵如何引起身体的运动和变化，而身体又如何引起心灵的变化？笛卡尔必须解释二者之间存在的紧密结合。

但是，笛卡尔并没有说清楚身心的紧密结合是如何形成的。为了解决这个问题，他竟然认为在大脑中存在一个松果体，通过松果体这个中介，在心灵和身体之间产生了某种相互作用。他的这个假设当然是错误的了。在笛卡尔看来，动物是没有心灵的，只是一台自动机器罢了。

笛卡尔的二元论面临许多困难，产生了大量问题，所以后来基本上就没什么人坚持这种观点了。笛卡尔其后的思想家都忙于解决笛卡尔哲学中存在的问题，他的身心问题及关于上帝的问题，到了斯宾诺莎那里，似乎得到了较好的解决。

不过，在当代的心灵哲学中，二元论似乎也有了一定程度的复兴，只是不是笛卡尔的原始二元论形式。意识之谜是最深邃的谜团，意识科学和心灵哲学在不断发展中，已经开始向这个领域发起勇敢的进军了。当代著名心灵哲学家大卫·查默斯在他的著作《有意识的心灵：一种基础理论研究》中，就采用了二元论的思想，他称之为"自然主义二元论"。

用几何方法证明伦理学

巴鲁赫·斯宾诺莎（1632—1677），荷兰阿姆斯特丹人，出生于一个犹太家庭。早年他研究希伯来文献，立志成为一名犹太教祭司，却发现犹太哲学中很少有令他满意的内容。后来，他熟悉了笛卡尔的著作，并宣布放弃犹太教信仰。1656 年，他被逐出犹太教会，并被迫离开阿姆斯特丹。

此后，斯宾诺莎在海牙定居，过上了简朴的退隐生活，靠打磨光学仪器镜片为生。曾有一位富商崇拜者想赞助他，被他拒绝了。斯宾诺莎的哲学引起了争论，人们谴责他是无神论者，但他深爱真理、没有私心，生活简朴，他展示了一位哲学家的美德。

斯宾诺莎用拉丁文写作，生前唯一以自己名义出版的著作是《笛卡尔哲学原理》，大部分著作在他死后出版。由于长期从事磨镜片的工作，严重影响身体健康，斯宾诺莎患上了肺结核，于45岁时去世，可谓英年早逝。

斯宾诺莎最著名的一部作品是《伦理学》，全名叫作《按几何顺序证明的伦理学》。从名称上便可以看出来，他与笛卡尔一样，都把数学作为其哲学方法的典范。斯宾诺莎模仿欧几里得几何学证明的形式，来书写他的伦理学理论，还反映了他的整个思想。可想而知，这种表达方式看起来相当枯燥、抽象、乏味，让人很难有阅读快感。但是，斯宾诺莎的思想确实相当了不起，影响了许多人。爱因斯坦就说过，他所信仰的是"斯宾诺莎的上帝"。

斯宾诺莎与笛卡尔、莱布尼茨同属于古典唯理论学派，而斯宾诺莎是一个大体系的建造者。与其他的唯理论者相比，斯宾诺莎始终认为人类理性可以通过公理和演绎推理，来获得绝对准确的知识，对此他具有很大的信心。简单来说，斯宾诺莎的道德理论和斯多葛主义类似，他的宗教思想和广义《圣经》的注经学有关联，他的自然理论和泛神论有关联，他的政治哲学和新兴的宽容要求有关联。

斯宾诺莎的《伦理学》同时研究伦理学和形而上学。该书用几何学的模式，从八个定义和七个命题入手，从中演绎出若干个形而上学和伦理学结论。即使我们对这些推论可以从严格的逻辑意义上提出有效性的质疑，但我们也无法怀疑这部书代表了一个完整的、统一的哲学体系。《伦理学》分为五个部分，分别处理这几个主题：上帝、心灵的本性和起源、情感的本性和起源、人类的束缚和情感的力量、理智或人类自由的力量。斯宾诺莎的思想起点是对于"实体"的定义。

笛卡尔的哲学给我们留下了许多难题。比如，按照笛卡尔的理论要求，如果上帝和自然、心灵是截然不同并相互独立的实体，那么在它们之间就不可能有真正的交流，上帝也不可能把自身的观念印到人类的心灵中，人也不可能知道上帝。

同样无法解释的是，上帝作为一个纯粹的精神，为何会将运动赋予物质？此外，笛卡尔赋予人类以自由意志，但他的哲学不能解释心灵与身体之间的裂缝。

如果心灵和身体完全不同，那么它们之间如何能有交流？根据此假设，身心相互作用是不可能的，但如果相互作用是事实，这样就产生了双重矛盾。这一切该如何解释？而且，如果动物的身体是机器，为什么人的身体就不是呢？这些问题，斯宾诺莎都通过"实体"的定义及一系列推论来解决。

实体存在于其本身，并且独立于其他任何事物。如果不预先假定实体，则没有任何事物能够被设想，而实体可以不预先假定任何事物而被思考。所以，实体是一个绝对独立的根本基质。简单来说，实体是独立的、不依赖于任何事物，但是事物却要依赖于实体。

由此假设可知，实体是由自我决定的，它的所有属性和活动都是其本性的必然结果，同时，实体也是自由的。个体性或个人性不可能被归于实体的性质，因为存在诸多限定和限制。

在斯宾诺莎的形而上学体系中，实体只有一个，就是"自然即上帝"。实体、自然、上帝这三个词在斯宾诺莎这里是同一个意思。而笛卡尔认为有上帝、心灵、物质三个实体。当然，笛卡尔也指出，只有上帝才是真正意义上的实体，心灵和物质只是相对的实体。他想通过这种区分的方式，来避免其理论所导致的困难。

斯宾诺莎认为，思维与广延都属于神（即实体）的属性。尽管实体的属性有无限个，但能看到的只是它对我们展现出的思维和广延这两种属性。所以，斯宾诺莎是一位一元论者或泛神论者。在他看来，宇宙间存在的实体只有一种，也就是作为整体的宇宙本身，而宇宙与上帝其实是一回事。

斯宾诺莎是凭借一组定义与公理，通过逻辑推理推出这个结论的。"斯宾诺莎的上帝"既包括物质世界，也包括精神世界。物质和精神都是同一个普遍实体的显示，具有同样的地位。物质和精神都不是彼此的原因，而是同一个原因的结果，都源自同一个实体。说白了就是，物质和精神的二元对立在实体的这面大旗下得到了统一。于是，笛卡尔的这一难题便解决了。

笛卡尔还有另一个难题，即身心相互作用问题。在斯宾诺莎看来，所有的变化过程，包括物质和精神过程，都依赖于这个唯一的实体。因此，不存在像灵魂或者自我这些东西，也就是说精神性的独立实体不存在。心灵是作为复杂的样态而存在的，并不是身体变化过程的结果，心灵和身体彼此互不影响。

至于说心灵状态和身体变化过程相符合，并不是它们发生相互作用，而是它们在样态上是一致的。心灵和身体都是同一个实体以两种不同方式表现出来的过程，哪里有精神过程，哪里就有身体过程。

打个比方，精神和物质就像一枚硬币的两面，硬币怎么运动，精神和物质就怎么运动。我们看到硬币两面都在运动变化，但它们并不是相互作用，而只是伴随着硬币这个实体在运动。于是，笛卡尔的这一难题也解决了。

由此我们可以看出，斯宾诺莎采取的策略，与亚里士多德对柏拉图采取的策略是相似的，都采用了奥卡姆剃刀原则，将多余的部分砍掉。为什么非要把世界一分为二，规定为一个理型世界和现象世界呢？为什么非要分成物质和精神两个部分呢，它们不可以是同一个实体的两个属性吗？

斯宾诺莎认为，每件事情的"内在因"都是上帝，而上帝用来掌控世界的方式就是"自然法则"。由于上帝与宇宙同一，这句话也意味着宇宙中的万事万物服从"自然法则"的主宰。所以，物质世界中发生的所有事情都存在其必然性。在这个世界上，完全自由的只有上帝，而人类永远无法拥有自由意志。

假如我们可以把所有事情都当作必然的，就比较容易和上帝合二为一。所以，斯宾诺莎表示，我们应当在"永恒的当下"看待事物，活在当下。从而得知，斯宾诺莎是一个十分彻底的决定论者，他认为是必然性导致了所有事情的发生。

斯宾诺莎在伦理学上的观点是，一个人只要受外在影响控制，那么就说明他处于被拘束和被奴役的状态，要想摆脱这种状态，获得相对的自由，人就要与上帝达成一致，从而才能感到安心，不再对偶然性感到恐惧。他还认为，所有的罪恶都起源于无知，无知所造成的恶，比故意做坏事的恶还要大，因为无知的恶是不自知的。斯宾诺莎关于死亡的名言是："自由人最少想到死，他的智慧不是关于死的默念，而是对于生的沉思。"

斯宾诺莎的伦理学与斯多葛主义十分相似。原因很简单，因为斯多葛主义主张的是宿命论，而斯宾诺莎主张的是决定论，宿命论和决定论都认为人的自由意志起不了什么作用，一切都是被决定好的，是一种宿命。

然而，斯宾诺莎与斯多葛主义在一个重要观点上存在分歧。斯多葛主义主张动机可以战胜情感，斯宾诺莎却认为并不是这样。在他看来，能够战胜或者取代情感的，只能是另一种更强烈的情感。他还表示，主动情感与被动情感存在本质区别，主动情感是相对能够理解的，而被动情感却不能，并且拥有被动情感真实动机的知识能将其转变成主动情感。

在斯宾诺莎看来，只有将事情放到一个更大的相互联系中来看，站在正确的角度思考，才能真正理解包括我们自己在内的任何事情。理解作为一个人究竟意味着什么，就是理解人是如何与自然相协调的。理解自己，就是要跳出自我的局限性，从更大的视角去理解自己与世界之间的相互联系。

对于生活中所处的那些情境，我们一定要有一个正确的理解。如此一来，伦理学就不只是指向道德和对自我的理解，还指向对整体与实体的理解。所以，伦理学就必定属于形而上学。

单子论

莱布尼茨（1646—1716），德国人，他的生活方式与斯宾诺莎正好相反，斯宾诺莎过着隐者般的生活，而莱布尼茨则是一位公众人士，并且和许多朝廷、王公们都有来往。他对许多问题都很感兴趣，还喜欢旅游。在理论层面上，莱布尼茨讨论了哲学、神学、法律、物理学、数学、医学和语言学等，是一位通才，也有人把他与达·芬奇相对比，称莱布尼茨为"最后的一位全才"。

严格来说，莱布尼茨所处的时代不属于文艺复兴时期，而属于启蒙运动时期。但是，作为欧陆理性主义的主要代表之一，为了人类思想史叙述的连贯性和统一性，我们就在这个部分来介绍他了（下文的经验主义代表洛克、贝克莱和休谟也都是如此，他们几个在时间上都属于启蒙时代。特此说明）。

在莱布尼茨所处的那个时代，他是牛顿的主要对手。他与牛顿各自独立发明了微积分，这件事情让他名扬天下。在科学史上，由不同的人在同一时间各自独立做出发明和发现的事情比比皆是，比如达尔文和华莱士，这是一个很神奇的现象。

莱布尼茨的主要思想有单子论、前定和谐、充足理由律、所有可能世界中最好的世界。他还发明了二进制，传说是从中国的《易经》中得到的灵感。

当时出现的机械论世界观，和基督教传统的关于一个目的性宇宙的观念是有冲突的，莱布尼茨设法将二者调和起来，方法就是将二者分属表层和深层原因，从而避免直接的矛盾冲突。他指出，机械论说明是一种表层的说明，而宇宙在一个更深的层次上是有目的、带有目的性的。那些盲目的、机械论的原因，只是从表面上看起来如此，说到底它们还是来源于神的目的。同样的，那些表面上给人印象是物质的、被动的东西，其实在本质上是一种能动的、有目的性的力量。

他同意笛卡尔的观点，认为存在着多种实体；但他也同意斯宾诺莎的观点，认为实体之间不能发生相互作用。如何调和他们两个人的观点呢？于是莱布尼茨假设存在一个具有很多实体的世界，上帝是所有实体的创造者。莱布尼茨把这些非物质的实体称作"单子"。

单子作为实体，它们之间不发生相互作用。单子是构成宇宙的基本元素，这些单子具有不同等级的意识，从无机的元素一直到人类灵魂，构成一个等级序列。我们也可以把上帝当作一个单子，但是在某种意义上说，他是一个"超单子"。

莱布尼茨用他的想象力构筑了自己的形而上学，并以此作为一种独特的世界观基础。斯宾诺莎认为所有东西都是一个整体，个体性并不存在，而莱布尼茨却是一个个体主义者。由于此，单子多元论对他来说非常重要。

问题来了，既然单子之间并不发生相互作用，那为什么世界看起来是由相互作用着的实体组成的呢？身心关系和相互作用又该如何解释呢？

莱布尼茨的解释是，所有单子都没有物理实体，都只是某种类似于个体心灵的东西，存在的只是单子的显现。各个单子和谐地运行着，之所以在精神事件和物理事件之间存在相关性，这是因为所有单子都被上帝以同样的方式"编制程序"了。它们都是由同一个计划，即上帝的计划所推动的。这样，上帝就成了一位确保单子和谐运行的宇宙工程师和程序员。这就是所谓的"前定和谐"。

上帝确保了灵魂与肉体协调一致，万事万物，全部的单子，都通过上帝而产生交往。这种交往并不是相互作用，而是通过上帝的中介，维持了彼此之间的和谐运动，因此从表面上看起来，它们好像是在发生相互作用。

所以，通过"前定和谐"，身心关系的问题得到了解释。意识和心灵在上帝的安排下，与身体的运动保持一种预先确定的和谐关系。两者做到了天衣无缝般的默契配合，我们完全看不出其中的破绽，因此认为身心之间好像有相互作用，但其实只不过是我们的错觉。

根据莱布尼茨的"前定和谐"，他关于身心问题的理论在心灵哲学中被称为"副现象论"，也可以称为"逻辑附随性"。也就是说，意识只是大脑运动的一个副现象，是伴随着大脑生理上的运动变化而产生的，并精准和谐地配合着大脑和身体的运动。在莱布尼茨看来，意识在逻辑上附随着物质大脑，上帝确保了意识与大脑的协调一致。

当然，意识之谜至今依然没有解开，这是最艰难、最深邃的问题，单靠哲学猜想是远远不够的。所以我们必须依靠意识科学的进步，以及复杂系统理论的发展，在哲学的辅助下，寄希望于将来有一天能取得突破性的进展。毕竟，以人脑来认识人脑，用心灵来了解心灵，是一件非常困难的事情，这涉及了集合论中的"自指悖论"。

人类大脑就是一个小宇宙，是宇宙中最复杂的系统，拥有近1000亿个神经元，相当于整个银河系的恒星数量，因此被称为"第二自然"。根据复杂系统科学的理论，意识就是大脑中1000亿个神经元彼此之间存在复杂连接，在这种高度的复杂性中产生的一个"涌现"。"涌现"这个词是该学科的一个专业术语。关于人类心灵或者意识的形象比喻，也由最早的钟表、自动机器变成了电脑，最新的是互联网。

由此我们可以看到，意识也许真的如莱布尼茨所说，是一种"副现象"。

而且，我们自以为拥有的自由意志其实只是一个幻觉。20世纪80年代，美国认知科学家本杰明·里贝特做过一个著名的"时间延迟实验"。他发现，我们的大脑先发出指令，然后我们的意识才"觉知"到，这个时间有约300毫秒的延迟。也就是说，我们以为是自己命令手在动，实际上是手先动，我们才后知后觉。这就相当于给自由意志判了死刑，自由意志原来只是我们的一个幻觉，虽然是很有用、很强大的幻觉。我们不过是赖尔所说的"机器中的鬼魂"。

美国物理学家加来道雄在《心灵的未来》一书中，提出了他自己关于意识的理论，即"意识的时空理论"，用物理学的立场对这个历史悠久的问题进行重新审视。他说："意识是为了实现一个目标创建一个世界模型的过程，在创建过程中要用到多个反馈回路和多个参数。"

他强调一个思想，即动物主要是凭借它和空间的关系，以及它们彼此之间的关系来创建一个世界模型，而人类在创建一个世界模型时不仅需要这些，还需要关联时间，既包括过去，也包括未来。他还对意识进行了层级分类：具备零级意识是植物或恒温器，具备一级意识是爬行动物，具备二级意识是哺乳动物。只有人类具备三级意识，也就是具备模拟未来的能力，这是一个特殊的类型。

当然，这一切都尚无定论，还在不断探索和发展中。我们离意识之谜的真正解答距离还很远，有关意识和心灵的理论存在各种各样的观点，争论不断，我们需要的是耐心。

言归正传，如果既善良又合理的上帝是指引宇宙万物的工程师，那么邪恶又怎么会存在呢？莱布尼茨区别了两种真理，一个是"必然如此"的真理，另一个是"可能如此"的真理。必然真理（逻辑）是不可能被上帝否定的，至于那些可能真理（经验真理），上帝作为一个善良合理的存在，就会选择尽可能好的组合。

如果从我们人类的孤立角度去看，人们会觉得某些状况还可以有所改进，也应该改进。但是，如果我们能像上帝那样看到宇宙整体的话，就会知道我们生活的世界，也就是上帝所选择的那个组合，是所有可能的组合中最好的一种。

万物都有其理由，要么它是逻辑上必然的，要么它之所以如此，是为了使整体成为可能世界中最好的一个。因此，莱布尼茨说，我们生活在所有可能世界中最好的一个世界。

上帝等同于宇宙，同时又会脱离宇宙，站到一边去关注着宇宙。为了保证这个世界是所有可能世界中最好的一个，上帝需要时刻关注宇宙，就好像一个父亲照看自己的孩子那样。这就是莱布尼茨用来解决基督教神学中最令人棘手的"恶的问题"的方案，他设法开脱了上帝对世界上邪恶存在的责任。

在逻辑学上，我们都知道，形式逻辑有三大定律，即同一律、排中律、矛盾律。莱布尼茨做出了一大贡献，提出增加另一个定律，也就是"充足理由律"。

充足理由律是说，每个判断都必须有一个可以证明其真理性的充足根据或理由。在莱布尼茨看来，只有通过固有的先天推理，理性知识才会成为可能。充足理由律是经验领域中的真理标尺，其对于莱布尼茨而言不仅具有逻辑学的意义，也是一个形而上学原理，即一切事物的存在都必须具有充足的理由。

作为技术理性的关键性内容，充足理由律在现代科学技术中地位独特。海德格尔认为，假如不存在充足理由律，科学技术就不能成为可能。叔本华则表示，充足理由律可分解为四种形式，即"充足理由律的四重根"，他还对此加以详细阐述。

宇宙是理性的，任何事物的发生都存在充足的理由。莱布尼茨的逻辑学和形而上学是相互影响的，他的个人主义属于一种目的论的解释，并不属于宇宙的必然逻辑结论。在他看来，个人的产生是神圣的创造意志的目标，而且个人可以在上帝的完善和完满中发现自身存在的终极理由。

第十章　英国的经验主义

培根：知识就是力量

理性主义重视和推崇的是演绎推理，那么很容易猜测，与之针锋相对的经验主义一定是重视和推崇归纳推理，事实确实如此。第一次详细论述和大力提倡归纳法的人就是英国的培根，他是英国经验主义的开端。

弗朗西斯·培根（1561—1626）出生于伦敦，他父亲是英国的大臣。培根从小就生活在权贵中，12 岁起受教于剑桥大学三一学院。培根早年并不从事哲学研究，而是当一名律师，后来又开始从政，还被册封为爵士。他平步青云，备受重用。但后来因为被指控收受贿赂，他被定罪并被免除官职。培根的政治生涯画上句点后，他从此隐退，专心撰述哲学著作了。

培根在许多方面都是近代精神的典型代表。在培根看来，以前的理论一无所成，它们的方法、基础和结果都是错误的。因此，我们必须全部重新开始，去研究事物自身，而不是因循成见。他告诉我们，心灵的眼睛永远不能离开事物自身，必须接受事物的真正形象，而以前的理论歪曲了事物的形象。

培根指出，知识就是力量，知识的典范是自然科学，获得知识的方法是归纳法，知识的目标是发明创造的技术。在过去的 2000 多年里，人类取得的进步很小，就是因为他们没有采纳获取知识的正确方法。我们必须重新开始工作，在一个坚固可靠的基础上建立"新科学"，这个雄心勃勃的事业就是伟大的复兴。

培根认为，过去的哲学和科学之所以毫无成果，是因为缺少恰当的方法。人的理解力就像手一样，缺少工具和方法帮助的手，力量是有限的，而缺少合适方法帮助的人类理智，力量也是有限的。因此，我们必须设计出一种获取知识的新方法，为心灵找到新的手段或工具。"新工具""新方法""新科学"，这些名号听起来响当当的，培根野心勃勃，誓要以革命家的气魄杀出一条血路来。

培根表示，自己并不是要提出一套完整的世界理论，而是要为科学标出范围，并指出取得新成就的方法。为了实现这一目的，他原计划撰写一部巨著《伟大的复兴》，包括六个部分，但他只完成了前两个部分，即《学术的进展》及《新工具》。他按照人类对心灵能力的运用，将知识领域划分为许多具体的部门。科学的专业分工化和详细分科，就是由培根提倡的。

培根觉得以往哲学家们的抽象沉思是徒劳无益的，唯有细心观察大自然及其运作方式，方为成功之道。原来的三段论方法只是让建基于粗俗观念的错误更加牢固，而不会对科学发现起到任何作用，对真理的探索根本毫无帮助。

在详细论述他的方法之前，培根指出心灵自身应当清除所有虚假观念、偏见或者假相。他认为一共存在四种假相：种族假相、洞穴假相、市场假相、剧场假相。

种族假相，是指每个人都拥有的一种假相，它深藏于人类的本性中。人类在认识一个事物的时候，往往不是从事物自然的本来面目去认识，而是凭着自己的感觉和理性，从而导致对事物真相的理解并不准确。这属于认识的"主观性"。

洞穴假相是指，人们在认识事物时总是会把自己的个性在不知不觉中渗进事物中，而每个人在成长环境、性格、接受的教育、爱好及思维方式等方面都存在差异，从而导致事物的真相被扭曲。这属于认识的"片面性"。

市场假相，是指人们在交往的过程中会因为语言的不确定和概念的不严格而导致思维混乱。这属于"逻辑不严谨"。

剧场假相，是指人们盲目地服从权威，或盲目地服从当时处于主流思想的各种科学原理、哲学体系，从不尝试进行质疑，于是导致错误。这属于"迷信权威"。

培根认为，心灵若想摆脱这些假相，重要的是发现原理，而不是通过言辞去说服对手。要想通过工作去征服自然，就必须要充分了解自然。为了产生想要的结果，我们就必须了解原因，而三段论方法无助于推进这一任务。三段论方法只能对已经发现的事情进行整理，无助于发现新知识。

由于演绎法推理的诱惑性，培根认为过去哲学家对自然界所抱持的信念充斥着独断的假设，要么就是从少数个例出发，粗略地加以普遍化。将含糊的、有限的经验进行过于轻率的概括，这是问题的症结，也是理性主义使用演绎法导致的必然结果。因此，真正的归纳法才是我们唯一的希望。

他主张，普遍事实应该从小的范围开始，拾级而上，直到具备较大程度的普遍性才能算数。既然一只黑色乌鸦无法证明所有乌鸦都是黑的，那么我们就应着手检查伦敦的乌鸦，然后是英国的乌鸦，再后来就是世界各地的乌鸦，最后才能证明天下乌鸦一般黑。

我们必须采取有条不紊的方式，从个别的经验逐渐上升到越来越高级的一般命题，直到最终到达最普遍和最明确的原理。培根希望人类最后对世界所达成的信念能适用于任何情况，再无合理怀疑之处。在追求知识的过程中，我们必须将经验和理性结合起来。

归纳并不是简单的列举，那是小孩子干的事。人类知识的目标是要发现自然规律，科学试图发现的原因或者规律是"形式"，这些形式可以通过三种归纳法来发现。一种是"肯定例证"，也就是证据从正面支持了理论；另一种是"否定例证"，也就是证据否定了理论，或者显示存在差异；最后一种是"比较例证"，也就是比较证据的强弱程度，哪一些是强支持的证据，哪一些是弱证据。

培根的归纳法优点在于，它立足于我们看得见又摸得着的世界，而不会对各类事物的起源凭空冥想。不过这种方法也存在硬伤，即在达成范围较大的结论之前，我们必须先从小范围的普遍化着手，而这项工作是冗长乏味并且令人厌烦的。世界上存在那么多理论，而证明它们的证据又那么多，以致我们不知道起点在哪里，也不知道终点在哪里，束手无策。人类即便倾尽一生，都无法找到足够的证据来证明任何一项自然律。

所以，一味盲目地观察是不够的，科学同时还需要假设，需要一种理性的直观来指引研究的方向。这就需要科学家的直觉、想象力和提出假说的能力，而不只是来自周遭现实世界的经验。也就是说，科学需要理性的能力。

此外，归纳法分为完全归纳法和不完全归纳法。实际上，能够使用完全归纳法的情况很少。在认识自然界、发现自然规律的过程中，我们往往用的都是不完全归纳法，那么得出来的结论所具有的普遍性就值得怀疑了，这也是归纳法的硬伤。后来的经验主义者休谟就针对归纳法的这一问题进行了批判。

作为一个经验主义者，培根认为除了启示外，我们的所有知识都来自感觉经验，心灵对由感官提供的材料施加作用。知识既是理性的也是来自经验的，但是单凭理性自身并不能获得真理。

洛克：心灵是块白板

约翰·洛克（1632—1704）是一位清教徒，国会律师之子，在牛津大学学习过哲学、自然科学和医学。他的主要著作有《政府论》《人类理解论》。

洛克是思想史上的过渡性人物，他的理论根基是以往的自然权利理论和奥卡姆的唯名论。他受到笛卡尔的影响，但同时他又用经验主义论据反对笛卡尔的唯理论。他赞同培根，认为感觉是知识的来源。此外，洛克还是启蒙运动的先驱，也是英国经验主义的发展者。

洛克对认识论很感兴趣，他设法透彻了解人类认识能够取得什么，最重要的是，知识的界限在哪里？他反对笛卡尔的天赋观念说，认为知识来自经验。

他认为，人的心灵中不存在什么天赋的理论或者实践原则，不能说当我们在运用理性的时候，我们就可以自动地意识到了这些道理。因为单纯的孩子、没受过教育的人或野人，他们长期以来都拥有理性，但是他们并不知道这些道理。因此，洛克说，人的心灵在最初的状态就是一块白板，不具备任何特征和任何观念。这就是洛克的"白板说"。

那么，既然人刚生下来时的心灵是一块白板，内容是怎么添加进去的呢？人心在理性和知识方面所有的材料都是从哪里来的呢？洛克的回答是"经验"。他认为，我们的全部知识都是以经验为基础的，并最终从经验中派生。经验是推理和认识的材料来源，只要不是建立在这种材料基础上的东西，都不属于知识。

洛克用"观念"这个词来代表心灵直接把握的任何东西，比如知觉、思想等。我们一切观念的来源是感觉和反省。写进人类心灵这块白板的东西，要么是来自外部对象通过感官得来的印象，要么就是当心灵反省这些印象时通过自己的活动得来的印象。

既然观念就是写在人类心灵白板上的东西，那么接下来就应该区分观念的种类了。洛克认为，观念分为两种：简单观念和复杂观念。

而简单观念又可以再分为两种，根据性质的不同，洛克称之为"第一性的质"和"第二性的质"。比如：关于空间或广延、形状、静止、运动、硬度等这样的属性，就是第一性的质；而关于颜色、味道、气味、冷热等这样的属性，就是第二性的质。

这很容易理解，第一性的质就是那些不依靠我们人类感觉器官的事物性质，第二性的质就是那些依赖人类感觉器官的事物性质，是依赖于主体的。换句话说就是，第一性的质是客观的，第二性的质是主观的。

虽然这些简单观念都是被动消极地获得的，是外界强加给我们的，但是心灵有能力以无限多的、各种各样的方式对它们进行积极的加工。心灵对简单观念进行重复、对比、组合等加工后，便可以随意构成新的复杂观念。复杂观念具有的丰富多样性就是这样产生的。需要注意的是，虽然心灵有能力加工简单观念，但是理智却没有能力创造或构建一个新的简单观念。

打个比方，这就像玩一个乐高积木的游戏。我们出生的时候心灵是一块白板，什么都没有。然后外界环境通过刺激我们的感官，使我们产生知觉，慢慢积累经验。环境给了我们一块又一块的乐高积木，每一块积木都是一个简单观念，然后我们通过自己的方式把它们拼装组合起来，就形成了各种各样的复杂观念。

我们可以用积木搭一座房子，也可以用积木搭一辆汽车，随便什么都可以。我们还可以用积木组合一个变形金刚，先做两条腿，再做两只手，然后是身体，最后组成一个完整的变形金刚。到最后，我们就拥有了各式各样的积木造型，当然还有一些零散的没有用上的积木。我们所建造的这个积木王国，就是心灵最后的样子。心灵从一块白板开始，变得越来越复杂，而背后的画笔就是"经验"。

既然人类在出生时是一块白板，洛克就说："在我们婴儿时期所受到的任何琐碎印象，都会对我们以后有相当重大而持久的影响。"在他看来，相比一个人长大之后所形成的联想（观念的联合），他小时候所形成的那些其实更重要，因为它们是"自我"的根源，是留在白板上的第一次印象。

我们的知识材料由感觉和反省提供给心灵，再由心灵对它们进行加工制造，使它们变成复杂观念。那么问题在于，这样的观念具有什么样的认知价值，什么样的观念才能成为知识？观念首先应该清晰明了，其次还要真实充分，只有满足了这些条件，观念才能成为知识。

洛克按照知识的不同性质，把它分为三类。第一类是直觉知识，比如，圆形不是方形，3 比 2 大，白不是黑。这是人类基本认知能力可以确定的最清晰、最确定的知识，它是不言自明的。当然了，这种类型的知识很少。第二类是论证的知识，或者称为间接的知识，即心灵通过对几个不同的观念进行对比来间接地得出结论。第三类是感性的知识，也就是来自感官知觉的知识，尽管它没有达到直觉知识或论证知识的那个层次，但也具有一定的可信度，所以有资格被冠以知识之名。

那么，知识的范围是什么呢？洛克认为，既然知识是对于我们的观念的一致或不一致的认识，那么我们的知识就不能到达观念之外，哪里没有观念，哪里就没有知识。我们被局限在几种并不敏锐的感官所提供的模糊、狭隘的信息之内，知识的范围甚至比观念的范围还狭窄。总之，"真正的"知识其范围是很窄的，也是不容易获得的，我们要保持一种谨慎的心态。

洛克的政治理论思想主要反映在他的《政府论》一书中。

与霍布斯一样，洛克把个人看作社会的基本单元，把国家看作由个人之间的社会契约所创造的产物，也认为自然状态是由此而废除的。但是，洛克所认为的自然状态并不是一种无政府的战争状态，而是一种个人拥有"无限制自由"的生活形式。

与霍布斯不同的是，洛克虽然认可自私是人性的本质，但他相信理性与宽容同样包含在人性的本质中。在自然状态下，所有人都是平等而独立的，每个人都拥有自然权利，能够维护自己的权利，但也一定要对其他人的相同权利给予尊重。对于其他人的生命、自由及财产，任何人都没有特权去侵犯。

理性的自然法概念解释了为什么人们必须尊重其他人的权利，包括尊重其他人通过劳动而获得财产的权利，可是，出于私心和任性，人们在实践中经常忽略了自然法，因此政府的保护是很有必要的。不过，政府一定要经过人民同意才能进行统治，而且还必须在一个全体的法律体制下实行统治，所有的政府都只是人民委托的代理人。

在实际操作中，我们应该对政府权力实行监督与制衡，不能听任权力的滥用。当人民遭到政府的背叛时，革命就不只是他们的权利，也是他们的义务。洛克的这些理论后来对美国《独立宣言》及美国宪法的制定产生了极大的影响。

洛克一直主张保护私有财产。他修改了霍布斯的思想，认为保护私有财产才是人们缔结契约建立国家的目的，所以，国家应该允许公民自由处理私有财产，不能予以干涉。他甚至觉得，私有财产是人权的基础，没有私有财产，就没有人权可谈。

在政权形式上，洛克赞成君主立宪制，毕竟他所处的英国就是实行君主立宪制的。他提议，由议会负责处理国家的立法和行政事务，而君主负责处理外交事务。后来，孟德斯鸠继承了这种立法、行政和外交的分权思想，并在这个基础上发展，提出了立法、行政和司法的现代三权分立模式。

洛克的思想深刻影响了政治哲学，特别是自由主义的发展。洛克更是被现代自由意志主义者当作其理论基础的奠定者。

贝克莱：存在即被感知

唯心论认为，只有心灵是真实的，其他所有东西，不管是物质、观念，还是数，都存在于心灵之中，或者在某种意义上依赖于心灵而存在。有一位很有名的主观唯心主义者，他坚持一种极端的主观唯心论立场，这个人就是贝克莱。

乔治·贝克莱（1685—1753）出生于爱尔兰，是一位大主教，他最有名的著作是《人类知识原理》和《三篇对话》。他曾批判微积分，讽刺无穷小量就像一个鬼魂。的确，因为那时候微积分刚发明，还不是一个完整严格的数学理论。对于无穷小量来说，它不是零，但在计算时我们又要把它视作零。既是零又不是零，那到底是不是零？这就显得非常怪异了。

贝克莱反对形而上学，维护常识，但同时又反对无神论与唯物论，提倡基督教有神论。贝克莱利用洛克的经验论，建立了他的唯心主义。他对早期经验论者的认识论的基本思想进行了一定程度的批判，并提出了自己的新想法。与早期经验论者不同的是，他对人类心灵应对知识问题的能力很有信心。在他看来，人们不应该把人类的无知归咎于人类能力的局限性，而应该认真地研究人类知识的原理，对所有方面进行仔细的检查和过滤。

贝克莱的名言是"存在即被感知"，这是他思想的概括。按照他的说法，相信那些我们不能经验到的东西的存在是毫无意义的。他主张，我们可能经历到的一切都是我们自己的感知觉和观念。我们之所以知道一块木头存在，是因为我们有关于木头的观念和经验，这些经验包括木头呈现在我们眼中的形象、我们触摸木头的手感、木头所具有的重量、木头砸到我们时所感到的疼痛，以及木头与其他东西相互作用时所呈现的可见效应等。

也就是说，木头的存在是因为我们的心灵感知到它，如果我没有感知到它，木头就不存在。同样，月亮在我没有看的时候就不存在。这种说法十分类似于王阳明的心学——心外无物。

举个例子来说明贝克莱的观点。比如对于我来说，我看到一个苹果的颜色，闻到了它的香味，触摸到了它的形状、温度、软硬，尝到了它的甜味，于是，我就认为这个苹果是存在着的。而颜色、味道、形状、温度、软硬等这些都是我的感觉，如果离开了我的感觉，这些性质就没有意义，而且也无法证明这些性质存在。同样的，如果离开了这些性质，就无法证明这个苹果的存在，也不能确定苹果到底代表什么。所以，这个苹果的存在依赖于我的感知，它的存在与它被我所感知实际上是一回事，也就是说，苹果仅仅存在于我的心灵中。

贝克莱指出，因为我们在自己脑子里的观念中预设了"心灵"这个概念，所以我们才知道心灵是存在的。因为我们有限的心灵要求把上帝无限的心灵当作预设，所以我们知道上帝是存在的。此外，再无他物存在，即一个独立于我们的（以及上帝的）知识和观念之外的世界是不存在的。

贝克莱认为，当我们竭力去设想外界物体存在时，其实我们始终只是在对自己的观念进行沉思。存在即被感知，一切物体仅存于心灵（包括上帝的心灵）之中，假如感知的个体不存在，那么世界就不存在。这种极端形式的唯心论自然很难让人相信，也让一些人感到愤怒。

贝克莱最初提出这个理论时，许多人都认为他疯了。和他同时代的约翰逊博士听说贝克莱的理论时，非常愤怒地使劲踢了一下街上的一块石头，大声说："我用这个办法反驳这种理论。"约翰逊认为，物质事物是确实存在的，并不是各种观念的集合。他踢那块石头时，他的脚趾感到了那块石头是硬的，因此一定是贝克莱错了。

但是，贝克莱不这么认为。根据他的观点，你的脚趾感受到那块石头的硬度，并不能证明存在一个物质对象，而只能证明你心中存在"硬石"这个观念。贝克莱认为，正因为如此，我们所说的"石头"才不是别的，而只是它给我们造成的感觉。在这种感觉的背后，根本不存在那块使脚趾产生痛感的所谓"物质的""真实的"石头。事实上，在我们的观念之外根本不存在任何现实。

贝克莱还从概念唯名论出发，拒绝了哲学的物质概念。他指出，我们使用像"马"和"人类"这样的词作为简略语，是为了使我们说话交流方便一些。但我们切不可被这种语言用法所蒙骗，以为像"狗"和"房子"这样的普遍概念是存在着的。在贝克莱的语言理论中，词语的意义在于感觉印象，词语指称的也是感觉印象。比如说，"西瓜"这个词指称的是意味着西瓜的那些感觉印象，"西瓜"这个词的意义在于我们对西瓜所具有的那种感觉印象。因此，既然"物质"这个词并不指称这样的感觉印象，那么它就是没有意义的。

事实上，贝克莱的观点是通过认真的思考与大量难以辩驳的论证得来的，而不是随意提出来的。唯心论并非完全是荒诞不经的言论，它能成为一种经得住时间考验的哲学观点，是有一定原因的。唯心论可能与常识相悖，但贝克莱提出它时，是想把它作为对经验常识的更合理、更恰当的解释。唯心论者也许仍然相信岩石是真的，天空是蔚蓝的，但唯心论作为一种推理尝试，它从一个特别的角度出发，试图了解真实的东西实际上到底是什么，是否真的同我们平常所看到的一样。

如果从量子力学的角度重新审视"存在即感知"这句话，那么它在某种意义上来说是对的。在没有观察者介入时，物质就是处于一种波函数的叠加态，一旦我们去观察它、感知它，波函数就坍塌为本征态，呈现出我们看到时的那个样子。月亮在我不看它的时候，真的就是弥散成一团概率波，也就是"不存在"。

极端的唯心论很容易导致"唯我论"。唯我论，就是认为世界上只有我自己一个人有意识、有心灵，其他人类或者动物都没有心灵。天地之间，唯我独心。

唯我论看起来非常荒谬，但也不无道理。的确，以"我心"推知"他心"如何可能呢？我怎么知道别人不是一个僵尸或者一台自动机器人？我如何才能断定别人也有心灵或意识呢？

我唯一能感知到的是我自己的心灵，我自己的感觉、知觉、情感、欲望、思维等，我对别人的心灵一无所知。虽然我可以看到别人疼痛时龇牙咧嘴，也可以看到别人在行动，听到别人在说话，看起来好像跟我一样，但那只是一种表象。我只能假设别人跟我一样有心灵，可那毕竟只是假设，并没有逻辑上的必然性，而且我确实无法感知别人的心灵。

如果除了我自己之外，所有人都是僵尸或机器人，只不过这些机器人被上帝造得惟妙惟肖，被上帝设计得看起来就像人一样，我们看不出一点儿破绽。那么，它们只是看起来有心灵罢了，实际上并没有心灵，这完全是可能的啊！因此，从这个角度思考，也就可以说，全世界只有我一个人有心灵。

休谟：理性是激情的奴隶

历史上的哲学家可能其貌不扬，至少从面相上看起来像一个哲学家。但是休谟从外表看起来就根本让人想不到他会是一位哲学家。有人曾如此描述休谟："他的脸宽大肥胖，嘴巴很大，看起来很憨。他的眼神空洞无神，当我们瞥见他那肥胖的身躯时，甚至会相信我们见到的是一位吃甲鱼的市府参事，而不是素养深厚的哲学家。他说英语时苏格兰腔调很重，听起来很可笑，而且他勉强能说的几句法语更加可笑。智慧从未以如此奇特怪异的身躯装扮过自己。"

然而，休谟却是人类思想史上最杰出的天才之一，他的很多观点即使在今天看来也是对的，至少是很有启发性的。他就是这么一位了不起的思想家。

大卫·休谟于 1711 年出生于苏格兰爱丁堡。休谟是一位伟大的怀疑论者，死于 1776 年。他在只有 20 多岁时就写出了《人性论》，这本书后来成了英语世界伟大的哲学著作。然而，这本书一开始并没有被很好地接受，于是休谟又写了两本关于同一主题的"通俗"著作——《人类理解研究》和《道德原理研究》。

休谟还是一位活跃的历史学家，曾编撰《英国史》。此外，他也是一位个性随和的聚会常客，并被视为欧洲最受欢迎的人之一。不过，由于他是一名不可知论者，或者说无神论者，所以他不被准许在任何一所大学里教授自己的哲学。在他作为英国大使第二次居留法国时，遇见了卢梭、狄德罗、霍尔巴赫，并引得卢梭去访问英国。

休谟认为，所有的科学都与人的本性相关。因此，我们应该研究人性本身，去搞清楚到底是什么在制约我们的理智、激起我们的情绪，使我们赞扬或指责、行动或不行动，以便发现其中的原理。人的科学，或者休谟所说的道德哲学，是我们能够提供给其他科学的唯一坚实的基础，因此，必须建立在经验和观察之上，把"推理的实验方法"引入哲学中。这就是休谟把著作的名字取作《人性论》的原因。

休谟的思想非常丰富，他提出了许多深刻的洞见，对人类思想史做出了突出的贡献。他的很多观点自诞生以来，哲学家们就一直试图进行反驳，却从来没有人成功过。罗素曾说："休谟的结论，既难以反驳，又难以接受。"

"理性是激情的奴隶"，这是休谟的一句名言，这基本上已经被最前沿的心理学和行为经济学理论证明是正确的。在休谟看来，决定人们言行的并不是理性，而是感性。对于任何一个决定，在其表面的理性原因背后，必然存在一个感性原因，而这个感性原因才是决定因素和根本驱动力，事实上根本不存在纯理性决断。这其实很容易理解，回想你日常做的那些所谓理性的事情，只要你仔细分析，总可以找到从根本上让你做出决定的感性因素。

比如，从表面上看，你想要帮助别人是因为你认为应该对别人施以援手，而事实上，真正的原因是帮助别人这件事让你得到了情感和欲望的满足，这一行为可能让你感到高兴，又或者你从别人的感谢和尊敬中获得快感。再比如，对于"二战"中的那些德国纳粹党，很多人认为他们失去了理性，而事实上，他们始终都保留着理性，只是这些理性所服务的情感不同罢了。休谟说过："我宁愿毁灭世界也不愿划伤自己的手指。"这其实和理性并不矛盾。

美国著名心理学家乔纳森·海特所著的《正义之心》，是当代道德心理学领域的扛鼎之作。在这本书中，海特用了很多心理学实验数据，以及严谨的推理，证明了休谟的观点是对的。

海特提出了道德心理学的三个原则。一是直觉在先，策略性推理在后。人心分为两个部分，象与骑象人的隐喻，休谟是对的。二是道德内涵止于伤害和公平。正义之心就像能感受六种味道的舌头，多元主义战胜相对主义。三是道德凝聚人心，但具有盲目性。人类天性在90%的意义上是黑猩猩，10%是蜜蜂，我们是多层次选择的产物。象与骑象人，也可以在某种意义上理解为"体验自我"和"叙事自我"。

第一个原则"直觉在先，策略性推理在后"，说的其实就是休谟所表达的意思，即理性是激情的奴隶。我们在做出一个道德行为时，总是依靠直觉和激情，然后再通过理性为自己的行为做一个"事后诸葛亮"的辩护。

2002 年诺贝尔经济学奖得主、行为经济学家、心理学家丹尼尔·卡尼曼通过研究发现，人类的大脑存在两个系统，分别为"系统一"和"系统二"，这与海特所提出的"象与骑象人"的比喻是同一个意思。

卡尼曼在其著作《思考，快与慢》中详细阐述了这两个系统。两个系统做决定的方式分别有"快"与"慢"两种。常用的无意识的"系统一"做判断十分迅速，它依赖于情感、记忆及经验。它使我们可以立刻对面临的情况做出反应。"系统一"中所包含的各种生活经验，会凝聚成为生活信念及关于世界的某种认知模式，成为一个人做选择和行动的根本动力。

"系统一"的直觉性判断往往是正确的，并且会在潜意识层面影响人的一切判断。如果不是这样，人类早就灭亡了，难道我们的祖先在面对狮子时，还要冷静地想一想，到底要不要逃跑吗？不过，也有许多"系统一"的判断是错误的。它坚持眼见为实，因此容易上当，轻易就被各种错觉误导和干扰，从而影响判断，做出不正确的选择。这也是没有办法的事，可以说是"快速"的代价。

"系统二"是有意识的。在面对问题时，它会调动注意力和理性来分析、处理，并做出决断。它速度慢，一般都不会出错，只不过天生懒惰的它常常走捷径，喜欢直接采纳"系统一"的直觉性判断结果。实际上，这就是被"系统一"给绑架了，即理性是激情的奴隶。

6×3 等于几？你能瞬间给出答案。这个时候，就是你的思维系统一在起作用。它是一个快系统，做出判断的依据是记忆和经验。37×43 等于几？你可能很难马上说出答案。这个时候，你只有让思维系统二出马，才能得出答案。它是一个慢系统，做出判断的依据是逻辑推理。

培根提倡归纳法，但归纳法存在硬伤，于是休谟对归纳法存在的问题进行了批判。休谟主张，人类真正值得认真探究的对象只有两类："观念的联结"与"实际的事实"。"观念的联结"涉及的是抽象的逻辑概念和数学，而且占主导地位的是直觉与逻辑演绎。这类事情只要发现自相矛盾就可以知道错了，比如看看三角形的内角和是不是 180 度。我们舒服地躺在床上就能证明这类真理。

而"事实"则不然，它是以研究现实世界的情况为主的，关于"事实"

的证明就没这么轻松了。比如说想知道英国的天鹅是不是白的、乌鸦是不是黑的？要解决事实问题，躺在床上可不行，我们必须走入世界，诉诸自身经验。

换言之，休谟认为知识只存在两种形式，也就是逻辑知识和经验知识。就经验知识来说，任何我们不知道的真相，或我们在以往经验中没有觉察到的事实，都会影响我们的判断，所以，我们必须采用归纳推理。

假设我们过去的行为可以为未来的行为做出靠谱的参考和指导，那么这就是归纳推理的原则。举例来说，假如根据以往的经验，太阳总是东升西落，那么我们就能根据归纳推理得知，太阳在未来或许仍会东升西落。

但是，该怎么解释我们有能力做出这样的推论呢？休谟认为，不可能将归纳推理的能力解释为理性的产物，因此它就是经验的产物。理性有两种方式，但归纳推理并不基于这两种方式。第一，论证的或直觉的。这种思考往往是先验的。我们无法用先验的知识来证明未来肯定会跟过去一样。因此，我们不能将归纳推理建立在先验知识基础上。第二，归纳的。我们不可能将以往采用归纳推理所得的成功经验，来证明归纳推理的靠谱程度，因为这会形成循环论证。也就是说，过去虽然成功，并不代表现在和将来就一定会成功。

因此，假如理性可以在没有任何依据的情况下构成我们的思想，或假如思想始终都是由理性构成的，那么我们肯定会对一切东西失去信任。由此可知，经验是非常重要的，单凭理性是远远不够的。实际上，休谟只是主张这种归纳法并不是由理性所形成的，而不是认为归纳法没用，或是觉得归纳法所得出的结论都是不靠谱的。

休谟指出了"从过去不能直接推出未来"，这是归纳法的一个硬伤。此外，"从个别不能直接推出全体"，这是归纳法的另一个硬伤。比如，我们要证明天底下的天鹅都是白的，倘若使用归纳法的话，无论你数了多少只天鹅，只要你没有穷尽世界上的天鹅，你就不能说天下所有的天鹅都是白的。

另外，如果我们的感官经验欺骗了我们，导致了数据错误，那归纳法也就无效了。基于这几个原因，休谟批判了归纳法中存在的硬伤。

对于某些无法通过数学和逻辑推理，或者经验观察加以解决的事物，休谟提出了一项简单的准则，这就是著名的"休谟的叉子"。

休谟说，当我们在图书馆里学习时，我们拿到一本神学或哲学书籍，就必须问道：这本书是否涉及量与数的抽象研究？没有！这本书是否涉及事实与存在的经验阐述？没有！那我们就将它丢到火堆里，因为这本书可能只包含了诡辩和欺骗。

休谟把我们一箩筐的常识性推论丢到火堆里，对很多我们习以为常的观念进行了质疑和批判，比如因果观念、必然性观念、上帝观念、自我观念等。

我们一般都认为有因必有果，有果必有因，这就是普通人常识中的因果观念。休谟对之进行了仔细的考察，发现了问题。

休谟发现，我们在讨论原因的时候，主要会承认这几点：某物随着另一物而来；在两个现象之间有接触；随这种接触而来的事情必定会发生。

但我们是怎么知道的呢？我们为什么认为是一件事情"导致"了另一件事情？凭什么认为一件事情是另一件事情的"原因"？

以撞球为例，我们打斯诺克台球，一杆捅出去，白球把彩球撞击进袋。我们就会认为，是白球把彩球撞进袋的，白球的撞击是彩球进袋的原因。我们是如何得出这个判断的呢？

实际上，我们只是看到白球朝着彩球运动，然后看到两个球接触了，紧接着看到彩球朝着袋口运动，落入袋中，仅此而已啊！也就是说，我们能看到的仅仅是白球运动、白球接触了彩球、彩球落袋。我们能看到的不过是某一件事件后面"紧跟着"另一件事件而已，凭什么认为前一件事件就是后一件事件的原因呢？

因此，休谟的结论是，有关因果性的信念，人类通常并不是通过推论得出的，而是通过不断观察发现某一事件紧随着另一事件发生，从而养成了习惯罢了。人类并非真的知晓事件发生的原因，而只是看到两个事件有规律地"恒常连接"。

同样的道理，我们对于必然性的信念也是如此，只不过是我们观察到"不断重复的"事情，然后养成习惯罢了。

比如，太阳明天照样升起，我们认为这是必然的。这只不过是我们不断观察到太阳每天都在升起，于是就理所当然地认为未来也和过去一样，这是必然的。实际上，太阳有可能明天就不再升起了。也许是因为太阳突然爆炸了，或者被黑洞吸走了，又或者被某个外星文明绑架走了。不管是什么原因，即使概率非常小，毕竟还是有可能发生的。

人类可以观察到自然界的规律性，但观察不到"自然规律本身"，人类确实有知觉，但看不到事物"被知觉"。

这一切讨论并不意味着人类所坚信的世界运作法则终将落空，它们通常都是正确的，否则我们不会形成普遍共识。事实上，休谟真正想说的是，理性论证并不是人类做出预测所采取的依据，习惯才是。有些事情，我们原本以为自己对其十分清楚，实际上并不能被经验或理性所证明。

对于"自我"的看法，休谟与佛陀的看法比较类似，他也认为"自我"实际上并不存在一个本体，诸法无我。

在日常生活中，我们通常都会假设，现在的我和六年前的我一样，虽然我外表可能变老了，想法也改变了，但我依然还是我，六年前的我和现在的我都是同一个人，而不是另一个人。这里涉及一个有关"自我同一性"的哲学问题，在哲学上这是一个很有趣并很深邃的问题。英国当代哲学家帕菲特在其著作《理与人》中，对自我同一性问题进行了详细的讨论。

休谟说："除非依靠一种特定的感觉，我们从来不可能有任何的意识；人只不过是由许多不同的感觉累积而成的一个集合或一个包裹，这些感觉永远处在一种快到无法想象的流动速度中互相交替汰换。"

人的身体时时刻刻都在发生新陈代谢，人的心灵也处于变动不居中。休谟把人的灵魂比作一个共和国。这个共和国保持其本体所凭借的，并不是恒久不变的核心思想，而是种种不同的、一直在变化的、彼此连接的思想。其实所谓个人的"本体"，只是由一个人的各种人生经验组成的松散连接。

简单来说，对休谟而言，自我的"本体"是否存在根本不重要，各种感觉之间的关系、连接和相互之间的相似才是最重要的。休谟与佛陀关于"自我"的观点也被现代学术界称为"羁束理论"。

"是"能不能推出"应当"？或者说，"事实判断"能不能推出"价值判断"？这就是著名的"休谟问题"。

在道德问题上，我们首先要区分两个领域，也就是事实领域和价值领域。分别有两种陈述或者命题，一种是事实判断或事实命题，另一种是价值判断或价值命题。有关事实判断，我们可以得出真或者假的结论，这个判断要么真要么假，要么对要么错。但是，价值判断并不是知识的表达，而是感情的表达，感情的表达不可能是非真即假的。

换句话说，我们可以说某件事情"是"真或者假，但是我们可以由此推理出这件事情"是"好或者坏吗？可以推出"应当"做某件事情，"不应当"做某件事情吗？

假设我们看到一个持刀的抢劫犯威胁一位女士，并抢走她的包，看到受害人脸上惊恐的表情，听到了她呼喊救命的声音，我们亲身经历了这一切。那么，当我们在描述这件事情的时候，只要不是刻意撒谎，讲的就都是实话，所说的内容就是"真"的。

当然，我们也可能在感官的欺骗下或毫不知情的情况下，目睹了一场虚假的抢劫，例如在电影场景中，然后真心诚意地说了假话。不过这不是主要的，主要的是我们能采用"真"或"假"这个概念。

但是，休谟认为，我们无法以同样的方式把该行为体验为道德上令人厌恶的事情。因为抢劫这件事情让我们觉得厌恶的方面，并不是抢劫这个行为本身所具有的属性，而是由于我们心灵中的某个其他东西。

道德上令人厌恶的基础，是我们对这个案例的感情。我们感到一种道德上的厌恶，这是与我们的感情相联系的。于是，从我们的感情出发，我们就会认为某些事情应该做，某些事情不应该做，会认为某些事情是善的，某些事情是恶的。可实际上，善或恶、道德或不道德，并不是抢劫这件事情本身所具有的属性。

因此，所有和道德评价、规范及价值相关的东西，都不是因为我们直接经历的行动而产生的，而是产生于我们的感情。我们不能混淆事实判断和价值判断之间的区别，天真地把它们等同起来。从逻辑上说，"是什么"的判断不能够必然地推理出"应当什么"的判断，也就是说，对世界现象的知识不能够推出伦理判断。

与之相类似，还可以提出另一个问题。我们试问：一个疯子与正常人相比，有什么本质的不同？如果一个疯子认为自己是水煮荷包蛋，那么，他受到指责，或许只是由于他是少数派，而不是他的想法是"错误的"。与疯子相比，正常人能够肯定自己头脑里的想法一定比疯子的想法更加"真实"和"正确"吗？天才在左，疯子在右。

第四部分　启蒙运动时期

17—18 世纪，发生了一场反封建、反教会的思想文化运动，这是继文艺复兴之后的又一次思想解放运动，其核心思想是"理性崇拜"，这场运动被称为"启蒙运动"。这场运动对封建专制主义、宗教愚昧和特权主义进行了有力的批判，并宣扬了自由、民主、平等的思想，为欧洲资产阶级革命做了思想准备和舆论宣传。

在这个时期，哲学从学者的书斋中产生，并与普通的民众结合在一起。哲学不再说着独属于自己的语言，而是用民众的语言、普通人的智慧可以理解的语言来表达自己。

这个时期的启蒙运动涵盖了哲学、自然科学、伦理学、文学、教育学、历史学、经济学、政治学等各个知识领域。在启蒙运动中产生了一批思想先进的新锐思想家，他们纷纷对专制制度与天主教会进行猛烈的批判，并且展望了未来，尝试着描绘出社会蓝图。

这场思想解放运动开启了民智。在这一时期，专制统治被动摇了，民主共和思想也逐渐深入人心。美国独立战争和法国大革命之所以能够发生，是因为启蒙运动为之作了思想上和理论上的准备。这场运动在全世界广泛传播，引起了极大的反响，形成一股新的、强大的社会思潮，使许多民族开始觉醒，并积极斗争，谋求本民族的独立和解放。

自然科学在文艺复兴的推动下取得了很大的进展。自然界的很多奥秘被科学家们一一揭示出来，从而戳破了天主教会的很多谎言，让人们对自身的力量有了更大的信心。在启蒙运动时期，随着牛顿物理学的横空出世，科学革命开始了，从此人类进入了科学时代。伴随着科学技术的快速发展，发生了工业革命，人类的生产力得到大幅度提高，资本主义经济获得迅猛发展，经济学也随之产生。

法国是启蒙运动的中心。由于社会、政治和教会的多方面压迫，相较于其他国家，法国的启蒙运动声势最大，影响力也最大，具有很强的战斗性，称得上是西欧各国启蒙运动的榜样。1789 年，《人权和公民权宣言》（即《人权宣言》）被法国国民议会通过，确立了"个人权利不可侵犯"的原则。从此，天赋人权的观念逐渐传播到了世界各地。

18 世纪被称为"启蒙运动的世纪"，这是一个拥有原则和世界观的世纪，其对于人类精神解决问题的能力充满了爆棚般的自信，力图对人类的生活甚至整个宇宙加以理解并作出解释。文艺复兴代表了人的觉醒，而启蒙运动则代表了人的奋进。

第十一章　哲学上的"哥白尼革命"

纯粹理性批判

理性主义和经验主义围绕认识论展开了争论，谁也不能说服谁。这时，有一个人站出来说："别争了，你们双方都是对的，但又都是错的，双方都有局限性，还是让我来吧！"这个人就是康德。

伊曼努尔·康德（1724—1804）出生于东普鲁士的哥尼斯堡。他是一个"宅男"，终身未婚。他一辈子都生活在自己那个小小的家乡，从不出远门，生活方式极其刻板，几近迂腐，作息非常规律，每天准时准点出门散步，雷打不动，以致镇上的人只要看到康德散步，就知道现在是几点几分了，如同报时鸟一样精准。康德把毕生都献给了理论上的追求，献给了哲学，他也因此成为一位伟大的思想家。

康德是通过三本书来构建他的批判哲学的，即《纯粹理性批判》《实践理性批判》和《判断力批判》。他的批判哲学是一个很大的体系，号称哲学上的"哥白尼革命"。

他的三大批判著作涉及人类生活中最重要的三个方面，即真、善、美，也就是人类的认知活动、道德意志活动和情感审美活动。

许多人都认为康德哲学是复杂的、难以理解的。确实，德语系的哲学家的著作是出了名的晦涩难懂，这些哲学家在写作时非常喜欢用一些晦涩的词语，还喜欢生造一些词语和概念，这些哲学家的风格也是极度抽象、刻板、乏味的。总之，这一类著作就是让人难以阅读，一点儿都不通俗，而且翻译起来也相当困难。康德的哲学著作当然也是其中之一，再加上康德哲学体系本身的复杂与庞大，就更增加了著作在阅读和理解时的难度。

康德是一个大器晚成的人。早年他几乎默默无闻，也没有什么出色的建树。1760—1770 年，康德受到了英国经验主义的影响，先是洛克，后是休谟，他们都给他留下了深刻的印象。尤其是休谟，康德曾说过，休谟"把我从独断论的迷梦中唤醒"。

到了 1770 年，康德已经有了使他闻名于世的哲学立足点，并将之表述在他的拉丁文论文中。后来他又花了十年时间发展它。他的名著《纯粹理性批判》于 1781 年出版，随后他又出版了一系列著作，迎来了一个创作的高峰期。

近现代哲学起源于对人类心灵获取知识的力量的一种信念，问题在于，用什么方法获得知识？知识的界限延伸到何处？也就是说，认识论在近现代哲学中所扮演的角色十分重要，地位也很高。

围绕着认识论的问题，理性主义和经验主义从各自的角度出发，做出了认真的思考和探索，也取得了许多成果。他们都认为，真正的知识是普遍的和必然的，但是他们二者也都存在一些问题，这就需要有人用批判的精神来检查和审视理性主义和经验主义，然后提出新的观点与综合。这个工作是由康德来完成的。

对于曾经的偶像休谟，康德也开始进行批判了。他认为休谟"怀疑论式"的经验论是让人无法接受的，休谟完全毁掉了道德与自然科学的基础。这可怎么行？

康德要求自己一定要证明，伦理学与自然科学中存在着某种东西，是能被我们的理性认可为严格必然和普遍有效的。这就是康德的出发点。

他想要表明的是，理性在休谟思想中所具有的地位太过寒酸了。但是，康德并没有回到古典唯理论中去，他所探索的是第三条道路，而这条道路就在他的名著《纯粹理性批判》中有所表述，这条道路是一个关于认识论的新看法、新观点。

康德设法在唯理论和经验论之间建立某种结合，办法就是，要避免在他看来唯理论所具有的独断论，以及经验论所具有的怀疑论。他吸取了理性主义和经验主义之长，把它们糅合在一起。

理性主义片面地强调了人类理性的作用，认为唯有理性才是通往确定知识的道路。而经验主义则认为人类心灵是一块白板，在没有经验之前，我们的头脑里不可能有什么概念。康德的哲学把它们两者的片面性消除，并统一起来。这是人类认识论的飞跃。

康德通过他天才般的思辨，对人类的理性进行了细致的考察和批判，终于发现一大秘密，并为人类的理性划定了界限！也就是说，纯粹的理性不是无所不能的，而是有界限的，界限之外的事情，纯粹的理性是管不了的。

打个比方，我们如果戴上一副有色眼镜来看世界，比如红色眼镜，那么我们看到的世界就是红色的。我们会以为自己看到的就是世界的原貌，而忘记了架在我们眼前的这副眼镜。

这副眼镜就是康德所说的先天综合判断和先天知性范畴。这就是康德引进的一个"先验的"洞见，所以他的哲学也被称为"先验哲学"。

人为自然立法！并不是我们去适应客观世界，而是客观世界来适应我们的先天认知结构。

时间和空间就是康德所说的先天感性直观形式，这是先验的。先验就是先于经验的意思，我们在经验这个世界之前就有了时空概念。另外，他还列出了一个先天知性范畴表，其中包括因果观念、整体与部分、全称和特称等。这些都是先验的。

康德构造了一个复杂的认识论模型，定义了知识的类型。首先，一个判断要分为"先天的"和"后天的"，也就是一个不依赖于经验，另一个依赖于经验的意思。然后，一个判断还要分为"分析的"和"综合的"，接着就是将它们组合起来。

比如说，先天的分析判断是"单身汉是未婚男子"，先天的综合判断是"凡事皆有原因"；后天的综合判断是"这个房子是绿的"，后天的分析判断是没有的。

康德认为，存在"先天的综合判断"是理所当然的，这是一个关键点。

换句话说，"先天的分析判断"对应于唯理论和经验论中所说的关于概念之间的关系，而"后天的综合判断"对应于唯理论和经验论中所说的"经验"。那么，唯理论和经验论都缺了另一条，这也就是康德找到的第三条道路，即"先天综合判断"。

意思就是说，有一些命题，它既是独立于经验的（先天的），又是将不同种类、不同性质、不同部分的事物或现象结合成一个整体的（综合的），比如"凡事皆有原因"就是一例。但是，这就与经验主义针锋相对了。特别是休谟对于因果观念的批判，他认为凡事皆有原因不是天经地义的。

康德认为，我们从"凡事"这个概念中，并不能通过分析的方法来得出凡事"皆有原因"，而为了知道到底是不是"皆有原因"，我们也不需要去考察经验，然后通过对经验的归纳总结来确定。实际上，对因果性的认识是内在于我们的思想形式之中的，它是"先天的"、独立于经验的。再加上"凡事皆有原因"这个命题是"综合的"，因此我们就可以确定"凡事"必定"皆有原因"。在康德看来，"凡事皆有原因"这个命题是普遍有效的、必然的，就如同那些自然科学的基本原理一样。

理性是有界限的，我们不能超越理性的界限去认识超验的东西，比如上帝存在还是不存在，宇宙是有限的还是无限的，如此之类的命题。但是，理性往往会有强烈的冲动想去搞清楚这些终极问题，于是就会陷入"二律背反"之中。

"二律背反"的意思大致是说，从两个相反的角度出发，都能得出肯定的结论，而这又是自相矛盾的，所以就非常尴尬了。也就是说，两种相反的可能性皆可以做出合理的判断，最终的结论只在于我们的选择。

因此，信仰的问题、伦理的问题，应该归为人类的实践理性，而不是纯粹理性。使用纯粹理性，我们是根本无法知道上帝是存在还是不存在的。

正因为我们都是戴着一副有色眼镜看世界，因此，我们根本无法把握"物自体"。我们看到的东西只能是我们所能看到的，而不是世界本身！这是经过我们的先天认知结构过滤后的世界图像，并非"物自体"。

"物自体"是康德创造的一个词，意思是指事物自身存在的本体，或者说是指离开意识而独立存在的不可知的自在之物。

所以，为什么说康德哲学是"哥白尼革命"呢？就是因为他把主客体的关系颠倒过来了，这是一种思维角度的转换，而视角的反转正是"哥白尼革命"的含义。康德主张，客体是受主体影响的。也就是说，我们对客体所形成的认识，是通过主体的思维方式与经验方式形成的，这就是康德哲学认识论的核心。

康德哲学的目标，是确立人类自身各种能力的和谐、人与人之间的和谐及整个世界和谐的先决条件。康德哲学的"哥白尼革命"并不代表人的意识能创造出经验对象，也不代表"物自体"能被还原为人的意识构造。康德通过对先验理性进行反思，使形而上学具备了坚实的基础，而不只是一种假定。

康德明确了人类理性的界限，其意义非凡，《纯粹理性批判》也因此成为整个西方哲学史上最重要和影响最深远的著作之一。

实践理性批判

对于道德伦理问题，我们运用的是实践理性，而不是纯粹理性。

康德的道德伦理学是一种义务论道德观，或者说是一种责任伦理学，并不是亚里士多德的德性伦理学。义务论道德认为，对于我们来说，道德原则存在的正当理由就是其本身的地位，无论我们寻找什么样的个人原因或借口，也无论我们的行为会导致什么样的后果，哪怕是恶行意外地导致了好的结果，我们都不能以此来否定道德原则，只能去遵守它。

关于道德原则的理论，可以根据道德权威是"内在的"还是"外在的"来进行划分。那些让权威"内在于"我们的道德理论认为，上帝或社会并不会将道德原则强加于我们，道德原则来自于我们的内心，比如良心或理性之音。

康德在回答休谟怀疑论提出的问题时，认为确实存在一个"你应当如此"的命题，这是理所当然的、不成问题的。在康德看来，"你应当如此"是一个绝对义务，它不可能出自经验，因为经验的东西不包含有关规范的东西，即"是"不能推理出"应当"。而且，经验的东西从来就不是确定无疑的，因此这个"你应当如此"肯定是内在于我们的。同时，"你应当如此"这个无条件的道德律令，不可能适用于行为的结果，因为我们对结果不能完全控制。这个道德律令所适用的必须是我们的道德意志。

也就是说，在康德看来，道德首先必须是理性的、合理的，道德原则来源于我们自己，它的正当理由最终也来自我们自己。他把这个观点称为自律，即任何一个人只要凭借自己的理性能力，就能判断对错，而无须诉诸外在的权威。

不过，这并不代表道德是个人想怎么做就怎么做，更不是个人的或主观的看法。理性是一种在我们"之内"的权威，但它又超越了我们。理性从某种意义上来讲好像是"客观的"，而且它还颁布了普遍必然的律令与义务。道德原则的正当性就是由理性的权威证明的。

康德的伦理学是一种规范伦理学，而不是一种效果论的伦理学，其更看重意志是否是善良的，而不是行为的结果是否是善的、好的。由此，康德把自己与功利主义者区分开了。

功利主义主张一种效果论的伦理学，看重的是行为所造成的结果是不是好的，是不是有利的。而康德看重的是人内心的意念是不是好的，是不是具有善良的意志，尽管有时候人可能"好心办了坏事"。

康德主张，我们只有在受到自己道德义务感的推动，去做某一件我们非常不情愿的事情时，才能够对我们的道德意志加以检验。这并不意味着康德提倡痛苦或有意折磨自己，而是表明他远离了那些基于快乐的其他形式的道德观，例如快乐主义。意志坚定的人，就能克服情感的干扰，去做道德上要求他做的事情。

作为一个道德律令，"你应当如此"是内在于我们的，就如同时间、空间、因果性等先验形式一样，这意味着这种道德义务支配和掌控着所有人类。因此，道德具有一种绝对的基础。柏拉图把一种绝对的道德建立在"客观的"理型世界基础上，康德则把绝对的道德建立在人的主体之上，这又是一种主客体的反转。

这种绝对的道德义务具有一种"直言命令"的地位，康德的表述是："只根据这样的准则行动，这条准则你可以同时也意欲其为一条普遍法则。"

这种表述太过于抽象，实际上，它的意思跟孔子所讲的"己所不欲，勿施于人"差不多。绝对律令说的是，如果你觉得这么做是对的，那你愿意把你的这种做法上升成为普遍法则，让所有人都遵守吗？当然不能采取双重标准，不能是你可以做而别人不能做，要一视同仁才行。

比如，在某些情况下撒谎是不是道德的？善意的谎言该怎么解释？

从康德的表述中可以清楚地看出，他认为道德义务是普遍有效的，一个道德行为的检验标准，是这个行为对处于相同情况下的所有人来说是否都是正当的。基于这个标准可知，说谎是不正当的，因为我们无法将说谎定为一条普遍规范。

又比如，假设有一个准则说，某个人为了摆脱经济困难就可以做出他并不打算兑现的诺言。例如我承诺借钱会还，但其实我并不打算还你，我借你的钱全都花掉了，像我这种不守信用和借钱不还的人，肯定是非常惹人讨厌的。那么，如果我们设法将这条准则普遍化，就会出现自相矛盾，必然是行不通的。

换句话说，并非一切准则都可以普遍化，一个提倡破坏诺言和诚信的准则就不可能普遍化。如果我们把这样的一个准则变成一个普遍法则，就会出现一个实践层面上的矛盾，我们无法前后一致地执行这样一个法则。这也就是许多人采取双重标准，即通过对不同的人采取不同的做法来避免矛盾的原因。

康德的直言命令是一条所谓的"元规范"，即一条关于规范的规范，以及判定规范是否有效的理想标准。在词语前面加上一个"元"字，代表的是一个系统最初的、最重要、最根本的东西，意味着更高层的逻辑形式，例如"元数学""元科学"等。

以直言命令形式出现的道德律之所以与我们发生联系，是因为我们是有理性的，直言命令是先天的，不是建立在经验基础上的。它不是分析的，而是综合的。那么，由之前所说过的，直言命令实际上就是一种"先天综合判断"，因此，"你应当如此"这个命题就和"凡事皆有原因"一样，也即直言命令是一个无条件的、实践的普遍法则。

在这个无条件的直言命令之外，康德还设定了许多条"假言命令"，意思就是"如果什么，那么什么"。如果我们想要实现这个或那个目标，那么我们就必须这样或那样行动。

假言命令不是绝对的，因为目的本身不一定是善的。这些命令是带着目的论性质的，是把手段与目的联系起来的。"如果你想要得到好的考试分数，那么你就要更努力地学习、做功课""如果你想要工厂赚更多的钱，那么你就要加大投资、扩大生产"，如此等等。假言命令代表了一种"手段与目的"的合理性，这种合理性只是说明我们找到了用于实现目标的最佳手段罢了。

表述假言命令，就是在表述一种因果关系，手段被理解为达成目标的原因。因此，假言命令实际上是理性"纯粹运用"的一个功能，而不是理性真正的"实践运用"。

虽然直言命令式的道德原则也像其他先验的知识形式那样，是在我们的内在中发现的，但是道德原则是我们有可能违反的。而对于自然规律，我们是不可能违反的。所以说，直言命令内在于我们，并不意味着我们在事实上全部都是正人君子，全部都是道德楷模，而只是说我们每个人都拥有一个道德意志。

根据康德的认识论，我们所拥有的知识不可能超越逻辑知识和经验知识。但是，在道德责任"你应当如此"的基础上，康德认为，我们可以接受一些我们无法对其有所认识但仍然向我们的良心显现的暗示。康德称这些暗示为"实践公设"。加上"实践公设"，是为了保证康德理论的完整性，同时还能回答一些在实践层面上所产生的问题。"实践公设"有三条：

第一，如果我们都拥有"你应当如此"这样绝对的责任原则，我们就一定能履行我们的责任，即"应当"蕴含"可能"。否则，道德要求就是毫无意义的。因此，我们必定是拥有自由意志的。

第二，绝对的责任原则要求我们寻求和达到完善，但是人生实在太短暂，这种事情在此生是不可能做到的。那么，为了使完善的要求具有意义，我们必须是不朽的。

第三，存在着一个使责任和效果协调一致的道德世界秩序，所以我们根据善良意志所做的事情也会具有好的效果。一个道德世界秩序的存在是必需的，也就是说，上帝必定存在。

当然，这些并不是康德对上帝存在的论证，它们只是一些我们对其无法确知，但又必然呈现在良心面前的行动条件。这些条件属于"实践理性"或"道德理性"，而不是"纯粹理性"。

在康德哲学中，因为先验的东西与经验的东西是不同的，所以人类拥有自由意志这条共设才会成为可能。我们的"经验自我"是由因果法则决定的，自由意志无处藏身，但是自由意志有可能被赋予"先验自我"。因此，第一条实践共设说的是，为了使直言命令能够成立，我们作为行动者必定具有自由意志。

道德法则与自然法则一样，都是普遍的。康德说："有两样事物，我越是经常不断地思考它们，心中就越是充满全新而满溢的赞叹与敬畏，那就是在我头顶上的星空和心中的道德法则。"

判断力批判

康德巩固了以物理学为典范的近代经验科学，为理性划定了界限，也为道德确立了基础。一方面他接受决定论和因果观念，另一方面他又为非决定论和道德进行辩护，他针对两难问题给出了一个回答。但还剩下一个关键问题，那就是如何调和"纯粹理性"和"实践理性"两个世界。

在这个问题上，康德引入了作为一种中介能力的"判断力"理论。在《纯粹理性批判》和《实践理性批判》之后，他又写了《判断力批判》。康德认为，他可以通过这样的方式来协调这两个世界，判断力是纯粹理性和实践理性的中介。

请注意，这里所说的"判断力"不是一般意义上理解的那种判断力，或者是字典里对判断力的解释。此处的"判断力"是康德批判哲学中的一个概念，我们应该在他的语境中去理解这个词语。

康德的意思是，判断力以两种方式存在，一是作为目的论，二是作为美学。什么意思呢？先看第一种，在日常生活中，尽管我们察觉到生活实际上可能都是因果性的、被决定的、宿命的，但是当我们思索人生的意义时，会把生命看作似乎是有目的和有意义的。这样的话，世界对我们的人生而言就是有意义的了。我们常常对生活直接做目的论思考，这种思维有助于减轻我们生活在两个世界（必然和自由）中所造成的紧张感。

美学则是以另一种方式来协调两个世界。人类的生活需要美，也需要艺术，因为美可以减轻我们的紧张感，使我们超越残酷和无聊的生活。在康德看来，美学的基础在于两种基本经验，即对某种势不可当的或崇高的东西的经验，以及对某种优美的东西的经验。当然，这些是"趣味的判断"，或者是"品位的判断"，而不是认识。但这并不意味着趣味或品位是无缘无故的、是纯粹主观和任意的。

康德反对休谟将品位归结为个人主观情感。正如康德坚信心灵具有内在结构，从而规定了知识和伦理的基本原理一样，他同样也坚信审美的法则是由心灵的内在结构确立的。

更重要的一点是，让我们能够审美的是理智的反应，而不是情感的反应。也正因为如此，具有审美品位的是人而不是动物。例如，一条狗可以判断出它的食物是不是好吃，但它无法分辨食物是否摆放得好看，也不能判断一部电影是不是好看，一幅画是不是美。

只有理智反应才是"无功利的"，这也是它与情感反应的不同之处。假如你在欣赏一幅画作上的水果，却因为看画看饿了，想要吃水果，那么这就不是审美反应；或者你看到电影里的美女，而心生色欲和歹念，那么这也不是审美反应。审美反应是不包含这种"功利"的。从无功利的审美角度出发，我们可以得知，我们之所以能真正和别人分享美的体验，是因为在审美体验里有一个本质部分，这个部分对所有人来说都是相同的，是可以互通的。

在康德看来，审美判断在某种意义上是主观的，但仍然是普遍有效的。例如，当我们冷静地观看一件艺术作品的时候，我们都体验到同样的审美快乐。当我们冷静的时候，我们都会有能力对同一件艺术作品体验到相同的感受，我们关于这件艺术作品的审美判断也因此达到重合。所以，正常的人们将具有相同的审美感受，这些共同感受是正确判断的基础，因此这些判断是普遍的。

换句话说，在艺术和美的领域，依然是人同此心，心同此理。

对柏拉图和亚里士多德来说，艺术是一种模仿。在柏拉图那里，模仿的就是理型；在亚里士多德那里，模仿的是实体及其形式。所以，美学对柏拉图和亚里士多德来说是具有客观基础的，美与真、善是相联系的。

对康德来说，在真理和道德之间有一个区别，而优美的东西和崇高的东西，是在两者（真与善）之间起中介作用的。与此同时，美学又不同于科学和伦理学，审美判断既是主观的、与我们的情感生活相联系的，又是普遍的。一言以蔽之，审美判断同时具备了知识判断和道德判断两者的特点。

在康德之后，浪漫主义提出了一种更加强调艺术创作、艺术体验的主观方面的美学。自此，天才和伟大的创造性人格，走到了舞台的中央。浪漫主义赞美艺术的独一无二性，赞美艺术家的独一无二性，创造的力量和更新的力量得到了高度重视。

第十二章　科学革命

物理学的全胜

随着文艺复兴时期自然科学的兴起，观察方法和数学方法被引到科学中来，人类终于开始发现了自己的无知，并愿意承认自己的无知。人类的历史终于到了一个至关重要的转折点，人类文明将和自己过去几千年甚至是几万年的历史说再见。

人类文明发生了一次转型升级以后，历史将被划分为两个时代，即前科学时代与科学时代。科学革命发生了，这是一次惊天动地的大事件！

法国思想家孔德把人类的知识发展分为三个阶段，第一阶段是神学阶段（即宗教），第二阶段是形而上学阶段（即哲学），第三阶段是实证科学阶段（即科学）。

德国著名文化人类学家卡西尔在他的《人论》一书中写道："科学是人的智力发展中的最后一步，并且可以被看成人类文化最高最独特的成就。它是一种只有在特殊条件下才有可能得到发展的非常晚而又非常精致的成果。在伟大的古希腊思想家的时代以前——在毕达哥拉斯派学者、原子论者、柏拉图和亚里士多德以前，甚至连特定意义的科学概念本身都不存在。而且这个最初的概念在以后的若干世纪中似乎被遗忘和遮蔽了，以致在文艺复兴时代不得不被重新发现、重新建立。在这种重新发现以后，科学的成就看来是圆满且无可非议的了。在我们现代世界中，再也没有第二种力量可以与科学思想的力量相匹敌。它被看成是我们全部人类活动的顶点和极致，被看成是人类历史的最后篇章和人的哲学的最重要主题。"

科学革命是由一位人类思想史上的巨人发起的，他就是声名如雷贯耳的牛顿。牛顿建立了自己的力学体系，亚里士多德的物理学被彻底废除，物理学发生了范式转换。牛顿用一本《自然哲学的数学原理》改变了整个世界，这本书第一次用一种全新的方式写作，成为科学研究的范本。从此，物理学进入了牛顿时代。

英国著名诗人蒲柏给牛顿写的墓志铭是这样的："大自然和它的规律深藏在黑夜里。上帝说，让牛顿诞生吧！于是一切就都在光明之中。"

艾萨克·牛顿（1643—1727）是一个农民的儿子，后来成了剑桥大学卢卡斯数学教授和英国皇家学会会长。他在伽利略死后的第二年出生，正好扮演了一个接班人的角色。相传，他是因为苹果落地砸到脑袋才产生灵感，发现了万有引力定律。当然，这只是一个故事。重要的是，他成功了，而且当时很年轻。

牛顿被誉为"近代物理学之父"，一生的科学贡献非常大，而且是多方面的。他在力学、数学、光学上的贡献，将永载史册。在力学方面，牛顿发现了万有引力定律，提出了运动学三大定律，发明了反射望远镜。在数学方面，他建立了微积分学，证明了广义二项式定理，并为幂级数的研究做出了贡献。在光学方面，他提出了光的微粒说，发现了光的色散现象，发展出了颜色理论。他还对冷却定律进行了系统阐述，并对音速加以研究。在经济学方面，他提出了金本位制度。

牛顿活了80多岁，前40年用于科学研究，后40年则沉迷于神学。他设法用许多"科学现象"来证明上帝的存在。牛顿的智商很高，但因为生性羞涩，不善于表达，导致没有追到女朋友，终生未婚未育。后来的基因研究表明，牛顿可能是亚斯伯格症患者，也就是自闭症患者。

伽利略在物理学中引入了观察和实验的方法，并指出大自然这本书是用数学语言写成的。而真正把数学全面引入物理学，并以此构建一个数学化力学体系的，就是牛顿。从此数学与物理学便密不可分了。

在进行研究时，牛顿发现，用当时的数学工具根本不能表达他的思想，当时十分缺乏一种对瞬时变化量的研究。于是，牛顿决定自己干。他发明了微积分，并将之用在他的力学理论中，于1687年出版了巨著《自然哲学的数学原理》。从此，所有物体的运动变化都能用一套力学理论来解释了，而且非常精确。

牛顿当然也不是凭空变出自己的理论的，他是站在巨人的肩膀上的。他运用了开普勒的行星运动三大定律，吸收了哥白尼、伽利略等人的研究成果，然后通过自己天才般的创造，把所有这些数据整理出规律。

自然科学皇冠上的明珠是什么？是以探求万物之理为己任的物理学。物理学可以说是一切科学的基础学科。正如同理想主义的还原论者所设想的那样，心理学可以还原为生命科学，生命科学可以还原为化学，化学可以还原为物理学，最终，无论是天上或地下，星球或原子，生命或非生命，人类的意识或心理，统统都可以还原为物理学的大统一理论，那时将是人类理智的最终胜利，因为我们已经明白了上帝的精神。

物理学的全面胜利，离不开数学的帮助。数学与物理的紧密结合是至关重要的，特别是在现代物理学中，因为物理是用数学的语言来表达和描述的。实际上，物理学看起来已经变成了另一门数学，它是披着物理定律外衣的数学。数学在物理学领域得到了最广泛、最有效的应用。

数学是人类理智的骄傲和伟大创造，数学真理是不朽的。虽然后来美国籍奥地利裔逻辑学家哥德尔证明了数学形式系统不能同时具备"一致性"和"完备性"，这就是"哥德尔不完全性定理"，但是，这并不妨碍数学真理的不朽和效力。

哥德尔定理的证明比较复杂，但它的基本思想类似于"说谎者悖论"。总之，数学系统如果具备了一致性，就不能具有完备性，反之亦然。也就是说，总有一个命题的真假是无法从数学的公理体系中推导出来的，这就是不具备"完备性"。又或者，从公理系统出发总能推导出一个命题既真又假，即既可以推出真命题，也可以推出假命题，二者都成立，这就是不具备"一致性"。

数学是关于模式的科学，而不仅仅是关于数与形。它是一种高度的抽象，是将客观世界里的种种模式和变化进行高度的抽象，有一些内容可以在客观世界里找到对应物，而还有一些内容在客观世界里没有对应物，仅仅存在于人类的理智中。

数学是一种语言，自然这本书是由数学语言写成的，因此，研究自然的一切自然科学也是用数学语言写成的。既然数学是一种语言，那么我们就必须掌握这门语言，否则就看不懂自然这本书，就如同你不懂英语就看不懂英文书一样。如果你学过一点儿英语，那么虽然你能看懂书中的个别词语、个别句子甚至段落，但不可能看懂整本书，并且也不能保证没有误解书中的意思。同理，对数学这门语言也一样，如果没有掌握，就不可能正确理解自然这本书。

论复杂程度和内容，数学这门语言的复杂程度和内容远远超越了任何一门语言，数学的任何一个分支和领域都足以耗尽一个人的一生。我们只能采取实用主义的态度，把它当成工具来使用，而不需要强求自己什么都懂。数学对一个人来说不仅仅是知识，更重要的是一种理性的思维方式。

数学的世界里允许想象和创造，允许直觉，但最重要的是仰仗严格的理性思考和逻辑推理。很多哲学家都认为数学真理是先验的，数学是一种伟大的同义反复，它可以从已知的公理中通过演绎，推理出一整套定理和各种推论。

既然数学是一门语言，那么它就有自己的语法规则、符号表达和读音。当然，如同一切语言那样，其中的符号表达和读音，包括各种定理的命名，都是一种约定俗成，是任意的。我们可以采用希腊字母，也可以采用中文汉字，还可以自己发明各种符号而不需要考虑好看不好看。

打个比方，我们现在所使用的数学概念的语言表达，比如"复数""偏微分""共形映射"，其实不过是一种命名，一种约定俗成，方便我们谈论它罢了。我们也可以将"微积分"命名为"牛顿和莱布尼茨的流变数"，只是名字有点儿长而已。

但是，数学的语法规则却是不能任意改动的，是我们必须遵循的。那么，既然数学是一门语言，我们能不能将它翻译过来呢？翻译成我们看得懂的语言，比如中文，这样我们学习起来就更加容易了。从原则上说这样是可以的，但实际上是不可能的。为什么呢？

首先，数学语言的符号表达和约定俗成是高度简练的。每一个符号、每一个概念，虽从外表看来很简单，但其中包含着严格的定义和证明，包含着大量的信息。也就是说，数学表达是用最精简的方式表达出了最丰富最准确的信息。如果将它翻译成任何一门人类语言，比如中文，那么这个篇幅就太长了。用数学方式表达的一小段内容，也许完全翻译成中文就要用几十页甚至上百页。

此外，数学表达是高度精确化的，是非常严格的，容不得半点歧义。因为它表达的是客观世界中严格精确的量化关系和图形特征、各种复杂的变化和模式。可是如果用日常语言来表达，就不可能做到这一点。

我们所使用的日常语言是有歧义的，而且没有一个词语可以完全准确反映数学中的概念。日常语言的表达，其逻辑关系和语法规则也同样不能精确反映数学推理的过程。从逻辑主义的观点来看，日常语言无法真正表达数学。

因此，数学是不能够翻译成任何一门人类日常语言的。我们要理解自然这本天书，就要学懂数学这门"上帝的语言"。

牛顿最重要的功绩，就是发现了万有引力定律。正是这一点，天与地被统一起来了，世间万物被证明都受到同一种力的作用。我们人类的自信心得到了大幅度的提高，因为我们发现，凭着理性就可以一窥上帝造世的奥秘。

万有引力定律是牛顿发现的最重要定律。但是，牛顿除了告诉我们世间万物都存在一种相互吸引的作用力，并给出了数学公式之外，其他什么也没有说。万有引力的本质是什么？牛顿没有说。万有引力为什么是一个平方反比的数量关系？牛顿也没有说。

而且，牛顿的万有引力定律还有一个问题，那就是"超距作用"。牛顿所发现的引力是瞬间的、超距的，没有任何时间延迟，只要存在两个有质量的物体，无论相隔多远，马上就能发生相互作用。

后来，爱因斯坦提出了一个关于引力的新理论，提供了新的解释，并解决了"超距作用"的问题，这就是广义相对论。

实际上，牛顿的万有引力定律是一个"操作性"的定律，引力本身也是一个"操作性"的定义，或者称之为"操作主义"。

操作主义是指，一个概念、定义、物理量，我们只要能够将它量化、能够使用数学工具来计算、能够对其进行操作、能够做实验来验证，那就够了，管用就行。我们不需要考虑这个概念或者物理量的本质是什么，重要的是能够操作、能够进行计算就可以了。万有引力的本质是什么？为什么会是这样一种数量关系？我们不知道，也没必要知道。

在物理学中，存在大量的操作性定义和概念。实际上从某种意义上来说，科学就是操作主义的，而不是本质主义的。本质是什么？这是哲学家们该去操心的事情，而科学家只管做实验，以及提出理论假说。

在牛顿之后，许多人对牛顿的理论做了丰富、补充和发展的工作，比如拉格朗日、哈密尔顿、拉普拉斯等。在他们的努力下，牛顿物理学越来越完善，最后形成了经典物理学范式。

经典物理学统治了世界200多年，直到20世纪才被以爱因斯坦的相对论和量子力学为代表的新物理学超越。

工业革命

科学的发展和物理学的进步，促进了技术的飞跃。18世纪60年代，英格兰中部地区兴起了工业革命。在工业革命中，资本主义的生产方式完成了从个体工场的手工生产向大规模的工厂化生产的过渡。这个时期是资本主义工业化的早期阶段，这个时期兴起的革命是一场生产与科技的革命。机器取代人力，机器的发明及广泛运用成为这个时代的标志。因此，这个时代被历史学家称为"机器时代"。

18世纪中叶，英国人瓦特对蒸汽机进行了成功改良，随后发生了一系列的技术革命，使手工劳动生产向动力机器生产转变。接着，工业革命在整个欧洲大陆持续传播。19世纪，工业革命传到北美。通常认为，促进工业革命技术加速发展的4种主要因素是蒸汽机、煤、铁和钢。工业革命最先在英国开始，也最先在英国结束。

工业革命使人类社会从传统农业社会成功转向近现代工业社会，是资本主义发展史上的一个重要阶段。工业革命使生产力剧增，使社会面貌发生巨大改变，对人们的生活产生了深远影响。同时，工业革命也是一场深刻的社会关系变革，导致社会形成工业资产阶级和工业无产阶级两个对立的阶级，资本主义最终将封建主义彻底打败。

西方那些率先完成工业革命的资本主义国家国力大盛，并开始对外扩张，逐渐确立起对世界的统治。世界形成了西方先进、东方落后的局面。但同时，工业革命也带来了负面影响。工业污染日益严重，加之人们当时的环保意识不强，导致了人与大自然的关系不再和谐，自然界成了满足人类欲望的原材料市场。

英国首先发生工业革命的原因有以下几个：18世纪时英国的工场手工业生产效率不高，不能满足市场的需要，这就提出了技术改革的要求；"圈地运动"产生并聚集了大量劳动力，同时也扩大了英国国内市场；英国通过多年的海外贸易和殖民扩张，积累了雄厚的原始资本，并拥有了广阔的原料产地和海外市场；在市场需求的强力刺激下，最终引爆了一场机器生产的革命。

工业革命是从轻工业开始的，随后其他行业才相继进入。在改良版蒸汽机面世之前，人力和畜力是整个生产行业的主要动力来源。随着蒸汽机的发明与改进，机器化生产逐渐取代了过去很多需要人力和手工完成的工作，工厂的选址也不再依赖于邻近河流。

这是一场巨大的变革，是其他普通的政治革命所不能比拟的。工业革命对人类社会生活的方方面面都产生了影响，在推动人类社会的现代化进程上发挥了极其重要并且是不可替代的作用。人类社会被推进了一个崭新的时代——蒸汽时代。自从第一次工业革命后，人类社会又发生了第二次、第三次工业革命，人类离古老的农业社会传统越来越远了。

对于工业革命的发生，尽管那些天才的发明者所发挥的作用是确定的，但他们并不是全部因素，18世纪后期种种有利力量的结合而起的作用才是主要原因。作为各种新发明基础的许多原理，它们早在工业革命前已为人们所知，但是由于缺乏刺激，它们并未被应用于工业上。

例如，蒸汽动力的情况就是如此。早在希腊化时代的古埃及，人们就已经知道了蒸汽动力，只不过蒸汽动力被用在了开关庙宇大门这种事情上，并没有被应用于生产活动中。18世纪，英国人急需新的动力源，来帮助他们从矿井中抽水以及转动新机械的机轮。在这种需求的刺激下，引发了一系列的发明和改进，最终研制出蒸汽机。

所以说，没有合适的环境和时机，光有个人的才华是没多大用处的。假如当今的某个大科学家穿越到古代，他所具有的知识也起不了多大作用。因为，光靠他一个人的知识并不足以改变世界，如果他想向别人传播他的知识，甚至有可能会被人们认为是疯子。

当工业革命在美国和西欧国家轰轰烈烈地展开时，中国的大清王朝正做着"天朝上国"的美梦。英国等列强是不会放过这块肥肉的，后来鸦片战争爆发，西方的坚船利炮便纷纷进入古老的中国，大肆掠夺财富。工业革命开始以后，英国加剧了对印度和东南亚国家的侵略，陆续将印度、埃及、缅甸等国家变成自己的殖民地或半殖民地。此外，工业革命也对19世纪科学的发展产生了重要影响。

在早期的工业革命中，由于生活环境和生活方式都发生了变化，人们被迫调整自己，以便适应新的生活。许多人的全家老小的大半生都在工厂里工作，与过去那种田园牧歌式的生活说再见了。城市化进程的加快，导致产生了许多新的关于卫生、福利及老年照料等方面的问题。城市的人口暴增，许多人居住在城市人口密集之地，这就引起清洁、住房、治安及犯罪等问题。

由于工业化的大生产，在衣着、饮食、住房、娱乐等生活方式上，世界上很多地方的文化特征逐渐趋于标准化。人类的全球化进程和生活方式的一致性，随着工业革命的开展也逐渐加快了。

科学的发展

启蒙运动时期是一个充满激情和活力的时代，在所有的科学领域，包括物理学、天文学、地质学、化学和生理学，激动人心的发现层出不穷。这是一个充满梦想的时代，也是一个才华横溢的时代，大量科学巨匠和巨著纷纷涌现。

工业革命引人注目地改变了生产力的潜能，科学家心中洋溢着乐观主义情绪，许多政治领导人和平民也同样充满了乐观。这个时代充满了对人的智力和尊严的赞美，以及对知识的渴求。

科学家们在 17 世纪末彻底摆脱了对古代和中世纪权威的盲从，无论这些权威的地位有多高、来头有多大。科学家们充满了反叛精神，将盖伦在生物学、托勒密在天文学、亚里士多德在物理学及几乎所有其他领域中的地位彻底颠覆。科学家们的这种反叛行为有一个响亮的名字——科学革命！

反叛的科学家们用质疑的眼光对每一条古训进行审查，并用新的理性、观察、实验和数学标准对每一项假定进行检验。18 世纪在人们对未来满怀憧憬的状态中到来了。这是一个新发现、新发明不断涌现的时代。

天文学中越来越完善的仪器使得人类对太阳系和外层空间有了许多新发现。国际性的合作探险有可能对地球进行了测量，并计算了太阳系的大小。通过对气体及其特性的重要认识，化学摆脱了边缘性的"烹调"传统和对巫术与炼金术的依赖，转变成为一门真正的科学。这个时代还编撰了《百科全书》这样的巨著，详细记述了这个时代里所有的人类知识。

启蒙运动时期的科学家用崭新的方式进行探究、检验和观察，以便发现世界的运作机制。他们在探索中虽然存在失误，比如燃素说，犯了错，却显示了科学自我纠错的特性。

对气体进行的崭新试验，温度测量的进展，化学术语的改进，有关恒星、行星和彗星的发现，以及生物界的分类等的所有这些科学工作不仅有价值，而且富有魅力。科学事业正在吸引越来越多的人参与进来。

天文学家很早就试图测量太阳、月亮和行星到地球的距离，但是没有直接的测量方法，要解决这个问题实在太难了。后来人们找到了更好的办法，即如果能测定某颗行星到地球的距离，并且知道这颗行星绕太阳一圈的时间，就有可能测定出地球到太阳的距离。

发现"哈雷彗星"的科学家哈雷指出，金星是比火星更适合被测量的候选者，因为它比火星更接近地球。但是金星距离地球的最近点，也是距离太阳的最近点，这样它就难以被观察到，除非遇上一个罕见的时刻，就是在金星越过日轮的那一瞬间。从地球上看这一现象，就叫作"金星凌日"。

1716 年，哈雷向英国皇家学会提交报告，号召立即行动起来，在全世界范围内进行合作观察。于是，各就各位，新闻媒体也报道了这一让人兴奋的事件。凌日之际观察金星的最佳位置被标示出来了。来自世界各地的科学家聚集在一起，准备的过程是漫长的。1761 年，122 位观测者，从 62 个不同的地点观察金星。这也许是第一次伟大的国际科学合作事件，人们热情高涨。然而，尽管观测认真，准备充分，但由于金星的"黑线效应"，这次合作观察失败了。

幸好还有一次机会，1769 年金星再次凌日。这次观测点增加到 77 个，观测人数达 151 人，许多观测点位于边远和与世隔绝的地区。其间发生的最著名的事件是由探险家库克船长所率领的一支船队前往太平洋的航海经历。这是库克船长第一次在太平洋里航行，他们收集了大量信息，而欧洲人从前对此一无所知。

世界各地对 1769 年的"金星凌日"的测量结果进行汇总，并做出分析，得到了结果。得到的地球距离太阳的平均值是 9600 万英里，比以前的所有数据都更接近正确值 9300 万英里。

基于 1769 年的测量数据，人们得知太阳系的大小几乎等于托勒密所估计的整个宇宙大小的 100 倍，这对于当时人们的世界观来说是一种极大的冲击。科学，正在逐渐重塑人们的世界观，而且是一种强有力的塑造。

1794 年，拉瓦锡在断头台上被处死。他是法国有史以来最伟大的科学家之一。这是科学史上恐怖的一天，人类损失了一位杰出的科学家。就在几年前，在舍勒、普里斯特利、布莱克和卡文迪什四位化学家的帮助下，拉瓦锡终于打破了一直以来禁锢化学的混乱局面。1789 年，拉瓦锡出版了划时代的著作《化学基础论》，从而在化学中引起一场革命。在拉瓦锡受刑后，法国籍意大利裔科学家拉格朗日说道："砍下这样一颗头颅只要一瞬间，但要再长出一颗这样的脑袋，也许要 100 年！"

拉瓦锡被认为是近代化学的奠基人，他从一种崭新的角度来对待定量技术，这是化学领域所有进步的基础。他为化学做的事情，跟伽利略为物理学做的事情具有相同的意义。他为化学引进了严格的方法论、经验论和定量方法。

1772—1774 年，拉瓦锡进行了一系列实验，演示在受控条件下燃烧不同物质，最终证明，物质燃烧的原因是物质与空气中的氧气发生了反应，于是燃素说灭亡了。从拉瓦锡的实验得出的另一个重要结果是质量守恒定律。这条基本定律在 19 世纪成了"化学的防护堤"。

1918 年，德国女数学家埃米·诺特提出"诺特定理"，表达了连续对称性与物理量守恒定律之间的对应关系，揭示了对称性在理论物理学中至关重要的核心地位。对称性，意味着不变性，即对某个体系执行了某种操作后，一切可以复原不变。物理学的任务之一就是在变动不居的各种现象变化中，找出那个不变的、抽象的东西。诺特定理指出，时间平移对称性对应于能量守恒定律，空间平移对称性对应于动量守恒定律，空间旋转对称性对应于角动量守恒定律，电荷共轭对称性对应于电量守恒定律。

话题回到拉瓦锡。1787 年，拉瓦锡和他的同事考查了化学中所用的语言，发现其中充斥着各种混乱。在化学书籍中有许多来自古老炼金术的术语，而这些术语又来自许多不同的语言，如希腊语、希伯来语、阿拉伯语和拉丁语。这些化学书籍往往根据各种类比和印象给物质命名，非常不严谨，甚至有些搞笑。比如：根据关联，硫和汞被称为"父亲"和"母亲"，用"西班牙绿"表示醋酸铜等；根据类比，化学反应被称为"怀孕"。实际上，这一切都是巫术中的类比思维和关联思维在作怪。

于是，为了减少混乱，明晰规范，化学就必须开始设计和使用新的命名方法。拉瓦锡的重要思想就反映在其中，他认为化合物中元素的名称应该反映在化合物的名称中。所以，锌花变成了氧化锌，矾油变成了硫酸。化学命名法的这一转变在 18 世纪的化学科学革命中起到了关键作用，而拉瓦锡在其中所起的重要作用，是他被认定为近代化学奠基人的理由之一。

北美洲科学家富兰克林在电学方面做出了重要贡献，他为此甘愿冒极大的危险，这种做实验不要命的精神令他声名远播。1752 年，富兰克林做了一个著名的，同时也是危险的风筝实验：在一个雷雨天，他放飞了一个特制的风筝，牵着风筝的丝线的另一端拴着一个尖尖的金属钥匙。

闪电在当时的人们看来，还是一个颇为神秘的现象，闪电的本质到底是什么，还没有人能解开这个谜。富兰克林的思路是，假如天空中的闪电是电的话，丝线就会把天空中的电传到地面。他注视着天空，等待合适的时机，当看到云层中隐现闪电时，他立刻握住钥匙，只见一串火花顿时迸出。然后，富兰克林又将风筝线上的电引入莱顿瓶中，让莱顿瓶充满了电。由此他证明了，闪电的本质就是电，而不是什么神秘现象。有了这么突出的功绩后，他被选为伦敦皇家学会会员。

1785年，法国科学家库仑建立了一条电学定律。库仑非常吃惊地发现，库仑定律的平方反比关系正好和牛顿的万有引力定律相类似，引力和电的作用方式非常类似。接着，他又对磁做了类似的研究，发现磁力也符合平方反比定律。这是非常令人兴奋的消息，因为这证明了三种基本力都服从类似的定律，宇宙确实是按照一套简洁、有序的原理运行的。

18世纪的曙光照亮了新时代的黎明，在新时代里，电将被人类利用并产生效益。1800年，意大利物理学家伏特发明了第一只电池；到了1831年，英国科学家法拉第制成了第一台发电机；此后，美国发明家爱迪生还发明了电灯；旷世奇才特斯拉发明了交流电系统。人类进入了电力时代。

在生命科学方面，瑞典科学家林奈于1735年出版了《自然系统》一书，建立了一套独特的生物分类体系，这使他成为著名的科学家和近代分类学的奠基人。经过许多年的不断修改和补充，他的书终于为植物学家和博物学家处理一个最让人感到棘手和困惑的问题铺平了道路，这个问题就是：如何为世界上各种生命形式进行命名和分类。

林奈把生物物种分为"界、门、纲、目、科、属、种"几个类别，他的主要目的只是创造一种既实用又方便的命名系统。他取得了巨大的成功，以致他的命名系统的大部分到今天仍在被使用。

从18世纪初开始，生物学界就针对"物种不变论"进行论战，由于拉马克和居维叶这两个人在生物学研究上卓有成效的工作，导致论战到该世纪末进入白热化状态。物种不变论指的是，认为所有物种永远保持不变。

拉马克和居维叶都是法国人，这并不是巧合。在当时，巴黎已经成为世界生物学研究中心，这两个人一个是研究无脊椎动物的专家，另一个是研究脊椎动物的专家，所以在生物学领域，两人是一种竞争关系，是彼此的主要竞争对手。

在争论中，虽然拉马克的"拉马克主义"是不对的，但他依然推开了通往进化论的大门，而居维叶则想将这扇门关上。居维叶重视观察与实验的结果，他的经验主义将启蒙时代的主要倾向体现得淋漓尽致；而拉马克也将近代科学最伟大、最权威的理论之一，也就是进化论，向前成功地推进了一步。假如说他们有什么做得不对的地方，那就是因为受到不可避免的时代束缚，这是所有敢于提问并敢于回答的人可能会遇到的。

正如后来的科学家古尔德所写："有些事情也许可以沿直线到达，但是通往科学真谛的道路总是和人的头脑一样弯曲和复杂。"

这一说法将科学的挑战性与神奇性同时体现了出来。真理是以奇怪而迂回的方式显现的，这一点将会在19世纪的科学探险中得到进一步的体现。

第十三章　启蒙思想家

法国启蒙运动

启蒙运动思想的特征是，对人类理性和权利的尊重。在18世纪，人性、善良意志、自然权利、自由、平等和博爱这些概念被广为传播，成了人们的日常话语，甚至连温和专制的政府也承认它们具有促进人类福祉的功能。人们对中世纪思想和制度的反抗，终于导致18世纪末发生了一场巨大的社会动荡和政治动荡，旧制度为新社会让道，这就是轰轰烈烈的法国大革命。

18世纪的政治理论，在很大程度上带着启蒙运动法国哲学家的印记。在路易十四的统治之下，法国牢牢地确立了绝对君主制度。路易十四号称"太阳王"，在位72年，是法国执政时间最长的君主之一。他执政的54年时间里，把国王的权力发展到了顶峰。这在欧洲封建社会的历史上是罕见的。传说，高跟鞋就是路易十四发明的，因为他的个子很矮，为了体现出男性的自信和伟大，就只好穿上很高的高跟鞋。说来也巧，后来的法兰西皇帝拿破仑也是一个矮个子。

"朕即国家"，在路易十四的统治下，国民议会被废除，贵族在很大程度上被贬为国王的公仆和朝臣，权力都集中在中央政府。路易十四在其统治末期面临重重的政治困难，政治争论也随之出现。

政府的管理不当引起了人民的不满，法国的政治讨论就是在这种情况下复苏的。人们批评政府效率不高，希望有一种更为开明高效的绝对君主制。可是，法国人缺少政治建制，要采取英国国会那样的代议制并不容易，所以，只能采取政治剧变的方式。这种剧变于 1789 年随着法国大革命的爆发而到来。

法国人不仅缺少政治建制，而且在路易十四漫长的专制统治时期内，政治理论的传统也基本被切断了。既然内部不能生产，就只有从外面引进了，于是 18 世纪初的法国人大规模输入英国的思想。因为受到牛顿物理学和洛克政治哲学的吸引和启发，新科学和自由主义成为法国思想家的理想。在启蒙运动时期，英国的政治形式被法国思想家视为典范，很多法国知识分子都成了"亲英派"。

18 世纪，城市中产阶级的文学沙龙成为法国人讨论政治的汇聚地。人们在优雅精致的环境中讨论各种话题，心情放松，头脑活跃，很容易让政治、文学及哲学相互融合。虽然这种讨论所产生的思想成果不是很新、很原创，很大程度上只是把旧思想运用于新语境而已，但是，当旧思想被这样运用的时候，它们常常会获得一种不同的含义，如同旧瓶装上了新酒。法国给人们的印象一直是一个很小资很浪漫的国家，法国的很多思想和哲学都出自城市里的沙龙和咖啡馆，最典型的是后来的存在主义。

英国的政治思想发挥了对绝对君主制下的法国进行社会批判的作用。那些高于国王、赋予个人以不可侵犯权利的自然法观念，在英国是服务于社会稳定和社会保守主义的，但在法国的语境中却起着对政权的批判作用。在英国，谈论权利是有实际意义的，因为那里确实存在着这些权利；而在法国的环境中，这些权利的观念却是抽象的、思辨的、远离现实的。

洛克的人权观念被输入，但法国人没有英国人的政治实践经验，这便造就了很多法国"愤青"。他们对绝对君主制进行抨击，所使用的人权概念一方面是激进的，另一方面又是思辨的，因为没有具体的政治基础。英国观念的法国版本常常是尖刻的、批判的，而不像英国人那样混合着务实的精神和改良主义。

尖刻的口吻是与残酷的现实相关的。阶级差别和对立在法国要比在英国更加不可调和。教士们拥有五分之一的土地，并拥有某些特权。贵族也有特权，尽管他们的政治势力不如从前。与此同时，法国比英国的资产阶级更有影响力，法国的商人很强大，能力越大责任就越大，所以他们感到自己担负着比别人更沉重的包袱。

在法国，贵族和教士是享受特权的寄生虫，政府则效率低下。最重要的批判者大多来自上层资产阶级，因为他们是精英，忧国忧民是必要的。启蒙运动的哲学家们作为思想精英，他们希望找到一条路子，能使法国摆脱这种令人不满意的状况。他们把理性和传统相对立，并且相信借助理性的力量，能在反对特权和无知的斗争中取得幸福和进步。

在启蒙运动时期，大部分哲学家都跟古代人文主义者一样，坚信人的理性。因此，法国启蒙运动时期又被称为"理性时代"。在哲学家们看来，按照人不变的理性为道德、宗教、伦理奠定基础，这是他们应当承担的责任，并且还要开启民智，将群众从蒙昧中解放出来，这样才能建立更好的社会。人们因为无知和迷信，才会贫穷地活着，备受欺压。所以，民智未开，则一切免谈。

简单来说，启蒙运动的思想主张主要有几点：人性本善，人生的目标是此世的幸福；个人是可以借助科学而达到这个目标的，在这个过程中，迷信、无知及不宽容是最大的阻碍；我们只能通过启蒙来扫除这些阻碍，而不是通过革命；人们经过更多的启蒙，就会变得更加有道德；因此，通过启蒙，世界将向前进步。

天赋人权

孟德斯鸠（1689—1755）出生于法国的贵族世家，是法国杰出的启蒙思想家、法学家。他反对君主专制，主张君主立宪制。孟德斯鸠尤其因两个基本贡献而声名卓著，即权力分立作为自由前提的理论，以及不同环境对政治影响的理论。

尽管他的著述不多，但影响力却非常广泛，特别是《论法的精神》这部著作。孟德斯鸠对三种政府形式（共和政体、君主政体和专制政体），以及三种相应的原则（德行、荣誉和恐惧）进行了分类表述。孟德斯鸠认为，共和政体是古罗马的理想图景，专制政体是法国可能沦为的可怕图景，而君主政体则反映了他对英国的看法，他把英国看作法国对标的理想。

孟德斯鸠认为，在英国存在着司法机构、行政机构和立法机构之间的权力分立。于是，他提出了"三权分立"学说，主张国家的权力应当分为立法权、行政权和司法权，彼此制衡，法律应当体现理性。"三权分立"学说是古希腊和古罗马政治理论的发展，体现了人民主权的原则，为近代西方政治和法律理论的发展奠定了基础，并成为现代民主国家基本政治制度的建制原则。

孟德斯鸠首先是一个法学家，他在《论法的精神》中提出了一个有关法律的双重命题：一个是自然权利命题，认为不同的法律是同一个法律的不同表述；另一个是社会学命题，认为法律的这些不同表述取决于不同的社会环境和自然环境。

有两种倾向是，相对主义常常否定自然权利观念，而独断论则在假定一种作为普遍自然权利的法律时，不解释这种法律是如何与具体条件相联系的。孟德斯鸠的观点则避免了这两种倾向，《论法的精神》阐述了各种不同环境与相应的具体法律表述之间的联系。

自然权利本身并非新的观念，提出人类借助于一种普通理性而认识自然法，这也不是新观点。比较新的是孟德斯鸠提出的建议：我们应该对环境和法律表述之间的相互联系做经验的研究，诸如气候、土壤、贸易方式、生产方式和习俗等，都会影响政治和立法。

他就自然历史环境对人性的影响，以及对国家品格的塑造，进行了论证阐述。他说："自然环境的影响，地理环境的作用是长期的根本的，是不会因为某人的立场或是利益分割而变化的，显然这样一种巨大作用将继续延续下去。"虽然孟德斯鸠的观点在当时是一种创见，但听起来似乎有些"环境决定论"的味道。

孟德斯鸠才华横溢，他的那本因审查命令而被焚毁的著作《波斯人信札》，宣扬并运用了洛克的思想。他从英国不仅带回了洛克的思想，也带回了牛顿的自然哲学和英国的自然神论。

伏尔泰（1694—1778），法国启蒙思想家、文学家、哲学家，是18世纪法国启蒙运动的领军人物和杰出领袖，被誉为"法兰西最优秀的诗人""欧洲的良心"。与许多法国启蒙思想家一样，他也反对君主专制，倡导君主立宪制。他的主要著作有《哲学通信》《路易十四时代》等。

伏尔泰认可天赋人权的观点，认为人生来就是自由和平等的，每个人都有权利追求生存和幸福，并且这种权利是生来就具有的，不可以被剥夺。法律面前人人平等，人生下来就是自由的，这种自由当然包括了言论自由。"我不能同意你说的每一个字，但是我誓死捍卫你说话的权利。"——这里顺带注明一下，这句话虽广为流传，然而并非伏尔泰所说。

伏尔泰反对所有形式的压迫，并为学术、政治和宗教自由，为出版自由、选举自由和议会自由而斗争，他替已经在工商业中繁荣起来的第三等级或者说资产阶级要求政治权利，那自然受到资产阶级的极大欢迎。

伏尔泰的思想在很大程度上表达了洛克的哲学精神。虽然他有许多自由主义的思想，不过他却不是民主的使徒。他对一些下层阶级的人仍带有偏见，他说道："会有一些无知的贱民，他们一开口争辩，一切都将失败。"他认为，这个理性的时代并不准备把"奴仆、补鞋匠和女佣"包含在其福祉之中。

终其一生，伏尔泰都在攻击迷信和教会的统治。他对天主教会进行了严厉批评，并把教皇比喻成"两足禽兽"，把教士称为"文明恶棍"，讽刺天主教是一切狡猾的人布置的一个最可耻的骗人罗网，号召每个人都按照自己的方式同骇人听闻的宗教狂热者做斗争。不过，对于财产上的不平等，他是不反对的。他既反对君主专政，又赞同实施"开明专制"。所以说，伏尔泰并不是一个彻彻底底的、激进的改革者。

科学期刊和其他出版物也促进了启蒙运动的发展，当时关于知识所有方面的大量著作都结集出版。狄德罗负责主编了法国第一部《百科全书》，是百科全书派的代表人物。

狄德罗不仅是法国的启蒙思想家，也是一位唯物主义哲学家。他既坚持唯物主义哲学观点，又有同时期唯物主义者所不具备的辩证法思想。狄德罗的唯物主义在一些学者看来应该称为"过渡性的唯物主义"。

对于"国家起源于社会契约、君主权力来自人民协议"的观点，狄德罗是赞同的。他指出，任何政体都是要改变的，它的生命就如同动物的生命一样，有生必有死，不会长存不衰。因此，专制政体终将会被更加符合人性的政体取代。

人类不平等的起源

让－雅克·卢梭（1712—1778）出生于日内瓦，是法国著名的启蒙思想家、教育家、文学家、哲学家，是法国大革命的思想先驱，也是启蒙运动最杰出的代表人物之一，被称为"人民主权的捍卫者"。他的著作有《论人类不平等的起源》《社会契约论》《忏悔录》《爱弥儿》等。

卢梭出身贫寒，早早就开始流浪。他在30岁左右来到巴黎，结识了伏尔泰等一些启蒙思想家。他不是体制内的知识分子，要想通过自己的才华与著书立说来扬名立万，获得学界的认可，在当时是很困难的。所以他选择走另一条路，做一个"网红"，也就是积极面向大众，而不是做一个清高的知识分子。终其一生，他都受到伏尔泰的打压和鄙视，但卢梭成功了，并名扬世界。

1750年，在穷途末路之时，卢梭无意中发现了一次征文活动，于是投稿。他因一篇关于"科学和艺术中的进步是否有助于道德的改善"的论文，赢得了第戎学院颁发的奖金，从此声名大振。

此后，卢梭基本过着一种流浪汉的生活，吃的是百家饭。他在欧洲各地都有"粉丝"。靠着"粉丝"们的供养，卢梭得以生活，并继续著书立说。卢梭与同时代的其他启蒙思想家们相处得很不好，遇到过许多麻烦。1766年，他在伦敦与休谟会见，休谟本身是一个很随和的人，结果卢梭还是很快与休谟闹翻了。

与同时代的其他思想家相比，卢梭是一个彻彻底底的异类。在他的为人处世和品行上，在他与其他知识分子的关系上、在思想上，卢梭都是一个非常复杂的人。

卢梭的名作《爱弥儿》当时畅销无比，一时洛阳纸贵，可这本书竟然不是讲哲学的，而是讲怎么教育小孩的。母乳喂养就是由卢梭提倡的，当时欧洲的贵妇人看了这本书后，纷纷解雇了自己的奶妈，亲自给孩子喂奶。可见，卢梭的影响力有多大。他就是一个"学术明星"，虽然不在体制内，却广受大众的欢迎。

启蒙哲学家对理性的张扬可能是有些过分了，而卢梭就提出了一种逆反的思想。他指出，不能过分张扬理性，而应该张扬情感。在启蒙哲学家支持个人和自利时，卢梭则支持共同体和普遍意志；在启蒙哲学家称赞进步时，卢梭却宣扬要回归自然。

当然，这并不意味着卢梭在所有方面都与启蒙运动作对。对启蒙哲学家的有些观点，他常常是完全赞同的，比如"人性本善"的观点。不过，很多启蒙哲学家都认为，无知和不宽容就是邪恶的起源，而这种无知和不宽容是由传统和偏见所支持的，启蒙能对此进行补救。也就是说，当理性与科学占据上风时，人身上善良的成分就会随着文明的进步而逐渐凸显出来。卢梭对此观点大不认同，他认为，文明才是邪恶的源头。

于是，卢梭在《论人类不平等的起源》一书中，表述了自己的独特观点。他认为，文明导致的生活是做作的、堕落的，文明扭曲了人身上的善良天性。人类的不平等就是源自文明的产生，而远古时代的社会是美好的，人类是善良纯真的。因此，卢梭主张我们应该回归自然。

卢梭认为，人的心灵不但没有随着人类文明的进步而有所提升，反而因文明的进步而被败坏了。在天主教的教义中，人类被认为是堕落的受造物，其实并非如此。相反，人类处于文明之前的自然状态中时，都是快乐和善良的"高尚的野蛮人"。然而，当文明产生以后，社会在自由人身上强加了许多人为约束，于是全人类开始步入痛苦之中。

霍布斯认为，在自然状态下，人类活得孤独、贫困、恶劣、野蛮和短暂。卢梭虽然赞同那时的生活是孤独的，但却认为人类建立社会、开始共同生活才是一切纷争的源头。男女共组家庭产生的情感枷锁催生了猜忌与愤恨，私有财产观念的产生则加剧恶化了人与人之间的纷争。

为了保护个人的私有财产，人们就将贫富之间的物质不平等加以神圣化，这样就可以使贫富差距固定下来。不过，即使这样做了，那些富人也不会感到快乐，因为他们所注重的物质主义价值观决定了他们永远无法得到满足。于是，大家便拿自然权利来交换虚假的公民权，签下了欺诈人民的社会契约。

1762 年，卢梭完成名著《社会契约论》，在这本书里，他呼吁要重新起草这份社会契约。他开篇就说："人生而自由，却又无往不在枷锁之中。"卢梭认为，在一个较好的社会里，人民不再胆怯地屈服于法律，而是欣然放弃原本为所欲为的权利来交换真正的自由。这种真正的自由是指，人们按照自己加诸自身的法律，而不是按照权利制定的法律开展生活。

这并非某个人的个人意志的结果，因为每个人的个人意志可能相互冲突。这是全体人民以社会名义所呈现的"公共意志"。公共意志旨在为多数人谋福利，而不是为少数人服务。公共意志虽然偶尔可能会违反某个人的个人意志，但人民在参与过程中对自己放弃的权利并不值得难过，因为不加约束的自由实际上只会导致强者的统治。

虽然这份新共和政体的社会契约和过去一样，也是人为的虚构产物，但只要这份契约被"签名人"同意，同时其又能增进全体人民的福祉，那么这份契约便具有合法性。

卢梭非常重视公共意志，认为人民应该服从它的统治。法律就是公共意志的具体表现形式，遵守法律的行为就是自由的行为。卢梭从根本上反对君主的存在，因为很显然，君主个人不可能代表"公共意志"。在法国大革命期间，他的思想主张成为以罗伯斯庇尔为首的雅各宾派的理论旗帜，同时他的思想也深刻地影响了欧美各国的革命。

说到这里，我们就可以看出，卢梭宣布"我们应该回归自然"，这个观点的意思并不是我们最好回到原始社会，去过原始生活。他一再强调人类是共同体的一部分，所以他的意思似乎是指在某个意义上回归自然，即"在一个共同体中过一种自然的、有德的生活"。也就是说，我们要向"高尚的野蛮人"学习，做一个高尚的人，但又不要去过那种野蛮的、原始的生活。

因此，卢梭的观点既拒绝了在他眼里那些过分精致的堕落，也反对蒙昧未开的原始主义。总而言之，我们对原始主义和堕落文明两者都要避免，要去争取一个真正的共同体，而这个共同体要通过签订社会契约来建立。

对法国封建社会的批判，卢梭是法国启蒙思想家中措辞最激烈、最严厉的。他虽然继承了洛克的人民主权说，却比洛克更加激进，是一位激进的民主主义者。他主张一切权利属于人民,权利的表现和运用必须体现出人民的意志。政府和官员都是人民委任的,人民既然有权委任他们,也就有权撤掉他们,甚至是有权组织起义推翻他们的统治。卢梭的激进立场大概与他不在体制内有一定关系,毕竟,闲云野鹤般的流浪学者受到的束缚比较少,自然就敢说了。

卢梭的生活和思想中的矛盾之处太多,后来他还写了《忏悔录》。但是,若因为性格和人品而剥夺一个人教导别人的资格,那人类的知识将无法传承。

第十四章 自由主义

看不见的手

大致来说，自由主义提倡个人自由发展、自由表现的立场或思想观点。古典主义者认为自由不应该在某些领域受到限制，而应当在所有领域都同等扩大。在他们看来，社会自身就会纠正资本主义工业社会出现的各种问题，根本不需要政府出面干预。

随着资本主义经济的快速发展，以及工业革命的爆发，人类生产力大大提高。商品经济的发展迫切要求一门独立的经济学出现，而恰在这时，英国出现了一个叫亚当·斯密（1723—1790）的人。他出生于苏格兰，被认为是作为一个独立学科的古典经济学的创始人。他的主要著作有《国富论》和《道德情操论》。

经济学的基础是"理性经济人"假设，它是经济学家分析人类经济行为的一个基本假定，也是经济学进行理论构建和推理的根本出发点。"理性经济人"假设说的是：人人都是自私自利的，作为经济决策的主体，人是理性的，并会在行为上趋向于使自己的利益最大化，追求自身利益最大化的目标。

虽然我们都知道，人类有时候是非理性的，很容易感情冲动、情绪化，做出种种不合理的行为；但是，我们也会认为，在处理经济问题的时候，涉及金钱和利益的时候，人类是理性的。除非这个人天生是一个弱智，要不然没有人会是傻瓜，会跟钱过不去，有好处不想要，在经济问题上稀里糊涂。——真的是这样吗？

从心理学的角度考察经济现象，将心理学的方法引入经济学研究，可以发现许多有趣的现象，可以破译人类行为的种种不理性的一面。心理学家卡尼曼因为在这个领域的卓越贡献，被授予2002年诺贝尔经济学奖。

传统经济学的"完全理性经济人"假设，在解释实际问题时往往有偏差、不合理。普通人在做决策的时候，往往会受到情绪、思维误区等诸多因素的影响，而表现出"不这么理性"的经济行为，人类最多只能算是有限理性的。也就是说，人类的理性被大大高估了，实际上并不是这么回事。因此，行为经济学将之修正为"有限理性经济人"假设。

为什么赌徒的口袋里永远没有钱？这里有一个"心理账户"的概念。同样的2张100元钱，从消费的意义上讲它们是完全相等的。但是，我们通常不这样看，我们会自觉或不自觉地把它们划归为不同的心理账户，于是这就决定了我们对这100元钱的态度和花法。100元钱，是你辛辛苦苦挣来的，还是赌博赢来的，还是买彩票得来的，或者是捡来的？这完全不同，属于不同的心理账户。

赌博赢来的钱，我们会觉得是不劳而获，来得太容易，所以失去得也就容易。我们往往会把赢来的钱拿来挥霍，或者重新作为赌资进行赌博，最后输了。但无所谓，反正是赢来的嘛！然而，如果是自己辛辛苦苦挣来的血汗钱，我们的态度就完全不一样了。其实这是一种心理误区，100元钱，不管你是赢来的还是捡来的，抑或是辛苦挣来的，它们都是一样的，只是心理账户让我们对待它的方式不同而已。

除此以外，决定我们非理性行为的误区还有很多，比如沉没成本误区、损失规避心理等。

沉没成本误区，简单点说就是，我们做任何事情都要投入成本，目的是得到预期的收益。如果没有收益，我们付出的成本就被无情地"沉没"了，因此我们就很不甘心，结果越陷越深、无法自拔，明明知道这样做没有用也要继续加大投入，幻想有一天能有转机。

在面对得失的时候，人们一般倾向于风险规避。得与失，人们更加看重的是失，得到的快乐比不上失去的痛苦。

斯密主张，商品和生产决定一个国家的财富，政府应当尽量不干涉或少干涉贸易与产业。经济自由最大之时，也是经济运行最好之时。当每一个产业家和商人都努力实现自己的利润最大化时，普遍的富裕也将最大化。

也就是说，当经济活动在不受政府干预而自然运作的时候，它将遵循自然法则，这个自然法则就是一只"看不见的手"；当人人都致力于将自己的经济利益最大化时，在市场这只"看不见的手"的作用下，价格就会成为自然的状态，也就是说，价格将是公正的，结果就是国家达到尽可能高程度的富裕。

因此，斯密是一位主张自由市场经济的经济自由主义者。由斯密开始，自由主义取代了重商主义。

斯密认为自利是人类经济活动的动机，如同边沁认为追求快乐是人的基本动机一样。不过，斯密不只是一位经济学家，他还是一位道德哲学家。那么此时就存在一个经济哲学和道德哲学之间协调的问题，这便是"斯密问题"。

作为一位经济学家，斯密主张商人应该追求自利，即便是以牺牲他人的利益为代价，商人也一定要让自己富裕起来。同时，作为一位道德哲学家，斯密认为在日常生活中，我们应该根据对他人的同情和关心来行动。那又该如何调和追逐私利和关心他人之间的矛盾呢？

斯密的解释是这样的：通过市场的逻辑，私人的恶行可以在市场这只"看不见的手"的帮助下转变成公共的德行。也就是说，当人人都为追求自己的经济利益而行动时，通过市场机制的调节，在整体范围内可以促进人类的福祉，增加社会财富。因此，个人的自利此时就转化为公共的德行，个人的恶就转变为社会的善。

这个解释看起来很有逻辑，但还是有些说不通。因为善的东西是不可能不加疑问地由不道德的行动来促成的，坏的行为变成好事，这听起来违反直觉。而且，社会富裕了并不意味着就是善，也不意味着对个人而言就是好的，有钱了就意味着幸福吗？

面对这个质疑，斯密的回答是，我们要把市场、经济领域和日常生活的互动区别开来，不要混为一谈。他强调，市场必须受到法律和正义的管制，不能乱来。这意味着斯密所考虑的不仅是一种市场经济，还是一种法治国家的框架，以及一个人际互动的领域。"斯密问题"后来被德国哲学家哈贝马斯当作一个关于"系统"和"生活世界"之间关系的问题来讨论。

政府不应当对经济和市场进行干预，斯密的这种古典自由主义经济学观点，后来受到了20世纪凯恩斯主义的挑战。

《就业、利息和货币通论》是凯恩斯的著作，凯恩斯主义（也称"凯恩斯主义经济学"）就是以这本书为思想基础建立的。斯密反对国家干涉经济，而凯恩斯则提倡国家可以采用扩张性的经济政策，通过增加需求来促进经济增长。具体的做法就是，扩大政府开支，实行财政赤字，以此来刺激经济的发展，维持繁荣。

1929—1933年，资本主义国家爆发了一场很大的经济危机。凯恩斯深入研究了这场经济危机，并在1936年出版了《就业、利息和货币通论》一书，确立了现代宏观经济学的理论体系。他采用宏观的视角，对经济现象进行分析、归纳与整合，使经济学的发展不再受价格分析的限制，从而使20世纪经济学进入一个新的发展阶段。凯恩斯提倡国家干涉经济，这恰好与时任美国总统罗斯福的观点相合。罗斯福新政可以看作是凯恩斯主义的一次大规模运用。

同时，斯密式的自由主义也后继有人，这个人就是哈耶克。哈耶克（1899—1992），英国知名经济学家和政治哲学家，主张自由市场资本主义，反对凯恩斯主义、社会主义与集体主义。

作为"新自由主义"的代表人物，哈耶克于1974年获得诺贝尔经济学奖，代表作有《通往奴役之路》《个人主义与经济秩序》等。在学术上，哈耶克属于奥地利经济学派，不过他和芝加哥学派的很多代表人物关系密切。对于市场经济理论、市场机制的运行过程，他进行了深入研究。但是，由于自己极端的自由主义立场，他被一些人贴上了"保守主义"的标签。除了经济领域，哈耶克在法学和认知科学领域同样做出了较为重要的贡献。

斯密用一种自然价格理论来补充自由主义的概念。他认为，人们为了相互交换商品而在市场彼此相遇，而一件商品的价格取决于供求关系，供大于求，还是供不应求，商品的价格是不同的。这就预设了一种自由市场，也就是说，国家和政治建制不能通过管制价格来干预市场的运行。纯粹的市场交换模型，国家和垄断者会被完全排除在外。

当然，斯密知道供求关系之外的因素也会影响价格，比如政府的政策或贵族的世袭特权等。因此，斯密用他的模型不仅进行描述，而且用来批判。他抨击了那些干预市场的因素，认为干预自由市场的因素应当被清除掉，因为它们扭曲了自然秩序。

此外，斯密还有一个价格管制理论，即公平商品价格理论。

这个价格理论提出，一件商品的价值等于投入其中的劳动量。如果一个木匠用 12 个小时做了一把椅子，一个铁匠用 6 个小时打出一把菜刀，那么一把椅子就值两把菜刀。如果价格是这样确定的，那么它就是公平的价格，因为大家的所得都与他们的付出一样多。如果所有贸易者的所得都与他们的付出一样多，那么贸易就是公平的。

但是，要确定投入一个商品中的劳动价值是多少，仍然是困难的。时间不可能是唯一的决定因素，毕竟有的人手脚快，有的人生性懒惰，有的人训练有素，有的人则技能生疏。而且，这个价格理论与价格的供求理论有些对立，因为如果价格是由自由市场上的供求关系决定的，那么一件商品的价格就会变动不定，即使投入其中的劳动量始终不变。所以，对于一个由供求关系决定的价格来说，价格等于投入其中的劳动量，这是讲不通的。

李嘉图和马尔萨斯加强了斯密式的自由主义。斯密认为，一种自由和自然的资本主义将有利于所有阶级，有利于增加国家财富，促进整体的福祉。而李嘉图和马尔萨斯则认为，即便财富增加了，工人阶级也必然还是应生活在基本生活线上下。

李嘉图支持一种激进的自由放任，他认为在没有政府干预的情况下，会自动出现一种好的和谐，社会中的各种个人利益之间能够彼此协调，但是，工人们应依然过着物质匮乏的生活。

这个理论是基于人口问题。马尔萨斯在其《人口论》一书中指出，由于人口呈现按指数增长的趋势，而食物的总量却按直线增长，因此下层阶级的贫困是不可避免的。学过数学的人都知道，直线增长是远远赶不上指数增长的。因此，人口增长将永远超过食物量的增长。

说得残酷一些就是，工资增长并不会使下层阶级的生活水平有所提高，而只会导致更多的孩子出生、长大。因此，如果没有道德规范或社会规范来降低人口出生率的话，大众就只能永远生活在基本的生活层次里。

这个理论似乎证明了下层阶级的贫困是一种自然的必然性。资本家给工人更高的工资，国家提供社会保障，这是违反自然规律的。这只会导致人口的不自然增长，从而导致更多的饥馑和死亡。所以，一定要让经济遵守自身的规律，国家不应当对社会加以改良。

李嘉图与马尔萨斯描绘的是一种私人资本主义，它忽悠工人，让他们以为自己受到这样的剥削是理所应当的。这种自由放任学说认为，工人不应该反抗，最好连想都不要想。但这种粗鲁的学说没有维持太久，从19世纪中期开始，产生了以密尔为代表的社会自由主义，它是第一个从古典自由主义里分裂出来的重要流派。社会自由主义强调政府干预，主张立法禁止聘用童工，并且明确劳工的最低工资。社会自由主义对政治理论产生了深刻的影响，并促使社会改良，以及工厂法、工会组织的出现。

快乐计算法

相对于康德的规范伦理学，启蒙运动时期还出现了一种后果主义道德理论。在道德行为问题上，究竟是意图优先于后果，还是后果优先于意图？康德认为，好的意图优先于后果；而后果论道德学家则认为，一个行为及其后果的好坏，是由实际发生的事情决定的。好的行为是能够带来最大幸福的，或者至少可以把不幸最小化，这跟它的意图没有关系。

最为明确的后果主义道德理论被称为"功利主义"，这种理论是由边沁和密尔等一些英国思想家于18世纪、19世纪提出来的。功利主义极力强调道德规则的实际后果，认为判断这些规则的正当性标准必须是它们能带给我们多大的幸福。很显然，这是一种目的论道德理论。而义务论道德学家不去问道德行为是否会使我们更幸福，却强调我们应当为了有道德而有道德。

对于功利主义者来说，什么会对我们有利，什么会对我们有害，这才是最重要的，也是他们最关心的。道德的目的在于减轻人们的痛苦、让人们感到快乐、使人们过得幸福。

杰里米·边沁（1748—1832）是第一位功利主义者，出生于伦敦的一个律师家庭。边沁尽管从事律师行业，却没有真正做过律师工作。他觉得整个法律体系中满是颠倒黑白之人，充斥着诡辩之徒，因此不屑于与他们为伍。于是他潜心从事理论研究，成为一位法学家。

边沁在对法律背后支配人类行为的道德基础进行研究时发现，这种基础取决于它们的"功用"。他将功用定义为"任何事物都包含的属性，有助于带来愉悦、利益或幸福，或者避免灾害、痛苦、罪恶或不幸的发生"。他提出了一句口号，被后来的功利主义者以各种方式不断引用，即"永远要为了最大多数人的最大幸福而行动"。这句口号成为功利主义的原则和金科玉律。

边沁既不接受自然权利的观念，也不接受契约论的观念，他认为对权威、政治变化唯一的辩护，是人类的需要，也就是功利和快乐。生物的本性基本上都是趋乐避苦的，人类当然也不例外，因此，功利主义的主张会很吸引人就不足为怪了。

边沁按照功利主义的标准去衡量，发现很多现有的机构或制度均不达标。他严厉批判了教会的运作、大英宪法的滥用及刑事体系的低效率。刑事体系尤其让边沁不满，他干脆自己设计一种"环形监狱"。这是一种新式监狱，形状呈环形，看守室设在中央，可以监控犯人而不被犯人看到。

此外，为了计算任何行为和法律可能产生的快乐和痛苦，边沁甚至还提出了一套精确的"幸福计算法"。边沁用快乐主义原则来定义功用，幸福等于快乐，主张任何人都尽可能追求快乐而避免痛苦，所以"幸福计算法"也叫作"快乐计算法"。可实际上，把幸福定义为快乐实在过于狭隘，幸福远远不只是快乐而已。

在对快乐与痛苦的计算中，关键是要确定到底有哪些因素决定了行动和情境能提供最大的快乐，边沁认真思考了各种因素。进行快乐计算涉及快乐或痛苦的各个方面，比如强度、持续时间、可能出现的确定性程度、还会出现的时间、会牵连到的人数，以及各种经验相互影响的方式，等等。

边沁认为，政府立法与个人行动都应该采用快乐计算法，它们所产生的快乐或痛苦，由承受其后果的人数来加以量化，并将之累加起来。假如一种法律或行动所带来的快乐比痛苦多，而且用其他办法所产生的后果并不会更好，那么这种法律或行动就是正确的、公正的。用简单的加减计算法来处理所有道德难题，这就是快乐计算法的目的。

幸福计算法，或者说快乐计算法还存在不少问题。比如，不同的苦乐经验之间怎么进行比较？静静享受美食的快乐与求婚成功的快乐，这两者如何比较？东西被偷的痛苦，如果用其他痛苦来衡量究竟值多少，是伤风感冒痛苦的一半，还是被虫子咬的痛苦的 100 倍？

这些问题边沁从来就没有成功地解决。他的快乐计算法因此是很成问题的，但他有时候的说法会让人觉得，他好像真的相信我们确实是根据这种理性计算而行动的。

功利主义的快乐计算法，除了好与坏无法客观地加以量化和比较之外，还存在一个计算量过大的问题。快乐计算法需要计算的范围过大，涉及内容过多，变数无穷。因为没有人是全知的上帝，能掌握所有的数据和信息，了解世界整体的状态。在实际操作中，快乐计算法基本上是不可能进行的。

不管你现在做什么事，在道德上都有可能是错的。因为，你在吃饭的时候，永远有个饥饿的孤儿正等着你捐赠食物给他。就算你真的正在这么做，别的地方也可能还有另一个饥饿儿童。

你想通过减少自己的快乐，来增加别人的快乐，避免别人的痛苦，做一件有道德的善事，可是你无论做多少善事，你的能力都是有限的，你不可能让所有人都快乐。在快乐计算法的规则下，你无论怎么做，在道德上都有可能是错的，因为你给这个儿童饭吃，就等于剥夺了另一个儿童吃饭的机会。所以说，人的行为所产生的后果是非常复杂的，就像蝴蝶效应一样，你无法用简单的加减计算法来解决道德难题。

功利主义理论的第二个大师是约翰·斯图亚特·密尔（1806—1873），他的名字又译作"穆勒"。他的父亲也是一位著名的哲学家。密尔年轻时在许多知识领域所接受的严格教育，帮助他成为 19 世纪英国最主要的逻辑学家、社会学家和道德理论家。时至今日，他对个人自由的观点，也就是"只要你不会对他人造成伤害,你就有不被干涉的权利,这种权利就是自由",依然是我们思考公民自由问题的基础。

密尔仍然沿用幸福和快乐的概念,但他对边沁提出的"幸福等于快乐"的计算法进行了限制。密尔认为,快乐与痛苦不但存在量的区别,还存在质的不同。他把较高层次的快乐与较低层次的快乐区分开来,认为一个人即使充分享受了一种"低等的"快乐,也比不上片刻地享受了一种"高等的"快乐。

正如密尔在他的《功利主义》一书中说的:"做一个不满足的人要比做一头满足的猪好,做一个不满足的苏格拉底要比做一个满足的傻瓜好。"

事实上,密尔的这一限制让纯粹的数量计算难以进行,不过其基本原则依旧是一样的,即"最大多数人的最大幸福"。他对边沁的功利主义原则的改变为什么如此重要?使问题更加复杂化,并让边沁的那种简洁优雅的计算法难以实行,这样做有什么好处呢?实际上,密尔对功利主义原则的改变不仅仅是为了赞扬高雅的文艺爱好,或者鄙视那些嗜酒如命、沉迷于低级趣味的庸人,他对该原则的改变还是为了应对功利主义面临的一个严重的反对意见。

如我们所知,道德有时会违背我们的利益,有时会禁止我们享受快乐,所以做一个有道德的人可能会遭受痛苦。毕竟严格的自律,就意味着不能率性而为,自然我们也就不那么畅快了。

如果道德并不只是一套使人们幸福的规则,那么能够想到的是,起码在某些情境下功利原则会和最基本的道德价值彼此冲突。比如,假定有一个残暴的独裁者通过折磨人民获得了大量的快乐,以致这些快乐超过了这些人民所遭受的痛苦的总和。又比如,假定有一群富人通过某种巧妙的方法,可以合法地剥夺许多穷人的财富,从而变得更加富有,但是富人所剥夺的财富只占每一个被剥夺者总收入中很小的一部分。因为被剥夺者的数量众多,所以富人可以得到一笔十分可观的收入,而且富人从中获得了非常多的快乐,以致其快乐超过了被剥夺者所遭受的痛苦。那么,在这些情况下,出于道德和公平的考虑,我们大多数人肯定都会同意放弃功利主义原则。

因此，密尔对功利主义原则的限制，能够解决功利主义原则在某些情况下会违背基本道德价值的这个难题。这一限制能够让我们在"质"的观念下，建立起公正、道德和美德之类的观念，即使这意味着要放弃边沁计算法的简洁性。

也就是说，虐待狂或者财富剥削者的快乐并不是更高等的快乐，即使快乐计算法表明他们的快乐在数量上更多，但是再多数量的这类低等快乐也比不上高等快乐，这类低等的快乐不能成为功利主义者用来评判道德行为的标准。

虽然这个难题似乎被解决了，但是密尔还没有令人满意地解决另一个难题。另一个难题是什么呢？根据功利主义原则，个人或少数人的幸福要服从于最大多数人的最大幸福。那么是不是说，个人或少数人应该为最大多数人的幸福而付出代价呢？

关于最大多数人的幸福是否应该以牺牲少数人的幸福为代价的问题，就是伦理学中著名的"电车难题"。这是一个思想实验，它说的是，为了把更多的人从危险中拯救出来，伤害某个无辜的人是否恰当？

这个问题的原始版本，是要我们设想，对于一辆失控的电车，如果不采取任何措施，就会有五个人丧命。你可以扳动一个拉杆，使电车转到另一条轨道上，但如果你这么做，就会使另一条轨道上的一个人丧命。在这种情况下，你该不该扳动拉杆？

大多数人也许会认为，应该扳动拉杆，因为救下五条人命要比救下一条人命看起来更有价值。那么，这个思想实验似乎表明了人类天生就是后果论者。不过另一个版本的"电车难题"又对这个论断提出了质疑。学者们做过测试，由不同版本的电车案例可以得出许多不同的结论。

由此可见，在道德问题上，涉及的不仅是纯粹的理性，同时还有心理与情感。道德心理学是研究道德问题的一个利器，正如美国著名道德心理学家乔纳森·海特所说的那样，对于道德问题，人类是"直觉在先，策略性推理在后"。

传统的智慧

自由主义可以看作一种社会哲学上的个人主义，同时也暗示着人的观念的一种变化。而且，自由主义把个人理解为一个理性的行动者，相信个人是有能力对手段做出合理选择，来获得他想要的有用结果的。这种信念存在于自由主义和功利主义中，也存在于启蒙运动的哲学中。

但是，自由主义和功利主义因太关注个人，而忽视了各种传统和制度建设所存在的复杂性，于是相应地出现了一种反对自由主义的意识形态，这就是"保守主义"。

通常来说，在不同的语境和历史阶段中，保守主义的具体含义是不同的，但本质基本不变。保守主义是一种政治哲学，它强调既有价值或现状，反对的并不是"进步"，而是"激进"。保守主义并不反对变革，而是反对激进的变革，宁愿采取稳妥的方式，走比较安全的路子。

爱尔兰哲学家埃德蒙特·伯克常常被称作"保守主义之父"，就如同洛克被称作"自由主义之父"一样。法国大革命爆发后，伯克立刻在1790年发表了《法国革命论》，这是其对法国革命的爆发和启蒙哲学家对理性张扬的一种逆反。在书中，他首次对保守主义思想进行了清楚的阐述，为保守主义思想奠定了基础。

启蒙哲学家们将理性置于传统之上，将个人置于共同体之上，伯克把这种观点逆转了。他认为，传统比知识分子所提出的理论更具有智慧，共同体和历史才是根本，比孤立的、非历史的个人更重要。因此，伯克的保守主义就是对启蒙运动时期自由主义的一种否定性逆转。

我们可以把自由主义当作中上层资产阶级的意识形态，同样，我们也可以把保守主义当作贵族的意识形态。保守主义和自由主义在理论和政治两个方面都是作为对立面而出现的。不过，它们也有共同点。两者都是以上流社会为基础，保守主义的基础是一些中产阶级分子和衰落中的贵族，自由主义的基础是以资本主义经济为后盾的整个欣欣向荣的中产阶级。

"保守主义"这个词很大程度上被人们看作一个政治标签，对于政治标签来说，含义是多种多样的，而不只有一种简单的解释。所以，"保守主义"这个词在使用的时候有多种解释。不过，无论是哪种解释，保守主义的核心观念都始终不变。其核心观念就是，反对所有激进的革命和革新，提倡政治上的节制，用妥协手段来调和社会上各方势力之间的利益冲突。

保守主义虽然是一种政治哲学或政治理论，但是它不只是关心政府形式、法律、经济权利等具体政治制度的问题，还代表了一种看法，也就是关于社会和人类实际上是什么的看法，并对此有自己的独特观点。保守主义还认为自己有最恰当的方法，能够正确理解社会，从而正确地采取行动。

自由主义和保守主义之间的一个重要分歧在于，他们各自的自由观不同。粗略地说，自由主义认为个人自由比秩序和权威更重要，秩序和权威只有在服务于个人自由时才是正当的；而保守主义则认为秩序和权威比个人自由更重要。其实，人们对自由是什么、自由有何价值的看法，是与人们对人是什么、社会是什么的看法相联系的。也就是说，自由观是人性观的一种反映。

在对人类本性的看法上，保守主义认为人性是不完美的，坚信社会弊端是很难根除的，只能减缓。在保守主义看来，人是一种与传统紧密相连的存在。所以，把一切都踢开，不管不顾，把个人与传统割裂开来，是一种愚蠢的行为。对待文化传统的遗产，我们是可以改进的，而且应该小心地加以改进。

保守主义认为，万物都存在联系，而且这种联系是相互紧密交织的，由于这种交织的紧密程度非常高，所以根本没有人有能力俯瞰世界的一切，并采取一些简单、激进的手段，即革命性的变化，来使社会变得更好。社会就像一个生长着的有机体，是非常复杂的，因而我们不能把社会看作一台简单的机器。我们不可能凭借简单的调节就一夜之间改变一切，所以要采取改良的办法。急功近利的突击变革是不可取的，改良是必要的、可取的，但是改良必须小心翼翼地、一步一步地进行。这就是保守主义的智慧。不得不承认，这个洞察是正确的。

保守主义指出，传统的智慧比任何个人的有限智慧都更加深刻。而且，我们没有权利去废除自己的文化遗产，然后立刻引入某种新的更好的东西。不存在简单的、一劳永逸的解决方案。社会的基础是不同团体之间、不同世代之间的相互作用，社会发展是需要时间的。

在保守主义看来，国家当然也是一个有机体，局部不能脱离整体而独立存在。人与人之间地位和财产的不平等，是在社会发展中自然形成的。应该由素质出色的贤人来领导社会，而不是人民群众。保守主义提倡维持一种连续性和稳定性的法律和秩序，并维护家庭、伦理和宗教等传统社会的纽带。

在某种程度上，伯克接受休谟对理性和自然权利观念的批判，也接受卢梭对启蒙运动时期个人主义的批判。他从历史的角度来看待情感、习惯、约定和共同体，认为历史与传统是神圣的，应该得到尊重。他要捍卫的，是一种基于像家庭和邻里这样关系的有机团体，而不是人人自利盘算的社会。在这些亲密团体中，是具体的情感纽带把人们联结起来，而不是外在的原则或要求。

正因为有着这样的观点，伯克反对英国资本家对印度的改变。他批评东印度公司，并捍卫印度的文化和宗教。在伯克看来，没有一套习俗和约定是完全适用的，各种不同的生活形式和文化是建立在约定基础上，而不是自然的基础上的。

人类要过社会生活，就必须具有某种基于约定的生活形式，如果激烈地变化生活形式，那么有些对社会具有创造意义的亲密关系就会因此而失去。所以，我们必须尊重和保护那些确实存在着的有机生活形式。也就是说，保守主义是以文化为根基的。

保守主义认为，由于社会太复杂，所以我们把握社会的能力是有局限的。这种观点很容易转化为一种非理性主义，从而可能导致政治上的消极无为、不思进取。不过，伯克的观点并不是这样，他要的是"为保存"而变化。

保守主义内部，还可以分为文化保守主义、经济保守主义、财政保守主义、宗教保守主义等。在西方民主国家，保守主义和右派几乎成了同义词，而自由主义和左派也成了同义词。在道德伦理的议题方面，保守主义者所持的观点和态度通常都十分鲜明，比如，反对堕胎的往往都是那些被称为保守派和右派的人士。

伯克的保守主义在英国继续发展，但其影响范围早已扩展到了国外。18世纪至19世纪初，经历了"光荣革命"的英国步入了现代民主政治（或政党政治）。那时候，辉格党与托利党是英国的两个主要政党。辉格党人颇具自由主义色彩，提倡变革，反对王权。托利党人则恰恰与之相反，他们坚守传统，支持王权，反对变革。相对于辉格党，托利党被人们认为是遵循保守主义的政党。辉格党和托利党分别是英国现在的自由党和保守党的前身。

在美国，"保守主义"这个词包含很多政治意识形态。20世纪下半叶，现代的美国保守主义结合为一股政治意识形态，以响应因为经济大危机而出现的许多社会和政治的变化。在冷战期间，美国保守主义强调要对抗苏联和共产主义。20世纪70年代末80年代初，美国保守主义为了反对罗斯福以降的新政，在经济上实行了一系列撤销管制的自由放任政策。

美国的政治基本是两党政治。两个政党之间，虽然有一些基本意识形态和价值观念是相同的，但也存在很多分歧，特别是在面对变革方面。支持变革的政党被称为"左翼"，就是民主党；而反对变革的政党被称为"右翼"，就是共和党。共和党被称为"保守主义政党"。

美国的共和党和经典的保守主义不同。保守主义曾经在两大党都有一定数量的派系存在，也就是说，曾经的民主党和共和党并非水火不容、泾渭分明。但是到了今天，民主党内的保守主义派系早已消失殆尽，几乎所有的保守派都自认为是共和党的支持者。

在美国，"自由主义"这个词已经偏离了原意。哈耶克认为，"自由主义"含义的改变起始于罗斯福任内。当时，罗斯福所推行的新政被反对者贴上了社会主义和"左翼"的标签。罗斯福担心这会造成不好的影响，也害怕自己在民众心中的形象受损，于是就改称自己为"自由主义者"。从此，"自由主义"这个词在美国所代表的含义就和原本18—19世纪的自由主义的含义完全不同了。

在美国历史上，民主党在与共和党的大选竞争中，总体是处于下风的。按理说，美国标榜自己是最自由、最民主的国家，应该是民主党占上风才是，可事实却并非如此。有人指出，美国的本质是基督新教支配的国家和外交，美国从表面上看是一个世俗化的国家，实质上却是非常宗教化的国家。这个洞察有一定的道理，并且可以在一定程度上解释为什么共和党占上风。

第五部分　西方文明的全面进步

在 19 世纪来临之际，欧洲大陆的大多数地区都充斥着乐观精神，这种精神还传到了大西洋彼岸刚刚建立不久的美国。这是一个妇女穿长裙、男人打领带、蒸汽机对生产过程和旅行方式产生影响的时代。

19 世纪常常被称为"科学的黄金时代"。这是一个激动人心的时代，全世界都在享受科学带来的从未有过的恩惠，人们似乎正在走进一个崭新的世界，而这个世界将通过科学变得更加美好。

科技改变生活。19 世纪，火车的普及使交通运输大众化，社会工业化水平进一步提高，大型企业和城市居民的集中使工人阶级成为一个不可忽视的力量，工会等组织陆续建立。电力工业诞生，科学家们发明了电动机、发电机、电报、电灯、无线电通信等设备。人们发现了更多的化学元素，化学工业诞生，化学理论日益完善。经典物理学体系达到巅峰。达尔文的进化论问世。

19 世纪最重要的特征是，西方世界因工业革命促成的技术和经济上的进步。这是一个西方文明全面进步的时代，在思想领域出现了许多大师和杰出人物。各种自然科学的学科逐渐建立，并对社会科学的建立和重塑造成影响。共产主义运动随着资本主义的发展而兴起，并在 20 世纪改变了世界的政治面貌。

人们开始全面探索世界的每个角落。凭借强大的生产力和武器，西方工业国家将世界上很多国家和地区变为他们的殖民地，并以倾销的方式破坏很多文明古国既有的社会和经济体系，致使这些国家被迫步入"现代化"，如中国、印度、土耳其等。

鸦片战争后，西方列强通过一系列战争和不平等条约，使中国变成了半殖民地半封建社会。清王朝的统治摇摇欲坠，太平天国起义也爆发了。后来，清王朝内部的改革派发起了洋务运动，后来又开始了戊戌变法，但都以失败告终。1911 年爆发的辛亥革命，彻底结束了中国 2000 多年的封建专制制度。日本于 1868 年发动了明治维新，迅速成为东亚强国。

在欧洲，法兰西皇帝拿破仑打遍天下无敌手，几乎统一了欧洲，但他与后来的希特勒一样，都败给了俄罗斯冰天雪地的酷寒。拿破仑战争使民族主义和民主思想在欧洲得到普及，资产阶级的法典得以广泛流传，欧洲的很多界限被打破，原本由宗教贵族统治的地域被世俗化了。德意志帝国在普鲁士的领导下产生，出现了"铁血首相"俾斯麦，德国迅速地崛起为世界强国。同时，意大利也完成了统一，马基雅维利的夙愿终于实现。经过美墨战争和南北战争，美国的疆域基本成形，国内逐渐稳定，并成为北美洲的强国，吸引了很多欧洲移民。

19 世纪是一个辉煌的世纪，西方文明称霸全球。这是科学的胜利，也是理性的胜利，人类历史从此进入了现代社会。

第十五章　德国的大师

辩证法

　　乔治·威廉·弗里德里希·黑格尔于 1770 年出生于德国斯图亚特，是一位公务员之子，最初在图宾根学习神学和哲学。拿破仑是黑格尔心目中的英雄，他曾说，他如果发现拿破仑有任何成功的希望，便会拿起步枪，前往巴黎加入其军队。可是，这位哲学家却因为赶稿子，未能参与庆祝拿破仑于 1806 年在耶拿的胜利，因为黑格尔最重要的作品《精神现象学》带给他一大笔预付稿酬，如果不能按时交稿，违约的代价会相当沉重。

　　黑格尔后来成为普鲁士的官方哲学家，过着中产阶级生活。他声名显赫，在柏林担任教授时，几乎堂堂课爆满。他是哲学史上最后一个大体系的建造者。尽管他的著作晦涩艰深，却对后世思想家产生了重要影响，其中最著名的一位就是卡尔·马克思。1831 年，黑格尔因染上流行性霍乱，在柏林去世。

　　黑格尔的著作甚多，涵盖方方面面，而且是出了名的艰涩难懂。但由于他最重要的观念并不难掌握，所以其学说仍然深具影响力。黑格尔的核心理论和方法就是辩证法。

　　黑格尔野心勃勃，在他的哲学中，他努力从概念上同时把握最近的历史，以及希腊、罗马、耶路撒冷的全部"遗产"。启蒙运动及浪漫主义的逆反，是黑格尔的理论背景。他认为，哲学的任务就在于认识自然界和人类经验，研究并理解事物中的理性，研究事物的内在本质、和谐与规律。

　　在黑格尔看来，自然与理性或者精神是同一的，所有的存在和理性都是同一的。"理性"和"精神"这两个词在黑格尔这里，意思是一样的。事物是有意义的，世界的进程是理性的。既然实在从根本上说是理性的，是思想或观念的必然逻辑过程，那么它就只能被思想所认知。

哲学的功能就是去理解理性所遵循的规律或者必然形式，因此，逻辑和形而上学就是同一的。黑格尔的目标，就是找到一种能够认识万事万物必然规律性的方法，找到一种推动历史进程所遵循的规律，这就是他的辩证法。

他的辩证法，可以用来诠释个人经验，也可以用来说明国家和历史等，几乎就等于是万能钥匙，无所不包。辩证法是以自然界和人类生活的不同领域中都能发现的对立或者内在冲突为基础的。

"辩证法"这个词源自古希腊哲学，意为"讨论"，指的是我们通过公共讨论而达到真实立场的一种哲学对话。但在黑格尔看来，辩证法不仅适用于理论对话，还适用于具体的历史过程。

简单来说，黑格尔的辩证法是这样的一种理论，其内容是关于一个正题如何转化为一个反题，而这个反题又是如何转变为一个合题，然后合题又如何再造成一个新的反题。

具体来说，"正题"可以是某个观念、态度、文明，或者历史上的运动等，由于它本身并不完整，所以每个正题迟早都会遭遇其对立面，也就是"反题"。正题和反题中都包含了部分的真理，它们会在彼此的冲突对抗中得到升华，然后产生更高一层的"合题"。接着，这个新的合题作为一个新的正题，在不久之后又会引出一个新的反题，然后不断重复这个过程，不断上升。用马克思辩证唯物主义原理来概括就是：否定之否定，螺旋式上升。

比如，巴门尼德认为存在是永恒的、不变的，赫拉克利特认为存在处于持续变化中。在原子论者看来，两者既有对的地方，也有不对的地方，他们提出，有些事物是永恒的，有些事物是变化的。在这里，两个相冲突的概念综合成一个新的概念，但新的概念和综合将引发新问题、新矛盾，而这些新问题和新矛盾则会在其他更新的概念中得到解决，如此循环往复。

又比如，一位年轻士兵首次上战场，他听到前线的枪声就不由自主地惊慌失措，险些精神崩溃。这个时候，有一股羞愧感涌上心头。他看到战友们勇猛杀敌，再一看自己竟然这么窝囊，这么怕死，于是，羞愧感压住了原来的恐惧感。胆小怯懦的"反题"在此时出现了，他一下子变得鲁莽冲动，疯了般冲出战壕，向敌人疯狂射击。假如他可以在战场上侥幸生还，并在事后认真反省，就能走向"合题"，也就是胆小与鲁莽的中间道路，即"勇气"。

这里我们举了一个士兵激烈战斗的例子，可实际上，辩证法中的冲突和对立并不一定如此剧烈。这种冲突和对立在形式上不一定看得见，也不一定表现得很明显，比如一个人内心的冲突、思想的斗争等，重点是存在对立的两个方面、两种性质。

正题和反题是怎么产生出合题的呢？用的办法就是"扬弃"。"扬弃"这个词在黑格尔辩证法中表达的是一种积极的意思，说白了就是取其精华、去其糟粕。

既然正题和反题中各自都包含了部分真理，也就是说有一部分是对的，一部分是错的，那么我们就把有缺陷的、错的那部分扔掉，留下好的部分，然后再将两者好的部分组合起来，形成一个合题，把整个层次提高。

这个过程就好比生孩子。父母双方的基因不同，每个人的基因都有缺陷，但又有好的基因，于是两人生出来的孩子就是把两个人的基因重组，得出一个全新的基因，也就是孩子的基因。等孩子长大成人以后，又去找另一半结婚生子，就这样一代又一代繁衍下去。

那么，这种不断重复、不断否定再否定、不断上升的过程什么时候停止呢，还是说根本停不下来？

黑格尔认为，自然中的规律越多，其活动就越具有理性。最终，发展所走向的终极目标就是一种精神，整个过程的意义就在于这个最高的发展阶段，在于通过精神来实现善和真理。这个最终的精神知道宇宙的目的与意义，并将自身与宇宙的目的等同起来。这，就是"绝对精神"。

也就是说，所有的进步都是通过对立面的冲突来实现的，冲突的解决引导人们向前、向上达到完美的统一体，即"绝对精神"。绝对精神是完美的，是历史过程的顶点和终点，这是一个最终的概念，其中所有的对立都被消解并保留下来。绝对精神不是一个单一片面的概念，而是辩证过程演进的顶点，是代表整体的概念，是一个完美的统一体。

辩证法不仅被黑格尔运用到个人事务上，还被他运用到其他的方方面面。比如，用来研究人的思维和逻辑，用来研究自然和法律，用来研究社会和国家，以及说明历史的来龙去脉等。由于有了这把万能钥匙，黑格尔构建了一个庞大的、几乎无所不包的哲学大体系。

在哲学史上，每个伟大的体系都有其必要的位置，同时也代表了逻辑在发展中的必要阶段。按照黑格尔的辩证法，每个体系都会引发一个对立的体系，这种矛盾会在更高的综合中得到解决调和，而新的综合又会引发新的矛盾，这种辩证过程会一直持续，直到在黑格尔这里达到顶点。

黑格尔认为他的哲学代表的是最后综合，绝对精神在其中觉察到了自身。绝对精神经历了漫长的历史发展，终于认识到了自身存在的内容，也就是黑格尔的哲学。

当然，他的这种爆棚式的自信也有他的理由。1820—1840 年，黑格尔体系是德国的主导哲学，受到普鲁士政府的青睐，在德国几乎每所大学都有代表人物。

黑格尔体系受到众人的追捧，对许多思想家具有特别的吸引力，黑格尔本人也成了许多年轻学子的偶像。在这样一种环境下，黑格尔认为自己的哲学是最后的综合，是最好的，那就不足为怪了。而且，在他之后，就真的再也没有哲学家建造出这样的大体系了，因此，从某种意义上说，黑格尔哲学"真的"就是最后的综合了。

对黑格尔的哲学，人们提出了若干责难和批评。比如批评说"个人在黑格尔的体系中没有一席之地""黑格尔的哲学是集权主义的""黑格尔是保守派""黑格尔的历史观是过分乐观的""黑格尔的哲学没有伦理学的空间"等。对黑格尔最简单的批评，是说他写的东西常常是不清不楚的、晦涩难懂的。当然，最致命的是对"万能钥匙"的批评，也就是对黑格尔辩证法的批评。

人们批评黑格尔所谓的辩证法是胡言乱语，仅仅是经验科学和半逻辑科学的杂烩。黑格尔的辩证法充满了争议，也确实存在问题，辩证逻辑能不能算得上一门真正的逻辑，大家还在辩论中。

黑格尔这位大师去世后，黑格尔学派分为了保守派和自由派，他们围绕神学问题产生了分歧。对于上帝、基督和不朽这些问题，黑格尔没有明确地表达自己的观点，于是他的弟子们就吵成了一团。保守派按照传统的超自然方式来解释黑格尔的体系，而自由派则坚持一种唯灵论的泛神论。自由派弟子中有大名鼎鼎的施特劳斯、鲍威尔和费尔巴哈，后来有些人转向了自然主义。

意志和表象的世界

1788 年，亚瑟·叔本华在德国但泽（今属波兰）出生。他的家境富裕，父亲是银行家，母亲是通俗小说家。由于家庭原因，叔本华进入商业圈，但却发现自己极其厌恶商业生活。于是他就走出账房，进了大学。在哥廷根和柏林，他全身心投入对哲学、自然科学和梵语文学的研究之中。因为懂梵语，所以他也是欧洲较早接触到佛教哲学思想的人。

柏拉图和康德是叔本华最钟爱的哲学家。在柏林，他听过费希特的课，毫无疑问也受到了费希特的影响。在黑格尔声誉正隆的时候，叔本华主动要求担任柏林大学的编外讲师，并在 1820—1831 年，断断续续地进行授课。

作为教师，叔本华是不成功的。他十分怨恨和妒忌黑格尔，形容黑格尔是一个"庸俗、无聊、恶心、令人反感、无知的江湖郎中"，而且鄙视黑格尔对年轻学子思想的支配。为了对抗黑格尔的"嚣张"气焰，叔本华故意把自己的课改到与黑格尔的课同一时间上，结果没有一个人来听他的课，大家都跑去听黑格尔的课。最后叔本华只好停课。当黑格尔以狂风暴雨之势席卷全欧洲时，叔本华只能在一旁孤军奋斗，并且越想越气。为了表达对黑格尔的鄙视和不满，叔本华故意把自己的卷毛狗取名叫"绝对精神"，可见他已经对黑格尔恨到了骨子里。

1831 年，叔本华从柏林大学退休，满怀着对"哲学教授"的怨恨，定居法兰克福，全身心投入沉思和写作中。叔本华的声誉"姗姗来迟"，在生命的最后几年，他终于如愿以偿。1860 年，叔本华去世。

叔本华的主要著作有《作为意志和表象的世界》《论充足理由律的四重根》《伦理学的两个基本问题》等。他是唯意志论的创始人，他的思想深刻地影响了后来的尼采。

叔本华性格乖戾，心胸狭隘。他终身未婚，而且喜欢批评女人，在他的著作里，对女性的态度十分不友好。关于叔本华还有一些逸事，比如把女裁缝推下楼，基本都反映了他这个人的人品问题。不过，虽说如此，但他思想的伟大是不可否定的。叔本华依然是一位大师。

《作为意志和表象的世界》是叔本华最重要的作品，在书中他构建了自己的唯意志论学说。叔本华接受了康德《纯粹理性批判》中的学说，认为经验世界是一个表象的世界，心灵有自身的知觉形式（时间和空间）和认知范畴。

康德的观点是，在认知表象的意义上，我们永远无法知晓脱离理性的世界是什么样的。物自体是伟大的不可知之物，是人类借以将世界知觉为表象的本体。在理智直觉中，我们无法直面自在之物。我们只知道物自体的存在，除此之外别无所知。心灵的形式与范畴都不适用于它。

在这一点上，叔本华与他的偶像发生了分歧。叔本华承认，假如人类仅仅只是一个理智存在者，一个只能向外注视的主体，那么的确，人类除了按照时空范畴以及因果律构造的现象外，根本没有办法认知到物自体。但是，叔本华认为，人类不只是有理智，也并不只是向外注视，还可以向内注视。

我们在意识深处可以直面真实的、实在的、基本的自我。也就是说，我们能够在意识中对自在之物有所了解，自在之物即是"意志"。意志是一种原始活动，它并不需要外因，而且它是非时空性质的。意志通过冲动、本能、努力、向往、渴望等方式来表达自身。叔本华的观点听起来与《奥义书》中的"梵我合一"有些相像，这与他懂梵文也许有些关联。

我们除了通过冥想、体验意识来认识自我之外，还会把自己作为一种客观现象、作为自然界的一个组成部分来认识，并把自身表象为延展的有机体。也就是说，我们用两种方式来认识自我：作为意志的和作为表象的。意志只有一个，在自我意识中，它是作为活动着的意识和思维而出现的；

在理智认知中，它又作为物质性的身体而出现。因此，意志是真实的自我，身体是意志的表现。

叔本华试图用这种二元论思想来解决整个形而上学问题。他将万事万物都与人类做类比，通过这种方式来解释一切事物。世界是意志和表象的，表象之于理智，实际上即表象之于意志。叔本华建立这种唯意志论的世界观，是出于他对现象世界的仔细观察，当然，还有他丰富的想象力和类比能力。

下面，我们看看叔本华是如何解释世间万物的。他的基点当然就是意志，是人类的自我意识：夜深人静时，当我审视自己内心的时候，我将直接与自己的意志照面。当我向外观看时，我会看到自己的身体，感受到作为身体的意志。我的意志将自身客体化为肉体，并通过有生命的机体来展现自身。

在人类中，意志能指挥人类做各种各样的行为，意志能意识到自己。

在无机物的世界，我们发现石头总是直线下落，磁针总是指向北方。这些事件说明，自然界中存在与人类意志相似的力量，也在指挥着无机物"做"出某种行为。当然，让石头下落、磁针指北的力量是重力和电磁力，是自然规律，但这也就是意志的力量。在无机物界，意志表现为盲目的力。

在植物界，我们发现存在各种无意识努力或冲动的迹象。比如：种子想要发芽，破土而出；树木需要阳光，于是就努力生长，并且它也需要水分，就扎根于土壤。

在动物界，意志引领动物生长，也引导它们的一切活动。比如，想要吃掉猎物的野生肉食动物长出了獠牙利爪和强健的肌肉。意志为自身创造了一套符合其需求的有机体，功能先于组织。比如，动物之所以长出角，是因为它们存在顶撞的欲望。生存的意志是生命的基本原则和本能，动物身体所具有的功能是为意志服务的。

在包括人类在内的高等动物中，这种原始冲动是有意识的，意志创造了大脑智力作为自己的器官和工具。意志为自己创造了大脑，智力和意识是大脑的功能，服务于意志。意志是主人，智力只不过是为意志照亮道路的明灯。

在较低的生存层面上，意志是盲目的追求，它漫无目的地活动着，却没有任何意识。但在人类之中，意志是有意识的。人类的智力始终服务于意志，智力只是听命于意志的奴仆。意志控制着人类的知觉、记忆、想象、判断和推理，人类的理性论证总是出自意志的诉求，因此，理性也是意志的奴仆。

当我们仔细观察从人类到无机界矿物质的整个存在序列时，会发现理智和意识逐渐淡化到了背景中，并且慢慢消失，而意志却始终保持唯一、恒定而且持久的因素。在儿童和野人身上，冲动支配着理智。下降到动物王国，我们发现本能越来越缺少意识。在植物中，意志是无意识的。在矿物质或无机物中，已经不存在有意识的理智的任何迹象了。

解释完整个世界，叔本华就可以归纳总结、得出结论了。他指出，这种显现在矿物质和人类中的基本意志，既不是一个人格，也不是上帝，而是一种盲目的无意识力量，以生存为其意向。

意志本身是非时空性的，但却在具有时空性的个体中表现自己。也就是说，在以时空形式存在的个体中，心灵能够知觉到意志的活动。意志是以永恒不变的"类型"来展现自身的，这种永恒不变的类型被柏拉图称为"理型"。

叔本华所处的年代还没有进化论，占据主导地位的思想是物种不变论，即认为物种是不会变化的。因此，根据叔本华的理论，不同种类的有机物种就是永恒不变的类型，物种不会发生变化，生生死死的只是属于某一物种的个体，而意志类型或物种却依然存在着。这些类型形成一个上升阶梯，一个等级序列，从最低级的无机物攀升到人类。个体往来生死，意志却永远存在。所以，作为我们基本组成部分的意志是不朽的。

意志是不朽的，但是意志用来表现自身的特定个体形式是会死的，或是会毁灭的。所以，自杀就意味着毁灭意志的某一个特定表现形式，而不能毁灭意志本身。

一般而言，人们视叔本华的哲学为悲观主义的，悲观主义容易使人感动，而且叔本华具有超群的语言才华，他写东西很少使用术语。他的悲观论哲学很有可能来自佛教哲学的影响。叔本华在佛陀的四圣谛那里获得了一种悲观主义的解释。西方哲学家中系统地关注东方哲学的，叔本华是第一人。

如佛陀一样，叔本华把人生的苦难和生存的空虚作为出发点。他认为，愚蠢的、盲目的和无法满足的生存需要弥漫在万物之中，这便是人类的生存充满着焦虑和痛苦的原因。对人来说，不满和痛苦是基本经验，而欲望是当人暂时不再对生命具有永恒渴望时所产生的幻觉。人的一生都被各种需求驱赶着，一个需求得到满足后就急忙想着满足下一个。当需求得不到满足时，我们会处于匮乏和痛苦的状态；当需求得到满足后，我们又会感到无聊，接着就要寻找新的满足。人生就像一个钟摆，在痛苦和无聊之间来回摆动。

世界上的一切争斗、悲伤和邪恶都来源于生存的意志，世界是无休无止的争斗和战争，这是盲目的意志之间的相互斗争，大鱼吃小鱼，小鱼吃虾米。事实上，这个世界绝对不是一个美好的世界，而是所有可能世界中最糟糕、最邪恶的一个，人类的生活是不值得过的，因为其中充满了痛苦。

人生之所以充满痛苦和悲伤，原因就在于人类意志的本性。因此，如果想要摆脱生命的苦难，就只能否定生命意志。

叔本华和佛陀的解决方案处在同一方向上，他想要将生命意志平息下来，这样一来，从此就不会再有任何行动的动机。叔本华将那种最后救赎的、一切欲望都鸦雀无声的、心灵安宁的状态称为"涅槃"。

叔本华对四圣谛的介绍可能过分悲观了，毕竟他是第一个接触佛教哲学的西方思想家，算是第一个"吃螃蟹"的人，对佛教的理解也就很可能并不十分准确和深刻。

重估一切价值

弗雷德里希·尼采于1844年出生于德国洛肯镇，是一位新教牧师的儿子。尼采早年在莱比锡大学和波恩大学学习，获博士学位，并于1869年被聘为瑞士巴塞尔大学的文献学教授。在普法战争中服了短暂的兵役后，尼采的健康状况糟糕透顶。德国伟大的作曲家和剧作家瓦格纳是尼采的偶像，有一段时期，他俩成为朋友，但后来关系决裂了。

青年时期的尼采极其崇拜叔本华，并在其影响下发现了古希腊人中"悲剧的诞生"的线索。同时他也深受达尔文的影响。

1879 年，尼采因健康状况不佳辞去大学教职。此后十年间，他极其孤独地生活在意大利和瑞士等地。然而他离群索居的这十年，也是他的作品最多产的十年。在经济条件和身体条件都很糟糕的情况下，他的许多哲学著作以惊人的速度面世。

尼采的著作大都没有引起公众的注意。他常常悲叹自己的伟大不能被同时代的人理解，并且倾尽全力宣传自己。尼采就是一个"标题党"，在书中常用"我为何如此聪明""我为何如此充满智慧"及"我为何能写出这么好的书"作为章节标题。

自 1888 年布兰德斯在哥本哈根大学开设尼采讲座后，尼采的名声就像野火一样迅速传播，人们对他的哲学产生了很大的兴趣，后来的许多思想家也都受惠于尼采。不过，尼采自己并不知晓这一切，因为在 1889 年 1 月，尼采在意大利都灵看到一位车夫正在鞭打一匹马，便上前抱住马脖子，想要保护它，并且痛哭到当场昏倒。尼采的精神彻底崩溃了，直到 1900 年去世，他都一直处于精神失常状态。

尼采的精神崩溃也许是因为他郁郁不得志，以及爱情上的失败，抑或由于患病而经常使用镇静剂所致。莎乐美也许是尼采唯一爱过的女人，不过他们并没有真正谈恋爱，莎乐美的拒绝让尼采终身未婚。

尼采死后留下了一些没有来得及发表的手稿和笔记。他的妹妹是一位反犹主义者，后来成为一名纳粹党人。作为尼采的遗稿管理人，她通过伪造哥哥的作品，来反映她自己的观点。等到希特勒统治时期，她将这些遗稿公之于众，让它们成为纳粹统治的理论工具。于是，尼采便不明不白地背了一个大黑锅。

当代一致公认尼采是德国最好的散文作家。他的哲学著作都是用散文体和格言式写成的，阅读他的任何一部著作都是在领略天才的思想与疯子的狂语。尼采的著作很多，比如《悲剧的诞生》《人性的，太人性的》《善恶的彼岸》《快乐的科学》等。但是，他最重要的一部书，也是他思想的核心，是《查拉图斯特拉如是说》。尼采的最后一部书是在他死后由他的妹妹整理出版的，书名就叫《权力意志：重估一切价值的尝试》。

尼采哲学的精神用一个词语来形容，那就是：无畏。

在达尔文对上帝老爷子捅了一刀之后，尼采又冲上来补刀。尼采宣布了他的惊人发现："上帝死了！"

19世纪80年代是一个乐观、进步、发展的年代。在这种背景下，尼采宣布"上帝死了"，宣称信奉基督教上帝是毫无价值的。这就给乐观氛围下的欧洲投下了一道阴影。在尼采看来，这一信息要经过几个世纪才能被欧洲人接受，但到那个时候，所有传统价值都不再拥有约束力，虚无主义将变成事实。

从前，哲学家们一直认为历史和世界是有意义的，人们认为存在着一个由上帝确定的世界秩序，世界不是盲目和偶然的。但是尼采认为，这种观念并不是一种真实图景。他指出，人类所创造的那些哲学和宗教的世界观，只是一种对世界持续的"伪造"，本质上是虚构的，并不是对世界的真实描述。这些世界观反映的是人类逃避混沌和无序的心理需要，为的是使人类能安心地生存于世。

尼采认为，世界其实是混沌的，本质上是混乱无序的，是一场命运的游戏。人们只不过是强行为混沌的世界添加了秩序，人们理解世界的体系是哲学家们创造的，这些体系的建构并不是依据逻辑，反而更像是一种艺术创造。哲学体系和世界观只是一些虚构的故事，为的是给我们安全感。但是久而久之，人类似乎忘记了这些是虚构的，而渐渐把它们理解成世界自身的真实图景。

因为上帝不再具有权威，失去了价值，所以人们就开始寻求其他的指路明灯，例如直言命令、黑格尔的理性、历史与目标等。他们希望这些东西能替代上帝的权威，使自己重新获得安全感。实际上，世界上并没有外在的或者内在的道德权威，当我们抛弃了那些虚构的故事时，价值虚无感就会击中我们，世界就显得毫无价值。

因此，尼采把虚无主义理解为一种彻底幻灭的世界观。尼采认为，"上帝死了"这句口号可以唤醒人们，让人们重新认识这个世界，以新的态度去面对这个"无目的"的世界。在基督教传统中，道德和真理源自上帝，假如上帝死了，道德和真理的基础就不存在了。没有什么是真实的，"一切都是被允许的"。

不过，虚无主义只是尼采对现状的一个判断，而并不是他的最终结论。尼采著作中的主角查拉图斯特拉，旨在超越上帝，克服虚无主义和存在论上的虚空。

尼采的道德哲学主要表现为一种对道德现象做出心理学方面的解释，不过，他没有过多谈论用什么来代替已经毁灭的道德，以及新道德可能性的根据。

弗洛伊德曾说："尼采以一种让人吃惊的方式与精神分析的艰辛成果相符合。"

在《善恶的彼岸》一书中，尼采宣布自己发现了两种基本的道德类型，即"主人道德"和"奴隶道德"。在主人道德中，"好"等于高贵的、突出的、宽宏大量的，"坏"等于可鄙的、懦弱的。在奴隶道德中，对好或坏的判定标准是为了服务于弱者，比如，谦卑、同情、怜悯等品性被抬高到美德的地位，而内心强大和人格独立的个体却被认为是危险的、邪恶的。

主人道德和奴隶道德是对立的，在一方看来是善的东西，在另一方看来就是恶的。主人道德是强者的道德，基于力量和自我肯定；奴隶道德是弱者的道德，基础是虚弱和顺从。尼采发现，西方世界的普遍价值来源于奴隶道德，也就是来自基督教，基督教是主人道德最有力的破坏者。

在尼采看来，基督徒之所以赞美虚弱、谦卑及逆来顺受等品性，并不是因为他们喜欢这些品性，而是出于一种怨恨。这是一种隐秘的怨恨，针对的是力量、生命的骄傲和自我肯定。基督教宣扬温顺、宽容、忍耐与慈爱，这只不过是一种经过伪装的、无能的怨恨。虽然基督徒在梦想着天堂，但他们却不敢有所作为，只是被动地盼望上帝的拯救。

尼采认为，基督教的信徒们聚集在一起，这些"奴隶"是一群平庸之辈，单凭个人能力不足以打败强大的主人，只能依靠数量取胜。最终，他们推翻了"主人"的道德，并用怨恨取代高贵的品德。基督教把一群高尚完美的人或赶跑，或罚入地狱，将世界留给那些懦弱的、无能的残缺之徒，这些人就如同一群听话的羔羊那般。于是，自信就变成了"傲慢"，无力还击变成了"宽容"，"谦逊"替代了该有的骄傲，有益的竞争则让位给了"博爱"，道德时代开始了。

实际上，道德不是用来约束"个人"的，而是用于"平庸大众"的。因为，高贵和强大的人并不需要外在规则和惩罚来加以约束，弱者赢了，他们迫使强者接受了他们的奴隶道德准则，于是，当强者不再能向外界表现其进取心时，就只能转入内心的追求。

尼采因为对基督教毫不留情和极尽刻薄的攻击而被人视为"反基督者"。根据启示录，这种人在末日审判时是要下地狱接受永火的。但尼采不害怕，他对上帝和基督教的排斥，其实是对道德化的本体论，或本体论化的道德的排斥。基督教的观点认为，不朽的存在就是善，超越感性的存在进而转向神圣的理念就是人类的道德目标。尼采特别反对这样的观点。

批判完基督教和奴隶道德，接下来怎么办呢？尼采在他的巨著《查拉图斯特拉如是说》一书中提出了他的"超人"理论。这个超人可不是指美国 DC 漫画中来自氪星的超级英雄，而是指对人类的超越。"超人是大地之目的"，人类必须被超越。

尼采的很多思想是以"权力意志"为中心的。他认为，人类的行为可以归纳为单一的基本冲动，即权力意志（又译作强力意志）。它表现为一种追求知识的意志，一种引导我们组织混沌、把握和改变我们环境的本能。从某种意义上说，这种权力指的是征服自己的权力，而不是征服他人的权力。权力意志还是对存在的一种塑造力量，也是一种追求未来的意志。

换句话说，只有在非常特殊的贫乏环境中，生命的价值才会被高度重视，仿佛活着就是人的终极目的。但是，人们不应该如此不思进取，不能仅仅为了活着而活着，人类所渴望的不仅是对存在状态的保持，而且是对存在的加强，也就是获得更大的权力。在竞争中获胜，征服人心的能力，艺术创造力，以及哲学家、科学家对宇宙的理智征服都是这种权力的例证。这与快乐原则是明显不同的，人们最终的欲求不是快乐，而是权力和超越。

因此，只有低层次的人类才追求感官的快乐。从事创造性的活动，并从中表现出自身的权力，才是人类终极的幸福，也是所有人都渴望的。但是，追求这种幸福需要一种高度的自律，因为只要我们依然被动物性欲望所支配，就无法超越低级需要，也无法拥有伟大的权力。

如果能升华自身的冲动，并将这种冲动用于创造性活动，人类就能超越禽兽，获得独属于人类的尊严。那些达到这种状态的人就是"超人"。尼采认为，超人确实在过去的历史中偶有出现，比如歌德就是一位。

超人的优越性并非出于种族的优越，在各种不同的文化中，都可以找到这样的人物。所以，后来纳粹用尼采的"超人"学说来为自己的种族主义服务，认为雅利安人是世界上最优越的人种，这明显是对尼采思想的一种曲解。

在这个混沌的世界上，超人不但可以坦然面对周围的环境，还能依靠自身的权力意志在混沌的环境中增加秩序。超人就是一个强者，一个创造者。

与超人的概念相关联，尼采又发展出"永恒轮回"学说。他第一次在《快乐的科学》一书里谈到了永恒轮回："假如某一天或某个夜晚，一个恶魔闯入你最深的孤寂中，并对你说：'你现在和过去的生活，你将再过一遍，并且会无限次地再次经历它，且毫无新意。你的生活中的每种痛苦、欢乐、思想、叹息，以及一切无可言说、或大或小的事情皆会在你身上重现，会以同样的顺序重现，同样会出现此刻树丛中的蜘蛛和月光，同样会出现在这样的时刻和我自己。存在的永恒沙漏将不停地转动，你和它一样，只不过是一粒尘土罢了！'"

尼采写道："你听了这恶魔的话，是否会瘫倒在地？是否会咬牙切齿地诅咒这个口出狂言的恶魔呢？或者，你在以前曾经历过这样的伟大时刻，那时你这样回答恶魔：'神明，我从未听见过比这更神圣的话呢！'倘若这思想压倒了你，恶魔就会改变你，说不定会把你碾得粉碎。'你是否还想再来一遍，并无数次地再来一遍？'这一所有人的问题，这一万物的问题，作为最重的担子置放在你们的行为中！或者，你无论对自己还是对人生，均愿安于现状，放弃追求比这最终的永恒更为热烈的东西？"

尼采首先是从毕达哥拉斯主义者那里遇到这个概念的，然后他总结说这是纯粹逻辑推理的结论。假设宇宙已经存在了无限长的时间，而宇宙是由有限数量的原子和有限的能量组成的，那么，作为一个事件来说，它只可能存在着有限数量的不同组合方式。因此，在一个无限长的时间里，相同的事件组合就无可避免地会产生永恒轮回。

永恒轮回剥夺了历史的全部目标或目的，但是对于超人来说，这并不可怕。超人充满欢愉地肯定自己生命的每时每刻，肯定自己在生活中的创造。只有那些人生缺乏目标的人，和那些根本就不知满足的人，才会需要一种对于宇宙目标的信仰，而超人不需要外界赋予目标。

尼采与彼岸信仰者势不两立。尼采认为，万事万物永恒轮回，就把我们从那种许诺未来幸福和快乐的宗教传统观念中解放出来。永恒轮回意味着永恒和无限只能在今生发现，今生就是你的永生！彼岸并不存在，只有此岸的轮回，而超人无惧轮回之苦，反而热烈地欢迎永恒轮回。

在尼采看来，基督教是西方形而上学的庸俗化，是一种大众化的柏拉图主义。毕竟，基督教神学与新柏拉图主义的关系太密切了。在基督教和西方形而上学思想中，存在着否定现世生命价值的倾向，贬低感性的、尘世的东西，称它们是虚假的；并认为尘世是悲惨的，幸福和永恒都在彼岸。其实，尼采的所有思想都是为了颠覆这种价值观点。因此，他把自己的思想看作一种颠倒了的柏拉图主义，或者说是"对一切价值的重估"！

第十六章　共产主义运动

马克思主义

卡尔·马克思（1818—1883）是一位犹太裔德国律师的儿子。作为一名研究古典希腊唯物主义的学生，马克思撰写了论德谟克利特和伊壁鸠鲁方面的博士论文。他受到当时黑格尔左派的很大影响，当过报社记者，后来又去了巴黎，与那里的法国社会主义者接触过。在法国，他遇见了一生的挚友弗雷德里希·恩格斯，并开始了密切的合作。

通过恩格斯，马克思了解了英国的经济学理论及英国的经济社会状况。马克思后来到了伦敦，并在那里度过了他的余生，写出了最重要的著作《资本论》。他一生都处于经济困难之中，是因为恩格斯的无私资助才得以生活。

马克思不满足于仅仅诠释世界，他还要改变世界。他曾经指出："以往的哲学家们只是以不同的方式来解释世界，而问题在于改变世界。"换句话说，马克思把政治理论看作政治活动的一部分。政治理论并不只是对真理的沉思，其本身就是在支持或反对社会变化的政治斗争中的一种行动。

马克思不仅仅是一个纯哲学家，他还研究历史学、社会学和经济学。作为一名黑格尔主义者，他不愿意特意分化出一种纯粹的哲学理论，因为经济学、社会学、历史学和哲学是相互联系的。

马克思经常被说成是黑格尔哲学的传播者，但是他与黑格尔是有很大区别的。对黑格尔来说，世界是历史过程，思想和观念的发展在其中具有根本地位。然而，马克思只是保留了黑格尔把世界看作一个辩证历史过程的观点，他声称物质生活的发展才是根本性的。

也就是说，黑格尔是唯心主义者，而马克思是唯物主义者。马克思采纳了黑格尔的辩证法，并且把辩证法与唯物主义结合起来，这就形成了一个新的观点，即唯物辩证法，或称"辩证唯物主义"，它是马克思主义的核心思想。

辩证唯物主义的基本观点主要有物质决定意识、对立统一规律、质量互变规律和否定之否定规律。

物质决定意识，说的是唯物论的立场，物质是第一性的，意识是第二性的。对立统一规律说的是事物的矛盾规律，这也是来自黑格尔的辩证法。事物都是一分为二的，矛盾双方既统一又对立，促使事物不断由低级向高级发展。对立统一规律是物质世界不断运动、变化和发展的根本规律。质量互变规律，说的是量变导致质变。量变是事物数量上的增减变化，当这种变化超过一定的限度，就会引起事物发生根本性质的变化，发生一种突变和飞跃。否定之否定规律，说的是螺旋式上升法则，是一种由正题、反题、合题到新的正题、反题、合题的变化过程。

"异化"是马克思主义哲学的一个重要概念，大概意思是说，人类在某种条件下异于自身的各个部分，也就是人类受到了来自自己创造物的压迫。打个比方：人类创造了机器人，结果机器人反过来压迫统治人类；人类发明了智能手机，结果人类的生活反过来受到了手机的压迫，人人都离不开手机，被手机控制了；人类驯服了小麦，实际上从另一个角度说，也是小麦驯服了人类，由于人类的帮助，小麦成为世界上最成功的物种之一，这也叫作"互驯"。

这个理论是马克思在其早期著作中提出来的，那时他还受到黑格尔的强烈影响。他从费尔巴哈的宗教批判思想那里得到启发，进而提出自己的观点。

马克思的唯物主义版本是这样的：宗教异化来自政治异化和社会异化，社会异化又以经济异化为基础。从这个意义上说，经济因素比精神因素更重要。马克思赞同人类在宗教方面处于异化的观点，但这种异化只是资本主义社会中总的异化的一个方面。

劳动在资本主义社会创造了异化，自然界被人类劳动改造了，而人类也越来越受到他们劳动产物的影响。在资本主义社会，自然界已经受到很大的改造，人们周围遍布着工厂和城市。但与此同时，在资本家和无产者之间，在人类和他们的劳动产物之间，出现了尖锐的分裂。

人类不再是他们自己劳动产物的主人，这种产物作为一种独立的力量站在他们面前，迫使他们为它工作。资本家必须投资、竞争，而工人则挣扎在生存线上。机器决定了人类的命运，而不是反之。

这代表了马克思的一种情感，他对他那个时代资本主义社会中的人性堕落感到极度愤怒。想想看，在19世纪的资本主义工业社会，工人们没日没夜地在工厂里工作，一天工作十几个小时，枯燥乏味，而且工作环境危险。工人的生活处在最低水平线上，又没有保障，简直连牛马都不如，而且童工盛行。相反，资本家却贪得无厌，唯利是图，根本不顾劳工的死活，工人在资本家眼里只不过是一头会说话的牛。

这就是马克思所处时代的社会现实，在这么丑陋的现实面前，相信每个有良知的人都希望彻底改变这个社会。因此，马克思才提出革命的主张，他的哲学也是革命的哲学，要打碎旧世界，建立新世界。

马克思认为，在资本主义社会，异化对资本家和劳动者两者都有影响，两者都是经济系统的奴隶。这是一种堕落，不仅包括劳动者的经济贫困化，而且是总体上的人性堕落。人类受制于外部力量，受制于物化和工作压力，人们必须像一台自动机器一样工作，受到他们自己创造出来的力量的控制。

资本主义社会的这种异化，凭借自身的能力是无法解决的，只能通过工人们发起革命来废除，然后人类才可以获得对经济的控制，实现自我价值。马克思认为，历史不是向前平稳运动的，革命可以推动历史发生质的飞跃。变革导致的是一个更高秩序的合题，因此，无产阶级革命会因为资本主义的危机而出现，然后资本主义将会被社会主义所取代。

马克思主义哲学的另一个重要部分是历史唯物主义，大致意思是说"经济因素是历史过程的动力"。马克思认为，社会形态的发展是一个不以人的意志为转移的自然历史过程，其中，经济因素的作用是决定性的。人类社会由原始社会到奴隶社会，再到封建社会和资本主义社会，最后到共产主义社会，从一个阶段到下一个阶段的过渡都代表了一种质的飞跃。这种质的飞跃是当经济发展到某个饱和状态时必然要发生的，这个过程是辩证的，其体现为一个阶段被另一个更高级的阶段"否定"和"扬弃"。

具有根本意义的是经济和物质因素，而不是精神因素，这就是唯物主义立场，把这个立场加到历史上，就成了历史唯物主义。马克思认为，我们的思想是经济和物质条件的反映，经济和物质因素因此被称为"基础"，而诸如宗教、哲学、道德、文学、艺术等文化现象则被称为"上层建筑"。历史唯物主义认为，经济基础决定上层建筑。

历史唯物主义的一种极端形式，常常被人诟病为"经济决定论"。"经济决定论"的意思是，历史过程和人类思想都是由经济基础决定的。也就是说，人类的思考并非自由的，而是被经济基础暗中决定了的，思想是不可能影响事件的。当然，这种极端形式的经济决定论是站不住脚的。

实际上，马克思并不是一位经济决定论者，即使或许他表达得不够清楚。马克思认为，经济和思想是彼此影响的，但经济因素的作用是决定性的。不过这个诠释依然是意义不清的，既然所有的因素都在起作用，那么说经济因素是"决定性的"或"优先性的"到底是什么意思？

或许我们可以把它诠释为一条方法论规则，即对历史"寻找经济方面的说明"，或者"在社会历史总体中对经济条件给予特别的重视"。这是一个视角问题，以往人们在考察问题时通常考虑的是政治、宗教、文化、思想等因素，忽视了经济基础的作用，而马克思则是要提醒人们，不要忘记经济因素。

对于经济基础，马克思区分了生产力、生产关系和自然条件三个方面，提出生产力决定生产关系。根据马克思的观点，经济是历史中的决定性推动力量，真正的推动力量是生产力。

生产力和生产关系两者处于一种紧张关系状态。当生产关系适应生产力的发展时，生产关系就能促进生产力的发展。当生产力发展到了一个新的阶段，生产关系就不再适应了，也就是跟不上步伐了，并且还会阻碍生产力的发展。这时就要求有一个新的生产关系来解决冲突，以再次适应生产力的发展。于是，社会就是这么发展的。

值得一提的是，马克思认为历史的发展是不以人的意志为转移的，但却是可以预测的。这个观点也引来了别人的批评。历史唯物主义虽然不是经济决定论，但却摇身一变成了历史决定论。英国哲学家波普尔就专门写了一本书批评历史决定论，书名叫作《历史决定论的贫困》。

对于古典自由主义经济学，马克思是反对的，认为他们并没有正确地把握经济在社会和历史中是如何运作的。他提出了"剩余价值"理论，并指出这就是资本家剥削的秘密。

在劳动和劳动力之间进行区别，被马克思本人认为是他在理论上最重要的贡献之一。劳动力是一种具有价值的商品，这种价值就是劳动力所生产出的商品的价值。对劳动力的使用是劳动，它创造出了价值。

在定义一件商品的时候，可以一部分用"使用价值"定义，另一部分用"交换价值"来定义。在市场上，真正起作用的是交换价值。在资本主义社会，从原则上来说，包括劳动力在内的所有东西都属于商品。工人把他们的劳动力卖给雇主，价格就是工资。

商品在市场上交换，价值会发生增长。一件商品的购买、出售和最后使用，对整个经济系统来说会导致一种价值的增长。而价值的创造是通过劳动发生的，所以劳动力这个商品在市场经济中具有重要地位。

当生产成本被支付之后，工人们得到了他们的工资，而剩下的则体现了工人的那部分没有被支付的劳动，也就是剩余价值。这种剩余价值以利润的形式流到了资本家那里，而利润的一部分又必须用于投资，也就是说，它成了资本。根据马克思的观点，既然剩余价值作为没有被支付的劳动流到了资本家那里，而资本家自己并没有亲自创造出这个价值，所以不管工人的生活标准如何，他们都永远处在资本主义的剥削中。资本主义制度就是建立在对剩余价值的获取之上的。

从20世纪20年代开始，在西方资本主义国家中，有一些知识分子对马克思主义进行了重新诠释，逐渐形成了一个被称作"西方马克思主义"的学派，比如较为有名气的马尔库塞，就是一位西方马克思主义者。这个学派又有许多分支，比如法兰克福学派、存在主义的马克思主义、结构主义的马克思主义、新实证主义的马克思主义、后现代马克思主义等。

西方马克思主义的各种流派和学者都致力于批判发达的工业文明，并建立批判理论的哲学基础。他们用各种西方的社会思潮对马克思主义进行解释、补充及重建。在这个过程中，西方马克思主义逐渐演变为具有国际性影响的非正统马克思主义与非马克思主义结合的社会思潮。

恩格斯和列宁

恩格斯在 19 世纪 40 年代初遇见马克思，他们都是德国人，后来又都居住在英国。恩格斯和马克思一见如故，惺惺相惜，并开始了密切的合作。两个人一起撰写了一些重要著作，比如《德意志意识形态》和《共产党宣言》。

在马克思去世后，恩格斯出版了《资本论》的第二卷和第三卷。恩格斯并不只是马克思的跟班，他自己也独立撰写了一些重要著作，其中有关于自然哲学和家庭的论著，所以恩格斯也被共产主义者列为无产阶级革命导师之一。

作为马克思最亲密的战友，恩格斯走上革命之路发端于他对英国资本主义的实地考察。早在德国期间，恩格斯就发表文章抨击普鲁士政府的专制统治，到了英国后，他写出了《政治经济学批判大纲》一书，这时他已经形成"物质生产和经济关系是社会生活的基础"这一概念。

1844 年秋，恩格斯根据深入的考察和丰富的资料，写了《英国工人阶级状况》一书，这是一部重量级作品。他具体分析了产业革命后英国资本主义发展及工人的贫困状况。与空想社会主义者仅仅把工人看作苦难深重的人的观点不同，恩格斯把工人看作一个独立的阶级，并认为这个"有自己的利益和原则、有自己的世界观"的无产阶级将最终打碎资本奴役的锁链。

在恩格斯的自然哲学中，他设法表明，自然界也是辩证的，而不仅仅是马克思所说的在社会和历史之中。于是，恩格斯的理论被称为"自然辩证法"。

在《家庭、私有制和国家的起源》一书中，恩格斯运用当时的人类学文献设法表明：家庭，尤其是妇女的地位，反映了由生产方式发展所决定的历史发展。这是马克思主义的观点，因为恩格斯是从经济角度对家庭发展进行描述的。

随着贸易和货币交易的增加，人类社会发生了一场重要的变化，从基于血缘关系和物物交换经济的社会向着产业的阶级社会过渡。这不仅改变了国家和经济剥削的阶级性质，而且也改变了家庭关系和代际关系。恩格斯想要说明的是，这种变化也导致了父权制家庭和"女性的具有世界历史意义的失败"，也就是说，社会对妇女的压迫和剥削强化了。

在恩格斯那个时代，在一个中产阶级家庭中，一般来说是丈夫挣钱，妻子在家做家务。恩格斯指出，这种男主外、女主内的模式，就意味着妇女在经济上依赖于男人，因此从属于男人。

作为对比，恩格斯在书中提供了两幅图景。一幅来自过去，是基于古代母权社会的图景；另一幅指向未来，是美好的共产主义社会的图景。他认为，到了共产主义社会，妇女将不再对丈夫有经济上的依赖，国家将承担孩子的经济责任，妇女也将得到自由。

列宁（1870—1924），原名弗拉基米尔·伊里奇·乌里扬诺夫，是著名的马克思主义者、无产阶级革命家、思想家、政治家、理论家。他是俄罗斯苏维埃联邦社会主义共和国（即世界上第一个社会主义国家）和苏维埃社会主义共和国联盟的主要缔造者，也是布尔什维克党的创始人。

在第一次世界大战接近尾声时，列宁领导了十月革命，成功推翻了沙皇在俄国的统治。社会主义第一次从理论变成了现实，从此，共产主义运动的发展就越来越快了。

列宁是他的化名。他继承了马克思主义，并将其与俄国革命相结合，形成了列宁主义。"列宁主义"一词最早出现在 1903 年俄国社会民主工党第二次代表大会后。1924 年，斯大林在《论列宁主义基础》一书中系统地论述了列宁主义，并把它定义为"帝国主义和无产阶级革命时代的马克思主义"。列宁主义作为一个思想体系，是对马克思主义基本理论的修订和补充，它是列宁在俄国革命实践的基础上提出来的。

列宁不仅领导了十月革命，而且阐发了马克思主义关于从资本主义向无产阶级的共产主义社会过渡的理论。关于这个过渡，马克思本人说得很谨慎。

为什么无产阶级革命会发生在工业落后的俄国，而不是西方更发达的资本主义国家，这个问题列宁必须要说明。因为根据马克思主义，革命会在最发达的资本主义国家自动发生。列宁指出，资本主义是一个国际性的现象，工业化的资本主义国家和生产原料的殖民地是国际资本主义这同一枚硬币的两面。他认为，在国际上，资本主义已经发展到极限了，成为"帝国主义"，这反而使得无产阶级革命难以发生。因此，革命始于资本主义比较薄弱的地方，比如俄国，而不是在强大的资本主义国家，比如德国和英国。这种关于"帝国主义"的理论，是对历史阶段理论的一种修正。

列宁在《帝国主义是资本主义的最高阶段》等著作中指出，帝国主义是资本主义的特殊历史阶段，其特点分为三个方面：它是垄断的资本主义，是腐朽的、垂死的资本主义；帝国主义的实质和根本经济特征是垄断代替自由竞争；帝国主义这一特征是其他特征形成的基础。

在深入研究帝国主义的基础上，列宁提出一个重要观点：资本主义的发展在各国是极不平衡的。由此他推出一个结论：社会主义可能首先在少数甚至单独一个国家内获得胜利。十月革命的胜利，证实了列宁的推论。

与马克思主义的其他流派相比，列宁主义的最大特点是"无产阶级专政"的理论。19世纪末20世纪初，在"如何取得政权"和"无产阶级政权如何治理国家"这两个问题上，国际共产主义运动内部产生了重大分歧，从而分裂成两派。

以考茨基为代表的一派认为，无产阶级政党应当致力于合法斗争，即在资产阶级议会中进行议会斗争，通过合法的途径取得政权，之后所谓的民主制度还可以保留下来。而以列宁为代表的另一派则认为，无产阶级政党如果采取所谓的合法斗争，肯定会导致修正主义。在帝国主义阶段，无产阶级要想获取政权，唯一途径就是暴力革命。在成功获取政权之后，应该实行无产阶级专政，不应该保留资产阶级的民主制度。

在新的历史条件下，列宁对马克思主义的发展所做的贡献是多方面的。

构成列宁主义的核心内容主要有六个方面，即帝国主义理论、无产阶级革命理论、民族殖民地问题理论、无产阶级专政理论、建设社会主义的理论、新型无产阶级政党的理论。由于列宁的突出贡献，我们也把列宁主义与马克思主义合称为"马列主义"。

简单来讲，列宁主义的基本原则是：由经济基础决定的阶级是社会人群最重要的区别，资产阶级与无产阶级是对立关系，两者的矛盾不可调和。工人阶级要以暴力手段推翻资产阶级的政权，建立无产阶级政权，并实行集权式的公有制。

全世界无产者联合起来

国际共产主义运动，简称"国际共运"，指的是在世界各国开展的共产主义运动。这一运动以推翻资本主义社会，建立社会主义国家，进而实现共产主义为宗旨。

1847年6月2日，世界上第一个无产阶级政党"共产主义者同盟"建立。此后，国际共产主义运动从理论走向实践，由理想变成现实，由一国胜利到多国胜利，经过了极其艰难曲折的过程。

共产主义作为一种学说，借鉴了早期基督教思想家的某些思想。人类总是希望能在大地上建立起天堂，"按劳分配""按需分配"这些概念或多或少来源于人类对公正平等的渴望。马克思创立了历史唯物主义与唯物辩证法，对共产主义学说作出了自己的贡献。

共产主义学说最早发端于空想，被称为空想社会主义或空想共产主义。16世纪的英国人托马斯·莫尔所著的《乌托邦》，是最早明确阐述空想社会主义思想的一部书。1623年，康帕内拉出版了《太阳城》，他也成为早期空想社会主义的一位杰出代表。

到了18世纪，空想社会主义进入发展的第二个阶段，以法国的空想共产主义为代表，主要的代表人物是让·梅叶、摩莱里和马布利。

到19世纪早期，空想社会主义进入发展的第三阶段。该学说此时日益成熟，最杰出的三位代表是圣西门、傅里叶和欧文。

19 世纪的三四十年代，英国、法国、德国等国的无产阶级开展了独立的政治活动，反抗资本家的压迫，主要表现是发生了著名的三大工人运动，即法国里昂丝织工人两次起义、英国宪章运动、德国西里西亚纺织工人起义。与以往相比，三大工人运动具有一些新的特点，其表明了无产阶级作为一支独立的政治力量开始登上历史舞台。马克思与恩格斯从工人运动的丰富斗争经验中获取了宝贵材料，为理论研究提供了依据。

1847 年 11 月，共产主义者同盟委托马克思和恩格斯起草一个周详的纲领。1848 年 2 月，《共产党宣言》在伦敦第一次以单行本形式出版。《共产党宣言》第一次对社会主义理论进行了全面而系统的阐述，指出共产主义运动已经成为不可抗拒的历史潮流。

《共产党宣言》公开宣布，必须用革命的暴力推翻资产阶级政权，建立起无产阶级的政治统治，阐述了用无产阶级专政取代资产阶级专政的思想。最后，《共产党宣言》庄严宣告："无产者在这个革命中失去的只是锁链，他们获得的将是整个世界！"并发起了战斗号召："全世界无产者，联合起来！"《共产党宣言》是国际共产主义运动的第一个纲领性文献，是马克思主义正式诞生的重要标志。

在 1848 年的欧洲革命中，马克思回到德国莱茵州，当革命被扑灭以后，马克思前往伦敦，并在那里度过他的余生。在 1848 年革命中，欧洲无产阶级虽然没有取得什么实际的社会成果，但是这场革命风暴扫除了一些陈腐的社会主义流派。欧洲各国革命相继失败后，出现了一个 10 多年的低潮期，工人运动和民主运动都陷入了低潮。

19 世纪 50 年代末 60 年代初，欧洲工人运动重新活跃起来。马克思密切关注各国的民主运动，参加了许多活动，积极发表言论，促进了各国工人的国际团结。此时，马克思在欧洲工人中已经享有很高的声望。

正当国际共产主义运动中革命派和修正主义思潮在欧洲展开激烈斗争之际，一种新的革命思潮——布尔什维主义在俄国兴起。俄国尽管当时很落后，但也进入了垄断资本主义阶段。在沙皇专制统治之下，俄国的无产阶级既要反对沙皇统治，又要反对资本主义剥削制度，任务十分艰巨。在特殊国情和艰巨任务的刺激下，就诞生了具有鲜明风格和思想特色的布尔什维主义，该主义提倡顽强的拼搏精神，也表现出高昂的战斗姿态。

1903 年俄国社会民主工党第二次代表大会上，拥护列宁的党派被称为"布尔什维克"，意为多数派，与之相对的是"孟什维克"，意为少数派。

1917 年 11 月，在第一次世界大战接近尾声时，俄国爆发了十月革命，这是震撼世界的历史事件。在以列宁为首的布尔什维克领导下，无产阶级推翻了资产阶级的统治，实行无产阶级专政，成功地建立起世界上第一个社会主义国家。

十月革命的胜利，为当时各国的无产阶级树立了榜样。1922 年 12 月 30 日，由俄罗斯苏维埃联邦社会主义共和国、白俄罗斯苏维埃社会主义共和国、乌克兰苏维埃社会主义共和国、外高加索苏维埃社会主义联邦共和国合并而成的社会主义联邦制国家——苏维埃社会主义共和国联盟成立，简称"苏联"。苏联的建立是一个历史大事件，此后苏联成为诸多社会主义国家中的"老大哥"。

国际共产主义运动的发展，可以用"三个国际"作为粗略的历史阶段划分。

第一国际，是指 1864 年建立的国际工人联合组织，即国际工人协会，马克思是创始人之一和实际上的领袖。它形成于 19 世纪 50 年代末 60 年代初欧洲工人运动与民主运动再次高涨的局势下。马克思和恩格斯通过第一国际把社会主义思想传播到各国工人中去，巴黎公社的主要领导人中也有第一国际会员。1871 年，巴黎公社失败，随后，第一国际于 1876 年宣布解散。从那时开始，马克思集中注意力做经济分析和学术思考，而不再积极介入政治。

第二国际，是指 1889—1914 年各国社会主义政党的国际联合组织。其名称是相对于第一国际而言的。在第二国际前期活动期间，因为没有对改良主义派进行有效遏制，导致这种思想影响力逐渐壮大，最终发展为从理论上系统修改马克思主义的修正主义派。在第二国际内部，因认识的分歧而形成了三个派别。第一次世界大战后，于 1919 年恢复活动的第二国际彻底蜕变为改良主义的拥护者，并与主张革命的第三国际相对抗。

第三国际，即共产国际，是全世界共产党与共产主义组织的国际联合组织。第一次世界大战爆发后，第二国际濒临破产，列宁做出了一系列努力，为团结各国革命左派和建立共产国际做出贡献。十月革命的胜利、各国革命运动的发展，以及各国共产党的建立，为第三国际的建立奠定了坚实的基础。

1919 年 3 月 2 日，国际共产主义代表大会在莫斯科召开。这次大会有 30 个国家的工人政党和组织代表参加，通过了列宁起草的《共产国际宣言》《共产国际行动纲领》及《关于资产阶级民主和无产阶级专政的提纲》，标志着第三国际宣告建立。第三国际的总部设在莫斯科，所有参加第三国际的各国共产党都是它的支部。此后，随着运动的逐渐发展，原有的组织形式已经无法满足快速发展的局势要求。1943 年 5 月，第三国际征得各国共产党同意，宣告解散。

第十七章　自然选择的秘密

达尔文进化论

查尔斯·罗伯特·达尔文（1809—1882）出生于英国。他最早学习的是医学，然后是神学，最后是自然科学。1831 年，作为一个年轻的科学家，他乘坐科学考察船"贝格尔号"开始了近 5 年的航行。其间，他的思想发生了巨大的变化。在这次航行之前，他与同时代的人一样，认为物种是不变的，但是在这次航行中，他在南美洲和太平洋诸岛上采集了标本和材料，这些新证据的发现使他改变了自己的观点。

通过对加拉帕戈斯群岛上鸟类的变异情况研究，以及对南美洲的哺乳动物化石的研究，达尔文认为，物种并非永恒不变的，物种通过适应环境而进化，这才是说明不同物种及其与环境关系的最好假说。达尔文在收集材料和获得这个假说的概念时还很年轻，他花了很长时间将它体系化。在此期间，他接触到了马尔萨斯的理论，并受到了一定的启发。

1859 年，达尔文完成了他的《物种起源》，全名是《论通过自然选择的物种起源，或生存竞争中优胜者生存》。此书初版印了 1250 册，第一天就售罄，并立刻引发了一场激烈的争论。但达尔文自己并没有介入争论，一直到去世，他都专注于对植物和动物做进一步研究。1881 年，达尔文还出版了一本关于蚯蚓和土壤的著作。他的其他著作有《人类的由来及性选择》《人类和动物的表情》。

华莱士是独立提出进化论的另一个人。1858 年 6 月，达尔文在其巨著写了约 25 万字时收到华莱士的一封来信。在这封信中附有华莱士的一篇论文，论文概述的主题竟然和达尔文研究了几十年的进化论如出一辙，这种相似简直不可思议，令达尔文大为惊讶。

达尔文感到非常沮丧，他向植物学家胡克征求意见，胡克让他向华莱士解释自己面临的尴尬，并请求共同宣布这一理论，以取得联合发现权。达尔文接受了建议，华莱士也非常乐意。实际上，华莱士对这一理论花的时间和精力远远比不上达尔文，声望也没有达尔文高，所以后来他就退出了。现在我们一致认为达尔文是进化论的正式发现人。

"进化论"这个词语隐含了一种暗示，即生物是由低级向高级发展的，而实际上，自然选择是没有方向的。相比"进化论"，最准确的译法是中国人严复提出的"天演论"或者"演化论"，但是由于"进化论"一词已经广泛流行，大家也就普遍采用了。

传统上认为，生物物种是不变的，任何物种都有其永恒的、特定的形式和功能。传统观点还认为，人类虽是物种之一，但却是上帝根据自己的形象创造的，因此相对于其他物种而言是特殊的、独一无二的。达尔文却不这么看。

在达尔文看来，生物是变化发展的，不同物种是通过与环境的相互作用而产生和形成的，所有物种都是通过动态的发展链条产生的，不同物种之间有一种家族关系。因此，尽管不同物种之间存在着重要差异，但没有什么物种是独一无二的，包括人类在内。

每个生物个体在遗传上都拥有一些被决定的性状，在某种程度上，这些性状与相同物种的其他个体性状是不同的。也就是说，生物个体之间存在性状上的差异。此外，所有生物都倾向于尽量多地繁殖后代，而完全不顾环境的承受力。这样就必然导致有一些后代无法顺利活下来。所以，生物界必定存在着生存斗争，而且这种斗争所产生的结果不是偶然的。

一定时间之后，那些拥有最适应环境性状的个体就在斗争中生存下来，成为生物学上的胜利者，并把性状传给其后代。这就是达尔文提出的物种自然选择学说。

"自然选择"这个概念通常被表述为"最适者生存"。也就是说，物种中最适于繁殖的个体，就是那些能够成功地把性状传给其后代的个体。

最适者不必是最强或最好的，而是最能适应环境的。

当然，达尔文并不知道遗传规律，也不知道有基因这回事，更不知道性状是如何遗传的。因此，他不能说明一种好的性状是如何遗传下来，并最终促使新的物种进化的。

所以，达尔文原始的自然选择学说理论存在两个问题，一是性状是如何遗传的，二是新的遗传性状是如何产生的。这两个问题要用遗传规律和突变概念来解释。

一种变异性状，尽管极其成功，但作为一种新性状，当它遗传到下一代时，怎样才不会与那些不太成功的中间性状互相混合呢？自然选择怎么才会有机会作用于那些成功的变异性状呢？

一位来自奥地利的修道士孟德尔，他在自己修道院的花园里，用豌豆做杂交实验，从而获得了证据。孟德尔发现，对于每一种性状，子代显然是从双亲那里均等地继承了遗传因子。重要的是，他发现这些因子不会混杂，而是会保持独立，并且还可以互不混杂地传给以后各代。这就意味着，自然选择有更多的时间作用于一个性状中的任何变异。

突变的概念，即遗传物质突然的和相对持久的变化，其解释了新的遗传性状是如何产生的这个问题。突变是一个随机事件，不是有意识的结果。它是一种自然现象，原则上可以做出科学的因果说明，即使我们无法预测一个特定的突变会在何时发生。

因此，自然选择并不是因为上帝的意志或者某种目的而发生的，也就是说，自然选择是盲目的。这也就意味着，过去那种认为自然是有目的的观点被否定了。

20 世纪下半叶，人们发现了基因，并且获得了许多关于遗传机制的新知识，这些新知识能够很好地解释和支持达尔文的进化论，达尔文的原始理论得以补充、完善和修正。

生物界的演化除了自然选择之外，还存在一种"性择"现象。性择的意思是说，不通过大自然，直接由两性之间通过社交择偶来互相筛选。比如，雄孔雀之所以有美丽的羽毛，可以绚丽地开屏，是雌孔雀对雄孔雀进行性择后的产物。因为雌孔雀对长有美丽羽毛的雄孔雀有偏好，那么就造成了长有美丽羽毛的雄孔雀得以顺利交配而繁衍后代，而不长有美丽羽毛的雄孔雀就不能够繁衍后代，它们的基因由于无法传递下去而被逐渐淘汰掉，久而久之，今天的雄孔雀就都长着美丽的羽毛。

一般来说，性择的作用大概只能筛选两性的外观，但今天有研究表明，性择有可能会影响雄性的智力。瑞士洛桑大学的科学家霍利斯和卡韦基通过果蝇做了一个实验，他们强制配对果蝇，使得公果蝇可以完全不用费力求偶就可以传宗接代，结果发现，繁衍 100 代后出现的果蝇后代们，竟然全都"变笨了"！这些没有经历过求偶竞争的果蝇后代，在许多方面要比正常繁衍的果蝇后代笨很多。这项研究表明，求偶竞争对雄性心智能力存在重要影响。当然，果蝇的实验结果能不能简单地套用在人类身上，还存在争议。

达尔文的思想在当时引起了很大反响，因为它不仅是一个科学理论，更重要的是一种文化上的冲击。既然人类只是产生于自然选择的诸多物种之一，并不是独一无二的，那么，人类在宇宙中的位置是什么？上帝的位置又何在呢？我们是不是猴子的后代？当时围绕进化论，各界人士都展开了火药味很浓的争论。

争论变得越来越激烈，讽刺达尔文类似于猿的漫画出现在报纸上，论文和讲演在各处涌现。而达尔文一直沉浸在丧女之痛中，自己又在生病，根本没有心情卷入论战之中。就在这时，托马斯·赫胥黎出现了。

赫胥黎在饶有兴致地读过《物种起源》后，扪心自问："我为什么没有想到这些？"从此他成为达尔文的忠实粉丝。赫胥黎挺身而出，完全站在达尔文一边，自称"达尔文的斗犬"。无论何时何地，只要可能，赫胥黎都热情地对进化问题进行辩论。

在英国科学促进会发起的一场声势浩大的辩论会上，在 700 位听众面前，赫胥黎遇到了来自牛津的威伯福斯主教。主教不怀好意地问赫胥黎，他的父母谱系中，谁是猿猴的后代，父系还是母系？这个极富挑衅的问题，一下子就使会场的气氛凝住了。

赫胥黎知道自己可以出牌反击了。听众们正等着一场表演，机灵的赫胥黎满足了大家的这一愿望。他先是转向邻座，小声笑道："耶和华把他送到我的手里了。"然后起身高声回答，"相比起一个用自己的才华来混淆科学真理的人，我更愿意和一个猩猩有血缘关系。"话音刚落，四座皆惊，主教竟无言以对。

1871 年，达尔文出版了《人类的由来及性选择》，并在其中通过相当多的研究证据来支持人类起源于动物的思想。他指出，人耳上残存的耳郭，其中有些肌肉显然是用于移动耳朵的。他还提出，脊柱底部的尾骨，是痕迹器官的又一例证，显然是人种演变过程中的早期遗留产物。

关于人类观的争论，是与关于达尔文主义的认识论地位的争论联系在一起的。这些争论的层次不同，既有通俗性的，也有学术性的。在通俗性争论中，达尔文的反对者认为，如果达尔文主义还没有被确证为在科学上是正确的，那么它就只是众多的假说之一。而那些相信《圣经》和创世说的所谓创世论者，一直都在以各种方式抵制达尔文主义。

后来，达尔文的理论又发展为"新达尔文主义"。现代的新达尔文主义是一个广泛的科学领域，包括了从进化研究一直到以 DNA 分子为基础的现代遗传学研究的内容。不同的理论和方法有效地相互作用、相互支持。在各种有力证据的支持下，我们有权利认为：生物进化论在科学上是有根据的，有说服力的，而这种融贯支持的体系是创世论并不具备的。

达尔文去世后，和牛顿爵士一样，被安葬在英国最著名的威斯敏斯特教堂。这位伟大的人物，因提出自然选择进化论而受到极大尊敬，在当时掀起的狂澜至今仍使某些人感到刺痛。达尔文已经成为那个时代理性怀疑的象征，他的进化论思想引起了一场革命，永远地改变了人类对其自身及在宇宙中所处位置的理解。

社会达尔文主义

达尔文提出了"物竞天择，适者生存"的进化论思想。既然人类也是诸多生物中的一种，那么从逻辑上说，肯定会有人想到把这种观点从生物界套用在人类社会上，因为在人类社会中也可以看到无处不在的竞争和斗争。把生物界残酷的生存斗争，映射到社会中，把进化论的逻辑和原则应用到社会中，这就形成了所谓的"社会达尔文主义"。它的代表人物是斯宾塞。

赫伯特·斯宾塞（1820—1903），英国社会学家。他的代表作《社会静力学》，吸引了一些思想界的精英。斯宾塞后来放弃了《经济学家》的编辑职务，将余生投入到酝酿其综合哲学体系的工作中。为了出版自己的著作，他在经济上损失严重，而他的文学尝试也不成功，直到他的一个美国的崇拜者帮助他在美国出书才有所起色。

斯宾塞的知识理想是一个完全统一的思想体系，他称自己的哲学为"综合哲学"。他希望建立一种大全科学，能够把来自各门具体科学的普遍真理整合成一个统一的体系。

他认为，在知识领域，人类被局限于多变和相对的现象中，而哲学家的事业就是要揭示所有现象中的共有特征，或是发现事物的普遍规律。这样的规律就表现在进化规律中。斯宾塞认为，进化过程包含了不同的阶段：一是集中，指的是物质微粒或个体汇聚在一起，就像云、沙堆、原始星云、有机组织和社会的形成那样；二是分化，指的是物质从环境中分离，然后在自身之中形成特殊的物质；三是确定，指的是由各部分物质形成一个统一的、有组织的整体，这个整体的组成部分互不相同，然而彼此都处于共同关系之中。

也就是说，进化是从不确定的、不连贯的同质性状态，向着确定的、连贯的异质性状态的过渡。这一规律是通过归纳法得出的，即通过观察世界中存在的种种现象，抽出其共有的性质和相似点。斯宾塞把进化规律应用到各种存在形式之中，包括生命、心灵、社会和行为。它先被假定为普适真理，并被拿来证明生物学、心理学、社会学和伦理学的具体真理。斯宾塞认为，进化规律适用于所有的现象。

斯宾塞在其《社会静力学》一书中对人类社会进行了反思，提出了普遍的进化框架。他认为，社会进化是一个不断个性化的过程。刚开始是无差别的、同质的游牧部落，随后发展成复杂的、个性化的文明社会。在这个过程中，起关键性作用的是劳动的不断分化。这种分化对人类社会的进化起到了促进作用。社会可以划分为军事社会和工业社会。在军事社会中，人类的合作是通过暴力；在工业社会中，人类的合作是自愿自发的。

斯宾塞社会理论的特点，是将社会与生物有机体进行类比，他的社会进化论与社会有机体论都起始于这种类比，并在类比思想方法的支配下展开。斯宾塞的《社会学原理》第一卷的内容就集中反映了他的社会有机体论。

斯宾塞通过对动物有机体和人类社会的认真比较，发现两者非常相似，都拥有三个系统，即调节、维持和循环分配。在动物中，执行这三种功能的系统分别是中枢神经、营养、动脉和静脉；在社会中，执行这三种功能的系统分别是政府、工农业及道路、电报、商业等手段。根据这一点，他又把社会成员分为三等，分别对应三种功能系统：一是工人和农民，他们负责"维持和生产"的职能；二是商人、企业家和银行家，他们负责"分配与循环"的职能；三是政府官员和管理人员，他们负责"调节"的职能。

斯宾塞认为，社会有机体的本性决定了这三类人同时并存，他们各司其职，相互配合，维护社会的平衡和秩序。虽然动物和社会有机体两者之间非常相似，但也存在重要差异。动物只有一个和整体相关的意识，它的各个器官是为了整体的生存而运作的；而社会中的每一个成员都有个人意识，整体是为了它各个部分的存在而存在，即是说，并不是成员为了社会的利益而存在，而是社会为了成员的利益而存在。

在达尔文发表《物种起源》之前，斯宾塞就提出了社会进化的思想，主张进化是一个普遍存在的规律。在其早期作品中，斯宾塞就已经提出"社会进化是直线的、不间断的"。后来他发现，从社会整体的角度来看，进步是必然的，但在每一个特定社会中并不一定是必然的，即社会进步是多样性的，也是多线性的。

达尔文的进化论深深地影响了斯宾塞。斯宾塞将生存竞争、自然选择的原则运用到社会理论中，形成了社会达尔文主义。他认为，与生物进化过程类似，社会的进化过程同样也是"优胜劣汰，适者生存"。在社会中，生物界的生存竞争原则依然发挥着支配作用。

从这个立场出发，斯宾塞认为，人类存在优等种族和劣等种族、优秀个人和低能个人之分，其中劣等低能的种族和个体应该在竞争中被淘汰。进化既然是一种自然的过程，并存在其自身规律，那么我们就不应该予以人为的干预，而应该服从进化的规律。在社会上，弱者被淘汰掉是很正常的事情，无须对其施以援手。所以，对于那些他认为违反自然规律的事情，斯宾塞都予以反对，比如国家计划、社会福利、社会改良、社会革命等。这种社会达尔文主义思想，听起来是多么残酷和没有人道，所以它常常被用来强调种族歧视，以及剥削的合理性。

他还用同样的进化论方法解释了情感。他认为，愤怒、正义和同情是个体所本有的，是种族所习得的，也是我们的祖先与环境持续不断斗争的结果。他还把功利主义的教导和强调生存与适应的进化论结合起来，创造了一套进化论式的享乐主义。

对于斯宾塞来说，道德的终极目标是社会群体或成员的幸福感，而不仅仅是社会福利。凡是威胁到社会整体的事物，也会有害于其成员。在社会进化的早期阶段，利己主义强烈而利他主义微弱，但是利他主义对于生命的进展和幸福的增加也是至关重要的，自我牺牲本能和自我保存本能同样原始。由此可以看出，斯宾塞试图通过强调道德和幸福，来缓和社会达尔文主义所描绘的残酷现实。

进化论思想除了和社会学结合起来，还可以和神学结合起来。有一个人就是这么做的，他还提出了自己独特的进化论神学思想，他就是德日进。

德日进（1881—1955），法国人，曾作为天主教耶稣会神父在中国传教多年，是中国旧石器时代考古学的开拓者和奠基人之一。他的主要著作是《人的现象》。

达尔文的《物种起源》发表后，进化论在全世界风行，德日进所生活的年代正是进化论风行的年代。集科学家与神学家于一身的德日进受到进化论的影响，并将进化论运用在神学思想中，提出了进化论神学思想，表现出了鲜明的时代特征。

《人的现象》一书在立论时所依据的方法就是进化论。原本，达尔文的进化论只是研究生物的进化，但到了德日进这里，范围扩大到了整个宇宙。他打破了各门学科之间的界限，统摄各种关系，把宇宙的一切演变过程当作一个有机的整体加以考察和讨论。

德日进认为，宇宙的历史就是一部进化的历史。从宇宙的基本物质开始，经过复杂的演变，直到出现了生命和思想，德日进对整个过程进行了全面的综合。在他的宇宙进化理论中，不存在物质与精神的对立、无机物与有机物的界限、质与量的鸿沟，因为他将一切对立都抚平了，将一切都统一了起来。

与达尔文相反的是，德日进主张进化本身是一种不可逆的向上运动，而并非盲目的。德日进说："没有正向演化，生命只能得到扩展；由于正向演化，生命就有了不可战胜的升华运动。"

德日进坚持认为，相比外部的影响，物体的内在动力才是物体正向演化的主要动力。所以，宇宙在进化的时候依靠的始终是其自身内在的力量，其中所包含的结构复杂性和意识并进的规律则证实了正向演化。

德日进指出，在结构逐渐复杂、意识逐渐增强的进化过程中，每一次必须要经过三个阶段，一个新现象才会出现：第一阶段是扩散；第二阶段是收敛；第三阶段是表现。

扩散，是指任何事物都存在难以控制地发展自己的倾向，使自己增加，比如原子的增多、生物的繁殖、人口的增长等。收敛，是指事物增加后产生一种统一的集中条理的倾向，比如人口增长过快，社会就要进行人口控制和集中等。表现，是指事物经过收敛阶段后，产生一种全新的状态和层次，比如不同的原子组合成新的分子，细胞发育成有生命的物体，人类组成社会等。

德日进认为，宇宙的每一次进化都要经历这三个阶段。事物每经过一次扩散和收敛，就会形成一个更高级、更复杂的新层次。如此不断发展，就逐渐出现细胞、生命、植物、动物，最后直到出现人类和思想。生命的出现是宇宙进化史上第一个关键性的转折点，而人类诞生和思想的出现是第二个转折点，此时生命就有了本质的变化，进化也达到了一个崭新的阶段，人类成为宇宙进化的主人。

由大量考古资料分析可知，脑是动物意识的标志，脑的进化使生物界达到又一个转折点。对于包括灵长类在内的所有哺乳类动物，大自然都为其配备了强大的脑区域。而动物的大脑进化为人类的大脑，就产生了思想。有了思想以后，人类开始观察宇宙，于是宇宙的一切也开始明朗化了。

意识之光照亮了宇宙。人类不仅能对宇宙进行思考，还可以意识到自己在思考，这是一个巨大的进步，意味着意识的进化跨过了反思的门槛。由于人类会反思而动物不能，因此人与动物便有了实质性的区别。所以说，人的现象"不仅有程度上的差异，而且存在状态上的改变"。

德日进还受到柏格森创造进化论的深刻影响，进而形成了一种进化论式的宗教观，也就是把进化看作一种普遍状态和宇宙秩序。在他的进化论神学理论中，经过长期进化而生存、覆盖在地球表面的生物系统被统称为"生物圈"，而随着动物大脑的进化并最终形成的人类被称为"心智圈"或"精神圈"，这两者存在本质区别。

在德日进的理论中，复杂的进化过程始终都体现出上帝的意志和创世计划，其实，这就是上帝创世论的一种进化论表述。这种进化论表述极富原创性，可称之为"上帝创世论的德日进版本"。由此我们可以看出，德日进把进化论和上帝创世论调和了起来，这大概跟他的科学家和神学家的双重身份有关。

德日进还提出了一个"欧米伽点"的概念，欧米伽是希腊字母表中的最后一个字母，那也就很显然，这个名词具有强烈的象征意义。他认为，人类最终必将穿越心智圈，到达宇宙进化的终点，即"欧米伽点"。

欧米伽点是超生命、超人格的会合点，也是耶稣基督的位格，实际上就是"上帝"的代名词。欧米伽点既是宇宙万物一系列进化的终点，又是超越宇宙进化的独立存在，因此它不会受到宇宙进化的任何影响。在这里，德日进把欧米伽点和《圣经·启示录》中所叙述的基督再临对应了起来。

在德日进看来，人的现象是我们认识宇宙的关键。人类是宇宙进化的核心、轴点和方向，人类的出现使得宇宙的进化不再盲目。人类的进化以上帝的爱为动力，具体表现为人性向前运动和神性向上运动的有机统一。

德日进认为，人性向前运动，是指人的现实追求或世俗追求。神性向上运动，是指人的宗教追求或超越世俗的追求。在上帝之爱的影响下，这两种形式的追求会形成一股合力，既向前又向上，并最终实现人类的终极进化目的和基督教的末世期望。

盲眼钟表匠

19 世纪末，德国生物学家魏斯曼创立了新达尔文主义。新达尔文主义是魏斯曼把自己的种质连续学说与达尔文的自然选择理论相结合，从而产生的一种新的生物进化理论。因为这一理论特别强调种质的变异和达尔文所提出的自然选择在进化上的作用，故称之为"新达尔文主义"。

19 世纪下半叶，细胞学进步很大，细胞核、染色体及有丝分裂、减数分裂等重要事实陆续被发现。在这些成就的基础上，魏斯曼做了著名的小鼠尾巴切割实验。连续切割 22 代后，他发现小鼠尾巴并没有变短。由此，拉马克主义所主张的"获得性状遗传"的概念就被否定掉了。

魏斯曼认为，生物体的组成分为种质和体质两个部分。种质即遗传物质，专门负责生殖和遗传；体质则负责营养、生长等机能。种质并不受体质影响，它是连续的、稳定的，包含在性细胞核中，主要是染色体中。"获得性状"是体质的变化，所以无法遗传。他认为，进化是种质的有利变异经过自然选择的结果。

1917 年，摩尔根提出"基因论"。这一理论把魏斯曼的种质发展为染色体上直线排列的遗传因子，也就是基因。1953 年，沃森和克里克通过实验提出 DNA 分子的双螺旋模型。DNA 又称为"脱氧核糖核酸"，是一种生物大分子，可组成遗传指令，引导生物发育与生命机能运作。它的主要功能是信息储存。可将 DNA 比喻为"食谱"或"蓝图"，生物体的发育和成长就是在这张蓝图的指挥下完成的。带有蛋白质编码的 DNA 片段称为"基因"。1969 年，第一个基因被科学家成功分离出来。

新达尔文主义是进化学说发展中的一个重要阶段。20 世纪新达尔文主义的代表人物有威尔逊、理查德·道金斯、丹尼尔·丹尼特、乔治·威廉斯、古尔德等人。其中，道金斯是最著名的进化生物学家和新达尔文主义者。

18 世纪的英国神学家威廉·佩利在他的《自然神学》一书里提出了一个著名的"设计论证"。他以钟表为比喻，证明自然界生命的复杂性是由一位钟表匠所制造的，这个智能的设计者就是上帝。

而道金斯在他的《盲眼钟表匠》一书中指出："物种的演化并没有特

殊的目的。大自然是一位手巧的拼凑匠，而不是神乎其技的设计师。因此，如果我们还要把大自然比喻成钟表匠的话，只能说它是一位'盲眼'的钟表匠。"

道金斯说，相比其他科学领域的同级真理，达尔文的理论更需要辩护。原因大概是人人都自以为懂得达尔文理论。那可不？与物理学、数学比较起来，达尔文理论实在太简单了，不就是简单的几句话吗？"物竞天择，适者生存"，这有什么难理解的呢？但这种简易只是表象。

此外，人类的大脑似乎天生就抗拒达尔文的理论，人们会觉得它难以置信，并且经常产生误解。之所以如此，大概是因为：生物演化变迁过程是发生在一个大尺度的时间单位上的，与我们短暂的人生比起来，可以说大了去了。人类思考问题往往最多以"十年"为单位，所以我们很难真正理解上万个或百万个"十年"才完成的演化到底是什么概念。面对跨度如此之长的时间，人类的想象力显然不够用了。

许多反对进化论的宣传，充满了所谓的例子，试图证明"复杂的系统无法通过渐进的过渡型演化出来"。这不过是一种"难以置信"的论证罢了，也就是在感情上表达对某种理论的难以置信，然后拒绝接受。究其原因，是人们无法接受这种违反直觉和日常生活经验的理论。

另一个原因是，我们自己的成功经验。人类在工程、艺术等方面成就显著，这都是我们冥思苦想、用心设计的结果，表明我们是富有创意的设计者。设计的观念我们已经习以为常了，所以我们很容易相信自然界的复杂性也出自设计，并且来自一位伟大神祇之手。我们不禁发自内心地怀疑，难道仅仅依靠盲目的、偶然的演化和碰运气就能产生如此精巧的复杂性吗？

即便是存在各种误解，达尔文进化论依然是一个伟大的理论，它完美地解释了生命的复杂性及生命是如何变化的。曾有学者评论道："达尔文进化论是科学发现的自然真理中最惊人的。"

生物不可能是全凭偶然因素而出现的，因为它的"设计"既复杂又优美。那么，如果背后没有一个设计者，它们是如何形成的呢？答案是：它们源自一个累积的过程，从最初非常简单的状态开始，逐步演变成现在这个模样。

道金斯认为，演化是一个逐步、渐变的过程，相对于前一步骤来说，下一个步骤是非常简单的，是否跨得过去，全靠机缘。不过，这一系列连续步骤并不是一个随机过程，而是由"非随机存活"引导着进行的。所以，自然选择的力量在本质上是一个非随机过程。

累积选择，是指在这个过程中，每一次改进，无论多么微小，都是未来的基础。单步骤选择，是指每一次"尝试"都是全新的，与过去的经验毫无关系。这两者有着明显的差别。假如演化的过程依靠的是单步骤选择，那么肯定毫无建树。但是，假如自然的盲目力量能够以某种方式设置累积选择的必要条件，那么其结果就截然不同了，那就有可能产生一种瑰丽的奇观。事实上，这正是我们这个星球上发生的事情，生物进化是"地球上最伟大的表演"。

如果采取数学的方法，画出一个空间，空间中每一个点都代表一组特定的基因，而近邻的点，在基因式上只与该点相差一个基因，这样我们就得到一个"基因空间"，它是一个代表所有可能的生物空间。当然，这个基因空间并非二维空间，而是一个九维空间。我们所看到的每一个器官或装备，都是动物空间中的一条连续、圆滑轨迹的产品。沿着这条轨迹每向前一步，存活和繁殖的机会就会增加一分。

DNA 的信息有两种传递方式，一是垂直传递，二是横向传递。垂直传递是指传递到其他细胞的 DNA，那些细胞能制造其他细胞，最后制造精子或卵子。因此，DNA 信息先是垂直传递到下一个世代，然后再垂直传递到无数的未来世代。道金斯把这种 DNA 叫作"档案 DNA"，把传递它的细胞系列叫作"生殖系"。横向传递是指传递给生殖系以外细胞的 DNA，比如肝细胞或皮肤细胞。在这些细胞中再传给 RNA，然后是指导蛋白质的合成，以及各种对于胚胎发育的影响，因而影响成体的形状与行为。换句话说，垂直传递对应于"生殖"，横向传递对应于"发育"。

自然选择就是不同 DNA 竞争垂直传递管道的结果。当然，不同的 DNA 进入物种"档案 DNA"的成功率并不相同。有些基因比对手基因更成功地留在物种档案中。所谓"成功"的终极意义，是留在物种档案中，成功的判断标准通常是基因通过横向管道对于身体的"行动"，即适者生存。

举个例子，假定老虎有一个特定基因，通过横向管道影响了上下颚的细胞，使得牙齿变得不怎么锐利。可是这个基因的对手基因，却会使牙齿变得更锐利。那么，拥有锐利牙齿的老虎能更利落地杀死猎物，因此就会比牙齿不锐利的老虎拥有更多的后代，就能垂直传递更多"利齿基因"的复本。虽然这只老虎同时也传递了其他的基因，但是平均而言，拥有利齿的老虎体内才有"利齿基因"。

有时人们会认为自然选择只是一种负面的力量，能铲除怪胎和弱者，却不足以建构复杂、美观、精良的设计。自然选择能删削冗余，可是一个真正的创造过程不是该增益些什么吗？我们可以用雕塑家的作品来回答这个问题。雕塑家没有在大理石上增益什么，他的创造只是删削冗余，即把一块大理石多余的部分削去，那么最后留下来的部分就形成了富有美感的雕像。

突变和自然选择联手，在绵长的时间中可以建构复杂的事物，与其说这是删削，倒不如说是一种增益。创造这样的结果，主要有两种方式。按照道金斯的说法，第一种方式可以说成"大家一起来"，即"基因型共演化"，第二种方式就是"军备竞赛"。

任何基因都有一个特定的作用，但那是因为有了一个已经存在的结构，它才可以产生影响。但任何基因都不能影响大脑的神经回路，除非先有一个大脑。所以，这是一个合作的事业，由几千个基因一起出力。发育中的生物体，有几千个基因在工作，它们互相合作，一起将胚胎组装出来。

任何基因都是在一群基因中工作，因此它必须适应基因族群。基因并不经历演化，只是在基因库中求生存，经历演化的是基因团队。当然，对于许多不同的基因团队来说，不是只有一个团队才能做某件事，其他团队也能做，并且可能做得更好，但是一旦有一个团队在物种基因库中占据主流地位，那么居少数的团队就很难突破限制而进入主流。无论那些居少数的团队做得如何出色，都难以改变这种情况。占据主流地位的基因团队之所以很难被取代，是因为它们仅在数量上就具备了碾压其他团队的优势，更不用说其他方面了。

一些基因之所以会受到自然选择的垂青，是因为它们与环境的互动，而并非其内在本质。在任何一个基因的环境中，其他基因都是极为重要的成分。一个基因要想受到青睐，就必须具备与其他基因合作的能力。通过相互合作，基因们在演化过程中才能组成一个大帮派。

当然，环境并不总是有利于合作。在漫长的地质时代中，基因有时会进入一种"对抗才有利"的情境中，特别是不同物种的基因。在一个物种中受青睐的基因，为另一个物种的基因提供了演化的环境，结果往往演化成"军备竞赛"。

在"军备竞赛"的一方，例如猎食者，其每个受自然选择青睐的遗传改进，都改变了猎物基因的演化环境。狮子跑得更快了，那么羚羊也必须跑得更快，不然就会被吃掉。在演化中，我们可以发现明显的进步特征，比如感官的灵敏度、奔跑的速度、飞行的技巧等都在逐渐提高，这主要就是由这种你追我赶的"军备竞赛"造成的。不过，这类"军备竞赛"不会一直无休止地进行下去，而会稳定下来，比如，当竞赛到了改进成本成为个体难以承受之重的地步时。

生物的演化是事实，地球上所有生物彼此都是亲戚也是事实。但是，达尔文的理论依然让许多人不满意。"拉马克主义"的各种版本，以及其他观点如中性论、突变论、创造论等，时不时地就要被那些达尔文理论的论敌们提出来，说是可以替代达尔文的自然选择理论。

道金斯说："生命的本质就是巨大尺度上的渺小机会。"用偶然性来解释生命何以存在，是不符合实情的。进化就是"驯服"偶然性，也就是在某种机制的引导下，把根本不可能的事情，拆分成一连串可能性偏低的小事情，再通过微小的改变与累积，只要进行的时间足够长，就可以产生奇观。

达尔文进化论有力量拆分"不可能"的万钧重担，并解释了看起来像奇迹的现象。只要具备了必需的条件，那么对生命存在的终极解释就是这种以缓慢、渐进、累积的方式进行的自然选择过程。对于生命演化的其他解释，假如它们否定缓慢渐进、否定自然选择的作用，就意味着它们否定了进化论的核心要素，那么它们就不可能是全面的真相，哪怕它们在某个特定个案上为真。

道金斯在其所著的《自私的基因》一书中，提出了一个名叫"meme"的概念，其是指"在诸如语言、观念、信仰、行为方式等的传递过程中，与基因在生物进化过程中所起的作用相类似的那个东西"。

道金斯把希腊字根"mimeme"（原意是模仿）的词头"mi"去掉，把它变成"meme"，以便读上去与"gene"（基因）一词相近。"meme"被译作"谜因"，或者称"谜米""模因"。这几个词的意思一样，当然还有别的译法，不过最流行的就是这三种译法。之后，这个词被广泛传播，并被收录在《牛津英语词典》中，定义为：文化的基本单位，通过非遗传的方式，特别是模仿而得到传递。

在谜因概念提出不久，一群以布罗迪、阿伦·林治等人为代表的学者接受了道金斯的观点，并撰文对谜因的含义与规律加以阐述，尝试建立文化进化的谜因理论，逐渐形成了"谜因学"（或称"模因学"）。布罗迪为此写了一本通俗的介绍谜因理论的书，名叫《思维病毒》。"新无神论四骑士"之一、哲学家丹尼尔·丹尼特也很赞同谜因的观点，在其《意识的解释》《达尔文的危险观念》中就应用了谜因理论来阐释心灵进化的机制。

道金斯认为"任何一个事物要构成一种复制因子必须具备遗传、变异和选择三个特征"，而谜因完全具备这三个特征，所以谜因就是一种复制因子。谜因传播的过程就是它遗传的过程。比如某种宗教信仰的传播，宗教信仰作为谜因，不断在信仰者之间传播和遗传。谜因的传播过程并非都是完整的，就像人们在转述一个事件时，经常会添油加醋，于是就产生了变异。不同谜因之间的传播能力也是不同的，某些更易于被传播，而某些则从来得不到传播，这便是选择性。比如，我们在观察流行音乐时，会发现有些歌曲旋律优美动听、朗朗上口，又容易记忆，这样的歌曲就能迅速传播开来，而有些歌曲则很少被传唱。

模仿是谜因传播的主要方式。一个小朋友看到别的小朋友用纸折小船，他觉得很有意思就想学，于是他通过模仿折纸来学会折小船，接着他又把这个方法传递给其他人，这个过程就是模仿。通过模仿，想法从一个人的脑中传递到另一个人的脑中，并不断地被复制传播。人类的大脑中存在一种"镜像神经元"，它在人类的模仿能力和同理心方面发挥很大的作用。

思想具有复制和传播自身的强烈渴望，人类的大脑就是各种思想拼杀的战场和争夺的阵地。道金斯的学生苏珊·布莱克摩尔在关于谜因的研究道路上比自己的老师走得更远。基因之间进行着激烈的竞争，基因是"自私的"，不顾一切地要进入下一代的身体中。生物世界的格局及其结构最终就是由基因的这一秉性决定的。苏珊认为，与基因的行为相类似，谜因之间也在相互激烈地竞争着，谜因同样也是自私地、不顾一切地要进入另一个人的大脑，或者另一本书、另一个对象之中，并由此最终决定了人类的文化和个人的心理结构。倘若根据苏珊的这一思路，谜因观念就不仅仅是一种观念，同时也已经成为一种关于人类文化的独立而又全新的理论。

在《谜米机器》一书中，苏珊这样写道："有关文化进化的谜因理论，其全部要点就在于将谜因视为一种独立存在的复制因子。这就意味着，是谜因的选择在驱动着观念的进化，而观念的进化必须有利于谜因的自我复制，而不是有利于基因的自我复制。这是将谜因理论与先前有关文化进化的理论区别开来的一个巨大的差异。"

进化论和心理学相结合，就产生了"进化心理学"，它产生于20世纪80年代，源自威尔逊的"社会生物学"。进化心理学认为，人类的心理就是一整套信息处理的装置，这些装置是由自然选择而形成的，其目的是处理我们祖先在狩猎采集等生存过程中所遇到的适应问题。

进化心理学是一种综合了生物学、心理学和社会科学的研究思想，非常强大。它一出现，就赢得了诸如"关于心理的新科学""心理学整合的新范式""心理学发展的新取向"等赞美之词，大有一统心理学之势。

进化心理学的主要观点有：过去是理解心理机制的钥匙、功能分解是探究心理机制的重要途径、心理就是一系列的适应器、心理机制具有模块性、人的行为表现是心理机制和环境相互作用的结果。

人类的心理被漫长的进化过程打上了烙印。现今的人类，在其心理上依然带有进化历史所留下的痕迹。进化过程作用于狩猎采集时代的人类身上，为了生存下去，这些人类就要适应生活中所遇到的种种问题，而心理就是一种适应器，它在生活过程中被塑造成型。人类在进化中会反复遇到某些情境，自然选择通过重复这些情境，观察人类在情境下的反应，就可以对各种不同的心理设计进行检验，然后决定哪些设计可以被选择出来，将之遗传给后代。这就是自然选择的作用。

我们当今的社会环境与社会生活，已经和我们的祖先所遭遇到的环境和生活有极大的不同，但是我们的心理依然保持着祖先们当初的状态，这就产生了一种对新环境的适应不良。比如，为什么我们现在依然偏好高热量和糖类食物，就是因为祖先们当初很难获得这类食物，因此在内心深处埋下了这种倾向性。虽然现在我们轻易就可以获得糖类食物，但依然对其有很大的嗜好，哪怕吃成一个胖子，吃出了高血糖、高血脂、高血压等，我们也难以控制自己的这种嗜好。

第十八章　精神分析与心理学

心理学是什么

　　1879 年，德国人冯特在莱比锡大学创立了世界上第一座专门研究心理学的实验室。这标志着心理学正式成为一门独立的学科。自此，心理学就从哲学中分离了出来。至今，经过一百多年的发展，心理学已较为普及，并发挥着越来越重要的作用。心理学似乎正在成为一门显学，公众对其兴趣与日俱增，然而对其误解也与兴趣一样多。

　　每个人都有自己的一套"心理理论"，这是进化的产物，这让我们能够判断、揣测和理解他人的心理和行为，便于社交和开展合作。但是，这种"心理理论"只是一种直觉和个人经验，它并不是真正的科学心理学理论。

　　刻在古希腊德尔菲神庙的铭文是"认识你自己"。相信每一个人对自己和他人的内心和行为都是充满好奇的，总希望能够加深理解。研究人心，古来有之，可是几千年过去了，也就是到最近两百年左右，人类对自身的研究和了解才上升到了科学的层次。

　　如今，心理学的应用越来越广泛，越来越能帮助人类认识自我，改善自身，心理学为了人类的幸福做出了重要贡献。因此，掌握一些心理学知识和相应的思维方法是有益的。

　　可是，大众对于心理学的误解有很多，对心理学的了解也不深。对于市面上流行的种种打着心理学旗号的书籍，许多未经世事的少男少女都很喜欢看。这是由于，青少年时期往往会追求自我认同感，所以少男少女们希望通过阅读有关心理测验、性格测验、星座算命之类的书籍来了解自我，认识他人。而不少商家以牟利为目标，市场需要什么书就出什么书，这也是没办法的事。只是这样做，客观上加深了大众对心理学的误解。其实，心理学没有这么肤浅。

有些对心理学不甚了解的人可能会问："学了心理学是不是就能知道别人脑子里在想什么？是不是能看透别人的想法、别人的精神？而如果真是这样，那也就太可怕了，学心理学的人就都有点儿脑袋不正常。"这也是一种错误的看法。

还有一些人研究心理学是出于功利目的，别有用心，比如为了讨好领导，占别人的便宜，抓别人心理弱点进行攻击、控制等，市面上也有很多关于这类的书。这些人如果说是在学习和运用心理学的话，毋宁说是对心理学的一种侮辱，而不仅仅是误读。

此外，跟普通人息息相关的就是心理咨询与治疗方面了。心理疾病和精神疾病的识别、预防和治疗，是一件很重要的事情。心理学在西方世界的发展已经很成熟，特别是在美国，心理咨询与治疗深入人心，其心理工作者也是世界上最多的。按照比例，中国14亿多人口，是应该配备一定数量的心理医生、心理咨询师的，可目前的状况是，中国的心理工作者少得可怜，而且水平参差不齐，甚至相当一部分还是半路出家，没有受过良好的专业训练。

有的人存在一种误解，认为去看心理医生是很丢人的事情。"我去看心理医生，不就说明我心理有病吗？多难看多丢人，不能让人家知道！"其实，这是不正确的想法。去看心理医生并不丢脸，人有各种心理障碍和问题是正常的，这并不能说明你的思想有问题，或者人品有问题，更不是道德伦理有问题。

实际上，芸芸众生，皆有心病，心理系统和生理系统的运行是一样的道理，一不小心就会生病，只要调整过来就可以了。人的身体无时无刻不受到外界的影响，如细菌、病毒等各种因素，体质差点的人，一不小心就容易生病，那么就要吃药治病。

同样，人的内心、精神也无时无刻不受到外界环境的刺激，各种信息、压力令现代人不堪重负，所以不少人一不小心就会患上各种神经官能症，如抑郁症、焦虑症、歇斯底里症等，这时候就要调适、要疏导、要治疗。

神经症还是轻的，心理障碍也相对容易治疗，如果麻烦一点儿，产生人格障碍，就要费心力了。不健康、不健全的人格对于个人而言，无疑是一种灾难。

那么，是什么阻碍了公众真正地了解和认识科学心理学？

首先，大众对心理学的渴求致使他们对心理学抱有特殊的期待，一些人会抱着求医问药的心态去了解心理学，这样难免会感到失望。

其次，术语体系产生的阻隔。一些人会因为不能忍受心理学术语所造成的隔膜而对心理学产生抗拒，继而转向了那些通俗易懂但科学性无法得到保证的理论或方法。换句话说，就是：你就不能好好说人话吗？

再次，心理学的很多基础研究的确远离大众生活。这种滞后性有时会让人误以为科学心理学研究毫无用处。

最后，大众传媒并没有很好地传播和普及科学心理学，以致大众关注的并不是真正的科学心理学，而是包装精美的伪心理学。

实际上，心理学是一门科学，是以实验为基础，以统计分析工具为手段，从实证的角度研究人类心理和行为的科学。心理学研究涉及人格、行为、知觉、情绪、认知、人际关系、社会关系等诸多领域，并与人们日常生活的诸多领域发生联系，如家庭、健康、教育和社会等。

科学心理学尝试解释个体基本的行为和心理机能，也尝试解释个体心理机能在社会行为与社会动力中的角色。它和神经科学、医学、生物学等科学都有关联，这些科学所探讨的是生理过程和作用对个体心智的影响。

而伪心理学，是指那些看似心理学，其实却没有任何事实依据的体系。多年来，各种伪心理学屡见不鲜，它们换汤不换药，这是因为信奉伪心理学的那些人害怕接受与他们的信念不相符的事实证据。而真正的科学家则总是主动查找理论中的缺陷，用批判的态度审视自己的学说，让人类不断地获得新的知识。与真正的心理学家不同，伪心理学家们从来不进行科学实验，因为他们害怕自己的把戏被揭穿。

心理学有着很多分支，包罗万象，观点各异。这种多样性让心理学这门学科看起来不像一个不可分割的整体。心理学还有着令人惊叹的广泛性和多样的调查研究方法，美国心理学会（APA）有 54 个分支机构，每个分支都代表一个特定的研究或应用领域。比如普通心理学、实验心理学、社会心理学、认知心理学、发展心理学等。对于这么多的分支，我们想要穷尽心理学领域主题的多样性是非常困难的。

心理学还有很多流派，各流派也有其著名的代表人物。不同的流派倾向于站在某种立场去看问题，当然，其也有自身的局限性和不足。所以，应该充分交流，不断完善心理学的理论大厦。心理学从早期的精神分析、行为主义，到人本主义心理学、格式塔心理学、积极心理学等，不断向前发展，从未停止过进步。

《这才是心理学：看穿伪心理学的本质》是加拿大著名心理学家基思·斯坦诺维奇的著作。在这本书中，斯坦诺维奇总结了心理学家的职业特质，对心理学家如何思考、分析和解读人类行为与心理等问题进行剖析，以便读者理解。为了帮助读者理解心理学家的分析逻辑和研究思路，他在每一章都会把一个常识的、朴素的、直觉的有关人类心理的分析和思考，与一个科学的、严谨的、心理学的分析和思考相比较。他通过充分耐心的解答，帮助人们识别出伪科学和伪心理学，把伪心理学踢出心理学的研究领域。

正是由于有许许多多为心理学作出贡献的大师，如冯特、詹姆斯、弗洛伊德、荣格、阿德勒、弗洛姆、皮亚杰、斯金纳、华生、马斯洛等，以及很多默默无闻的研究者，心理学未来的发展才会越来越好。

弗洛伊德

西格蒙德·弗洛伊德（1856—1939）出生于当时的奥匈帝国，早年在维也纳大学医学院学习医学，并一直生活和工作在维也纳。他是一个犹太人，1938 年纳粹德国吞并奥地利时，到伦敦避难。他在与癌症做长期斗争之后在伦敦去世。

弗洛伊德是精神分析学派的创始人，他深刻地改变了人类对自我的认识。弗洛伊德最有名的著作有《梦的解析》《精神分析引论》《一个幻觉的未来》《文明及其不满》《摩西与一神教》等。

弗洛伊德的理论引发了一场革命，颠覆了我们原来对人类心理的看法。他打破了理性主义的传统，肯定了非理性因素在行为中的作用，从内向外探索人类的心理。弗洛伊德首创了潜意识心理学体系，主张原本那种有关人类心理的观点其实是一种幻觉。他认为，人类的心理包括意识和无意识现象，有意识的自我只不过是强有力的、无意识的精神生活的外在方面。人类有意识的精神生活只是整个精神生活的很小一部分，意识过程是被无意识（或潜意识）因素严格地决定的。潜意识心理虽然不易被察觉，但却支配着人的一生。

可以用一个冰山比喻来说明：任何有意识的和能够回忆的东西，就像浮出海面的冰山一角，而冰山的大部分（无意识）是隐藏在水下，根本看不到的。所以，不可见的潜意识才是我们人格的核心。

弗洛伊德把潜意识划分为"前意识"和"无意识"两部分。前意识是意识和潜意识的中介环节，它是在需要时可以被意识到的部分。前意识可以去除不为意识层面所接受的东西，并将其压抑到潜意识中，扮演着"稽查者"的角色。而在认知心理学中，前意识是指曾经储存在长时记忆中的信息，但只有在必要情形下进行回忆时才会对其产生意识。一般来说，"潜意识"和"无意识"这两个词可以通用，意思一样。

潜意识可以用不同的方法来研究，一般来说，催眠（或自由联想）和梦境是通往潜意识之门的两种重要途径。弗洛伊德是从他对病人的治疗和咨询经历中，特别是从对歇斯底里症的研究中，发展出他的理论的。

1900 年出版的《梦的解析》一书，被认为是弗洛伊德最主要的著作。在通过自由联想和通过对梦境的解释来研究潜意识这两种方法之间，在弗洛伊德那里，对梦境的解释很快就占据了核心地位。他把对梦的分析看作标准的精神分析技术，并且每天一睡醒就要花费半小时来分析自己的梦。

要理解梦，关键是要区别明显的梦境内容和潜在的梦的思想。我们存在一个心理防御机制，压抑和焦虑都是心理防御机制的结果。当我们醒着的时候，防御机制会防止潜意识和被压抑的欲望进入我们的意识，起到一个守卫的作用。但在我们睡着的时候，防御力就变弱了，那些被压抑的欲望就会伪装成梦的形式，设法溜进我们的心灵。因此，做梦者自己是很难理解梦的意义的，因为这些梦是一种扭曲的信息，不能对其做出直接的解释，而是要通过旁观者用合理的技术手段来分析梦的意义。

在《梦的解析》中，弗洛伊德总结出几点结论：一是潜在的梦的思想和明显梦境内容的区分，是理解梦的意义的关键；二是明显梦境内容是潜在的梦的思想的一种扭曲；三是自由联想既可以用来分析神经质的症状，也可以用来分析梦境；四是梦的解释展示了一种普遍的心理学模式，能提供一幅丰富的关于人类心灵状态的图景；五是梦境可以显示出潜意识是如何根据其"语法"规则来起作用的，也就是说，潜意识是像一种语言那样架构起来的，解梦就是读懂潜意识的语言。

本能是人格中的一种力量，是一种可以释放心理能量的生物力量。在谈到人格时，弗洛伊德所使用的本能概念指的是身体内的刺激作用源，本能的目标就是通过饮食、饮水和性活动等行为消除或者降低刺激作用，缓解紧张感。

人类有许多种本能。为了理论的简洁性，弗洛伊德仅仅把本能归纳为两个一般的范畴，即"生本能"和"死本能"。生本能包括饥饿、干渴和性欲，这类本能涉及自我保存和种族的生存，是维持生命的创造性力量。弗洛伊德将生本能活动的能量形式称为"力比多"。死本能是一种破坏性的力量，对内表现为受虐或自杀，对外表现为仇恨和攻击。

弗洛伊德还认为，人格存在着一个结构，分为三部分，即本我、自我和超我。这是因为弗洛伊德在其后来的著作中，将其早期对意识和潜意识的简单划分方式做了修改，便形成了一个层次更加鲜明的解释。

"本我"大致对应于早期的潜意识概念，它是人格中最原始的，也是最难接近的部分。本我所具有的强大力量包括性和攻击的本能。弗洛伊德写道："我们称它为充满沸腾刺激的大锅，本我不知道价值判断，没有善良和邪恶，不遵守道德规范。"本我非常任性，它的倾向是寻求直接的满足，根本不考虑现实条件。它只关心怎样通过寻求快乐和逃避痛苦来降低紧张，是根据快乐原则运作的。

"力比多"是本我中包含的基本心理能量，通过缓解紧张来表现自己。

力比多能量增加意味着紧张增强，这时它会促使我们尝试缓解紧张，以达到一个能忍受的水平。因此，在力比多能量的驱动下，我们必须与现实世界互动，想办法来缓解紧张。比如，一个饥饿的人如果想释放由饥饿导致的紧张，就必须寻找食物。人们寻求性满足也是这个原因。

"自我"在本我和外部世界之间起中介作用，促进两者之间的互动。自我代表着理智、理性，与本我那种缺乏思考的混乱、激情形成鲜明对比。每当本我盲目追求欲望的满足而根本不考虑现实条件时，自我就要出来办事了。自我遵循现实原则来运作，它察觉现实并相应地控制现实，想办法拖延本我的满足，直到有适当的对象和时机时才允许本我满足。

但是，自我并不独立于本我。自我的力量是从本我获得的，自我的存在也是为了帮助本我获得满足。弗洛伊德把自我和本我的互动比作马上的骑手，马为骑手的运动提供能量，但是马的力量必须受到指导，否则狂暴的野马就会把骑手掀翻在地。这就是说，本我也必须受到指导和一定的管束，否则就会颠覆和毁掉理性自我。

"超我"是弗洛伊德人格结构的第三部分。儿童在生命早期通过同化父母的行为规则，进而一步步发展出超我。父母通过对儿童的行为实施奖惩，促进了儿童超我的形成。那些错误的、导致惩罚的行为成为儿童超我中的良心部分，他们会记住，防止以后再犯；那些被父母和社会接受的、带来奖赏的行为成为他们超我中的理想自我，他们会以此为目标来要求自己。"超我"这个术语是弗洛伊德创造的，字面意思是"我之上"。

由超我的形成机制我们可以知道，超我代表着道德的力量。弗洛伊德描述超我为"倡导趋向完善"，"概括地说，它就是我们在心理上力争达到的心理生活的高级一面"。也就是说，超我是一个理想的自我，一个道德完善的自我、一个楷模。很明显，超我与本我的倾向是完全相反的，它们必然会处在冲突之中。超我不像自我，自我只是拖延本我的满足而已，而超我则倾向于完全抑制本我的满足。

弗洛伊德相信，神经症患者的问题起源于他生命的早期经验。因此，弗洛伊德是最早强调儿童发展重要性的理论家之一，他认为，成人的人格发展在五岁的时候就基本完成了。

根据弗洛伊德的理论，儿童的发展会经历一系列心理性欲阶段。在这段时间里，儿童被认为是自体性欲的。意思是说，儿童通过刺激自己身体的性感区，或者性感区受到父母的刺激而获得愉快的体验。儿童的每一个发展阶段都集中于某个特定的性感区。

口唇期阶段是从出生到一岁半。在这个阶段，婴幼儿对口腔的刺激，如吮吸、咬、吞咽等，是性感满足的主要来源。如果在这个阶段得到的是不恰当的满足，则可能会导致形成口腔型人格。拥有这种人格的人执着于口腔习惯，例如抽烟、接吻和好吃等。

肛门期大约是从一岁半到三岁，满足从口腔转移到肛门。在这个阶段，儿童主要从身体的肛门区域获得快感，而该阶段恰好和排便训练重合，儿童可能有意违背父母意愿，该排便时不排便，不该排便时却想排便。这一时期的冲突可以造成肛门固着型人格，拥有这种人格的人邋遢、浪费和奢侈。此外，也可能造成肛门保存型人格，这种人会过度整洁、干净，行为带有强迫性。

性器期大约是从三岁到五岁。在这一阶段，性欲的满足涉及性幻想和展现、爱抚生殖器。"俄狄浦斯情结"就产生于这一时期。弗洛伊德根据古希腊神话中的人物俄狄浦斯来命名这一情结。俄狄浦斯在无意中杀死了自己的父亲，娶了自己的母亲。根据这个神话故事的象征意义，弗洛伊德指出，拥有"俄狄浦斯情结"的儿童在性方面受到异性父母的吸引，并对同性父母产生恐惧，因为儿童把同性父母看作自己的竞争对手。

通常，儿童是通过认同同性父母而克服"俄狄浦斯情结"的，而且儿童还会以社会更可接受的情感形式来代替对异性父母的性渴望。这一时期形成的对异性的态度一旦确立，将会影响其成年后与异性的关系。认同同性父母的结果之一是促进超我的发展，认同的态度会导致儿童采纳同性父母的行为方式，进而接受父母的超我标准。

顺利通过这些早期阶段后，儿童就会进入潜伏期，时间为五岁到十二岁，直到青春期的来临。这标志着最后生殖期的开始。到这个时期以后，年轻人会出现异性恋行为，开始为结婚和组建家庭做好准备。

在两次世界大战期间，弗洛伊德越来越对当时的文化批评和文明批评感兴趣。当时，无论是"左翼"还是"右翼"，都宣告了西方文化的没落。其中，最著名的作品是德国历史学家斯宾格勒写的《西方的没落》，这本书的第一卷出版于1918年，第二卷出版于1922年。这本书受到世人的广泛欢迎，也引起了读者和学术界的激烈争论。

揭示出那些对现代文化的强烈批判态度的心理原因，是弗洛伊德的主要兴趣所在。作为一个精神分析学家，弗洛伊德特别关注"痛苦的社会根源"到底是什么。他说："似乎可以肯定的是，我们今天的文明不能在我们之内激起一种幸福感。"

这个主张是令人惊讶的。事实上，现代社会的科技进步给了我们征服自然的力量，医学的进步延长了我们的生命。但是，弗洛伊德强调，这种进步不是人类幸福的唯一条件。进步是以压制我们的本能和个体罪恶感的增强为代价的，这就是我们对文明不满的背景。他对文明的分析主要体现在其著作《文明及其不满》中。

弗洛伊德让我们想象一下，如果人类回归到自然状态，所有与本能有关的禁忌都被启封，那会是一种什么样的混乱局面？于是他得出结论："文明的主要任务及它存在的本质原因在于保护我们免遭自然之害。"与卢梭相似，他认为，在文明存在之前，个人的自由是最大的，尽管这种"野性的自由"几乎毫无价值。由于个人无法维持这种自由，对自由的第一批限制就伴随文明而来。因此，文明社会就存在着一种个人自由和文明限制之间的对立。

这种对立和冲突对于理解人类本能的变化来说是非常重要的。在某种程度上，所有社会都必须建立在放弃本能的基础上。弗洛伊德指出，文明对本能的压抑，在第一批禁忌中就已经得到了证明。

首先是对乱伦的禁止，绝大多数的非生殖形式满足被认为是堕落的而加以禁止。人类学研究发现，乱伦禁忌在世界各地的各种不同文化中普遍存在。弗洛伊德把这个过程描述为"有史以来强加于人类性爱生活的最严重的创伤"。因此，他的结论是："有文化的"人类的性生活受到了损害，性作为幸福之根源的重要性被大大降低了。

同时，文明又从受压抑的性欲中获得了它的能量。性需要变得"非性化"

了，并通过其他方式获得满足，这个过程就是"升华"。人类文明之所以创造出辉煌的艺术和科学，是因为性本能升华了，人们把无处发泄的性能量投到了艺术与科学的活动中。从某种意义上说，爱欲就被牺牲在文明的祭坛上了。

但是，爱欲不是人类生活中的唯一力量。后期的弗洛伊德认为，在人类的本能驱动力中，攻击性占有一个核心位置。如果文明的限制被解除，人就成了野兽。所以，文明必须做出强有力的努力，调动所有资源来限制人的破坏性本能倾向。否则的话，文明将会土崩瓦解，世界也将回到那个"人对人是狼"的丛林状态中。

弗洛伊德的这种分析，导致了对道德的一种新看法。文明社会的道德可以被理解为文化上的"超我"，道德的目标就是禁止人类满足攻击性本能的需要。对于弗洛伊德来说，有关人类命运的关键问题，是与文明如何能控制得住人类的攻击性、破坏性本能的问题联系在一起的。

除了思考文明之外，弗洛伊德还在其《一个幻觉的未来》一书中分析了宗教，并且批判了宗教。他认为，人类文明虽然给了我们很多保护，但是并不能替我们抵挡自然灾害和神秘死亡。人类面对大自然的力量及神秘莫测的命运时是很脆弱的。那么怎么办呢？我们的祖先是如何应对这个难题的？他们首先做的就是把自然现象拟人化，并将其视为超自然个体，然后想象出各种神灵，对之崇拜。这就是原始宗教的起源。随着时间的流逝，人们要求神灵关心人类的苦难，并监督文明社会。

因此，宗教观念的产生，是源于人类无助的需要。在弗洛伊德看来，人们的这种反应源于幼儿时的无助感。幼儿很容易将父母特别是父亲视为全能的个体，并对父亲产生一种崇拜之情。父亲既是他的保护人，同时又令他心存畏惧。所谓神的观念正是建立在孩子与父亲的关系模式之上的。弗洛伊德特别明确指出，他仅对"西方社会中白人基督教文明呈现的最终阶段"加以审视，而撇开其他形式的宗教不谈。

由此，弗洛伊德宣称，一切宗教观念都不过是幻觉。在这些宗教观念中，人类最强烈的愿望得到了满足。这些愿望是基于幼儿的无助和人类面对危险时产生的焦虑感。借助神明护佑、最终审判和死后有来生等观念，人类解除了焦虑，恢复了平静。这便是宗教的作用和功能。

弗洛伊德继续指出，宗教观念并非只是人类愿望的实现，同时也是原始部落的父亲角色在被弑杀和神化后所遗留的历史回忆。他认为，其实宗教和儿童早期出现的神经症相似，将随着个体的心理发展而销声匿迹。也就是说，当儿童的心理成熟之后，神经症将会消失，那么相应地，他也不再需要宗教的安慰。

从历史视角来看，宗教是远古时期人们的神经症残余。弗洛伊德说：“宗教就是人类普遍的强迫性神经症；正如儿童的强迫性神经症，宗教也源于俄狄浦斯情结之中，源于孩子和父亲的关系之中。”在弗洛伊德看来，正如幼儿神经症在成长过程中会逐渐消失那样，宗教也终将消亡，而人类现今就处于类似的阶段之中。

精神分析学派

从时间上看，精神分析与其他心理学思想学派是重叠的。1895 年，弗洛伊德的第一部著作《歇斯底里症研究》问世，标志着精神分析这一新运动正式揭开序幕。到了 1939 年弗洛伊德去世的时候，整个心理学世界已经完全改变了。

当时，冯特的心理学和机能主义心理学已经成为历史，格式塔心理学正在从德国移植到美国，行为主义成为美国心理学的主要学派。尽管在心理学的思想学派之间存在着冲突，但这些学派都有着共同的学术传统，都受到冯特心理学的激励。

精神分析学派在心理学中是一个独特的存在，产生于医学和精神病学传统，即对那些被社会认定为心理不健全的人的治疗。它并不是大学的产物，也不是纯科学研究的结果。因此，精神分析学派与其他派别有本质上的不同。它过去不是，现在也不是一个可与其他学派直接进行比较的心理学学派。

从产生之初，在研究目标、研究对象、研究方法上，精神分析就与主流心理学思想有明显的区别。心理病理，或者变态行为是精神分析的研究对象，所采用的主要方法是临床观察，而不是受控的实验室试验。精神分析的特点在于深入探讨潜意识，而其他的心理学学派实际上都或多或少地忽略了这个问题。

就像冯特和他的实验心理学一样，弗洛伊德对精神分析这个新体系的垄断并未持续多久。大约在他确立精神分析这一运动 20 年后，精神分析就分裂成相互竞争的各个派系，每一个派系由一个在基本观点上持异议的精神分析学家领导。

对于这些分裂者，弗洛伊德没有任何仁慈。那些倡导新观点的分析学家受到他无情的讥讽和嘲笑。无论弗洛伊德曾经与他们的关系有多么亲密，一旦他们背离了弗洛伊德的教导，弗洛伊德就会把他们驱逐出去，再也不会理睬他们。

有些分析学家并没有完全否定弗洛伊德的基本观点。实际上，他们把自己的理论建立在弗洛伊德的观点基础上，扩展了弗洛伊德的学说。这些人包括科胡特、克莱因、弗洛伊德的女儿安娜。

而有些分析学家则是"持不同政见者"，最著名的是荣格、阿德勒和霍妮。这些人在弗洛伊德活着的时候就建立了自己的理论。

所有这些人，无论是同意弗洛伊德观点的，还是持不同观点的，他们都被统称为"新弗洛伊德学派"，作为与传统弗洛伊德观点的区分。

新弗洛伊德学派中的"自我心理学"的一个领导人，是弗洛伊德的女儿安娜·弗洛伊德。她是家中老幺，也是唯一一个子承父业的。她沿着弗洛伊德的道路，成为一名精神分析学家。

1927 年，安娜出版了《儿童精神分析导论》一书，发明了一种针对儿童的精神分析治疗方法。这种方法考虑了儿童的相对不成熟和不高的语言水平。她发明的方法包括游戏材料的使用和在家庭情境中对儿童进行观察等。这就是女性学者的优势，男性学者在这方面很难做到如此细腻。

安娜修改了正统的精神分析理论，扩展了自我的功能，使之独立于本我。在 1936 年出版的《自我与防御机制》一书中，安娜澄清了自我防御机制的作用，认为防御机制的功能是保护自我免遭焦虑的侵扰。安娜对防御机制进行了精确定义，并从对儿童的分析中找出一些例子，用以说明防御机制的作用。后来，从 20 世纪 40 年代到 70 年代早期，由安娜和其他一些人建立的自我心理学成为精神分析学派在美国的主要形式。

弗洛伊德曾把卡尔·荣格看作精神分析运动的继承人。他称荣格是"我的继承人和王储"。可是，他们的友谊还是破裂了，荣格建立了自己的"分析心理学"。他的分析心理学中的许多内容与弗洛伊德的工作都是相对立的，曾经的"继承人"变成了"反叛者"，也难怪弗洛伊德生气了。

荣格的生活经验无疑影响了他的分析心理学。他不像弗洛伊德那样限制自己的性活动，他喜欢女性的陪伴，希望身边有崇拜他的女病人、女信徒。由于荣格自由地、频繁地满足自己的性需要，不像性饥渴者和欲求不满者那样对性非常重视。因此，对于他来说，性在人的动机中扮演了最不起眼的角色，这跟弗洛伊德刚好相反。

在儿童时代，荣格喜欢远离其他儿童，安静独处。荣格的这种性格特征也反映在了他的理论中。他的理论关注人的内在成长，而不是社会关系。荣格与弗洛伊德的另一个差异是对力比多的看法。弗洛伊德用性的术语来界定力比多，而荣格把力比多看作一种一般性的生命能量，性仅仅是其中的一部分。对于荣格来说，力比多的基本能量表现在成长、生殖和其他一些活动上，而究竟表现在哪一方面，要根据具体情况而定。

荣格比弗洛伊德更深入地探索了潜意识。他给潜意识增加了一个新的维度，即"集体潜意识"。他把潜意识描绘为人类种族和他们的动物祖先的遗传经验。荣格认为，个人潜意识中的各种经验会群集成情结。情结是一些有着共同主题的情绪和记忆模式，在本质上是整个人格系统中较小的人格。

在个人潜意识之下的是集体潜意识，个体对它是不了解的。集体潜意识中包含着以往各个世代累积的经验，包括我们的动物祖先遗留下来的那些经验。这些带有普遍性进化性质的经验形成了人格的基础。

那些带着遗传倾向的经验在集体潜意识中被称为"原型"。原型是个体心理生活的先天决定因素，它让个体在面临相似情况的时候做出与祖先相同的行为。在面对比如出生、青春期、婚姻、死亡或极端危险情境等重要的生活事件时，如果我们注意观察自己的情绪和行为，就能典型地体验到原型的存在。这种原型具有普遍性，荣格把原型看作潜意识中的"诸神"。

荣格在研究古代文明中的神话和艺术创造物时，发现了一些共同的原型象征的存在。这些象征甚至存在于相隔十分遥远的不同文化之间，所以这些材料都支持了他的集体潜意识概念。出现频率最高的原型是人格面具、阿尼玛和阿尼玛斯、阴影和自我。

荣格的内向和外向概念是非常著名的。外向指的是把力比多能量指向自我之外的外部事件和人。这种外向型的人受到环境中各种力量的强烈影响，喜欢社交，在各种情境中都充满自信。内向指的是把力比多能量指向内部，指向自己。这种内向型的人是沉默的，喜欢反省，倾向于抵制外部影响。在面对他人和社交情境时，与外向的人相比，内向的人可能信心不足。

实际上，每个人身上都不同程度地存在着这些对立的倾向，但是通常一种倾向比另一种更强。没有人是完全内向或者完全外向的。

在荣格的理论中，人格差异不仅表现在内向或外向的态度上，而且也表现在四种机能方面，即思维、情感、感觉和直觉。这些机能都是我们对待外部客观世界和内部主观世界的方式。

荣格的理论对宗教、艺术、历史和文学等领域产生了广泛的影响。不少历史学家、神学家和作家都承认，是荣格让他们产生了灵感。然而，科学心理学却忽略了荣格的分析心理学。在 20 世纪 60 年代之前，荣格的许多著作并没有被译成英文，他复杂的写作风格和缺乏系统的语言组织方式阻碍了人们对他工作的全面理解。

1911 年，奥地利人阿尔弗雷德·阿德勒背离了弗洛伊德。阿德勒通常被认为是精神分析社会心理学方法的第一个倡导者。在他建立的理论中，社会兴趣扮演着关键角色。

阿德勒相信，人的行为主要是由社会力量决定的，而不是由生物本能决定的。他提出了社会兴趣的概念，指出社会兴趣是一种与他人合作，以达到个人和社会目标的固有潜能。社会兴趣是在婴儿期通过学习获得的经验发展起来的。

与弗洛伊德相比，阿德勒最大限度地减少了性在人格塑造中所起的作用。弗洛伊德把人格划分为本我、自我和超我，而阿德勒则强调人格的整体性和一致性。他认为，人格中有一种固有的动力性力量，引导人格朝向总目标前进。这个目标就是优越，即一种完善感和完美感，优越代表着全面的发展和自我实现。

阿德勒和弗洛伊德的另外一个关键不同点，是对女性的认识。弗洛伊德提出"阴茎嫉妒"概念，认为女性因生物学原因，天生具有自卑感。阿德勒则认为，这实际上只是男人的谎言，是男人为了支持自己比女性优越而编造的谎言。女性所体验到的任何自卑感并非来自先天的生物因素，而是源于性角色定型等社会因素。阿德勒相信两性平等，并支持他那个时代的妇女解放运动，所以他算是一个女权主义者。

阿德勒最有名的著作是《超越自卑》，他把一般的自卑感看作行为的动机力量。"自卑情结"这个概念在阿德勒那里得到了扩展，他把任何身体的、心理的和社会的障碍所造成的自卑感，不管是真实的还是想象的，都包括在自卑情结之内。

在阿德勒看来，拥有自卑感并不是什么坏事，而是有其积极意义的。自卑感的运作既有利于个体，也有利于社会，因为它会指引人们不断走向完善。但是，自卑感如果不能得到适当的补偿，就会导致自卑情结的产生，使得个体无法解决生活中面临的问题。

根据阿德勒的观点，对优越和完美的追求是人类的普遍目标，但是在达到这个目标的过程中，每个人的行为方式都是不同的。人们会建立自己的行为风格，以一种独特的反应方式来表现自己的追求，这种行为风格涉及人们怎样补偿真实的或想象中的自卑。人的生活风格在四五岁时固定下来，以后就难以改变了。

我们可以根据自己独特的生活风格来决定自己的人格。阿德勒认为，每个人都可以加入塑造自己人格和命运的过程中，我们可以决定自己的命运，而不是被过去的经验和自己的潜意识所决定。也就是说，我们可以"超越自卑"。

德裔美国心理学家和精神病学家卡伦·霍妮是一个早期的女权主义者，她在柏林接受了弗洛伊德精神分析的训练。霍妮认为自己的工作是弗洛伊德体系的延伸，而不是取代。

弗洛伊德认为，人格的发展始终依赖于性的力量，霍妮反对这种观点。她抛弃了力比多概念和人格三重结构理论，否认性因素的重要意义，质疑俄狄浦斯情结是否有效。尽管如此背离弗洛伊德，但霍妮还是接受了潜意识动机的概念，认为情绪性、非理性的动机是存在的。

与弗洛伊德相反，霍妮认为，不是女性对男性产生"阴茎嫉妒"，而是男性被"子宫嫉妒"所诱发，男性嫉妒女性的生育能力。她相信，男性为了维持自己在社会上的地位，就会对女性进行打压，限制女性的发展机会，否认女性的平等权利，贬低女性追求成就的努力。对于霍妮来说，这些大男子主义行为的根本原因就是怀有"子宫嫉妒"的自卑感。

"基本焦虑"是霍妮理论体系中一个基础性的概念。她把基本焦虑定义为"在一个有潜在敌意的世界里，儿童所具有的一种孤立、无助的体验"。她认为，基本焦虑源于父母的支配、缺乏保护和爱，以及父母古怪的行为。婴儿生活在一个充满威胁的世界中，而他又没有足够的能力来保护自己，因此，寻求安全和自由的需要是他的根本动力。

霍妮相信人格的发展关键是在童年早期，在这一点上她与弗洛伊德的观点相同。但是她又坚持认为，人格毕生都在持续变化着，而不是定型后就不再改变了。她否认弗洛伊德所提出的口唇期、肛门期等发展阶段的普遍性，更关注的是父母和其他抚养者怎样对待儿童。

对于霍妮来说，基本焦虑产生于父母和儿童之间的关系。当这种焦虑出现后，儿童为了应对父母，就会形成一些行为策略，用以解决随之而来的无助和不安全感。如果这些行为策略中的任何一个被固定下来，成为儿童人格的一部分，那么这种固定下来的行为策略就被称为"神经症的需要"，它是儿童防御焦虑的一种方式。

最初，霍妮列举了10种神经症的需要，包括对友爱的需要、对成就的需要和自我满足需要等。在后来的著作中，她把这些神经症需要归类为3种倾向，即顺从人格、孤离人格和攻击人格。

患有神经症的个体为何会顽固和不自知，那是因为他们戴着一副假面具。在其掩盖之下，神经症个体否认内部冲突的存在。这个假面具就是理想化的自我意象，它为人们提供了人格或自我的虚假图像，是一种不完善的、给人错误印象的假面具，使得神经症个体无法理解和接受真实的自我。他们相信理想化的自我意象是真实的，这种信念反过来又使得他们认为自己优越于他们的真面目。

所幸，这些神经症冲突并不是固定不变的，也并非不可避免的。霍妮认为，神经症产生于童年时代不理想的生活环境，因此，如果儿童的家庭生活充满温馨、理解、安全和爱的气氛，就可以防止这些神经症需要的出现。事实也确实如此，家庭生活对儿童的心理和人格发展有重大的影响，帮助儿童发展出健全的人格是为人父母的责任所在。

精神分析是在主流学院派心理学之外发展起来的，而且多年来情况一直如此。许多学院派的心理学家对精神分析提出了激烈的批评，心理学的领袖们对弗洛伊德的理论进行了无情的攻击。但是，弗洛伊德的观念却慢慢渗透到了美国心理学的教科书之中。

到了 20 世纪三四十年代时，精神分析引起了公众的注意，并对公众产生了巨大的、几乎是不可抵抗的吸引力。正统的心理学界为之震怒，因为人们把心理学和精神分析混淆在一起，认为两个领域是相同的，以为精神分析就代表了心理学。

为了消除威胁，心理学家们决定以实验方法为武器，来捍卫科学心理学。他们用实验方法测试精神分析的科学合法性。通过几百个实验研究，心理学家宣称，至少在实验心理学家的心目中，精神分析比不上以实验方法为基础的心理学。

虽然弗洛伊德提出的许多概念都无法进行科学验证，比如本我、自我、超我、死本能、力比多等，但是其他一些概念是可以使用科学测量进行考察的。后来的研究支持了弗洛伊德有关潜意识过程对思想、情绪和行为影响的观点，并且显示出潜意识具有巨大的作用和影响，这比弗洛伊德认为的还要广泛和深入。

到了 20 世纪五六十年代，行为主义学派开始把精神分析的术语转译成行为语言。美国人华生较早地迈出了这一步，他把情绪界定为一组习惯，把神经症行为描述为缺陷条件反射的结果。美国人斯金纳则使用操作性条件反射的语言对心理防御机制进行了重新解释。

最终，心理学吸收了弗洛伊德的一些概念，使之融入主流心理学。潜意识的作用、早期经验的重要意义和心理防御机制的作用等，这些精神分析的观念都成为心理学不可缺少的一部分。

第十九章　社会科学的兴起

社会学建立

有不少学科属于社会研究的范畴，它们中的一些和哲学同样古老。但是人类进入到现代社会后，社会的复杂性陡然增加，现代社会与前现代社会或者古代社会在各个方面都有了很大的不同。因此，以前那些零零散散的研究社会或思考某一种社会现象的知识已经不够用了，迫切要求有一门专门以社会为具体研究对象的学科出现，这就是社会学。

19世纪，社会学作为一门独立的学科而兴起。社会学早期的先驱和奠基人有孔德、托克维尔、齐美尔、滕尼斯、涂尔干、韦伯等人，他们对社会学的建立和发展做出了很大的贡献。

奥古斯特·孔德（1798—1857）是新的关于社会的科学即社会学的先驱。他在其《实证哲学教程》一书中引入"社会学"这一术语，替代了他以前使用过的"社会物理学"。

孔德从历史的角度来看待社会学的兴起。他认为，人类理智的发展经过了神学的、形而上学的和实证的三个阶段。数学、物理学和生物学已经进入了实证阶段，摆脱了神学的和形而上学的思维。但是，以人类为研究对象的学科却还是以神学和形而上学的思辨为特征，这就意味着该学科已经比较落后了。所以，孔德要把这些学科推向实证的、科学的阶段。从这个角度来说，孔德就是作为一种实证科学的社会学奠基人和倡导者，试图把社会学"实证化""科学化"。

孔德把实证的和实证主义看作人类理智发展的最高阶段。自然的，那些拖后腿的神学的和形而上学的思辨，就成了孔德的批判对象。实证的科学专注于可知觉的现象，专注于能通过经验研究来加以确立的有秩序的关系，它是经验的、客观的和反思辨的。

经典物理学就是实证科学的典范，因此孔德认为社会学应该尽可能地模仿物理学。也就是说，社会学应该成为关于社会的"自然科学"，就像自然科学那样靠谱。孔德提议的这种进路是建设性的、积极的。

孔德在其《实证哲学教程》中提出了一个著名的口号："不应当从人出发来给人类下定义，相反的，应当从人类出发来给人下定义。"这就意味着，如果把研究对象局限于个别的人，我们就不能理解作为整体的人类和人类社会，所以应该反过来，从研究人类社会整体的性质和规律出发，来理解个别的人。

长期以来，罗马天主教在西方社会扮演的是一个仲裁者、指导者的角色，对社会及其成员具有约束作用。在孔德看来，实证主义是现代社会的约束力量，它是唯一能够在社会上扮演以前罗马天主教角色的思想原则。社会学作为一种关于社会的自然科学，可以构成一种全新而有效的社会技术的基础，将成为使社会恢复良好运作的指导性工具。

特别的是，孔德还认为，社会学不是诸多科学中的一种，而是处在科学等级体系的顶端，同时还是新社会中准宗教式的整合原则。这种观点在他的后期著作中体现得更加明显。孔德变了，他早年是冷静的，采取的是反形而上学的态度，后来由于他对实证主义的热情越来越炽烈，竟然形成了一种"宗教般"的态度。他对社会学的看法，几乎与一名虔诚的宗教信徒对待宗教的态度无异。

孔德的观点在19世纪下半叶有不少追随者，这位社会学的"大主教"对后期的许多社会学家都产生了影响。

在社会学史上，孔德的重要性和地位无疑是不可动摇的。他的贡献可以简单概括为三个方面：一是他提出了一个实证的"关于社会的自然科学"的纲领；二是他主张对"社会现象"可以像对自然事件那样进行客观研究；三是他主张，社会学的洞见揭示出社会中存在的恒常关系，可以使得一种新的社会技术得到发展，并促进社会和政治问题的解决。

格奥尔格·齐美尔（1858—1918）是德国犹太人，是古典社会学家中的大散文家。他最重要的著作有《论社会差异》《货币哲学》和《社会学》。此外，他还有一些关于哲学、艺术和其他文化问题的研究著作。

对于齐美尔来说，社会学是关于个体之间的相互作用或社会互动的一门科学。就此来说，社会学要采用一种关系型的思维，社会互动就是"作为过程的生活"。这便意味着，林林总总的社会现象是一个开放的过程，而不是一个封闭的体系。因此，社会学研究就应当从社会生活这个过程中那些最简单的元素出发，去发现它们之间的相互关系。

由此可以看得出，齐美尔用的是一种类似于自然科学式的还原法，先是把社会分解为简单的元素，然后了解元素之间是如何相互作用的。他认为，社会学在很多方面是社会的"显微镜学"，我们要像生物学家用显微镜研究自然界那样去研究社会。在他的一系列有趣的文章中，齐美尔描述了孤独和"双人性"，也讨论了处于互动中的"陌生人"所面临的社会情境，还考察了群体之间的冲突。

社会是由无数互动的"肌体组织"构成的。为了理解这种互动，我们就必须在微观的层次上进行社会学的考察。这种考察必须从互动的最简单形式和连接个体的不可见线索出发，唯有如此我们才能找到线索，而不至于迷失在社会迷宫中。

齐美尔的出发点不是宏观的社会学概念，而是对细节的微观社会学分析。就像经济学分为宏观经济学和微观经济学那样，我们也可以称齐美尔为"微观社会学家"。

他认为，现代世界是分裂的、碎片化的，把握"整体"再无可能。只有在生活的细节中，在万花筒般的碎片中，才有可能一窥更大的相互关联。这便是所谓的"管中窥豹，可见一斑"。因此，他所采取的方法论和手段包括了"快照"、片段和特殊印象等。齐美尔如果生活在今天，一定会很高兴，因为他面对的互联网世界就是一个碎片化的世界！

单单观察一个简单的因素，往往就能揭示出隐藏的社会联系。比如，一枚硬币或者一把钥匙就是重要的社会关系符号。在现代社会，金钱连接着人与人，那么考察金钱的特征和流向，就能在一定程度上理解现代社会。

齐美尔启发了20世纪的新兴社会学，其他很多学者都吸收了他的思想。

齐美尔对社会现实的描绘，大多是由这类瞬间的印象所组成的。因此，人们常说，齐美尔是一个"印象派"式的社会研究者，他就像印象派画家一样，试图把握自发的体验。作为一个社会学的印象主义者，齐美尔是把握社会现象直接的、第一印象的高手。

在许多方面，齐美尔都是社会学的一名探路人。他努力勘测现代生活的碎片地块，描绘社会生活的流动画卷。他的研究方式和理念也影响了他的表述方式，结果便是，他的论证常常是假设性和试探性的。他从不轻易下断言，而且频繁地使用"也许"这个词，所以，有时候齐美尔被人们称为"也许思想家"。也许情况就是这样的吧。

社会凝聚力

社会是由许许多多的个体组成的一个共同体。那显然，社会有力量把众多的独立个体凝聚和连接起来，如果这种凝聚失效了，社会便可能会分崩离析。

爱米尔·涂尔干（1858—1917）是法国人，他的名字也被译作"迪尔凯姆"。他的父亲是一位犹太教的拉比，但是他对宗教问题持一种不可知论的态度。他先成为教育学的教授，后来成为社会学的教授。他的著作包括《社会分工论》《自杀论》《社会学方法的规则》和《宗教生活的基本形式》。

涂尔干的基本思想是，社会是建立在凝聚力上的，这种力量将人们联系起来，就维持了一个社会。当社会的凝聚力削弱时，社会就会出毛病。因此，我们必须找到正确的治疗方法，来恢复这种对社会来说至关重要的凝聚力。

社会学就是关于这种凝聚力的科学，社会学家就如同医生，治疗生了病的社会。凝聚力的基础是如何被削弱的，又如何才能加强？这就是我们该重点关心的事情。涂尔干认为，当时的法国社会的凝聚力被削弱了，所以法国是一个病态的社会。

自杀问题是人类社会的一个很特别的现象。在生物界，只有少数动物会自杀，但动物的自杀不是有意识的，人类的自杀却是有意识的。涂尔干重点研究了自杀。他认为，社会学必须发现更好的概念，用更好的方法来研究自杀。从日常语言和日常生活出发，涂尔干追求的自杀概念是可以相对于不同的社会条件，也就是相对于不同的"非心理性质"的变异而言的，并且这种自杀概念是能用统计方法进行处理的。

　　作为一个社会学家，涂尔干通过忽略自杀的各种情感的与个体层面的因素，使自己和心理学拉开距离。他要考察的是非心理性质的其他因素。相关于性别、年龄、婚姻状况、宗教派别、民族、社会阶层等，他分析了自杀频率的变化，通过统计方法来研究自杀。

　　在占有统计资料的基础上，涂尔干试图构造一种关于社会的理论，即关于社会凝聚力的理论。根据这种理论，高自杀率标志的是一种弱化了的凝聚感。也就是说，在一个凝聚感低下的病态社会里，人们的自杀率就比较高。想想看，人们若生活在这样的社会中，就会觉得没有存在感，精神上自然就苦闷、孤独、抑郁，那自杀的现象就会增多了。

　　涂尔干说，社会学家应当把社会现象看作事物，采用统计的材料和实践的概念来发展理论。基于他关于研究自杀所收集的统计资料，涂尔干觉得自己可以对社会的凝聚力及其削弱的原因进行说明。

　　弱化了的社会凝聚力被涂尔干称为"失范"，即无法律性、无规范性。简单来说，社会的失范状态是人与人之间纽带削弱的具体体现。当社会的失范状态发展到一定程度时，个体的抗压能力就会降低，从而导致自杀率升高。

　　涂尔干说，他有统计方面的证据表明，结了婚的男人比起单身男人，结婚生子的夫妻比起没有子女的夫妻，罗马天主教徒比起新教徒等，会少一些失范。因此，婚姻、家庭和宗教（特别是天主教）是社会中的黏合因素。

　　要克服失范，就一定要强化社会和经济生活的规范。所以，仅仅通过简单的道德教化或国家权力强制干预，是难以实现这点的。在国家当中，一定要存在一些可以用和谐的方式来调节经济的建制，也就是说，进行制度建设，才是治标又治本。

涂尔干既反对纯粹自由主义般的毫无控制和管束，也反对马克思主义的关于社会剧变的理论。他的观点主要是针对从启蒙运动继承而来的"遗产"，即发展、解放和进步的观念。在涂尔干看来，启蒙思想家们所强调的那些观念，有使社会走向解体的危险趋势。

社会虽然不是一成不变的，但也应维持稳定。涂尔干认为，像发展、进步这样的概念，不应被不加质疑地提倡，因为当这些概念被运用到所有种类的变化之中时，其实就是用一种看似无害的方式描述了破坏性的失范。因此，我们应该努力加强作为社会稳定和幸福的前提条件的社会凝聚力，而不是盲目地让自己从一切事物中"解放"出来。所谓的发展、解放、进步，并不一定都是好的，有时候它们恰恰就是一种破坏性的失范的表现。

一般来说，社会理论可以区分为两种类型。一种理论假定了一种基本的冲突，另一种理论假定了一种基本的和谐。就此而言，涂尔干确实是一个关于和谐的社会理论家，而马克思是一个关于冲突的社会理论家。

关于个体和共同体的关系，涂尔干强调共同体的凝聚力。个体必须适应对于一个运作良好的社会来说必要的规范和规则。而另一种情况就是无政府主义，这便是"失范"，这对于个体来说没有什么好处。

我们可以看到，社会秩序是涂尔干一生学术研究的主题，他对社会采取的是一种宏观的视角。19世纪下半叶，法国社会正处于动荡不安的状态。涂尔干渴望用社会学来解答一些现实问题，并以此帮助社会维系稳定。

在分析社会的构成和发展时，涂尔干采取的方法是关注社会分工这个关键点。为此，他写了一本《社会分工论》。在他看来，传统力量统治的社会的稳定是依靠"机械的团结"来维系的。在文明程度不高的社会中，由于社会分工程度不高，同一个团体的成员们的谋生手段是相似的，比如做铁匠、农夫，毕竟可供选择的行业太少。大家遵守相同的习俗，信奉相同的图腾或神明，生活方式也大同小异。这种共同性让他们意识到大家属于一个共同的集体，所以他们不会离心离德，这样的社会就拥有较强的凝聚力。这样的社会是建立在"相似性"上的，也就是所谓"同质"的社会。在这样的社会中，主要任务就是保持一致性，具体表现是让社会成员尊重集体的信仰及各种传统。

而在近代社会中，由于社会分工的发展，人们在思想、信仰、生活方式等方面的差异越来越大。但因为分工制逐渐取代了古代用来维系集体的共同意识，所以社会得以继续稳固，人们也没有分离。在近代社会，分工制让每个人都在消费上依赖他人，离开了他人就无法生存。这就使社会像一个有机体那样，每个成员都在为社会整体服务，但又不脱离整体。分工就像联系社会各成员的一个纽带，这便是所谓的"有机团结"。近代社会是差异的社会，也是有机团结的社会。

涂尔干在其《社会分工论》一书中，对传统社会中的共同意识进行了批判。他认为，这种共同的信念带有强制性，并且渗透到了一切社会生活中。他还说，通过共同意识或宗教来维系的社会发展，分工制将逐渐取代共同意识的作用。步入成熟期之后，涂尔干改变了看法。在研究人类社会的整合问题时，他不再贬低共同意识的作用，而是转向强调共同意识和宗教对社会所具有的积极作用。

新教伦理和资本主义精神

马克斯·韦伯（1864—1920）在社会学这门学科的发展中发挥了极大作用，可以说是最具影响力的古典社会学家。他出生于德国，长大后就读于海德堡大学，曾在柏林大学任教，后来陆续在维也纳大学、慕尼黑大学等学校任教。他与泰勒、法约尔是同一个时代的人。他为西方古典管理理论的确立做出了杰出贡献，被公认为古典社会学理论和公共行政学最重要的创始人之一，被后世尊称为"组织理论之父"。

韦伯的早期作品大多与工业社会学有关，但他最知名的贡献是后来在宗教社会学和政治社会学上的研究。对于社会学的定义，韦伯说，社会学试图对社会行动进行意义理解，并期望由此达到一种关于社会的过程和结果的因果说明。

这个定义首先的出发点是方法论上的个人主义，这意味着韦伯对社会学中的集体概念持怀疑态度。在韦伯的定义中，还隐含着行动和事件之间的区分。社会学关注的是有动机的人类行动，而自然科学关注的是无动机的自然事件。

人类的行动是具有意义特征的，这在自然界中找不到对应者，自然事件只是单纯地发生，而不具有任何意义。自然科学的研究是发现自然规律，可以对自然事件进行预测。那么社会学研究的是人类行动，能不能对人类行动进行预测呢？韦伯认为，人类行动的意义特征并不排除在社会学中进行预测的可能性。人类行动是理性的，而自然事件是非理性的，这从而导致了人类行动比一个自然过程更具有可计算性，也就是说，行动具有一种可理解的动机。

"理解"并不排除"说明"。理解的方法是对因果说明方法的补充，同时，一种理解动机和目的的解释，也必须由因果说明来补充或支配。这两种方法是相辅相成的。韦伯认为，一旦行动的意义得到阐明，那么描述人类行动过程的统计性陈述，比如自杀率，便可以得到充分的说明。所以，社会学必须通过行动者的主观意向和视角来研究。

韦伯将他的社会学建立在四种"纯粹的"行动类型上，即可以合理地导向一个给定目标的行动（目的合理性行动）、导向一个绝对价值的行动（价值合理性行动）、可以被行动者的情感状态决定的行动（情感性或情绪性的行动）、可以被传统和深植的习惯所决定的行动（传统取向的行动）。

在前两种类型的行动中，行动是合理的。第一种类型的行动是合理的，因为它是导向一个有意识的、毫不含糊的目标，并可运用知识，去采取能够导致这一目标实现的手段。比如，一次成功的医学方案、在战争中研发导弹的工作等。第二种类型的行动是由行动者伦理的、宗教的信仰决定的。比如，泰坦尼克号的船长出于荣誉和职责与大船一起沉没、虔诚的宗教信徒以身殉教等。第三种类型的行动不是合理的，它是行动者情感状态的直接后果。一个精神失常的行动或对刺激的失控反应，可以说是一种充满激情的行动，但这样的行动处于有意义和无意义的行为边界上。比如，新闻中报道某个女子乘船时不小心把手机掉落海里，情绪失控，想跳海去找手机。第四种类型的行动包括了我们根据自己并未意识到的习俗和习惯，几乎是"无意识地"所做的一切。当我们有意识地倾向于传统时，我们的行动便是价值合理的。比如一对年轻人因为结婚彩礼的问题吵架、生气。

对于韦伯来说，意义与合理性有密切的联系。有意义的行动与目标合理性、价值合理性有关联，倾向于传统的行动和激情的行动是两可的情况。韦伯的社会学作为一种"理解的社会学"，其方案是建立在合理行动的观念上的。

在对历史进行社会学研究时，合理性与合理化可以作为研究和思考的一种线索。韦伯在进行历史考察时，试图对西方世界特定的合理性发展进行阐述，并努力想要掌握西方世界特有的社会特征和文化特征，正是这些特征让西方文明与其他文明区别开来。

在韦伯看来，只有在西方才发展起了科学。在其他文化，如印度、中国和波斯的文化中，我们也可以发现经验知识、哲学和神学的智慧。只是在那些文化中，所获得的知识缺少数学的基础以及理性的证明，并且其也不以科学的实验为基础。

同样，在艺术上也有类似情形。所有的民族都具有音乐才能，但是只有西方发展了一种合理的和谐音乐（多声部音乐与和声）、管弦乐队及记谱法。在文艺复兴时期，随着透视法的引入，在艺术领域发生了一个合理化的过程。韦伯认为，科学专家和高级的技术官僚只有在西方文化中才会出现。

那么问题来了，为什么这种合理化的过程在西方之外没有发展起来呢？为什么现代资本主义首先在欧洲得到发展？韦伯在其《新教伦理与资本主义精神》一书中给出了自己的一个解答。

韦伯不仅关注资本主义在西方胜利的外在条件，如科学、法学等，同时也对其内在原因很感兴趣。他强调，当资本主义的生活方式受到宗教和意识形态的禁止和限制时，一种合理的资本主义商业生活的发展也会遇到巨大的内在对立。他试图找到出现在宗教改革期间及之后的那些特定的因素，这些因素冲破了各种禁令，并使现代社会兴起成为可能。

在韦伯看来，宗教改革导致传统伦理的义务观发生了根本变化，并为一种新的、具有合理性的伦理观扫清了道路。这种新的伦理就是"新教伦理"，是一种人们在之前并不知道的工作伦理，也是一种新的、理性的生活态度。

对于新教徒来说，生产性的工作实际上获得了一种宗教的意义。工作成为一种"天职"，商业的成功被解释为一种"选民"的标志。因此，努力工作，追求商业利润就不是非道德的了，而是值得大力提倡的。此外，新教徒对于肉体和感官快乐的消极态度，限制了消费，促进了资本的积累。他们这些人就像貔貅那样，只进不出。于是，新教主义以这样的方式创造了"世俗的禁欲主义"。

这种世俗的禁欲主义重新架构了新教徒的人格。在勤奋工作和井井有条的自我控制方向上，出现了一个人格内在的合理化过程，然后内在的合理化又支持了经济生活外在的合理化，也就是说，新教徒是发自内心地过着禁欲式的生活，并且勤奋工作，这便造就了经济上的繁荣和富裕。

当然，韦伯并没有说，路德和加尔文的宗教改革是有意识地为资本主义的兴起确立精神条件。其实，资本主义伦理的发展也没有以此为目标。资本主义在西方的兴起，是在新教各派中发展起来的伦理和宗教态度的一种意想不到的结果。资产阶级的生活方式和资本主义精神，是从幕后悄然涌现的。

也就是说，新教徒的禁欲主义和自我控制精神，以及通过工作和赚钱来荣耀上帝的观念，促进了资本的积累和资本主义的发展。但这种新教伦理对资本主义的促进作用是一个意外的结果，并非有意为之。

还需要注意的是，韦伯并没有说新教伦理是资本主义兴起的充分必要条件，或者是唯一条件。韦伯反对单一因果的说明模式，强调资本主义在西方的兴起是有许多原因的。因此，对于资本主义的兴起来说，新教伦理只是一个必要的但非充分的条件。的确，对于人类社会的历史形成来说，有许多因素在同时起作用，而不仅是某个单一原因。在《枪炮、病菌与钢铁：人类社会的命运》这本书中，美国生物学家贾雷德·戴蒙德揭示了影响历史广泛模式的各种环境因素，阐释了为什么现代社会中的财富和权力分配是以今天这种面貌，而不是以其他形式呈现的。此书影响力很大，知名度很高，就是因为采用了非单一因果的说明模式和思路。

和尼采一样，韦伯在许多方面与启蒙运动对进步的信念相决裂，他对自己时代和未来的看法受到尼采对虚无主义诊断的影响。在韦伯看来，商业生活的理性化创造了令人吃惊的经济增长，但是它也创造了资本主义的"铁笼子"，以及一种以"势不可当的强制力"决定人类生活的机械力量。

现代科学的兴起让人类可以清楚地了解自然过程，然而这种了解让世界不再像过去那样神秘，世界被"去魅"了。当科学把宗教和形而上学的内容都掏空时，人类也就失去了生存的意义。也就是说，人类通过放弃生存的意义来换取力量，这是现代世界的一大特征。

第一次世界大战之后，悲观主义笼罩着晚年韦伯对未来的看法。他认为，任何的乐观主义都是一种幻觉，我们应该对生活采取一种英雄式的态度。韦伯既不对逝去的金色年代有什么怀旧之情，也没有对未来的"千年天国"有什么准备。他对于世界怀着一种悲壮和审慎的态度，并以斯多葛主义的方式来面对生活。

第六部分　奇迹般的 20 世纪

　　20 世纪是一个奇迹般的世纪，充满了惊奇，充满了赞叹，也充满了矛盾和不安。在各个领域，人类文明都取得了前所未有的进步。人类进入了一个崭新的时代，力量得到了空前的增强，其已经大到足以毁灭地球。人类开始从智人向"神人"迈进。

　　科学技术迅猛发展，思想领域繁荣昌盛，人才辈出，知识大爆炸，人类进入信息化时代、全球化时代。世界人口暴增，经济高速发展，政治和军事领域展示了惊心动魄的跌宕起伏，社会越来越复杂化、多元化，人们的生活水平大大提高，生活方式与过去几千年截然不同。

　　科学技术的发展大大改变了全人类的生活形态，也改变了整个世界的面貌，并影响未来的历史走向。20 世纪初，相对论和量子力学诞生，物理学的革命引发整个科技系统的超越式发展。各种新发现、新发明层出不穷，人类对自然界的认识越发深刻和准确。人类发明了飞机、原子弹、电影、电视、计算机、互联网，登上了月球，探索了外太空，测定了人类的基因组。整个世界几乎没有人类未曾踏足的角落，地球变成了一个村庄。

　　"泰坦尼克号"沉没后，1914—1918 年，第一次世界大战将英国、德国、法国、俄国等几乎所有重要的西方工业化国家都卷了进来。"一战"期间，许多新武器投入使用，死伤人数巨大，这是在世界战争史上前所未有的杀戮。

1917 年，列宁领导的布尔什维克党在沙皇俄国发动十月革命并取得成功，建立了世界上第一个社会主义国家。此后世界划分为共产主义和资本主义两个阵营。共产主义对资本主义的挑战深刻地影响了世界的政治和生活。

"一战"所带来的经济、政治因素变化促使资本主义遭遇严重的经济危机，致使法西斯主义在欧洲兴起。1939 年，希特勒的纳粹德国发动了第二次世界大战，几乎将世界上所有国家都卷了进来。

第二次世界大战期间，空袭、大屠杀、投掷原子弹等一系列事件让大批平民死伤严重。德国纳粹对犹太人的迫害和种族灭绝政策，导致近 600 万犹太人死亡。日本军国主义对亚洲诸多国家进行侵略，造成了数千万人伤亡，其中，中国是死伤人数最多的国家。

"二战"之后，社会主义国家苏联凭借政治和军事上的优势，成为世界上的强国。美苏争霸，冷战开始。

联合国诞生以后，国际合作逐渐增多。欧盟的成立与欧元的使用加快了欧洲一体化进程。很多非洲国家和亚洲国家摆脱了殖民统治，宣布独立。在冷战中，这些国家为了生存，或与美国结盟，或与苏联结盟。

犹太人建立了自己的国家以色列，大卫的子孙们终于回到了他们祖先的土地上。然而，他们与阿拉伯人的冲突至今仍未得到根本解决。

在 20 世纪，人类依然面临很多无法治愈的疾病。1918—1919 年，西班牙暴发了流感，造成几千万人死亡。艾滋病让很多人失去生命，特别是发展中国家的人民。与此同时，医学的进步，如抗生素的出现，也让人类摆脱了很多疾病的困扰。避孕措施的广泛使用有效地减缓了人口增长，DNA 的发现使克隆技术和基因工程的发展成为可能。

在工业领域，石油作为运输工具的燃料和塑料原材料而成为宝贵资源，并得到了广泛应用，被誉为"黑色的金子"。20 世纪后半叶，中东地区因为储油量丰富，而成为世界上军事和外交的焦点。人类对地球的过度开发造成了严重的环境污染，进而导致全球温室效应和臭氧层破坏严重。生物物种数量因为人类对森林的乱砍滥伐而大幅度减少。

20 世纪，是全人类的世纪，也是全人类的胜利。我们已经不再是石器时代那个磨着石块和钻木取火的物种，我们开始朝着宇宙深处挺进。

第二十章　新物理学

爱因斯坦和相对论

阿尔伯特·爱因斯坦是一位富有创造力的杰出理论家，也是唯一一位堪与牛顿相媲美的物理学家，他引发了又一次科学革命，可以说是 20 世纪最伟大的科学家。爱因斯坦的相对论是现代物理学的基石之一，到目前为止依然牢不可破。

英国物理学家麦克斯韦引进了革命性的方程组，确定了电磁场的存在，使电、磁、光都成为同一电磁领域的一部分。他认为，光是一种波，而不是粒子，并且光是通过所谓的一种看不见的媒质"以太"来传播的。

后来，美国物理学家迈克尔逊和莫雷做了一个实验，证明了以太并不存在，而且光速是常数，而无论以什么作为参考系，这就使得牛顿物理学的"相对性原理"成了问题。爱因斯坦恰恰锁定了光速不变的思想，并用他的狭义相对论理出了脉络。

1879 年，爱因斯坦出生于德国乌尔姆，是一个犹太人。这一年，19 世纪最伟大的理论物理学家麦克斯韦去世。爱因斯坦是一个晚熟的孩子，据传闻他早年的学习成绩并不好，如民间流行一个叫"爱因斯坦的小板凳"故事。

爱因斯坦中学毕业后，进入瑞士苏黎世联邦理工学院学习。他把女同学米列娃成功追到手，两人结婚后，生了两个孩子。后来，爱因斯坦又爱上了自己的表姐，与米列娃离婚，同表姐结婚。

1902 年，爱因斯坦毕业后到了瑞士专利局工作。这份工作比较清闲，他可以有很多时间研究自己的东西，思考自己感兴趣的问题。1905年，他完成了五篇论文，这些论文都发表在当年的《德国物理学年鉴》上。这五篇论文每篇都很重要，有讨论光电效应和布朗运动的，更有他的狭义相对论，当时的名称叫《论动体的电动力学》。这是爱因斯坦创造力最辉煌的一年，因此后世将1905年称为"物理奇迹年"。

但这五篇论文的发表并没有使爱因斯坦名声大噪，他依然老老实实地干着他的工作。后来，爱因斯坦在苏黎世大学找到一个教学岗位，但薪金很少，他依然默默无闻。1913年，由于受到普朗克的赏识，爱因斯坦才在柏林的威廉皇帝学院谋得一职。

自从1905年发表论文后，爱因斯坦一直在研究一个更大的理论，也就是广义相对论。这是一个伟大的理论，许多物理学家认为它是人类有史以来最为精彩的智慧结晶，而这几乎就是爱因斯坦凭一人之力完成的。当然，也少不了好友的帮助，离不开黎曼、罗巴切夫斯基、波尔约等人创立的"非欧几何"。

爱因斯坦花了整整十年的时间，终于在1915年完成广义相对论。当时第一次世界大战激战正酣，英德两国是死对头，但科学无国界，爱因斯坦的成果得到了英国科学家爱丁顿的关注，两人建立起了联系。

1919年，爱丁顿在西非普林西比岛的日食观测实验中，证实了广义相对论的预言，从此爱因斯坦一夜成名，并迅速成为物理学界的老大。之后，科学家又做了几次实验，都一一验证了广义相对论的预言，爱因斯坦的理论经受住了考验，被证明是正确的。

希特勒在德国上台后，爱因斯坦逃离了德国，前往美国，受到美国人的热烈欢迎。他于1940年成为美国公民，在美国的普林斯顿大学度过了余生，于1955年去世。

爱因斯坦的相对论破除了牛顿的绝对时空观，这个巨大的冲击不但是物理学上的，更是哲学上的。时间和空间的观念被大大地革新了。同时，作为一种引力理论，广义相对论也显示了它的威力。另外还有质量与能量的等价关系也被揭示出来了。

时间和空间是一个整体，一个四维连续统。它们不能脱离物质而存在，空间是物质的广延，时空与物质的运动息息相关。时间作为第四维，通过适当的数学变换和虚数的引进，和空间坐标一起，整合进了一个统一的方程式。这个方程式是一个毕达哥拉斯定理的推广形式，所表达的是真正不变的"四维距离"。

所有的运动都是相对的，没有绝对的运动，也没有绝对的时间和空间。时间和空间都会因为物质而改变，不能脱离物质而独立存在。在牛顿力学体系中，两个参考系，设定一个为静止，一个相对于另一个做匀速直线运动，都满足惯性定律，这两个参考系叫作"伽利略坐标系"。时间是绝对的，不会因为物体的运动状态而改变。

假设一列匀速行驶的火车，相对于地面的路基，这就构成了两个参考系。"伽利略坐标系"可以实行速度相加，进行"伽利略变换"。这样做在正常的低速下是可以的，但是涉及高速，特别是接近光速就不对了，因为光速不变。

因此，要用"洛仑兹变换"来代替"伽利略变换"才可以，而"伽利略变换"作为一个极限特例而存在，也就是相对应于"洛仑兹变换"中光速等于无穷大的情形。那么光速是无穷大吗？当然不是，光速是不变的。

狭义相对论是根据两个公设来建立的，即光速不变原理和相对性原理。相对论从根本上说是为了强调物理定律的不变性，它保证物理定律在各种参考系中、各种运动体系中保持不变。数学形式上的统一岂不是一件很美的事情吗？所以说，"相对论"实际上应该叫作"绝对论"。爱因斯坦本人也坦言"相对论"这个名字取得不好，很容易让人误解。

自然现象的物理定律是绝对的，在不同的参考系经过协变是等效的。在运动的参考系中，根据狭义相对论，会发生"时间膨胀"和"长度收缩"效应，也就是运动的时钟会变慢，运动的尺子会变短。

狭义相对论导致的具有普遍性的最重要结果是关于质量的概念，它将质量守恒定律和能量守恒定律结合了起来，得到著名的质能方程式 $E=mc^2$。物体的惯性质量并不是一个恒常量，而是随物体能量的改变而改变的，甚至可以认为一个物系的惯性质量就是它的能量的量度。因为爱因斯坦揭示了质量与能量之间的关系，指出在原子结构中蕴藏着巨大的能量，所以后来人类认识和利用原子能，制造出了原子弹。

第一个意识到爱因斯坦新时空观的是他的老师闵可夫斯基。闵可夫斯基提出的简称"世界"的物理世界，就时空观而言，是四维的。对于"四维"的事物，一般人听了会感觉十分奇怪，但其实，对于"我们所居住的世界是一个四维时空连续统"这句话来说，只是一个很寻常的说法。

空间是一个三维连续区，用笛卡尔坐标（x, y, z）来描述一个点的位置，并且在该点的邻近处可以有无限多个点，因此整个区域就是一个"连续区"，由于有三个坐标，所以说它是"三维的"。物理现象的世界是由各个"事件"组成的，每个事件又是由四个数来描述，就是再加上一个时间坐标"t"，构成一个四维连续区（x, y, z, t），这是很自然的事情。

按照相对论，时间已经失去了它的独立性，这个已经由洛仑兹变换的方程表明。闵可夫斯基的"四维世界"在形式上是与欧几里得几何学中的三个空间坐标完全相当的。

不少人是因为一些关键要点没搞清楚，而导致对相对论理解上产生偏差，或者没办法摆脱经典力学的绝对时空观。很多人就是因为不理解"光速不变"这一点而导致了各种错误。

我们不能用一种背景化的绝对时空观来看待这个世界，没有一个绝对时间的参考系，每个运动的物体都有自己的时间基准（一个"钟表"）。当我们谈论"时间"这个词语时，谈论"同时性"这个词语时，谈论"运动速度和距离"时，首先我们要测量时间，这就需要信息的沟通和传递，但这种信息的传递不是"即时"的，就如同万有引力不是"即时"的超距作用一样。作为信息传递的光，它是有一个固定速度的，而且在真空中是不变的。

"信息传递"是一个关键要点，请用这个观点来理解时间，并且以此来理解同时性。光速不变跟常识相悖，所以造成了我们用常识性的伽利略相对性原理来理解问题时出现了错误。

比如一列很长的火车在铁路上运动，我们观察火车里面的一个人，这个人在向前奔跑，那么这个人的速度相对于我们来说，就是火车的速度加上人相对于火车跑动的速度。这是很简单的相对性原理，大家都是这么理解的。

可是，问题出现了：如果这个人以光速奔跑，怎么办？火车的速度加上光速就等于超光速了，相对于我们，他就是超光速英雄，简称"闪电侠"。

但实际上，他对于我们来说依然是光速，我们测得的速度也依然是光速，光速不变。所以，这就导致牛顿运动学的形式在高速运动中不成立了，要做一个小小的修正，以保持物理定律的不变性。

狭义相对论在数学上并不难，只需要加入一个"相对论因子"的小式子，牛顿和爱因斯坦两个人就一致了。但是，要理解修正后方程所产生的种种奇怪效应和带来的结论，就不容易了。比如"尺缩钟慢"、时间膨胀、距离收缩、时空连接为一体，又该怎么理解呢？

我们可以举上一些例子让大家形象化地理解什么叫作"时间膨胀"。

相对论说的是，一个人不往外面看就不能够测得他的速度，就不知道他是否在运动。换句话说就是，在一个做匀速运动的飞船上做的实验和看到的现象，跟在飞船静止时做的实验和现象是完全一致的。

物理定律在静止和匀速运动时是保持不变的，这就是相对性原理，很简单，很容易理解，我们上高中时就已经懂了。

关于"时间膨胀"，可以这样理解：两个做相对运动的人，或者一个动一个不动，那个"不知道"自己是否运动的人的钟表会变慢，也就是他的时间会变慢。

好莱坞电影《X战警：逆转未来》中"快银"那一段着实经典。"快银"是一个变种人，有超能力，他的速度很快，但是还没有达到光速。于是当他高速运动时，眼里的世界就像慢动作播放的电影一般，一切都是慢悠悠的。

当"快银"以极快的速度运动着时，在他看来周围的一切都"变慢"了，这就是时间膨胀，而如果他的速度达到光速，周围的一切就"静止"了，也就是时间静止。

我们以"快银"为时间基准，他知道自己在运动，而其他人不知道自己在运动。如果把"快银"当作静止参考系，全世界对他而言都在做着高速运动，但是，全世界都不知道这一点，因此，全世界的时间相对于"快银"

都变慢了。

"快银"先做两个俯卧撑，跳个舞，然后睡一觉，接着看一看自己随身戴的表，发现已经过去了两个小时，这是一个正常的时间。但是他周围的全世界都是以一种"慢动作"在进行着，就像电影里的慢镜头，"快银"看一看他旁边挂着的一个钟，发现才过去五分钟，因为那个钟是"很慢很慢地在走动"。相对于"快银"他本身的正常时间来说，周围世界的时间变慢了，这就是时间膨胀。

再举一个例子。

比如你坐宇宙飞船到太阳上去，然后返回来，我们知道地球到太阳的距离大约是8分钟的光程，也就是光速走8分钟，假设飞船非常接近光速吧。然后我们把你送进了密封的飞船，飞船从地球出发做匀速运动，你在飞船里面会什么都感觉不到，你不知道自己是否在运动，你以为自己是静止的。因此，你的时间就会膨胀变慢，你的表也会变慢。

假如你的飞船速度只比光速慢一点儿，用了15分钟到达太阳，然后返回地球，一共用了半个小时。地球上的钟表走了半个小时后，飞船抵达，我们给你开门。你从飞船里出来，发现你的表只走了2分钟。因为你的表变慢了！

如果你的飞船达到了光速，或者非常接近光速的话，比如说你的飞船到10光年远的地方再回来，回到地球就是20年，地球上的时间过了20年。而对于你来说，你的表才走了5秒钟。也就是说，你进入飞船，过了5秒钟出飞船，你发现你周围的世界已经过去了20年，你20岁的儿子在门口等着你，你会何等惊讶！

当然，这里举的例子是为了形象化和通俗化，比较粗略，是不够严谨的。实际上，运动是相对的，"同时性"也是相对的。两个做相对运动的惯性参考系，彼此看对方，都是"尺缩钟慢"的，不存在谁比谁更优先的问题，也不存在所谓的"上帝视角"，大家都是"平等的""相对的"。

我们知道，牛顿力学中的"质量"概念是要被修正为"相对论性质量"的，经过修正后的质量等于静止质量乘上相对论因子，因此，质量会随着速度的增加而增加。

如果物体达到光速，质量会变成无穷大，所以，拥有静止质量的物体不能达到光速。要把火箭加速到光速，就需要无穷大的能量，这是不可能的。光子因为没有静止质量，所以它就是光速，而且根本就停不下来。但是，光子有能量、动量和"质量"，这个质量并不是静止质量，而是"动质量"，理由是光子在运动。

广义相对论提出了"等效原理"，也就是说，引力质量和惯性质量不可区分，加速度效应和引力效应不可区分。就比如我们搭电梯，电梯加速，而我们却感觉自己受到了力的作用。

广义相对论首次把引力场解释为时空的弯曲。我们如何设想时空的弯曲？万有引力不过是空间弯曲的一个结果。

在《爱因斯坦与爱丁顿》这部电影中，爱丁顿有一个很好的展示。

传统的牛顿万有引力定律说的是，两个物体互相吸引，然后靠近，它们受到引力的作用，这个引力还是超距作用。实际上，这里没有什么"引力"。

你把一个皮球放在一块布上，然后我们把布拉起来，皮球由于重力陷了下去，这块布的形状就不是平的了。这块布就是空间，这个球由于有质量，空间形状才扭曲改变。

这时，我们把另一个皮球放在这块布的一头，然后松手，这个皮球自然向下滚向中间的皮球，看起来就像它们是互相吸引。实际上，这里有什么"引力"吗？没有。这个皮球是因为那块布的形状而导致滚向另一个皮球的，空间弯曲了。如果把两个皮球放在地面上，那么它们就互相静止了。

因为这里代表空间的布是一块二维平面，所以布的弯曲我们可以直接看到，从三维看二维，一切很清楚，从二维看一维也很清楚。但是身在三维空间的我们，是不能够直接看到三维空间的弯曲的，必须站在更高的维度才可能。所以，我们只能用数学和抽象的手段来把握。由此可知，星光可以受到引力场的作用，光线的行进路径会被太阳引力所造成的空间弯曲所影响，爱丁顿的日食观测实验证明了相对论。

我们可以来感受一下这种弯曲。我们原地起跳，由于受到地球引力的作用，会以重力加速度落向地面。而实际上呢，当我们跳到半空，我们会看到地面朝着我们"冲"来！我们与地球的这段空间不断缩小，然后我们落在地面上。这就如同那个皮球在弯曲的布面上滚向另一个皮球。

这中间有一个万有引力的作用力吗？没有。是由于空间的弯曲导致了这种结果。

广义相对论涉及一个叫"双生子佯谬"的悖论。可实际上，相对论并没有错误，之所以产生悖论，是因为双生子问题涉及了加速度和引力。

当哥哥折返回地球的时候，他就"知道"自己在运动了，和地球上的那个弟弟完全不同。飞船加速，能够感受到加速度和引力的那个人必然是更年轻的人，"知道"自己在运动的人更年轻。

除了光线会被太阳的引力场作用导致弯曲之外，爱因斯坦还在三个领域做出了预言。在这三个领域中，他的广义相对论都与牛顿的引力理论有矛盾。

这三个领域的预言分别是：水星轨道的进动，光在引力场作用下会产生红移，光被引力场偏折的量应该比牛顿预言的大得多。结果后来经过科学家的实验确证，相对论是正确的，而牛顿输了。

广义相对论直接导致了现代宇宙学的产生，它还预言了"黑洞"和"引力波"的存在，并指出"引力透镜"现象。由广义相对论场方程的"史瓦西解"可以直接推导出，某些大质量恒星会因塌缩而终结为一个黑洞，黑洞意味着时空中的某些区域发生极度的扭曲，引力超级大，以致连光都无法逃逸出来。史瓦西黑洞的"视界"被称为"史瓦西半径"。而了解到多大质量的恒星会塌陷为黑洞，是印度裔美国物理学家钱德拉塞卡的功劳，他计算出了这个值，这个值被称为"钱德拉塞卡极限"。

传统观点认为，宇宙是无限的。在创立广义相对论的第二年，爱因斯坦发表论文《广义相对论的宇宙学应用》，否定了传统观点。他把宇宙看作一个具有有限空间体积的自身闭合的连续区，推论宇宙在空间上"有限无界"。从此，人类对宇宙的研究真正进入了科学阶段。

什么是"有限无界"的宇宙呢？为了确保宇宙的平均密度不为零，宇宙就必然是"有限的"，有限并且无界。打个比方，蚂蚁在气球上爬，无论它怎么爬都没有终点，所以它会认为气球是没有尽头的，是没有边界的。

其实蚂蚁只是在二维的平面上爬行而已，这是一个"弯曲的"二维空间，在蚂蚁的眼里，这就是无限。因为无论它怎么爬，都不会遇到边界。与之相似，人类就是这只蚂蚁，宇宙就是气球。只不过我们所在的是三维空间，但在我们的眼中也依然会觉得宇宙是无限的、没有边界的。实际上，这是由于我们的局限性，我们无法想象更加高维的宇宙。二维蚂蚁无法直观地理解三维的气球，人类也一样，无法直观地理解宇宙时空是一个四维连续统。

爱因斯坦说，一束光从某一点出发一直往前走，到达"宇宙半径"后并没有"穿出去"，而是继续往前走，最终会返回其出发的原点，循环往复，有限无界。这就类似于蚂蚁在气球上爬来爬去没有尽头，然后爬回自己的出发点。

爱因斯坦认为，宇宙是静态的，而不是动态的。为了保持静态宇宙模型，爱因斯坦强行在场方程中加入一个"宇宙常数"。他认为，宇宙在膨胀与收缩之间保持平衡的原因是"宇宙常数"，即存在一个与引力相反，但强度完全一样的斥力。它随着天体之间距离的增大而增强，完全抵消引力，从而让宇宙保持稳定，避免崩溃。

1929 年，美国天文学家哈勃观测到被称为"哈勃红移"的现象，并发现所有星系都在高速逃离银河系，而且，无论我们站在宇宙的哪个星系中，看到的情形都会一样。距离越远的星系，逃离的速度越大。这就意味着，整个宇宙在不断地膨胀，宇宙是动态的。爱因斯坦是一个谦逊的、知错能改的人，面对证据，他宣布放弃"宇宙常数"，并说这是他这辈子犯的最大错误。不过，后来科学家发现了驱动宇宙加速膨胀的"暗能量"的存在，宇宙常数似乎又"回魂"了。

既然宇宙是会膨胀的，那么很自然，如果将宇宙的膨胀反推，就意味着在非常遥远的过去，最早的宇宙是半径为零的一个点，然后才逐渐膨胀成今天这个样子。1948 年，美国物理学家伽莫夫根据哈勃定律提出"宇宙大爆炸"理论，认为原始宇宙诞生于一次壮观的大爆炸，而那个半径为零的点被称为"奇点"。

物理学再一次发生了范式转换，由经典物理学转变为相对论物理学，当然还有量子力学。新物理学诞生了，这是一次伟大的革命，它极大地改变了人类的生活。但是，截至目前，相对论和量子力学还没有办法统一起来。这是一个极其困难的工作，而一旦成功，人类将会迈向另一个新的物理学范式，也许一个"大统一理论"就会出现，到那时，我们或许就能认识到上帝的精神。

决定论和非决定论

人类文明就是人类在自然界中为自己建造的"巢穴"，以使自己能够在其中栖居。它如同娇嫩的花蕾一般，为了能在这个熵增的世界中"诗意地栖居"，人类必须增强自己的力量，掌握改造世界的能力。为了征服世界，人们孜孜不倦地追求真理，不断地深化自己对这个世界的认识，试图准确理解世界，把握规律，从而根据自己的意志改造世界，改变生活。

认知革命之后，经过农业革命，一直到工业革命早期，智人创造出灿烂的文明。但很长一段时间以来，人们对世界的认识都停留在非常朴素的阶段，层次不高，改造世界的力量也很薄弱。

真正发生质的变化是在工业革命以来的两百多年时间里。在这两百多年里，人们创造出比过去几千年还要多的物质财富，对世界的认识也大大提高了。科学技术的力量就像一把双刃剑，一方面极大地改善了我们的生活面貌；另一方面也极大地影响了我们的生存环境，破坏了大自然的平衡，把自然界当成与人类相对立的存在。这两股力量的张力和走向，将决定人类未来的命运。

长期以来，人们的世界观都是决定论的世界观，在因果之网的统治之下，从目不识丁的文盲到学富五车的专家学者们都是如此，这成为人类的一种心理模式。即使在今天，决定论的信仰仍然是许多人对世界的认识方式。

我们认为，世界是可以理解的，规律是可以把握的，世界是连续的、必然的，是完全确定的。我们不能够忍受不确定的东西，不想要那种模模糊糊、似是而非的认识。我们相信，通过全体人类不停地努力，总有一天我们可以抵达最高层次、最高境界。我们会获得对这个世界的"终极认识"。

我们相信，事物是遵循严格的因果联系的，有因必有果，一定的原因会导致一定的结果。我们希望掌握事物发展变化的因，这样才可以预测和控制其果。我们更愿意生活在一个确定的、统一的、真实的世界之中。

爱因斯坦就是决定论信仰的支持者，他不能忍受世界的不确定性。爱因斯坦相信斯宾诺莎的上帝，而斯宾诺莎是一个彻底的决定论者。爱因斯坦晚年追求统一场论，试图将引力和电磁力统一起来，后来的物理学家们继续了这项工作，并且试图将自然界的四种基本作用力统一起来，这就是"大统一理论"！

"如非必要，勿增实体"，奥卡姆剃刀原则确保了理论追求简洁之美，终极的方程式应该是最简洁、最美的，含义最深刻的。假如存在"终极方程式"，并且人类可以掌握它的话，那么在最理想的情况下，我们可以预测天空中的一片雪花落到地面上的具体位置。为什么？因为"终极方程式"是公理系统的顶点，一切的定理和规律都由它直接或者间接地演绎出来。

因为世界是连续的、确定的，那么只要我们拥有足够多的信息，就可以由初始状态推出下一个状态，接着再推出下一个状态，也就是说，我们就可以由雪花的初始状态一步步推出它的目标状态，即落在地面的位置。这就是拉普拉斯的想法，在科学史上被称为"拉普拉斯妖"。据说拿破仑曾问他："在你的理论里怎么没看到上帝的位置？"拉普拉斯回答道："我们不需要他。"

换句话说，根据牛顿定律，一个粒子的行为可以根据其他粒子对它的作用力及它本身所处的状态来确定。也就是说，如果能够知道这个宇宙中所有粒子的速度与位置，就能够精确预言每个粒子的未来行为，从而预言整个宇宙的未来。

这是否意味着整个宇宙就像钟表一样，被造物主（或者说第一推动）上紧了发条放在那里，沿着一条完全可以预言的途径在运动呢？牛顿的经典力学提供的这种确定性宇宙观有足够多的支持，这种图像没有给人的自由意志留下多少机会。是否我们真的就是沿着预设好的行迹度过我们的一生而别无选择呢？多数科学家都同意让哲学家去争论这个问题，而他们却全力转向 20 世纪新物理学的中心。

决定论的世界观，用一句话概括就是：世界是必然的、确定的、连续的、可预测的、可以理解的。

19世纪末20世纪初，当物理学家们乐观地宣称"物理学的大厦已经建成，剩下的工作只是对它的一些局部做修修补补"的时候，一片乌云袭来，量子力学横空出世！它对经典物理学来说无异于一场灾难。量子力学的出现不仅引起了物理学的革命，而且动摇了许多人内心固有的信念，极大地改变了人们对世界的认识。

一种令人匪夷所思的世界观——非决定论的观念走进了人们的视野。量子力学世界是那么神奇，连爱因斯坦都发现自己难以理解。这个世界是真实的吗？爱因斯坦相信一定有一个内在机制组成了事物的真实本性，并花了数年的时间，企图设计一个实验来检验这种内在真实性是否在起作用，但他还没有完成这种设计就去世了。之后南巴黎大学一个研究小组试图做一个实验，引入所谓的"隐变量"机制，来捍卫决定论的地位。

非决定论的量子世界，更接近我们日常所见到的世界，玻尔说："谁不惊异于量子理论，谁就没有理解它。"

在两百多年的时间里，牛顿的经典力学理论高高在上，处于统治地位，其在描绘宏观世界中低速运动的物体方面是很出色的。20世纪初，爱因斯坦的相对论首先击破了牛顿的绝对时空观，接着一系列发现、令人费解和不安的实验，将人们的视野引入了原子和亚原子的微观物理世界中。

我们发现，在量子力学的世界中，日常所见的熟悉的物理定律不再成立。那种严格的因果性和决定性不见了，取而代之的是，事件发生由概率决定。我们走进了一个上帝掷骰子的非决定论世界。

在经典力学中，每件事情的发生总有其原因。你可以追踪一件事情发生的原因，原因的原因，直到宇宙大爆炸，或是宗教教义中的造物时刻。但是在量子世界中，放射性衰变及原子能级转变时并没有"内在的原因"，直接的因果性消失了，它更真切地显示出这种改变完全出于机会，依赖于基本统计，已经开始引发一个基本的哲学问题。

没有模型能说清楚原子或基本粒子到底像什么，也没有什么东西能告诉我们在没有进行观察的时候正在发生着什么。我们只能根据量子力学波动方程在统计的意义上进行预测，量子世界的概率行为只服从统计规律。非决定论的世界体现出了它的概率性。

位置、速度、自旋之类的概念，在微观物理世界中具有与其在日常生活中不同的含义。海森堡的不确定性原理（或称"测不准原理"）告诉我们，我们不能同时精确测定电子的位置和动量，而对粒子的位置知道得越精确，那么对其动量就知道得越不精确；反之亦然。

同样，对于"波粒二象性"，我们对粒子的一面知道得越多，对波的一面也就知道得越少。我们只有通过看才能认识事物，这就涉及物体发射光子并进入我们眼睛这个过程。一个光子对房子这样的物体扰动不大，所以房子不会因为我们的观察和介入而受到影响。然而，对于一个电子来说，情况就大不一样了，我们的观察会改变电子的位置和动量。

不确定性原理告诉我们，由于不能同时知道位置和动量，从而未来就是不可预测的——未来具有内蕴的不可预言性。人们可以回忆过去，但不能准确地知道自己将走向何方，这个特性与我们对时间的日常生活经验非常一致。从可知的过去走向不确定的未来，这是量子世界中最基本的一个特性。

丹麦物理学家尼尔斯·玻尔在意大利科摩的一次演讲中引入了他互补的思想，这一思想后来被人们称为"哥本哈根解释"。不确定性、互补性、概率、观察者对系统的扰动，这些思想汇集起来就构成了量子力学的"哥本哈根解释"。

玻尔指出，尽管在经典物理中，不管我们是否在进行观察，我们认为由相互作用的粒子所构成的系统，例如钟表机构，都具有某种功能。而在量子物理中，观察者和系统之间存在相互作用，这种相互作用强到我们不能认为系统是独立存在的。要精确地测量位置，我们就必须使得粒子的动量更加不确定；反之亦然。如果选择一个实验来测量波动特性，我们就排除了粒子特性。没有实验能同时揭示出粒子性和波动性，如此等等。

我们所看到的只是我们所得到的。在电子的双孔实验中，当没有观察时，任何一个可能事件的概率（电子通过任一小孔的概率）由薛定谔波函数的和的平方给定，并且存在相互作用。但是当我们做一次观察，看到底哪一种可能性实际发生（看电子实际通过哪一个小孔）的时候，概率分布就仅仅是波函数的平方的和，相互作用项消失了——波函数坍塌了！

如果要问世界为什么应该是这个样子，即使是费曼也不得不回答"我们不知道"。波函数的坍塌是一个不可逆的突变过程，原因十分深奥。如果追根究底地询问过程的物理图像，你会发现所有的物理图像都融解于一个"幽灵的世界"。在这个世界中，只有当我们进行观察的时候，粒子才像是真实的；不进行观察的时候，似乎一切都是假的。

世界是不确定的，是概率性的。我们所生活的世界是一个无限可能的世界，是多个可能世界的叠加态。在我们没有观察它的时候，我们不知道它是什么样子，当我们观察它时，世界就由叠加态转化为具体的现实形态，在我们面前呈现出它的样子！这也就是宇宙波函数的坍塌。

我们不能精确预测，也不知道为什么世界会是这个样子而不是另一个样子，正如同我们不知道薛定谔的猫是死是活一样。我们必须打开箱子才能知晓，既不能预先知道，也无法控制。上帝在掷骰子，世界的状态当然比骰子的六个点更多。世界的概率性让我们迷惑、不安，命运原来并不掌握在我们自己手中！

关于概率，人们往往会有所误解。最简单的就是掷硬币，正反两面出现的概率各为50%。如果连续出现了5次正面，一般人会认为第6次出现反面的可能性非常大，其实这是错觉，在心理学上称之为"赌徒谬误"。

无论出现几次正面，下一次出现反面的概率都只有50%。只有掷的次数足够多，才符合大数法则的统计规律，正反两面出现的次数才呈现出相等和平衡的趋势。在"薛定谔的猫"中，生与死的概率各是50%，但是，即使是80%比20%，我们也只能说生的概率较大，死的概率较小，但这也并不意味着我们每次打开匣子猫都会活着。

这跟天气预报是一样的，有80%的可能性下雨，并不意味着一定下雨，即使是99%的概率，依然存在1%不下雨的可能，只要不是100%确定，我们仍然不能准确判定一定下雨。这就是非决定论的世界，与决定论的世界不同，无论你怎样做，它们都会有1%的不同！所以，人类不是上帝，这个骰子不由人类掌握。

世界处在普遍联系和相互作用之中，事物之间构成各种系统，每一个事物都可以看成一个系统。一个系统中有子系统，系统外又有一个更大系统将它包含。整体大于部分之和，系统具有它的组成部分所没有的特性，这种特性被称为"涌现的秩序"。

系统有简单的，也有复杂的。越是复杂的系统对初始值就越敏感，一个小小的变化会带来令人意想不到的变化结果。一只南美洲亚马孙河流域中的蝴蝶扇一扇翅膀，可能会在两周内引起美国德克萨斯州的龙卷风，这就是著名的"蝴蝶效应"。

非线性的复杂系统表现出了非连续性、跳跃性，很可能由有序突变转变成为无序的、随机的系统，确定性的系统内在包含着"随机过程"。这些都是"混沌理论"研究的内容。

系统是如此复杂，我们很难准确把握它。经典力学和决定论思想希望能做出精确预言，但这在系统的复杂性面前显得如此不可行，似乎是"不可能完成的任务"。一点儿微小的扰动就将彻底改变事物的变化发展方向，世界的发展也不再是连续的、线性的了，而是充满了跳跃和非线性、不稳定。1977年的诺贝尔化学奖得主普利高津宣布："确定性终结了！"

生命系统就是一个复杂系统，也是一个自组织系统。根据热力学第二定律，自然界有一种倾向于更加无序和混乱的趋势，这是熵增的力量。生命系统必须不断地从外界吸收"负熵"才能够生存。一个耗散系统、开放系统是需要不断跟外界进行物质、能量和信息交换的。正因为我们拥有逆着熵增方向的力量，人类才可以从无序中创造出有序。在无序和有序之间，在这个不确定的世界之中，也许这就是值得人类自豪和欣慰的事情吧。

正如同在决定论的观念中，那个被造物主上紧了发条的宇宙沿着既定的轨道运行，人类的自由意志在其中似乎没有什么作用。那么，在非决定论的世界里，人类的自由意志看起来也一样没什么作用。这个不确定的世界是不能预测的，既过于复杂难以把握，又充满了无限可能，我们的自由意志处在这个世界中，感受到的反而是更多的迷惑和茫然。

早在1927年，在第一次对"哥本哈根解释"进行评注时，玻尔就强调了广义相对论和量子理论之间的巨大差别：广义相对论是利用纯的时空协调和绝对的因果关系来描述世界的；而在量子图像中，观察者和系统相互作用，并且是系统的一部分。时空协调代表位置，因果关系依赖于对事情如何发展，特别是其动量如何变化的准确了解。经典理论假设人们能够同时知道这两者，量子力学告诉我们，时空协调的精度是以动量的不确定性，进而是以因果关系的不确定性为代价的。

对"哥本哈根解释"的每一次攻击都加固了它的地位。当爱因斯坦和强有力的思想家们在努力寻找这个理论的毛病时，这个理论的捍卫者们却能够驳倒所有攻击者的论点。质问越多，理论就变得越强大。

从实用的意义上来说，"哥本哈根解释"是对的，量子规则的任何更好的解释都必须包括"哥本哈根解释"，并把它作为一个实用性非常强的观点。这个观点使得实验工作者能够猜测出他们的实验结果，至少在统计意义上是这样，还使得工程师们能够设计激光器、计算机等。但是，"哥本哈根解释"不一定要求观察者具有主观意识，实际上，宇宙本身就在不停地进行着测量，波函数的坍塌并不需要意识的参与。量子力学中有一个"退相干"解释，该解释不要求引入意识。

非决定论的世界观，用一句话概括就是：世界是概率的、不确定的、非连续的、不能准确预测的、无限可能的。"上帝在掷骰子！"

普遍联系的世界

相对论把有关绝对空间和时间的幻想打破了；量子力学把有关可控测量过程的牛顿式的梦打破了；混沌理论把拉普拉斯有关决定论式可预测的幻想打破了。人们对于世界的认识在不断加深中，追求真理永不止步。

爱因斯坦与玻尔之间的争论从 1927 年的第五届索尔维会议一直持续到 1955 年爱因斯坦去世，其争论的焦点集中在关于"哥本哈根解释"预测性的一系列思想实验中。爱因斯坦和他的合作者们提出了一个著名的"EPR 佯谬"，试图证明"哥本哈根解释"的不完备性，进而捍卫决定论。

该佯谬设定两个相互作用的粒子，通过研究其中一个粒子来推算另一个粒子。根据不确定性原理，我们会因对所观察的那个粒子产生影响而"测不准"，但是并不会影响到另一个粒子，因此，我们可以推算出另一个粒子的准确位置以及动量。如果不是这样，那就直接违背了因果律，说明在空间中存在"即时通信"，即"幽灵般的超距作用"。

结果呢，经过贝尔不等式的实验检验，爱因斯坦被判决败诉，玻尔又胜一局！它说明了微观客体（或者说量子态的纠缠）的确具有"非局域性"的性质，可以延伸到很远的距离，并不是超距作用，也可以被利用，但不会破坏因果关系，局域隐变量并不存在。

贝尔实验起始于宇宙的局域现实观点，由于光速是宇宙的速度上限，不可超越的光速屏障不仅让我们进行星际旅行非常困难，而且也保证了宇宙具有"局域性"，使得超距作用不能发生。实验结果否定了贝尔不等式，这就让我们进一步审视宇宙的局域现实观点。对贝尔不等式进行成功检验的艾斯帕特克实验告诉我们，在某种意义上，曾经发生过相互作用的粒子将始终保持为同一系统的部件，它们共同对进一步的相互作用做出反应。

实际上，我们看到的、摸到的、感觉到的一切事物都是由相互作用的粒子集合组成，而这些粒子与其他粒子之间的相互作用可以追溯到大爆炸时期。构成我身体的这些粒子和构成你身体的那些粒子曾经靠得很近并且发生过相互作用。我们是同一个系统的两个部分，就像在艾斯帕特克实验中从中心源飞出的两个光子一样。我们必须承认，任何事物都与其他事物联系着。

EPR 佯谬、薛定谔的猫佯谬，对问题的解决还没有到使大家都满意的程度。有位科学家说过，如果他在有生之年搞清楚"量子纠缠"到底是怎么回事，那他就可以瞑目了。

当我们对亚原子系统进行测量时，那些使波函数发生坍塌的、幽灵般的量子世界将会发生什么情况呢？当我们进行测量的时候，这些重叠的现实怎么能够简单地消失，而与我们实际测量的那个结果恰好一致呢？一个回答是：这个两者挑一的现实并没有消失，薛定谔的猫实际上既是活的，同时又是死的，但分别处于两个或更多个不同的世界中。"哥本哈根解释"及其实际含义完全包含在一个更完整的现实观点——多世界解释中，或称"平行宇宙"！

量子力学的多世界解释起源于 1957 年普林斯顿大学的埃弗莱特。埃弗莱特的解释是：在整个宇宙中所叠加的波函数和相互作用，它们在量子层面上产生相互干涉，当人类对其进行测量时，波函数并不坍塌，所有可选择的现实并不会消失，它们中的每一个都是同样真实的，在"超空间"内自己那一部分中存在。

我们在量子水平上做一次测量，这个测量或观察的过程就会迫使我们从各种可能的选择之中挑出一个，于是这个被挑出来的便成为我们所看到的"真实"世界。进行观察活动，就等于切断了将各种可供选择的现实连接在一起的纽带。在每一个可供选择的现实之中，都包含着它自己的观察者。观察者虽然做出同样的观察行为，但是每一次都会获得不同的量子"答案"，于是他就认为，波函数是因为他而坍塌成一个独立的量子选择对象的。

多世界解释不仅不是一个大众化的观点，也具有一个令人感到不舒服的特性，这个特性使得这个改进的解释不能迅速得以推广。这个特性就是它表明还存在许多其他的世界，它们可能有无穷多个，以某种方式存在，从时间的这头到那头，位于我们现实的旁边，与我们自己的宇宙平行，但永不分开。

人择原理提出，也许存在很多可能的世界，我们是这个宇宙不可避免的产物。但是，其他世界在哪里呢？难道它们也属于幽灵，就像"哥本哈根解释"中相互作用的世界那样？宇宙为什么会是这样的？

对这个基本迷惑的解决，可以减轻埃弗莱特解释的负担。虽然有无穷无尽的量子现实可供选择，但是大多数的量子现实并不适合生命的产生，它们是空的。生命的产生所需要的条件是十分特殊的，因此，当生命体逆向追溯产生它们的那些量子路径时，就会看到特殊的事件。在无穷无尽的量子道路上，生命体所能看到的分支并不是随机的，而是那些能够导致生命出现的路径。实际上，是选择而不是偶然的概率，从一系列的量子可能性中挑选出了适合生命的特殊条件。也许所有的世界都是真实的，但是只有在一个合适的世界中，才可能存在观察者。在人类所生活的这个世界中，你看到的就是你所得到的，隐变量并不存在，一切都是真实的。

在爱因斯坦与玻尔的决定论与非决定论之争中，占上风的似乎是非决定论。如此一来，我们是否可以认为，应该用非决定论来描述这个世界，决定论已经没用了？

相对论描述的是大尺度宇宙和高速运动的物体，牛顿的经典物理在描述宏观世界的低速运动物体上很有效，量子力学是研究微观物理世界粒子的奇妙特性。这是三个不同的层次，不同的层次符合不同的规律，呈现出不同的特点。

法国哲学家柏格森说过，在实在的世界中，整个存在由不同的阶层构成。这些阶层必须从本体论上加以确定，首先要确定它们固有的范畴，其次要确定它们之间的关系，我们不能把一个阶层的范畴不假思索地套用到另一个阶层中。范畴之间的跨越只会从低到高，范畴的再现总是有一定条件的，在跨越的过程中再现的范畴会发生转变，被高阶层的特性消化吸收。从低到高的过渡是连贯的，那么微观、介观、宏观、宇观就是由低到高的四个阶层，它们所遵循的规律和体现的特性就是阶层的范畴。

或许，我们可以从实用的角度调和决定论与非决定论之间的矛盾，换一种方式思考问题。第一，假设真的存在这个终极的"万有理论"，但是我们人类的能力不足以发现和掌握它，或者说在真正掌握它之前人类就灭绝了。另外，即使真的拥有了所谓的"终极方程式"，在解决具体的问题中，我们会随着层层往下演绎的过程，不断地加进新的信息而导致系统的高度复杂化，而且我们永远也无法掌握完全的信息，无法达到那种理想的境界，也就是说我们不能精确预测天空中的雪花落在地面上的准确位置。这一点与系统的复杂性有关，在从微观阶层过渡到宏观阶层的过程中，我们对"终极方程式"可以拥有，但不能最完美地应用。从这个意义上看，决定论和非决定论是等效的，至少从实际效果来说。毕竟我们还是不能精确预测雪花的位置。

第二，在日常世界中，量子力学的理论具有实用性，同时经典物理学的理论也可以解决问题。在决定论的支撑下，人们寻求的是一种更确定的认识方式和解决问题的方法，努力使预测更精确。从实用和日常经验的角度来看，实际我们很多情况下都不能做到百分百的完美，人类的能力有极限，误差总是不可避免地存在，即使是 99.9999% 乃至非常多个 9，误差还是存在。

德国物理学家海森堡的不确定性原理，就是动量误差与位置误差的乘积大于等于"约化普朗克常数"除以2，如果误差为零，是不是发生了数学错误？因此，我们应该修正或者重新理解决定论的确定性概念。这样看来，确定性还是不确定的，只是一个无穷趋近于绝对确定的"近似确定"而已。

就像非决定论的概率性特点，我们无法获得100%的确定，而只是得到一个统计意义上的预测，那么，决定论与非决定论并不矛盾。它们之间的不同只是非决定论的统计概率是我们可以算出但不能决定的，而决定论的概率我们可以理解为是人为控制的最趋近于100%的情况。

第三，在日常世界中，很明显，结果总是在原因之后的。克雷默认为存在"弱的"和"强的"两种因果关系。"弱因果关系原理"适用于日常宏观世界，它是我们关于时间感觉的概念基础。"强因果关系原理"可以表述为，即使在微观尺度上，一个原因也必定总在其所有结果之前。不过，克雷默却认为，其实并不存在强因果关系的实验证据。

的确，贝尔不等式的实验清楚地表明，无论你支持哪种量子力学解释，"微观"的强因果关系总是不成立的。严格意义的因果关系在量子世界不复存在，量子们的古怪行为总是不需要理由的。但是，弱因果关系是不可违背的。也就是说，在宏观的层次上，哥本哈根学派的解释是以经典的、"牛顿"的方式来处理时间的。这意味着，决定论与非决定论之间，在宏观世界的因果关系方面达成了某种一致，两者在我们日常的真实感觉上达成了平衡。

第四，量子理论最显著的特征之一，就是存在着许多种关于这个理论"究竟意味着什么"的不同解释。就这个世界如何运作这个问题，还没有一个人能给出一种令人满意的解释。当然，为了实用，一个关于世界的理论模型不一定非要完美无缺，"哥本哈根解释"虽然有着明显的缺陷，但几十年来仍为量子力学提供了一个实用的基础，成为关于量子真实性的一种"官方"解释。

量子力学经过量子电动力学、量子色动力学、量子场论的发展，构建起了一个粒子物理学的标准模型。标准模型由狭义相对论、量子力学、杨－米尔斯规范场论、对称性自发破缺原理和希格斯机制组成，堪称"人类顶级智慧的结晶"。欧洲核子中心的大型强子对撞机发现了希格斯玻色子后，标准模型似乎画上了圆满的句点，但是，引力仍然没有被包括在标准模型之中，量子力学和相对论也还没有统一，有许多问题和矛盾都还没有解决，追求万有理论的努力也还在发展。因此，从理论的完美性角度来看，决定论与非决定论并没有什么不同，都处在发展和探索阶段，关于量子力学的观点也还没有达到统一、完备的程度，依然存在很多疑点，一切都是未知数。

哲学家们已经把物理学家们逼进了死角。物理学家们要突围出来，需要做的工作还有很多，路还很长。英国哲学家卡尔·波普尔说过："人类的一切知识始终带有一种暂时的和假说的特点，评判一个理论的科学性的标准是它的可证伪性，或者可反驳性，抑或是可检验性。无论理论在前面的解释有多么好，一旦发现可以证伪的证据，就要对此理论进行修正或抛弃。"

我们应该抛弃的是那种"绝对的""机械的"、拉普拉斯式的决定论世界观。

世间万物在不停地运动。现在大家认为，所有的力都是相互作用的，力是由粒子来携带和传递的。质量与能量可以互相转化，力程与起胶合作用的粒子的质量成反比。因为光子的质量为零，所以从理论上讲电磁力的力程是无穷远，尽管在距离带电粒子无穷远的地方，电磁力会变得无穷小。宇宙中的万物与其他事物联系的纽带是一张电磁辐射网。

正如同量子的"波粒二象性"是对立统一的那样，它是对同一现实的互补性描述。那么我们也可以认为，决定论和非决定论也是对立统一的，是对这个世界的互补性描述，包括了从宇观到微观的所有阶层。

既然没有一个实验可以同时揭示出粒子性和波动性，那么我们也不能简单地说这个世界就是决定论的或者非决定论的，两者互相排斥但又缺一不可。但是问题出来了，正如同量子表现为粒子性还是波动性取决于实验设置一样，选择决定论还是非决定论取决于你的信念，当然你也可以回避不谈。因此，决定论与非决定论之争还没有结束，我们的路还很长，决定论与非决定论的"量子态纠缠"还将继续。

如果物理的事业完成了，我们所居住的世界就不会这么有趣了。科学就是探索未知。美国物理学家理查德·费曼说过："我们缺的是想象，一种尽情的想象。我们不得不寻求一种世界的新观点，以使之与我们所知的一切是融洽的，但是在预言中一定有一些不同，否则就没有什么意义了。"

我们的这个世界就是一个对立统一的、普遍联系和相互作用着的世界。这不仅是哲学意义上的结论，也是物理学意义上的结论。

第二十一章　思想的盛宴

实用主义

实用主义是美国的本土哲学，代表人物有查尔斯·皮尔士、威廉·詹姆斯和约翰·杜威。作为一个哲学流派，不管是以精致的形式，还是以不那么精致的形式，实用主义在当代哲学中都有传人，并且在美国人的心目中占有极其重要的地位。可以说，现代美国的精神是被实用主义强烈地塑造了。

美国实用主义起源于皮尔士。他在那篇题为"怎样使我们的观念清晰"一文中，阐明了实用主义的原则。该文章于 1878 年 1 月刊登在《通俗科学月刊》上。皮尔士说："为了确定一个智性观念的意义，人们应当考虑从这个概念的真理中能够必然得出什么样的可想象的实际结果，这些结果的总体将构成这个概念的全部意义。"

对于皮尔士来说，实用主义不是一种世界观，而是一个目的在于使观念清晰化的反思方法。它甚至不是关于真理的理论，而只是确定概念之意义的技术。

威廉·詹姆斯（1842—1910）不但是实用主义哲学的主要代表人物，也是一名出色的心理学家。他对哲学和心理学的发展都做出了自己的贡献。约翰·杜威是美国著名哲学家和教育家，中国的学者胡适就当过他的学生。他把自己的实用主义标示为"工具主义"或"实验主义"。

詹姆斯在 1898 年重新表述了皮尔士的实用主义原则，他说："要在思想中获得一个客体的完满的清晰性，我们只需要考虑这一客体能够带来什么样的可想象的实际类型的效果——我们从中期盼什么样的感觉，并且必须为之准备什么样的反应。那么，这些效果的观念对我们来说，就是我们的客体观念的全部，只要那观念终归具有实证意义。"

真理概念是实用主义的核心。粗略地讲，实用主义认为，当意见发挥作用时，当它们有用时，它们就是真的。

那种比较粗糙的对实用主义真理观的解释遭到了一些人的反对。因为我们通常很难知道，对于相同的事态，一个陈述是否比其他陈述更有用。比方说，我们如何知道，说古腾堡于 1455 年第一次印刷《圣经》，比说他于 1453 年第一次印刷《圣经》更有用？

还有一个反对意见认为，为了知道某物是有用的，我们必须认为"某物是有用的"这一点是真的，如果这又意味着"认为某物是有用的"这一点是"有用的"，那么我们就会陷入无穷的倒退。因此，认为"有用即真理"是不太妥当的。

皮尔士主张，应当在我们确认真理的基础上，来理解真理概念。这种确认必须被理解为：如果一切有能力的人在没有时间限制的情况下从事自由开放的研究，他们所达成的共识即为对真理的确认。真理是诸多有能力的研究者在一个研究共同体中，在进行了无时间限制的研究后所形成的那种一致，比如科学共同体对科学真理的确认和一致。这是一个既复杂又重要的观点。

实用主义原则对于詹姆斯而言，就如同在皮尔士那里一样，是一种使得我们的观念清晰的方法。詹姆斯建议把实用主义对于意义的检验作为"解决形而上学争论的方法"，不然的话，大家就会争论不休。

但是，詹姆斯比皮尔士走得更远。对于实用主义作为一种真理理论，詹姆斯断言："任何一个观念，只要它成功地将我们从经验的这一部分带到了另一部分，令人满意地将事物联系起来，稳定地发挥作用，节省了劳动，那么，它就在此程度上、在此地步上是真的，在工具意义上是真的。"真不真，只不过是思维方式的权益手段，就如同"正不正确"是我们行为方式的权益手段。

也就是说，詹姆斯认为，"有用即真理"这句话，指的只是在工具意义上是真的，是有一定程度和限定的，而并不是说在本质意义上是真的。而且，真或者不真，是人们思维时的一种权益手段，是为自己的思想服务的。正确或者不正确，也是人们在做事时的一种权益手段，是为自己的行为服务的。

就比如你问一个人：你为了考上大学就要努力学习，努力学习就一定能考上大学吗？这是真的吗？是真理吗？他会回答：是的，因为有用。因为我努力学习了，这对我考试很有用。所以，我努力学习的这种行为和做法是正确的，我相信这是真的。

实用主义是依据命题是否实现了我们的目的，以及是否满足了我们的生物和情感需求来确定其为真理或者谬误的一种方法。真命题是那种被接受后就引向成功的命题，而假命题是那些导致失败和挫折的命题。在定义真理时，詹姆斯引入了与满意性、权益性、实用性和工具性相关的内容，因此极大地改变了皮尔士的实用主义面貌。

那么根据这种观点，对于一个理论、信仰、学说的检验，就必须是它对我们的影响，是它的实际结果，这便是实用主义的检验。实际效果是对真理的检验标准，而且，拥有真理本身并不是目的，而只是作为实现人类满足的前奏。知识是一种工具，知识为了生活的目的而存在，而不是生活为了知识而存在。由此可见，实用主义与功利主义非常相似，只不过实用主义是一种真理的后果论，而功利主义是一种道德的后果论。

詹姆斯拓宽了实用主义的概念，以便把逻辑一致性和证实都包括在实际功用的概念之中。真的观念是那些我们可以吸纳、查验、证实和确证的观念。因此，我们可以说，因为真理是真的，所以它是有用的；或者因为它是有所用的，所以它是真的。

实用主义是在所有领域中确定真理的方法，包括哲学领域在内。詹姆斯自己就使用实用主义方法来解决了一个实际的哲学问题，即一元论和多元论的问题。詹姆斯在其著作《实用主义》里，对其有详细的讨论。

詹姆斯发现，多元论在实用方面比一元论更值得青睐。铁板一块的宇宙，唯物主义和唯心主义一元论的僵化，和它们那种决定式的体系，均不能使詹姆斯感到满意。在他看来，在一元论的世界观下，个人就成为绝对实体手中的傀儡，无论是把绝对实体设想为宇宙物质还是宇宙精神。这种一元论的体系是不能满足人类本性的全部需求的，因此也不可能是真的。

所以，成功行为的前提，是需要认同我们生活于其中的世界存在复杂性和多样性，即宇宙是多元的。人的意志在完全统一且无区别的绝对实体面前是会瘫痪的。在詹姆斯看来，多元论、自由主义、个人主义和有神论，对现实的道德和宗教来说是必需的，也是应该提倡的。詹姆斯谴责把理智作为真理的绝对仲裁者的做法。

经验世界向我们展示了多样性、复杂性、对立面，而不是像铁板一块的宇宙那样的单调性、统一性。世界并不是绝对主义者或一元论者所说的那种彻底结构化的和谐体系。多元论的宇宙满足了我们道德本性的要求，而绝对主义一元论的宇宙却不能。多元论经由实用主义而被合理化了。

由此可以看到，实用主义之所以在美国受到很大的青睐和得以应用，是因为美国是一个移民国家，有各种不同的种族和民族，以及各种不同的宗教信仰，是一个多元化的社会，并且强调个人主义和个人的成功，追求的是"美国梦"。所有这些，正好与实用主义所提倡的价值观一致。

在杜威这里，实用主义是以工具主义的形态出现的，"实用主义"这个词仅意味着一种将所有思维和反思都交付给结果，以获得其最终的检测和意义的规则。判断的意义由这个判断所预期的结果构成，判断所具有的真理性是由这些结果的实际证实确立的。

杜威赞成并引用了美国科学哲学家布里奇曼的论点，即"我们的任何概念的意义不过是指一套操作，概念与相应的一套操作是同义的"。结合关于概念定义的操作技术和实用主义对于结果的强调，杜威提出"依照执行的操作来定义观念的本质，并通过这些操作的结果来检验观念的有效性"。于是，操作主义被补充并加强了杜威的实用主义理论。

因此，操作主义和工具主义、实验主义基本上是同义词。我们说过，现代科学基本上就是操作主义的，这一点杜威也有表述。

杜威赞扬操作理论，饱含热情地描述了操作主义的成就，说它第一次实现了"一种关于观念的经验主义理论，这种理论摆脱了感觉主义和先验理性主义所强加的各种重负"。杜威相信，从历史的角度考虑的话，操作主义成功地完成了康德曾经勇于尝试而又无果而终的经验论和唯理论之间的调和。

在大力改造旧有的哲学概念方面，杜威的工具主义和詹姆斯的实用主义同样激进。杜威嘲讽传统形而上学的方法和结论。他认为传统形而上学的目标是那些隐藏于自然过程背后，并超越自然进程的实在。为了研究那些实在，形而上学经常不按常理出牌，也不遵循通常的知觉和推理模式，这就难免变成一种玄想。所以，形而上学关注的问题在杜威看来，是毫无意义的。

杜威认为，哲学必须成为道德和政治的诊断方法和预测方法。世界在形成之中，还没有定型，我们必须参与这一过程。这样的一种新哲学要求我们改造思想理论，要求一种新逻辑，这种逻辑从思想概念出发，从纯粹外部存在出发，让我们去探索世界。经过改造的思想理论将依照有效性、客观性的原则，根据人们在探索活动中的实际作为和实际意义来构想。

杜威在其《哲学的改造》一书中说："哲学，再说一遍，不能'解决'理想和现实的关系问题。那是人生永远的问题。但它能从哲学自身所做成的种种错误——离开转成新的和别的东西的运动而是现实的诸状态的存在，以及理想，即独立于物质和自然的可能以外的精神和理性的存在——解脱人类，至少能够减轻人类在处理这个问题时所担负的重担。因为人类已陷于这个极端虚妄的偏见，他就总是瞎着眼睛，捆着手脚向前走。而哲学，如果它要做，就能够在这种消极的工作以外得到更多的成就。如果它弄清了仁厚而诚实的智慧并应用于对社会事件和社会力量的理解和观察，能够做出既不会成为错觉又不会成为纯感情的补偿的各种理想或目标，它就能够使人类在行动上的措置可以得当。"

人才辈出

20世纪是一个思想家辈出的时代，这个时代的理论非常繁荣，各种流派、各种思想观点强烈地碰撞着，可谓百花齐放。这种思想的爆发程度和人才辈出的情形十分类似于轴心时代。

亨利·柏格森于 1859 年出生于巴黎，并一直生活在巴黎。他的哲学被称为"生命哲学"。柏格森以他明晰的思想和引人入胜的文风写出了一系列著作，这些著作赢得了广泛关注，也激起很多讨论。这些著作包括《时间与自由意志》《创造进化论》《道德与宗教的两个起源》等。1941 年，82 岁的柏格森去世。

柏格森说，存在两种有深刻差异的认识事物的方式。第一种方法意味着"我们要绕着对象走"，第二种方法则意味着"我们要进入事物内部"。

通过第一种方法获得的知识取决于我们观察对象的视角。所以，这种知识是相对的，观察者不同，获得的知识就不同。通过第二种方法获得的知识则是绝对的，这是因为我们"进入"了对象，摆脱了个别视角上的局限，把握到了对象真实的样子。

"围绕着对象"指的是一种特殊的理智活动，也就是"分析"；"进入对象里面"指的是"直觉"。对于直觉，柏格森的解释是："一种理智的同情，一个人借此而置身于对象之中，以便能与对象所具有的独特的因而不可表达的东西相一致。"科学与形而上学之间的本质区别就取决于分析与直觉这两者间的区别。

柏格森认为，由于科学是以分析为基础的，所以科学上的意义最终会歪曲它所分析的对象的本质，这是由分析这个行为的特性导致的。但是还有另一种认识的方式，也就是直觉。他说："至少有一种实在，我们对之不是通过简单的分析来把握，而是通过直觉从内部来把握的。它就是我们自己的贯穿在时间中的人格——我们的延续的自我。"

就像笛卡尔一样，柏格森把他的哲学建立在关于自我的直接知识之上。但是，柏格森强调的是直觉方法，这与理性主义是截然不同的。

柏格森说："直觉的思维是在绵延中的思维。"这就是分析思维和直觉思维之间的区别。"绵延"是柏格森提出的一个术语，指的是发生在万物之中的进程，也就是生成。绵延构成了一股持续的经验之流，我们就生活在这股经验之流之中。绵延是在不断生长着的，与直觉息息相关。通过直觉，我们就能发现所谓的"自我"，就是一种绵延不断的流变。

简单来说，绵延就是一股生命之流，是变动、发展、生成的过程。它代表着自我，也代表着生命。无论用什么样的形象来描述它，比如生命的多样性、连续的进展、统一的方向等，都无法从根本上用形象来表示它，对绵延的直觉是任何形象都无法替代的。

只有直觉才能把握绵延，而且实在就是绵延。由此可推理出，只有直觉才能把握实在。柏格森认为，实在不是由事物构成的，而是由形成着的事物构成的，不是由自我保持的状态构成的，而是由变化着的状态构成的。静止仅仅是表面的，一切实在都是某种趋向。

在审视了进化论的主要思想以后，柏格森得出结论：在这些理论中，没有一种是站得住脚的。因而，他提出了自己的理论，也就是所谓的"创造进化论"。

柏格森发现，达尔文谈到了一个物种的个体之间的变异，其他生物学家则把突变当成使得某些个体拥有更适合生存的特征的条件。但这些说法都没有解释一个物种中的这些变异是如何发生的，而且也不能令人信服地解释如何才能跨越不同层次之间的鸿沟，从而完成物种从较低到较高层次的过渡。

柏格森的结论是，用生命冲动来解释进化是最好的。生命冲动驱动一切有机体不断地朝着更复杂、更高级的有机结构发展。所有有生命的东西，其内在的本质要素就是生命冲动。生命冲动存在于一切事物之中，它是一种创造力，并在不断地、持续地运动着。他的创造进化论思想深刻地影响了德日进，促使德日进提出宇宙进化论观点。

由于理智只能把握静态的东西，所以它不能把握生命冲动。因为生命冲动是绵延和运动的本质，而一切运动和变化都是不可分割的。柏格森说，生命是更根本的，是第一性的活动，而认识是第二性的活动。直觉与意识不仅把握住了这种第一性的生命，还发现它是一个连续的、不可分割的过程。

一切事物都是这个过程的表现。这种生命冲动就是基本的实在，推动着一切事物。首先，我们是依靠对自己的连续自我的直接觉知而发现了生命冲动，我们意识到自己是持续存在着的。

柏格森把理智和直觉区分开来。他认为，生命冲动有三个方向，分别产生植物生命、本能生命和理智生命，大致相当于从亚里士多德以来通行的对于植物、动物和人类的划分。但柏格森认为这三者之间不是一种单线的递进关系，而是同一个生命生长活动中分裂出的三个不同方向。

进化是创造性的，因为未来是开放的。并没有什么已经预设好的"最后目的"，绵延不断地持续着，不断产生出新事件，这就像一位艺术家在作品创作出来之前并不知道他究竟会创作什么一样。柏格森最后把生命冲动的创造努力说成是"上帝的存在，如果不是上帝本身的话"。

怀特海于1861年出生于英国，在剑桥大学接受教育，之后在剑桥大学三一学院教了25年的数学。后来怀特海去了伦敦大学科学学院担任教授及院长。在他63岁快要退休的时候，怀特海又被哈佛大学任命为哲学教授。

怀特海在作为逻辑学家、数学家、科学哲学家所获得的成就之外，又增添了作为一个形而上学家而写出的他最重要的作品之一《过程与实在》。他的哲学被称为"过程哲学"。

怀特海认为，牛顿物理学赖以建立的基础实际上是一个谬误。这个谬误被他称为"误置具体性的谬误"。牛顿物理学认为，事物的本质是存在于空间中的个体物质微粒，也就是原子论，这个观点出自德谟克利特。这个观点到底哪里不对呢？

对于这种观点，怀特海持反对态度。他说："在我们的直接经验所领会的自然的基本要素中，没有哪种元素具有这种简单定位的性质。"一个孤立的原子概念是理智抽象的结果，但是这些抽象的东西本身所代表的，是把事物从其具体环境中抽离出来。他所说的"误置具体性的谬误"，指的就是把抽象的东西错当作具体的东西。

既然否定了原来的原子论，为了对具体实在做出说明，就需要提出一种新型的原子论。怀特海为了表示区别，不再使用"原子"这个词，而用"现实实有"或者"现实机缘"来替代"原子"这个术语。

怀特海所提出的现实实有是"自然生命之中的团块"，它与没有生命的原子十分不同。既然带着某种生命的特性，那么它们就绝不可能是孤立地存在着的，而是密切联系着周围的涌动着的整个生命场。采取现实机缘观念，我们就可以把自然界看作一个活的有机体，有一个相同的生命原则存在于万物中。因此，构成世界的终极实在就是现实实有。这就是他的新原子论。

人类的自我意识也可看作现实机缘的一个很好例子。怀特海用他的理论来说明身心关系，并解释为什么宇宙中会出现感情和目的。永恒不变的同一性或历史，对于现实实有来说是不存在的。它们一直都处于生成之中，并能感受到来自其他现实机缘的影响，将之吸纳进来。在这个过程中，各种现实机缘形成并获得确定的形式，而在成为现实机缘之后，就会走向湮灭。

湮灭的意思是整个宇宙的创造过程走向下一次的诞生。在此过程中，某个现实机缘的独特性会失去，不过依然被保留在过程之流中。我们在谈论"记忆"或"原因性"的时候所指的东西就是湮灭，也就是说，随着时间的流逝，现在把过去的东西存留了下来。

实际上，我们所经验的是现实实有的集合，而并不是单个的、孤立的现实实有。怀特海把这个集合称为"联合体"或"关联"。他用"把握"一词来描述现实实有的要素是如何彼此联系在一起的，以及这些实有是如何进一步与其他实有相联系的。怀特海发明了很多新词来解释他的思想，可谓煞费苦心。

怀特海是如何解释实在的根本过程的呢？在这个问题上，他显然受到了柏拉图的影响。他说，现实实有之所以是其所是，是因为这个实有已经被"永恒客体"打上了某个确定特征的印记。这些永恒客体，就类似于柏拉图的理念。因此，一个现实事件是由不同的永恒客体以某种特殊的模式结合组成的。

怀特海的过程哲学和柏格森的生命哲学都强调了生命、过程、流变和关联，可能是由于受到了他们所处时代的思潮特点的影响。

伯特兰·罗素（1872—1970）是英国的才子，他最为人所知的作品是《西方哲学史》。罗素是哲学家、逻辑学家、数学家、作家，但人们似乎对他的哲学并没有太多的印象，他本人的学术成就似乎也不是建立在哲学上。作为数学家和作家的罗素是卓越的，他获得了 1950 年诺贝尔文学奖。

人与人的交流是具有一定的难度的，特别是当双方的生活经验、知识结构、立场、思维方式都不同的时候，就很难相互沟通和理解。虽然我们使用同一种语言，但是语言的表达力是有局限的。日常语言充满了歧义和多义，对于很多概念、词语，人们往往理解不准确，使用也不准确。

表面上看，大家是在说同一个词，实际上双方对这个词的理解是完全不同的，因此彼此就听不懂对方的说法了。数学家们在采用专业术语和数学语言进行交流的时候是没有问题和分歧的，大家都知道对方在说什么。而日常语言则不行。这就是语言的陷阱，哲学也迷失在了语言中。

因此，罗素和弗雷格希望创造一种严谨精确的人工语言，消除歧义，这就是数理逻辑。他们二人为数理逻辑的建立做出了不小的贡献。在逻辑学上，罗素提出了摹状词理论，以及以他的名字命名的集合论悖论。

1910年，罗素和怀特海合著了一本大部头的《数学原理》，企图将数学还原为逻辑。罗素认为，或许可以建构一种逻辑，依靠这种逻辑就能把整个数学从少数逻辑公理中推演出来。这是一个雄心勃勃的计划，但是很可惜，罗素失败了。

罗素非常羡慕数学的精确性，也以此为起点开始了他对哲学的研究。他曾说："我想加以倡导的那种哲学，我称之为逻辑原子主义，是我在思考数学哲学的过程中所不能不接受的。"他想提出"某种逻辑学说和以这一学说为基础的某种形而上学"。

我们能够以逻辑为基础构建一门语言，对于一切可以清楚陈述的事情，我们都能用这门语言来准确地表达。那么，根据罗素"逻辑原子主义"的观点，他专门建构的逻辑语言就会与世界形成对应关系。在这个新逻辑中，绝大部分的词汇将对应于世界中的特殊对象。这项任务该如何做呢？罗素首先从分析一定的"事实"入手，再区别这些"事实"与"事物"。

罗素认为，世界上的事物有各种各样的属性，事物也处在各种各样的相互联系中。这些属性和关系就是事实。事实构成一个复合体，包含着事物之间的相互关系。因此，罗素说："思考复合体的问题，必须从分析诸事实开始。"

事实拥有组成部分，它们是复合的，因此是可以分析的。语言的复合体可以和诸事实所构成的复合体相匹配，一切陈述都代表着它所对应的实在，分析的目的就是保证这种对应是恰当的。这就是罗素理论的基本假定。

语言是由词语的独特排列构成的。语言之所以有意义，是因为这些词语准确地代表了事实。词语要被构成命题，命题的意义就在于代表了事实。罗素说："在一种逻辑上完备的语言中，命题中的词语会一一对应于相应事实的诸组成部分。"通过分析就会发现某些简单的词语。借用化学中的概念，罗素把命题分为"分子命题"和"原子命题"。

正如同分子是由原子组成的那样，分子命题可以被分解为原子命题。命题陈述事实，当一个事实属于最简单的那种事实，就被称为"原子事实"。陈述原子事实的命题被称为"原子命题"。比如，"我累了"和"我饿了"都是原子命题，它们可以联结成一个分子命题，即"我又累又饿"。

简单地说，我们用分子命题做出关于世界的陈述。分子命题由原子命题构成，而原子命题对应于原子事实。这种理想语言表达了世界中可说的一切。

但是，罗素的逻辑原子主义也存在问题。对于全称陈述，例如"所有的马都有蹄"，当我们试图对它进行说明的时候，罗素的理论就有问题了。此外，它还不可能充分地说明它自己的理论，也就是无法自证。逻辑原子主义的核心假设是：原子事实确实存在，它们是以某种形而上学的方式实存着的。这个假设会导致逻辑原子主义本身和大多数哲学变成无意义的，一个强调证实的理论却无法自证，那么这样的理论是无意义的。所以，我们只能抛弃逻辑原子主义的核心假设。

由于这个原因，在罗素之后，出现了逻辑实证主义这一哲学运动，这个运动要把形而上学从哲学中驱逐出去，试图让哲学彻底摆脱形而上学的实体。

在数学哲学上有三个派别，分别是逻辑主义、直觉主义和形式主义。罗素是逻辑主义的代表，荷兰数学家布劳威尔是直觉主义的代表，而形式主义的代表则是大名鼎鼎的德国数学家希尔伯特。

希尔伯特在20世纪初的巴黎国际数学家代表大会上提出了23个问题，这些问题涉及了现代数学的大部分重要领域，推动了数学发展，被称为"希尔伯特问题"。希尔伯特曾在演讲中说出了一句著名的豪言壮语"我们必须知道，我们必将知道"，但是他的形式主义数学思想后来受到奥地利数学家、逻辑学家哥德尔的沉重打击。哥德尔提出了不完全性定理，证明数学作为一个形式系统，无法同时具备一致性和完备性，于是，希尔伯特的宏大计划就无法执行了。以此为由头，美国著名数学史专家M·克莱因写了一本书，名叫《数学：确定性的丧失》。

现象学

现象学的创始人是埃德蒙德·胡塞尔，他于1859年出生于德国，是犹太人。他的著作有《逻辑研究》《现象学的观念》《欧洲科学危机和超验现象学》等。1938年，胡塞尔在经受了长达数月的病痛折磨后去世。

现象学，顾名思义，就是关于现象的理论。在了解什么是现象学之前，要先了解一下，胡塞尔建立现象学的契机是什么？

胡塞尔哲学的建立源于他的一个信念。胡塞尔觉得西方文化迷失了它真正的方向和目的。他把这种危机描述为"理性主义正走向瓦解"，而他的任务就是要拯救人类的理性。科学的辉煌成就，给胡塞尔带来很深的影响，所以，他的终极目标是将哲学发展成为一门严格的科学，并以此来达到拯救人类理性的目的。

胡塞尔深入地考察哲学的历史，得出结论：只要采取客观主义的态度，按照自然科学的方法论来研究精神，我们就不能真正理解人类的精神和目的。所以，他建构了先验现象学，作为一种把握精神本质的方法，以此来克服客观主义。

现象学是一个哲学流派，试图按照现象如其所显现的那样来描述事件和行动。也就是说，它关注现象原原本本的样子，而不是怀着某种预设观念来看待现象本身。不过，现象学并不是一个同质的流派，许多代表人物之间都有很大区别。海德格尔、莫里斯·梅洛－庞蒂等人的现象学就与胡塞尔的先验现象学有很大差异。

由于自然科学的成功，许多人会把科学所描述的事物视为真实的，现象学批评这种倾向。现象学旨在如现象本身向我们显现的那样，来描述我们日常使用的物件，比如我用来写字的这支钢笔，以及描述我们碰到的日常现象。换句话说，现象学的目的在于，就现象本身所拥有的多样性、丰富性、全面性及其他一切性质来重新构建宇宙，并对那种以科学主义为标准的、单向度的标准化进行抵制。

"意向性"是现象学中的一个重要概念。胡塞尔认为，在笛卡尔的"我思故我在"这个命题中，这个"我思"必须加以修正，最准确的描述是"我思某物"，这就是意向性。这就意味着，意识总是对某物的意识。意识不是空空地存在着的，而总是有所指向性的，没有指向的意识是不存在的。

胡塞尔相信，意识的本质就是意向性。我们意识的任何对象，如一辆车、一种愉悦、一个数字或一个人，都是我们所意谓的、建构的、构造的东西，也就是我们所意向的东西。纯粹的意识是不分离的，而是一种连续的意识流。

意向性就是"自我"对我们经验创建的能动参与。这意味着，我们应该在发现实在的过程中，去寻找事物中的实在，因为事物就是我们的意向使它们成为的东西。这个意向性的过程通常不是有意为之，而是一个自动的过程。世界的这种自我建构被胡塞尔称为"被动的创生"。

现象学认为，在主体和客体之间不存在绝对的二分。现象在一个给定的情境下如其所是那样展现它们自己，这个展现与我们意识的意向性是一种互动的关系。所以，我们不能像贝克莱那样，仅仅根据被动的感觉经验来讨论现象，而是要根据与现象的全面互动来讨论。

意识在对现象的意向和创建中具有能动作用。在胡塞尔看来，说我们认识某个物体，这并不像是用照相机给这个物体拍照，看一眼就完事了。我们看一个物体或某一个现象，总是从某个角度来看的，这就有局限性了，不能把握事物所包含的全部本质，而只能看到事物的某一个侧面。

但是，如果我们认真仔细地关注这个物体的现象，我们实际上就拥有了对这个物体的一个扩展描述。这时，我们就不仅仅是从某一个角度来看物体，还包括了我们实际对它的感知、我们所意指的对象及意向性的行为。所以，这就超越了对一个事物现象的表面描述，而进入复杂的意识活动层次。

可见，现象学十分重视对自我意识、主客体关系的思考。在胡塞尔看来，在意识中存在"主观时间"，我们的主观时间和客观时间是不一样的。曾有个笑话说道，有人让爱因斯坦解释相对论，爱因斯坦说，当你和一位美女开心聊天的时候，你会感觉时间过得好快，当你一个人孤独地坐在火炉旁烘烤的时候，你会觉得时间好漫长，有度日如年的感觉，这就是相对论。所以说，我们所感受到的主观时间长短是不一样，是会变化的。

我们在观察一个事物时，能够说自己正在经验着这个客观的外在事物本身吗？胡塞尔回答，我们一定要把对外在事物的设想放在一旁，或者说用括号将它们括起来。这种做法被称为现象学的"悬搁"或"悬置"，也就是所谓的"存而不论"。"悬搁"这个词来源于希腊文，意思是"用括号括起来"。

通过加括号这种方法，我们就可以与任何有关客观世界的观点脱离关系。胡塞尔将所有现象、所有经验的因素用括号括起来，不断言客观世界是存在还是不存在。他对有关经验的任何信念都不执着于任何态度。于是，这便可以原原本本地看清楚现象的真实样子。这就是现象学的"本质还原"。

"本质还原"的方法被称为"本质直观"，也就是"悬搁"。这意味着悬搁一切判断，即先把一切先入为主的看法和判断放在一旁，不予理会。当我们置身于经验现象之外，并去掉我们心灵中的一切偏见，尤其是自然科学的先入之见时，我们就能够直观事物的本质了。

现象学还原最终引导我们返回到实在的核心，即有意识的自我。我们发现自己是有意识的生命，整个客观世界通过意识而存在。正因为采取"悬搁"的方法，我们达到了先验的纯粹意识，于是就可以把握住一个直接的现象世界，不再有任何扭曲，保证了正确性。

因此，思想本身的结构决定了一切对象的现象。胡塞尔指出了这个作为"先验领域"的直接的现象世界，并否定任何企图超越这个领域的哲学理论。胡塞尔反对康德对现象和本体（即经验和物自体）的区分。这就是胡塞尔的现象学被称为"先验现象学"的理由。

胡塞尔敦促我们将一切预设用括号括起来，并且从根本上返回到"前科学阶段"。他相信，这样就可以回到人类经验的本源形式，也就是我们的日常世界，即"生活世界"领域。

"生活世界"是我们生活于其中的世界，由所有那些我们通常要介入其中的日常经验构成，包括我们对日常事务的感知、反应、解释和整理，比如磨谷子、写信函、钉马掌等。在这里，我们可以看出，胡塞尔的"生活世界"主要指的是前现代社会或前科学时代。胡塞尔认为，科学实际上起源于生活世界，并且科学活动之所以成为可能，是由于生活世界提供了前提条件。

在胡塞尔看来，科学只是提供了对现实的片面把握。在科学将它关注的内容抽出来之后，世界还剩下很多丰富而有意义的经验内容。因此，要想为哲学提供充分的基础，就必须严格分析生活世界中人们的朴素经验。

从根本来说，对真理的明确证实，应该源自生活世界事件的那种明证性。也就是说，挖掘出那些在生活世界中让人类的行动成为可能的条件，以及发现构成人类行动合理性的条件，就是现象学的深层目的。

胡塞尔试图凭借生活世界的观念，使哲学家摆脱各种自然科学观点的控制。他创立了一种方法，去发现在用科学的观点解释世界以前，世界到底是什么样子的。通过加括号，生活世界为一种全新的、描述的事业提供了领域，开辟出一条理论探索的新道路，这就是现象学的道路。

世界是什么？世界如其所是！

存在与时间

1889 年，马丁·海德格尔出生于德国黑森林地区。一开始，他在弗莱堡大学学习神学，后来受到胡塞尔的影响，转攻哲学，并成为胡塞尔的助手和学生，直到 1922 年他被聘为马堡大学副教授。在马堡大学期间，他开始研究亚里士多德，并重新解释了现象学。那时，海德格尔正忙于撰写《存在与时间》。为了帮助他晋升，系主任催促他赶紧把这本书写完。1927 年，海德格尔写完了这本书，并很快安排出版。这本书是他最著名的作品，令他声名鹊起。一年后，他被选为胡塞尔在弗莱堡大学哲学教席的继承人。

1933 年，海德格尔被推选为弗莱堡大学校长。在退休后，他又发表了几篇论文和阐释哲学史的著作，包括两卷本论尼采的著作，和他最后的著作《思想的事情》。1976 年，海德格尔逝世于弗莱堡，终年 86 岁。

如书名所示，《存在与时间》这本书重点研究的对象之一就是"存在"。在书的开篇，海德格尔就指出西方哲学自古希腊以来，一直把"存在"和"存在者"搞混淆了，没有把它们区分开来。存在是一种状态或性质，而存在者是具体的，是有条件的。"存在者"是在时间中的存在，最重要的存在者当然就是人。

胡塞尔的现象学指出，世界对意识的自我显现就是我们所理解到的世界，世界向我们显示了它自身的样子。在《存在与时间》一书中，海德格尔采取了与胡塞尔相类似的方法来进行分析和论证。为了理解一般的存在，第一步先要理解人，海德格尔就是这样入手的。

在哲学史上，对"人"的定义往往类似于对物的定义。受到胡塞尔的影响，海德格尔拒绝根据那些把人和世界割裂开的性质或属性来定义人。现象学关心的是整个经验现象的领域，而并非将它划分为不同的部分。根据这一思路，海德格尔认为，显示出人自身的正是我们人的生存。这完全不同于传统哲学中所看到的"人"的概念。

为了把关于人的概念和传统概念区分清楚，海德格尔生造出一个德文词"此在"用来表示人。他认为，不应该把人（或此在）定义为一个对象或客体，而最好把人描述为一种独特类型的存在。

海德格尔是最喜欢自己造词的，而且写作的内容晦涩难懂。当然，这是德语系哲学家的一个通病或癖好，海德格尔在这方面可谓相当突出，他的著作非常晦涩。有人批评他是在玩文字游戏，说话云里雾里。

"此在"这个术语是对个人存在的一种纯粹表达。人性的本质是什么？答案是人如何生存，而不是某些属性或性质。根据这一点，说人性本善或人性本恶是不正确的，因为善与恶是一种属性或性质。因此，在回答"我们是谁"这个问题时，就要去考察人性的基本经验，从这些经验中找出答案。

那么，人是什么，人是如何生存的？人生的状态又是什么？海德格尔指出，基本的人生状态就是人"在世界中存在"。"在世界中存在"是海德格尔的一个术语。他有很多这样的术语，有的比较生僻怪异，而有的又十分通俗，就是我们日常所用到的词语，但在他的理论体系里，这些词语是有特殊含义的。

为了准确地理解人是什么，首先就要考察人们一般的日常生活经验，用海德格尔的术语来说，就是考察"一般的日常性"。然后，我们就能了解人是什么。在海德格尔那里，最原始的、最基本的观点就是此在的"在世"。

我们说人在世上，意思不能像说一个东西在另一个东西内部那样，比如，书在书柜里、水在玻璃杯中，也不能理解为将人放置于世界的某个地点，比如，张三在北京市，就好比一个客体和另一个客体在空间中的关系。实际上，"此在"是以"居住"的意义在世的，以"熟悉"或"我照看某物"的意义在世。这里强调的是一种理解，我们可以说张三在北京市生活，说"人在世"即"人生在世"。又比如，说一个女人"在"爱情中，并非指她所处的地点，而是指她存在的类型，也就是她"在"谈恋爱。同理，说"人在世界中"，不仅是指把人放入某个空间中，更重要的是描述了人的生存结构。这种生存结构使人可以对世界进行有意义的思考。

海德格尔认为，"此在"有三重结构。这种结构使得我们能够以某种方式筹划这个世界。"筹划"是海德格尔的又一个通俗性术语。事实上，我们是基于我们的"筹划"来理解世界的。

第一重结构是"理解"。我们通过理解来筹划对物件的关系和目的。事物之所以具有意义，是由于那些被筹划出来的交互关系。

第二重结构是"情绪"或"态度"。我们如何与环境相遇是受到情绪或态度影响的。在高兴或失望的心境中，我们遭遇到的事情将会作为高兴或失望敞开。我们会在这种心境下描述自己的存在方式，以及世界对我们的存在方式。比如说，你的心情好，看到的世界就是明亮的、美丽的，也会觉得每个人都对你很友好。假如你的心情很差，看到的世界就是灰暗的、糟糕的，觉得别人对你都不友好，看谁都不顺眼。

第三重结构是"话语"。一个东西只有能在语言中表达出来，才可以被我们理解，也才可以被我们的情绪左右。

人在世上生存着、生活着，所以人就必须与事物打交道，还要对与之打交道的事物进行思虑，这更加重要。

那么，人类是如何与事物打交道的呢？海德格尔指出，人类是把物当作一种"工具"来打交道，这是人类在世的核心特征。换句话说就是，人类仅仅把物当作器具来看待，对物只是一种利用的关系，而不存在感情。比如说，和一把锤子打交道，我们首先想的是如何使用它，锤子作为一个器具，是为实现某个目的服务的，例如钉钉子。

当我们使用锤子的次数越来越多，越来越顺手，就越不会意识到锤子是一个客体。因熟悉而浑然不觉，这就是"默会知识"。此时，好像锤子和我们之间完全没有了距离，我们对锤子也不再陌生，而是把锤子看作某个"筹划"的一部分，比如想要制作一把椅子。

一个筹划会包含许多不同的目的，各种目的组成一个关联，锤子处在这种关联中，为的是实现它的目的。意思是说，要制作一把椅子就要分解为各个小的目标，比如先做好椅腿，再做手把等，所有不同目的组成一个关联，最后做出一把椅子来。

此时，假如在我们制作这把椅子的过程中，锤子不小心坏掉了，那么我们就会立刻换一种态度，会用不同的方式来看待锤子，即把锤子当作一个物。道理很简单，因为损坏了的锤子不能用了，我们就不再以一种浑然不觉的态度来把锤子看成与自己密切相关的一部分，而是把它看作一个客体，冷眼旁观。

我们对物件的不同看法是通过筹划一个关联来揭示的。在这个关联或者说任务中，每样物件都有独一无二的作用，这种作用代表它的目的。只有当一个物件与其他某个任务存在关系，它才能具有一个目的。

在完成任务的过程中，任何物件就不具备揭示其他目的的属性。比如，在这把锤子中，我们找不到有任何性质会表明，用锤子把钉子钉在屋顶上还需要一架梯子，锤子本身可没有要求必须要一架梯子。因此，任何特殊的物件，只有当它与其他目的相联系时，才有意义。这便构成了一种目的之间的网络关系。

在我们和作为器具的事物打交道之前，这种网络关系就被揭示出来了，网络关系让我们能理解那些事物。与动物不同，人类具有一种特殊的洞察，用海德格尔的术语来说，这种洞察叫作"审慎"。通过"审慎"可以显示一个对象的目的。因此，人类选择使用某一个工具或器具，是因为人类首先看到了它的目的，而不是首先观察它的属性，然后才根据属性推理出它的目的。

我们通过筹划来构建目的网络，发展目的网络属于我们的本性。而每个人筹划世界的方式都是不同的，也就是说，每个人都以自己独一无二的方式活着。

在日常生活中，在我们以自己独特的方式来筹划世界的过程中，我们会对周围的人、对环境中的工具和任务有一种操心，这是不言而喻的。操心对于我们的自身认同也十分重要，因此，"操心"就是我们的根本属性。

所以，为了正确地理解此在，就要重点理解操心的基本性质是什么。"操心"又被译作"烦"，是海德格尔思想的一个重要概念。

海德格尔指出，操心有三种成分，每一种成分都会使我们的内心产生一定程度的焦虑。因为此在是在时间中的存在，所以根据时间的三重结构，分别对应于操心的三种成分。

第一种成分叫"被抛"，我们完全地被抛入世界之中，这代表着我们的过去。我是完全被动地突然出现在世界上的，我的父母未经我同意就将我生出来了。

第二种成分说的是我们有自由选择的权利，我们必须对自己的生活负责，在生活中不断书写着自己的历史，成为真实的自我，这牵涉到我们的未来。

第三种成分是"沉沦"。我们在生活中沉沦了，丧失了我们的"真实"性。只有我们意识到自己的独一无二性，对自己所有的行为负责，这才是真实的存在。这里指的是我们的现在。

"沉沦"就是我们当下的处境。海德格尔用"非本真"这个术语来描述，我们陷入了一种"非本真"的生存，意思就是"并非真实和本质的生存"。简单点说就是，我们不能做一个"本真"的自己，活出真实的、独一无二的自己，而是去逃避自我。我们戴上面具，扮演某一个社会角色，过分地在意别人对自己的看法，活在别人的期望和要求里，不再想成为一个独一无二的人，而是把自己降低到平常人的水平，做一个与别人一样的普通人。

然而，即使这样，我们也无法永远逃避真实的自我，这时"畏"会进入我们的内心。海德格尔指出，"畏"是人的一种生存状态，而不只是一种心理状态。

"畏"是海德格尔理论中的一个重要术语。顾名思义，"畏"就是"畏惧"的意思，它与"害怕"是近义词，但在海德格尔的理论中，二者有着本质区别，不能混淆。

"害怕"是有所指的，总是指向某个对象，比如害怕蟑螂或杀人犯。"害怕"是能够提防的，我们可以远离使我们害怕的事物。但是，"畏"是没有指向的，它指向虚无，也就是指向"什么也没有"。比如你问一个人他到底在忧虑和畏惧什么，他回答道："我也不知道自己怕什么，反正我就是怕。"

在我们的存在中，"畏"显示了"无"的在场，更关键的是我们根本无法改变"无"，即无法改变死亡，这是不可避免的。"无"在我们的存在中占据着核心的地位。

时间本身是"畏"的一个因素。我之所以有关于时间的观念，主要是因为我知道自己正在走向死亡。生命的每个瞬间都与死亡这一事实息息相关，生命不可能与死亡分开。我想要逃避这种有限生存，否认生命的暂时性，但是最后我必须肯定真实的自我，才能领悟到我是谁、我是什么。那么我就会发现，在我的"非本真"生存中，我一直在试图掩盖自己有限性和暂时性的这个事实，逃避死亡。

也就是说，"畏"即是怕死，我们都不可避免地要走向死亡，走向虚无。因此，人类的生存就是"向死而生"的。人在知道自己终将一死的情况下，必须勇敢地活着，诗意地活着。

由此我们可以看出，海德格尔不但是个现象学家，同时也是一个存在主义者。他关注本真的和非本真的存在，关注我们独一无二的意识、我们的选择及"非我莫属"的死亡。

海德格尔的思想中还包括了对语言、诗和技术的哲学思考。

海德格尔很看重语言和诗歌。他认为，语言是人的居所，诗歌是人类创造性的再创作和现实化。语言是一种"敞开"，特别是诗性语言，它对难以传达的东西特别敏感。我们通过语言来表达自己，通过这种表达，我们向世界传达我们是什么、我们是谁的信息。因此，在谈论某物的时候，我们不仅是谈论某物，而且也通过言语传达了我们自己，表达了我们的当下状态和处境。

我们表达自己的情绪，以此揭示出世界与自己的关系。对于这种表达，科学语言与诗歌具有不同的形态。在诗歌中，我们说什么并不重要，即内容是不重要的东西，关键是对一种特别情绪的传达。

因此，诗歌在确立意义、开启世界方面是积极有为的。通过阅读一个民族的诗歌，可以了解这个民族的存在样式和心态。用这种方式，我们也可以更容易地发现自己。

语言的贫乏化就是人的本质的贫乏化，那些喜欢空谈、陈词滥调和闲谈的人，本质是贫乏的。对于海德格尔来说，诗人才是时代的先锋，而不是科学家或政治家。诗人和诗性哲学家是揭示人的被遮蔽本质的先锋，那些发生在城市中、课堂里、实验室里的理性讨论，在海德格尔的思想中都不占显著位置。在他看来，这样的理性讨论尽管有不少成就，但并不是真正根本性的东西。

所以，从根本上说，海德格尔是一位诗性哲学家，也是一位田园思想者。他觉得田园生活比都市生活更有乐趣。他认为，人类诗意地栖居在大地上，他们以审慎的思想关切生活。海德格尔试图传达根本之物，传达诗意之物，他对现代性及其根源的批判就是站在诗意的角度上进行的。

维特根斯坦

1889 年，路德维希·维特根斯坦在奥匈帝国的一个显贵家庭出生。他的父亲是钢铁业巨子，资产丰厚，一生共有 8 个孩子。他最为年幼。维特根斯坦的兄弟姐妹都很有天分，但性格却很有问题，四个兄弟中有三个以自杀了结一生。

与普通的富家子弟不同，维特根斯坦对于贵族式的物质享受嗤之以鼻。

他继承了一笔遗产，却将大部分赠予姐妹，自己过着相当简朴的生活。有一次他甚至申请苏联公民权，希望在那里以务农为生，结果苏联当局告诉他国内农夫已经够多了，不过如果他愿意在大学教书，倒是非常欢迎，维特根斯坦婉拒了这项邀请。此外，维特根斯坦和希特勒还是同学，真是无巧不成书！

维特根斯坦是20世纪数一数二的天才哲学家，他一个人就开创了两个不同的哲学学派。只可惜他的思想经常被人误解。他非常聪明，早年研究航空学，在工程技术问题上也很有天分。后来他对数学和哲学产生了兴趣，不得不在工程学和哲学中做出抉择。维特根斯坦先是拜访了弗雷格，然后在剑桥大学找到了罗素，成为罗素的门生。不到两年时间，维特根斯坦的才华便令罗素倾倒，罗素明白这个学生终有一天会超越自己。

第一次世界大战爆发后，维特根斯坦从军加入奥匈帝国军队，他在战壕中仍不忘研究哲学，写下了战时笔记。在服完兵役后，他带着一部基本写完的手稿返回剑桥大学，并在大学得到了讲师职位。

这部手稿被罗素看了之后，维特根斯坦认为罗素根本没有理解他的思想。后来这部手稿出版了，这也是维特根斯坦一生中出版的唯一一部著作。这本书只有薄薄的几十页，却引起极大反响，使维特根斯坦名声大振。这本书就是大名鼎鼎的《逻辑哲学论》。

维特根斯坦在完成《逻辑哲学论》之后就退隐了，去阿尔卑斯山当了一名小学老师，因为他认为自己已经解决了所有的哲学问题。维特根斯坦说，哲学被他终结了。

维特根斯坦在小学当了九年的老师，从这段教书的经历中他受到了启发，又重新激发起对哲学的兴趣。在这段时期他产生了一种新的哲学思想。1929年，维特根斯坦重返剑桥大学，在三一学院任教。当时著名的经济学家凯恩斯是维特根斯坦的仰慕者，凯恩斯还特别写信给太太说："上帝真的驾临了，我在五点十五分的火车上遇见了他。"

1947年，维特根斯坦辞去教授一职，以便专心写作，且在爱尔兰乡村归隐期间完成了大部分手稿。他终身未婚，生活简朴，还曾被人视为怪人。1951年，维特根斯坦去世。据说，他生前说的最后一句话是："请你告诉他们，我度过了美好的一生。"

　　1953 年，人们以他的手稿和学生的课堂笔记为基础，整理出版了他的大量著作，其中最重要的一部是《哲学研究》，这本书代表了维特根斯坦的后期哲学观点。《哲学研究》否定了维特根斯坦前期思想中的一些错误，并给他在哲学领域带来了更大的名望。

　　维特根斯坦的《逻辑哲学论》是采用断语的形式写成的，非常决绝，而且比较简短，像格言，人们看起来比较舒服，还留有想象和再度诠释的空间，带着某种神秘的力量，就如同一种暗示、一种命令，深入人们的心灵潜意识深处，产生影响。就连维特根斯坦自己都说，他的《逻辑哲学论》就如水晶一般清澈。在书中，维特根斯坦发明了一个"真值表"，为逻辑学做出了贡献。

　　哲学不是用来清晰地说明世界的，哲学就如同一面镜子，反射出世界。维特根斯坦认为，既然一切理解均需透过语言，那么研究语言便可掌握世界最精确的样貌。哲学问题必须架构于语言中，因此，如果发现了语言的局限，那就等于发现了哲学世界中问题与答案的限制。康德为人类的理性划界，而《逻辑哲学论》为语言划界。

　　前期的维特根斯坦认为，语言只有一个功能，即陈述事实。语句的意义大体都来自事实陈述，在所有语言背后的构架是一个逻辑的构架。

　　语言的功能就如同模型，被组织起来建构一幅现实世界的图像。语言是世界的图像，虽然语言里的字词是一种约定俗成的任意符号，它和其所指涉的对象看起来并不相似，但是当我们比较语句中字词与实际事物间的关系时，就出现了一种相似性。

　　意思是，语言是一幅图像，并不是指它的符号看起来与现实世界中的对象相似，比如"狗"这个汉字和现实的狗就不相似，不能跟一幅狗的绘画或照片相比。但是，"狗"这个字词与现实的狗是一种对应关系，从关系的角度来看，它们是相似的，"狗"这个字词陈述了一个事实。

　　陈述与事实的关系，就如同比例尺地图和它所代表的实际地域的关系。地图当然比实际地域要小得多，但重点在于，地图上所标示的地点间的距离模拟了实际世界中对应物之间的距离。陈述就像地图，事实就像实际地域。既然地图可以模拟实际地域，那么语言陈述也可以模拟客观事实。

维特根斯坦继续推论，语句的结构或形式必须和世界的现实事物所显露的事实相同，语言才能发挥作用。世界包含了各种各样的结构，这些结构必须反映在语言的逻辑结构中。

正如复杂事物可以分解为更小的部分一样，语言也可以分解成更简单的元素。在这一点上维特根斯坦与罗素的观点是一致的。

语句中字词间的逻辑关系，展现于所谈论的事物结构中。语言是一幅图，图要与事实相符合，就如同照相机拍出来的相片那样。语言虽然可以描述世界，但它和世界之间的关系却无法在语言中陈述出来。也就是说，图本身是图无法描述的，图没有办法通过自我描述来表明自己是一幅图。

既然语言是一种描述，那么同样的局限性也适用于字词。字词可以表述任何实在的事物，却无法表述字词与实在物的共同点。这是令人非常尴尬的，因为这意味着哲学家一直认为必须要做的工作，即确定字词的意义，是根本不可能办到的。也就是说，如果我们想要知道字词与世界对应的程度如何，或是哲学概念描述实在的正确性如何，终将无能为力。

语言的界限就是思想的界限，事物的意义永远在事物之外才找得到。因此，人生的意义也必须在人生之外才找得到。维特根斯坦说："人生的意义在人生之外！"

地图上无法标识的地方就无法讨论。我们总不能指着世界地图上的某个国家，跟别人讨论说这是"芭芭拉魔法王国"。同理，语言不能陈述的事实也无法讨论。同时，地图上找不到的地方不代表任何实际的地域，因此无法说明世上任何事物的话语也毫无意义。

《逻辑哲学论》的最后一句话是："凡是能够说的，都能够说清楚；而凡是不可说的，我们就必须保持沉默。"这句话是对整本书思想的一个总结。

总的来说，维特根斯坦前期思想的核心是"图像论"，重点说的是"意义即证实"。图像论的基本构想是：语言与世界对应，逻辑图像可以摹画世界。复合语句对应于复合事态，复合语句都可以分析为原子语句，原子语句摹画原子事实，原子语句不能分析为更基本的语句，但可以分析为名称。名称是不可分析的，所以也称作"简单符号"，名称与简单对象直接相对应，语句可以描述对象，名称却不描述对象，只与简单对象相应，并获得意义。

维特根斯坦在自己哲学生涯的第二阶段发现，除了陈述之外，语言还包含了更多的东西。他不再相信哲学的目的在于追寻真理，而认为哲学应专注于厘清其造成的困惑。他的后期思想关注于如何利用各种工具和方法来摆脱哲学理论。

维特根斯坦认为，哲学的目的是从逻辑上澄清思想。哲学不是一门学说，而是一项活动。哲学著作本质上由一些讨论组成。哲学的成果不是"哲学命题"，而是命题的澄清。

他还说："哲学是针对借助我们的语言来蛊惑我们的智性所做的斗争。""我们使用哲学这个词，指的是一场反对由语言表达方式施予我们的魔力的战斗。""你的哲学目标是什么？给苍蝇指出飞出捕蝇瓶的出路。""不建构理论，而是让一切如其所是。""哲学的困难不像科学的困难，那不是智性上的困难，而是皈依的困难。需要被征服的是意志的抵抗。""哲学研究是概念研究。形而上学的根本之处是没弄清事实研究和概念研究的区别。形而上学问题总带有事实问题的外表，尽管那原本是概念问题。"

后期的维特根斯坦提出了一个重要概念"语言游戏"，并指出，"语言游戏"是"家族相似"，而不是普遍的共相。

我们一般会认为，语言描述的是事物的本质，而不同事物之间相同的本质部分就是所谓的"共相"。比如说大海是蓝色的，天空是蓝色的，这个"蓝色"就是共相，我们用"蓝色"这个词语就可以描述这种共相。

可维特根斯坦认为这种看法是错误的。他认为语言就好比是一个游戏，它是家族相似，而不是普遍共相。家族相似的意思是，一个大家族，有爷爷奶奶、爸爸妈妈、弟弟妹妹等，他们彼此之间在外貌上会有一些天然的相似之处，比如爸爸和儿子的嘴巴有点儿像，妈妈和女儿的眼睛有点儿像。语言也是如此。

比如说，我们可以将很多不同的事物用"马"这个名称集合在一起，即使这些事物并没有共同的特性。无论是汗血宝马、特洛伊木马，甚至是体操选手用的鞍马，将其联结的不是什么不变的本质或共相，而是某种"天然的相似性"。这就是家族相似。

这种分类集合没有正确与否的问题，大家在日常语言中如何使用才是关键。游戏本身无所谓真假好坏，只有参与不参与的问题。

维特根斯坦是在他当小学老师时，从教孩子们做游戏的经历中悟出语言游戏概念的。他观察到孩子们学习语言和使用语言就如同他们学习游戏和玩游戏那样，孩子们通过使用语言而学会了语言。

既然是一种游戏，就必然存在游戏规则。如果不按照规则来玩，游戏就无法进行下去。同理，要参与语言游戏，就必须遵守规则，使得游戏成立，能玩得下去，也就是说，要正确地使用语言！

因此，在维特根斯坦的后期哲学中，即使是陈述也被视为一种行动、一种游戏。陈述之所以正确，并不是因为语言和它试图反映的实在相符合，而是因为我们正确地使用了语言。这一点与他前期思想的"符合论"有极大的不同。

换句话说，当一个陈述中的字词用法和所属的"语言游戏"这个系统的规则和惯例相一致时，陈述便是正确的。关键在于语言的用法，而不是语言所代表的意义。这就好比下象棋，如果你不按照"马走日、象走田"的走法，那这个棋就下不了，或者说下的就不是象棋了。至于说马代表什么，象代表什么，不是重点。"遵守规则"这个概念是后期维特根斯坦思想的一个重点。

既然语言是游戏，那为了大家都能参与这个游戏，就必须有公开共享的规则，否则我们永远无从了解这些规则，也就永远无法对话和交流。需要指出的是，那些陈述极度个人化体验和事件的语言也必须适用于这个道理。维特根斯坦认为，孩子是通过自己察觉到的语言和行为来学习的。例如，我们都知道痛不痛只是个人感觉问题，不过孩子对于"痛"这个字，是因为听到别人烧到手指或脚趾踢到石头时会喊痛，并观察别人使用这个字时如何反应才学会的。比如孩子一直看到别人一边喊痛一边龇牙咧嘴、流眼泪，那他下次看到别人有此反应时就会说："啊，这个叔叔很痛的样子。"

任何游戏都存在可以遵守或违反的规则，而且当我们违反规则时一定知道，否则就无法分辨我们是不是在参与游戏了。一个人是否根据规则参与游戏，必须从外部加以界定，否则他很容易在无意中违反规则而不自知。

当然，实际的遵守规则和"你认为"你遵守规则，没有什么差别。但是，如果你在篮球比赛时用脚踢球，很快裁判就会提醒你犯规了。此时就算你抗议，认为自己这样做是对的，裁判也不会理会。你可能觉得很困惑，以为自己在踢足球，即便如此，你仍在"遵守"着某些规则，虽然这些规则与篮球规则不同。

语言和行动是具有意义的，它们必须遵循规则。这就预设了一个存在于个人心灵之外的世界，而且规则不能由个人决定，也不能专属于个人。

由此，维特根斯坦反对"私人语言"，认为语言的意义是在活动中产生的。什么是"私人语言"？就是说，语言的意义仅是属于私人的，表面上看人们在交流，其实是自说自话。语言的规则必须是公开共享的，私人语言不存在。

虽然每种语言游戏的规则是公开的，但并不代表学会规则是一件很简单的事。无论老师教得有多好，误解规则的可能性永远存在。人类在开始语言游戏之前，就因为有相同的生活形式而使得彼此能够相互交流。这种生活形式是其他生物不太了解的，就像维特根斯坦说的："如果狮子会说话，我们也无法理解。"

因为存在语言游戏，所以意义就不是固定和单一的。字词的意义不是其所指涉的对象，仅在于使用，而非指涉。同一个词语，使用的方式不同，所表达的意思也不同。比如，"你好坏"这句话是一个人非常生气地说出来的，还是女孩子娇滴滴地对一个男生说出来的，所表达的意思是完全不同的。

事实上，我们所用的日常语言在时间的长河中是不断变化的，新的语言游戏出现，旧的语言游戏有的因为过时而被淘汰，有的则被人遗忘。正如维特根斯坦所言："人类语言可以看成一座古老城市：不同阶段所发展形成的狭窄街道、广场、房屋，外围被大量新开发区所围绕，举目所见皆是笔直规划的街道，加上整齐划一的房屋……设想一种语言便意味着设想一种生活形式。"

维特根斯坦后期思想可称为是"工具主义"的，即语言只是一件"工具"。工具是为了使用，用法是多种多样的，是可以变化的，至于怎么用，要依据具体情况和使用者而定。总的来说，维特根斯坦后期思想的核心是"工具论"，重点说的是"意义即使用"。哲学的目的在于追求明晰，而非试图解释人生与世界的新真理。

维特根斯坦的思想导致哲学发生了语言学的转向，并直接促使了逻辑实证主义和分析哲学的产生。维特根斯坦对 20 世纪人类思想的发展产生了巨大的影响，是一个天才人物的经典范例。

第二十二章 科学是什么

逻辑实证主义

科学是什么？这个问题要询问科学哲学。科学哲学就是关于科学的哲学思考，也是认识论发展的顶峰。请注意，这里所说的"科学哲学"不是指"科学的哲学"，而是哲学的一个重要分支。"科学哲学"以科学为研究领域，"科学的哲学"指的是科学性质的哲学，即用科学方法而非思辨方法研究哲学，把科学方法引入哲学中。

20世纪开始以来，新的科学理论不断出现和发展，各种新发明新发现不断涌现，科学的发展极大地改变了人类的生活。在此期间，西方哲学也空前繁荣，新的哲学观念层出不穷。于是，科学家和哲学家之间产生了强烈的思想交流，理论科学家尤其是物理学家越来越对哲学感兴趣。正如爱因斯坦在逝世前两个星期说过的："20世纪初只有少数几个科学家具有哲学头脑，而今天的物理学家几乎全是哲学家。"

在这股潮流中，有一些科学家加入了哲学家的行列，并成了有名的哲学家。比如，维也纳学派中的一些重要的代表人物本来就是数学家或自然科学家，像哥德尔、弗兰克等，而库恩也经历了从物理学转到科学史又转向科学哲学的历程。科学哲学家本格37岁就当上了理论物理学教授，物理学家玻恩发表了不少有影响力的哲学著述，哥本哈根学派的量子力学家也卷入了科学哲学的洪流。

同时，也有相当多的哲学家具有科学头脑。他们关心科学和科学中的哲学问题，意识到并承认科学对哲学的重要性，也看到了科学哲学对科学研究的重要意义。有一些哲学家特别关心"哲学的科学化"，他们要改变哲学家的形象，不想被科学家认为自己只会空想和瞎说。

科学哲学有不同的派别，不同的派别之间互相批判的同时又互相交融，每一个哲学家的哲学思想都不是孤立的，而是处在与别的哲学思想相交之中的。科学哲学共有四大流派，分别是逻辑实证主义（亦称"逻辑经验主义"）、证伪主义（亦称"批判理性主义"）、科学历史主义和科学实在论。

与之相关的哲学家和代表人物有石里克、卡尔纳普、亨普尔、科恩、波普尔、拉卡托斯、沃金斯、图尔明、库恩、费耶阿本德、劳丹、本格、夏皮尔、普特南等。另外，罗素、维特根斯坦等哲学家也与此相关。

科学哲学的基本问题是：科学的本性和科学的方法问题。前者称为"康德问题"，后者称为"休谟问题"，这两个问题是有联系的。

逻辑实证主义、证伪主义、科学历史主义和科学实在论四者的关联，是通过问题和答案来实现的。这种关联可能是同一个问题的几种回答，或是一个问题转换为或引申出其他问题，抑或是一个答案联系到其他答案。各个流派所关心的问题也有各自的特点。

逻辑实证主义，或称"逻辑经验主义"，是相对于英国传统经验主义的"新经验主义"而言的，也可以说是"彻底的经验主义"。它把经验传统，尤其是实证传统，与逻辑传统相结合，与孔德的实证主义很不同。逻辑实证主义的代表人物是石里克、卡尔纳普、亨普尔、科恩等人。按照亨普尔的说法，逻辑实证主义的主要目的在于就我们关于世界的认识提出一种清晰而精确的经验主义理论。

因为逻辑实证主义出现得最早，所以它在科学哲学中的地位十分特殊。实际上，逻辑实证主义在西方被称为"标准科学哲学"。从维也纳学派建立到今天，科学哲学发生了明显的变化，逻辑实证主义遭到许多人的强烈批判，催生了其他科学哲学派别。逻辑实证主义的统治逐渐崩溃了，所谓的标准科学哲学显示出明显的"不标准"，但是它自身也在批判和反批判中，并在挑战中不断地修正和发展。

引进数理逻辑和分析哲学，是逻辑实证主义的一个关键性特征。因此，罗素、弗雷格、维特根斯坦等人与之有直接的联系并受到莫大的影响。维也纳学派是逻辑实证主义的代表学派，这个学派把维特根斯坦奉为导师，对他非常尊崇。

后来，库恩提出"科学革命"、不可通约和范式理论。历史主义学派与逻辑实证主义几乎是反其道而行之，成为一个对立面，而波普尔的证伪主义可以看作联系二者的中间道路。

关于可检验性和意义问题是逻辑实证主义的一个永恒课题。如何回答这个问题，反映了逻辑实证主义的特征，同时也是它的致命要害。逻辑实证主义想要改造哲学，使哲学成为科学的，试图彻底将形而上学从哲学中扫地出门，从而实现哲学的逻辑分析任务。逻辑实证主义还试图引导哲学家和科学家避免陷入徒劳的无意义探求。而所有这些工作，都是依靠意义标准来支持的。

逻辑实证主义的基石在于有关可检验性（或称"可证实性"）和意义的观点，但这个基石很不牢靠。逻辑实证主义的主要代表从维也纳时期起，几乎都为这一基石而疲于奔命。石里克奠定了这一基石，卡尔纳普、亨普尔、科恩、艾耶尔等人为了修补这一基石，同时也为解决与其相关的归纳逻辑的困难，始终不懈努力着。

任何论断世界上某种东西的陈述和假设，都必定是可以用描写我们能以直接经验和直接观察所确立的某物的句子，来加以直接或间接检验的。这是逻辑实证主义的一个基本观点。

换句话说，经验内容或经验意义就是逻辑实证主义的可检验性标准。在逻辑实证主义看来，一个陈述，只有在它可以被观察所直接或间接地加以检验的时候，才算做出了一个有关世界的论断。用这个意义标准，逻辑实证主义判定形而上学的命题是无意义的，并且还衡量科学家提出的学说是否是一种科学理论。也就是说，它的意义标准也是科学与伪科学或者非科学的分界线。

卡尔纳普认为，认识论的两个主要问题就是意义问题和证实问题。从石里克区分证实和可证实，区分"逻辑的证实"和"经验的证实"起，许多逻辑实证主义者都致力于修补意义标准。沿着证实问题，从逻辑实证主义通向了波普尔；沿着意义问题，通向了库恩的科学革命观。

科学哲学在演变，各学派之间都有各自的困难和弱点，它们在批判中进步和发展。逻辑实证主义当然也不例外，尽管它被强烈地批判，但依然前行。

简单地说，逻辑实证主义可以拆分为逻辑主义和经验主义。它关心的主要问题有：第一，什么是真正的哲学？或者说哲学的本质是什么？第二，为什么要清除形而上学？第三，什么是符号的意义？第四，可证实性原则能够成立吗？第五，怎样看待数学和逻辑？第六，科学怎样统一起来？第七，应该选择什么样的语言？第八，意义、真理、证实的关系怎样？

石里克创建了维也纳学派，他的重大贡献之一是非常清楚地表述了来自维特根斯坦前期哲学思想的意义标准。他提出了逻辑实证主义的一个基本信条，即一个命题的意义就是它的证实方法，"意义即证实"。一个词串要具有意义，当且仅当我们知道对它进行证实的方法。卡尔纳普后来修改了对证实的要求，因为从根本上说，从来没有任何的综合语句是可证实的。

卡尔纳普指出，完全证实是不可能的，而只是一个逐渐增强认可的过程。他提议用"可确证性原则"来代替"可证实性原则"，将原来的证实问题转换为认可问题。完全证实可称为"强证实"，不完全证实可称为"弱证实"。

绝对的完全证实是不可能办到的，我们只能要求命题在原则上的"弱证实"。标准已经越变越宽松了。理由很简单，因为从一个特称命题归纳出一个全称命题，无论得到证实的特称命题数量有多少，我们都不能必然地推出全称命题一定成立。

证实主义和归纳主义是形影不离的。归纳概括和推理据以立足的实例数量的多少，实际上不起任何作用。实例数量多，也不过是好看一点儿罢了，并没有什么用。有人问控制论创始人维纳说："你愿意使概括立足于多少实例？"维纳回答说："有两个实例就行，不过有一个也就够了。"

从有限推出无限是不可能的，从特称推出全称是不可能的，这就是归纳法的硬伤。归纳逻辑遇到的困难自休谟以来，一直无法解决。因此，可证实性变成了概率的表述，变成了一个逐渐认可的过程。

逻辑实证主义片面地强调了经验和观察的作用，并试图证明经验世界、感性材料是中立的。在观察陈述和理论陈述的区分中，它强调将理论陈述还原为观察陈述才是有意义的。

而实际上呢，人类在认识客观世界的时候，心灵不是一块白板，这已经是被现代心理学实验证明了的。我们在认识世界的时候总是要带着一定的理论预设和认知结构的。所以，理论陈述不是没有意义的。

逻辑实证主义的基础没有修补好，它的观点被肢解了，它的标准越来越宽，要求越来越低。当然，逻辑实证主义的困境绝不是表明与之对立的科学哲学思想就一定正确。虽然身处困境，但逻辑实证主义对科学哲学思想的历史演进还是有作用的。它使问题更加深入，推进了思考，并在具体的问题上有所贡献。

证伪主义

证伪主义、否证论、批判理性主义，这三者虽然说法不同、名称不同，但指的都是同一样东西。它们都指向一个人，一位 20 世纪杰出的哲学家——卡尔·波普尔。

1902 年，波普尔在奥匈帝国的维也纳出生。此时，一场近代科学史上规模最大、意义最深远的革命正在兴起，年幼的波普尔可以说目睹了这场革命。随着相对论和量子力学的出现，这场伟大的革命被推向了高潮。

1919 年的日食观测，不仅决定了波普尔一生的道路，并且在整个科学革命的进程中具有象征意义。在西非的普林西比岛，爱丁顿爵士做了一场观测，让一个不知名的专利局小职员爱因斯坦从此声名鹊起，同时也影响和改变了整个科学史，改变了人类的认识。

这次的日食观测，是一次判决性实验，也是一场狭路相逢的决斗。尽管两个预言相差不足一角秒，却将决定两种理论体系的生死存亡！爱丁顿在英国皇家科学院当着众人的面，对观测结果进行公开的验证，然后严肃地说："爱因斯坦赢了。"

多年来经过千万次科学检验的牛顿引力理论宣告败北，大地上席卷起了相对论热浪，人们争相颂扬一颗升起在科学天空的新巨星。在美国，出访的爱因斯坦竟被公众当成神一样的人物。这一事件给年轻的波普尔以巨大的震撼。他以其敏感好奇的眼光看出了这个事件背后更深层的含义。

为什么会这样？为什么一直以来都能经受住考验的理论会一败涂地？这样一来，还有什么理论能够摆脱被推翻的命运？看来即使是相对论也不能例外。

在相对论名扬海内外的时候，爱因斯坦不但没有得意忘形，反而冷静地说："如果引力势场不能使光谱线向红端位移，广义相对论就站不住脚。"并且还说，"从它推出的许多结论中，只要有一个被证明是错误的，它就必然被抛弃。"他的这一举动让波普尔十分佩服。波普尔也由此得出结论：任何科学理论都有可能出错，都包含着潜在的错误，并且可能会有一天因经不起检验而被证明是错误的。

20世纪上半叶，随着量子力学的兴起和发展，这场科学领域的翻天覆地的革命，摧毁了整个经典物理学的理论基础，经典物理学所有的基本概念几乎都遭到了质疑。与此同时，由经典物理学所导致的整个思维方式也发生了根本性的动摇。

波普尔就在这个历史时期登上了舞台。批判理性主义，作为物理学革命在哲学中的反映，也正式登场了。

波普尔认为，科学发展模式的本质特征，就是把科学当作一个永远都在发展、永无尽头的过程。证伪主义揭示出逻辑实证主义与科学实际之间，以及其自身内部的矛盾。如果按照逻辑实证主义的可证实性标准，那么许多历史上和现实的科学理论都会被排除在科学之外。

波普尔于1959年出版的《科学发现的逻辑》一书是其成名代表作，之后他又出版了《猜想与反驳》《客观知识》《历史决定论的贫困》等著作。与书名相反的是，《科学发现的逻辑》所表达的思想恰恰是"不存在一种科学发现的逻辑"。我们并不是在占有充分材料的情况下，就可以通过某种逻辑"自动地"得到科学理论，科学的发现在相当程度上有非理性因素的作用，需要创造力、想象力、直觉顿悟等，科学发现没有特定的死板方法，不要求也不接受逻辑分析。

既然不存在科学发现的逻辑，那么科学哲学家工作的重点应该放在什么地方呢？应该放在对已经提出的科学理论的评价和选择上。也就是说，科学理论、科学发现最主要的是一种大胆的猜想，一种假说，然后我们必须通过某种方式和标准来甄别和筛选科学理论。

波普尔提出了一种新的科学发展模式。一开始，通常是已有的理论和新的观察事实不相符，出现错误，进而提出了问题，接着就导致新的理论或猜想出现，从而解决问题，与观察结果达到暂时性的一致，获得某种真理。但是，在以后无穷的观察事实面前，新理论肯定又会暴露出错误，从而又出现新问题，导致新理论，这个过程会一直循环往复，直至无穷。这便是波普尔的"问题—猜想—反驳—问题"科学发展模式。

"科学"这个词对于人们来说通常就意味着真理，"科学的"几乎总是"可靠的""没问题的""正确的"的同义语。牛顿力学的伟大成就，不但使科学更加声名显赫，而且也恢复了人们希望寻找确定无疑真理的古老的迷信。波普尔打破了这种迷信。他指出，科学的本质并不在于它正确，而是在于它有错误、它能错误。科学之所以是科学，关键在于它可以被经验所否证，而不是因为它可以得到经验的证实，因为任何伪科学也可能碰巧正确。

也就是说，任何一个科学理论都包含着可能的错误。由此，波普尔揭露了科学发展史中的一个基本矛盾，即真理与谬误的矛盾。因为存在着这个永远都不可能最终解决的矛盾，科学才会成为一个永无止境的发展过程。波普尔颠倒了主次，把谬误、错误提到了首位，建立了以证伪而不是以证实为原则的科学哲学思想。这种视角的反转可以视为科学哲学中的"哥白尼革命"。

波普尔还提出了"三个世界"理论，在物质世界和精神世界之外，加了一个知识的世界，这便是他所谓的"客观知识"。除了科学哲学之外，他还是一位出色的政治哲学家。

伊姆雷·拉卡托斯（1922—1974）是证伪主义的另一位杰出代表。他是英籍匈牙利人，著名的数学哲学家、科学哲学家。"匈牙利事件"发生后，他前往英国剑桥皇家学院，开始了学术生涯。1960 年，他到伦敦经济学院任教，成为波普尔的同事和学生。他的主要著作有《科学研究纲领方法论》《证明与反驳》等。

拉卡托斯早年从事数学和哲学研究。在数学基础的研究中，他运用了波普尔的科学哲学思想。波普尔与逻辑实证主义者都认为，经验科学是可错的，而数学和逻辑是不可错的。在数学史上，这种认为数学是先验的、永真的、无可置疑的观点也是经历了诸多曲折，才慢慢占据了主导地位的。

拉卡托斯既反对数学纯粹是人类理性思维的产物，也反对数学完全等同其他经验学科，他认为数学的产生是由于人们的社会实践。但由于数学的发展具有很大的相对独立性，因此长期以来被人们看作与经验事实无关的纯思维产物。由此，拉卡托斯提出，数学既不是理性的，也不是经验的，而是"拟经验"的。

按照拉卡托斯的观点，拟经验的数学具有几个特征：第一，数学是一个具有演绎结构的公理化系统，在"拟经验"的系统中，由于公理集不具有自明的真，也无法证明其真，因此无法保证由公理传到定理的真。第二，拟经验的理论不能被证明，只是一种说明或者解释。数学公理只是一种约定或猜想，本身不具备真值。第三，拟经验理论的基本原则，是寻找具有大胆的、富于想象力的假说，这些假说具有高度解释力和启发力。其发展模式是问题—猜测—严格的检验。第四，数学的这种拟经验的理论与自然科学的区别在于，数学的"基本语句"是一些单独的时空命题。

在进行数学基础的研究之后，拉卡托斯开始质疑证伪主义。他认为，波普尔的理论虽然在很多方面是正确的，但也仅仅是一种朴素的否证论。这种朴素否证论的最大错误就是认为理论一旦被经验否证，就应该马上抛弃。事实上并非如此。

拉卡托斯认为，经验破坏性的反驳并不能淘汰一个理论。为了证明这一点，他提供了几个方面的证据：一是经验的主观性。二是理论的正确性必须以一定的条件为前提。任何理论的正确性都是有条件的，受一定条件的制约。三是关于科学理论的背景知识问题。任何理论都不是孤立的，而是与其他理论存在联系。与一个理论相互联系的其他理论就构成这个理论的背景知识。当实验事实和科学理论不相符时，错的到底是科学理论，还是背景知识？显然我们无法确定。

拉卡托斯列举了许多科学史上的事例，来证明观察和实验并不能否证科学理论。他认为，波普尔的科学哲学的关键问题是没能建立起一个可靠的否证基础。他说："精致的否证论区别于朴素的否证论的一个重要特征，是用理论系列的概念取代理论的概念。"因此，拉卡托斯主张，在评价一个科学理论的时候，不应该单独地对它进行评价，而必须把它的辅助假设、背景知识或初始条件带上，综合起来进行评价。

"理论系列"被拉卡托斯称为"科学研究纲领"。拉卡托斯阐述了科学研究纲领的内在结构。这个纲领分为四个相互联系的部分，也就是：由最基本的理论构成的"硬核"、由许多辅助性假设构成的"保护带"、保卫硬核的反面启示规则"反面启示法"、改善和发展理论的正面启示规则"正面启示法"。

科学理论的发展变化是拉卡托斯的科学哲学最关心的问题，这种变化就表现在科学研究纲领的进化或者退化上。他认为科学研究纲领的进步可分为两种，即理论上的进步和经验上的进步。一个成功的科学研究纲领，必须在理论上和经验上都是进步的。

事实上，科学研究纲领的进步是暂时的，等到它上升到某个特定时期之后，就必然会开始退化。这个时候，反常就成了不利于它的东西，但是反常并不能否定一个退化的研究纲领。拉卡托斯说，能够否定和取代它的，只能是另一个比它更进步的研究纲领。也就是说，只有当一个更好的竞争者出现，替代了旧纲领时，我们才能淘汰这个退化的旧纲领。

由于拉卡托斯去世过早，没来得及继续阐述他的思想。西方科学哲学界给予了他很高的评价。他重视科学知识的整体性和内在结构，将科学哲学和科学史相结合，这些思想在西方产生了重要影响。这些思想成为科学哲学的新方向。20世纪六七十年代产生的科学哲学的"历史学派"，就是沿着这个方向前进的。

科学历史主义

科学历史主义是在波普尔哲学之后兴起的一种科学哲学思潮。图尔明、库恩、费耶阿本德等人无疑属于历史学派，当然他们之间存在区别，劳丹是这个学派的后继者。

托马斯·库恩是科学历史主义最重要的代表人物，他于1922年出生于美国辛辛那提，在哈佛大学获得物理学学士学位，后来又获得博士学位。他认真研究科学发展史，并在这个过程中发展出了自己的科学哲学思想。

1962年，库恩写的《科学革命的结构》一书一经出版，便在科学哲学发展史上掀起了一场革命，整个学术界都为之震动。

在这本书中，库恩指出，科学知识的增长，以及科学家们如何通过研究来促进增长，这些事情并不是偶然进行的，而是有内在规律的，存在着一个科学发展模式。库恩所提出的这个模式就是：前范式科学—常规科学—科学革命—新常规科学。这个科学发展模式与波普尔所提出的模式有很大不同。

库恩所提出的科学发展模式存在几个不同的阶段，库恩用一个核心概念——"范式"来表示每一个阶段都具有的重要属性。"范式"这个术语是库恩从语言学里借用过来的，原意是指语法中表示词形的变化规则，由此便可引申出模型、模式、范例等含义。也就是说，范式是每个科学发展阶段所呈现出的一种模式或范例。

在这一模式中，最常见同时也是持续时间最长的一个阶段就是"常规科学"阶段。这个阶段指的是在范式的指导下，科学共同体通过不断的研究而积累知识的过程。

由科学发展史可知，这一过程包括了科学工作者从事的许许多多看似平凡的研究工作。但这些工作并不是徒劳的，它们都在不断扩展、开拓范式的含义，并为新的科学突破打基础。常规科学的这些普普通通的研究工作被库恩喻为"解谜"。

常规科学的研究活动可以分为理论研究和搜集实施两个部分。推动常规科学阶段进行下去的动力是科学家对范式的信仰，科学家的科学研究过程会反映出他对范式的信仰程度。这是一个有始有终的过程，科学家们坚持不懈地研究，每当研究的成果证实了范式的权威和地位，范式的权威就得到了进一步增强，并且几乎不被科学家们怀疑。

那么，什么是"科学共同体"呢？在库恩的理论中，这一术语是有特定含义的。科学共同体指的是一个集合，这个集合是由探索目标基本相同的某一研究领域的科学工作者所组成的。由于这些科学工作者彼此之间充分地讨论、交流，所以他们对于专业方面的看法和观点较容易达成一致。科学共同体也可以被看作一个无形或者有形的学派。

科学共同体在常规科学阶段遵从同一个范式的指导。范式的明确规定使得共同体成员能够探索共同的目标，有共同的语言交流，这是确保自然科学在常规科学时期迅速发展的重要因素。

一般来说，常规科学阶段虽然会持续很久，但它不会永远持续下去，而是会在某一个时间转入下一阶段。由于没有一个范式可以穷尽真理，随着常规研究的深入进行，科学家们肯定会遭遇一种反常。这时，科学家试图使用范式来调整反常，却发现做不到。而且，随着这种反常的不断出现，少数敏感的科学家就意识到了这种反常对范式构成了根本的威胁。这个时候，范式的危机就来临了。一切的调整均属无效，唯一的办法只有寻找一个新范式来替代旧范式，于是科学革命开始了。

科学革命，指的就是新范式替换旧范式的过程。范式是由理论体系、研究方法、研究规则与哲学观点等构成的。所以，范式一旦发生变革，必然就会引起整个科学理论体系的变革，还会引起科学家的认识论与方法论方面的变革。因此，科学革命是一场极为深刻的革命。

科学革命这一阶段是伴随着范式危机而来的，科学家对危机的反应是影响科学革命进程的重要因素。研究科学史可知，只有极少数的科学家敢于率先向旧范式发难。这些人之所以敢于挑战旧范式，主要原因是他们敏锐地察觉出危机，并且找到了理想的替代者，所谓"手中有粮，心中不慌"。当然，这也跟科学家本人的性格和天赋有一定关系。库恩列举了科学史上的哥白尼、拉瓦锡、爱因斯坦的相对论三个例子来说明这一点。

通常来说，引发科学革命的导火索往往是新的科学发现。在库恩看来，科学发现是一个复杂的过程，它在时间和空间上不断扩展。他特别强调，科学发现不是发生在某一特定时间（如某一天、某个瞬间）、某一地点和某一个人身上的单一事件。在发现新事物的过程中，时间肯定会被延长，而且还会涉及很多人。

发生科学革命之后，新的范式取代旧的范式，又开始了新的常规科学阶段，然后重复这个过程，周而复始。

库恩的科学发展模式颠覆了关于科学知识增长方面的传统说法。为了与传统说法区别开来，库恩特别提出了"不可通约"这个术语，用它来表示新范式和旧范式之间的本质差别。不可通约，意味着两个系统完全是两个世界的，无法交流，就好比鸡同鸭讲，两者不在同一频道上，谁都听不懂对方在说什么。

当然，库恩把这种质的差别强调到了二者不可相容的程度，这就割裂了科学知识的继承与创新的关系，这样是不对的。不过后来他也意识到了这个问题，并做出了调整。

1977年，库恩的一本自选论文集《必要的张力》出版。在这本书中，库恩用"部分交流"这个术语来取代范式之间的"不可通约"。也就是说，新旧范式之间不是完全无法交流，而是可以部分地交流。1978年，他的《黑体理论和量子不连续性，1894—1912》出版。在这本书里，库恩通过对普朗克提出量子理论的历史分析，补充了他在《科学革命的结构》一书中对科学革命所下的定义。

库恩的理论并不难理解，而且看起来也能自圆其说。可是现在有一个问题是，在科学革命阶段，存在着种种不同的竞争理论，到底该选择哪个理论作为新范式呢？

库恩认为，决定这场胜负的仲裁者就是科学共同体。如果不被科学共同体所广泛接受，无论你个人觉得自己的理论有多么厉害，也只是孤芳自赏。

虽然科学是由个人进行的，但是科学知识在本质上都是集团的产物。只有考虑到了科学集团的特殊性，才能理解科学知识的特有效能和发展方式。由于此，库恩想要将范式和科学共同体这两个概念融在一起，他将范式在常规科学和科学革命阶段的运动转换为科学共同体在这两个阶段的运动。

科学共同体根据什么标准对科学理论进行选择，这是一个至关重要的问题。库恩第一次明确系统地表述对这个问题的看法，是在他的《客观性、价值判定和理论选择》一文中。

库恩认为，要开列一张好的科学理论应当具备什么条件的清单并不困难，比如理论的精确性、自洽性、广泛性、简明性、成效性等，这当然是一个比较全面的选择理论的基础和标准。但即便如此，科学家在进行具体的理论选择时依然会面临相当大的困难。这是因为，对理论进行选择不只是取决于这几条客观标准，还和很多因素有关，比如科学家的个性、信仰及其他社会因素等。所以，选择理论并非一件简单的事，不是科学家拿着一个标准表格对每个理论进行打分，然后总分高者就可以成为新范式的。这个过程是复杂的，也令人颇受折磨。

因此，库恩的观点是："每个人在相互竞争的理论之间进行选择，都取决于客观因素和主观因素的混合。"例如，爱因斯坦对量子力学的态度，以及他晚年对统一场论的追求，虽然没有建树却依然锲而不舍，就是一例明证。前者表明爱因斯坦对决定论的信仰，后者是他矢志不渝地追求大自然统一性的努力。

更重要的是，虽然每一个科学家都有自己的一套理论选择标准，但是最终还是由科学共同体来做出选择。也就是说，理论选择是一项集体决策，而不是个人决策。

这也刚好说明了，因为科学共同体成员在专业标准和价值方面具有高度的一致性，所以他们在进行理论选择时能做到求同存异。如果不是这样的话，就不会有科学革命了，也不会有常规科学，科学就只能止步于杂乱无章的竞争。

由库恩的思想我们可以发现，科学历史主义与逻辑实证主义在两个方面完全对立。也由于此，科学历史主义被看作"革命者"，要推翻逻辑实证主义这个"统治者"在科学哲学中的统治地位。

逻辑实证主义的两个基本特征是逻辑主义和经验主义，它脱离了科学的社会文化条件和科学史，排斥本体论和形而上学。而科学历史主义则认为，在某种程度上，科学理论受到本体论世界观和形而上学的控制。科学的一切都依社会文化条件而变化。同时，科学历史主义非常重视对活生生的具体科学理论内容的研究，研究它们如何产生、发展和变化。

科学历史主义占有生动而丰富的科学事实，与逻辑实证主义沉湎于专门的逻辑技巧、难懂的演算公式和术语形成鲜明的对照。科学历史主义的骤然兴起，形成了现代科学哲学史上一次最大的冲击波。

科学实在论

科学哲学不同派别之间的争论交错地进行着，在意见杂乱无序的表面下，隐含着一个有序的倾向，那就是反实证主义。实证主义的对立面之一就是实在论。所以，对逻辑实证主义的攻击导致了科学实在论的复兴。

科学实在论，顾名思义，是指科学是实在的。它主张科学认识的客体独立于关于它们的知识而存在和起作用，或者说，科学研究的对象独立于科学家及其活动而存在和起作用。

科学实在论的代表人物是本格、普特南和夏皮尔等。他们在哲学观点上有明显的差别，也就是说，科学实在论不是一块铁板，而是各种各样的。

普特南把科学实在论区分为三种：唯物主义的科学实在论、形而上学的科学实在论和趋同的科学实在论。

普特南认为，"唯物主义的科学实在论"主张，所有特性都是物理特性，"有意向的"的特性可以还原为物理特性。"形而上学的科学实在论"主张，世界是由不以意识为转移的客体的固定总和构成的，对"实际存在的世界的样子"只有一种正确和充分的描述。"趋同的科学实在论"则主张，不同的两个理论，在不同的意义和场合上说，都是真的。趋同的科学实在论强调一个观点，即在科学的发展中，理论不断地更替，会导致越来越逼近真理，先前理论的成果被后继的理论所包含，并且后继的理论比先前的理论更加接近真理。

科学实在论有三个主要概念：科学、实在和真理。它的主要观点通过以下三个概念的关系表现出来。

第一，在如何对待科学研究的对象这个问题上，科学实在论有自己特有的观点。实在论与反实在论的一个主要区别，在于是否把科学研究的对象看作实在的。进一步说，是否认为科学研究的对象就是柏拉图所说的形式，或者亚里士多德所说的物质实体，这是科学实在论与柏拉图或亚里士多德的一个主要区别。

第二，在科学观上，科学实在论认为，科学研究是寻求真理的过程，科学知识离不开真理，科学发展意味着更接近真理。这是一个基本的态度问题。

第三，科学实在论主张"真理符合说"。大致来说，有两个信念：一是科学以其理论向人们阐述了关于实在世界的真实故事；二是科学理论是真的，人们接受一个科学理论就包含了相信这一点。

实质上，科学实在论的主要特征就是它的科学观。虽然从哲学类型上看，科学实在论通常不被划为科学哲学派别，但它却能对科学哲学思想产生深刻影响。因此，从这个意义上来说，科学实在论又属于一种科学哲学流派。

科学实在论者总在多条战线上作战。他们自称"反对唯心主义"，甚至还包括"反对操作主义"。除此以外，他们对逻辑实证主义、波普尔哲学、历史学派思想都持批判态度。实际上，除了一致对外作战外，科学实在论者内部也发生着激烈的争论。

对待逻辑实证主义和科学历史主义之间的对立，科学实在论者所采取的立场并非真正的中间立场。他们不是对双方给予同等的批判，而是有所偏向。一些科学实在论者倾向于主要批判逻辑实证主义，再批判科学历史主义的某些观点，另一些人则以批判科学历史主义为主，然后再批判逻辑实证主义。这种差别是科学实在论者产生内部分歧的重要原因之一。

本格的观点在科学实在论者中间没有成为经常争论的对象，而普特南和夏皮尔可以充当有代表性的两个实例。

基本假定、科学方法、推理规则和元科学概念等，这些都是在科学中作为科学研究前提的，逻辑实证主义要求预设它们，并承认它们不随科学知识的发展而改变。夏皮尔指出，其实它们也是可变的，没有不变的科学预设。所有这些预设的东西绝不能保证就是恒定不变的、不可抛弃的，就连实在论本身也不是不可能抛弃的。同时，他也批判一些科学历史主义者所代表的相对主义，从根本上说，也是针对相对主义要依赖于预设意义的观念。

与夏皮尔相一致，普特南也批判科学历史主义，不同的是，他批判的目的是为趋同观念打基础。普特南是一位趋同实在论者，他认为不能像科学历史主义那样，离开真理去谈论科学。

科学发展不能与真理毫不相干，科学进步表现在更接近真理。有成就的科学理论即使在科学发展进程中被反驳、被代替了，也不能说它是错误的，或者没有真理性，而应该说它是近似的正确。普特南认为，如果科学理论不包含真理，那科学所取得的成就只能当作是奇迹了。

趋同实在论的基本观点是：成熟的科学理论中的那些名词真正地有所指称；成熟的科学中所包含的那些理论是一种典型的近似真理；同一个名词出现在不同的理论之中时，也可以指称同一个事物。

普特南和夏皮尔都强调，科学不仅和实在有联系，还和真理有联系。他们强调这些要求是很有意义的，特别是在科学受到质疑、人们对科学不再信任的时候。总而言之，虽然科学实在论并非全然正确，但到底代表了一种探索方向。

科学实在论者越来越多地卷入科学哲学争论之中，并受到主要来自科学历史主义代表人物的批判。20 世纪 80 年代，人们在议论着是不是要把科学实在论看作一个新的哲学运动。科学实在论捍卫科学的实在性、真理性，关心科学知识发展中的合理性问题，在科学哲学中所独具的特色，给人们留下了深刻印象。

第二十三章　理论的繁荣

存在主义

存在主义的鼻祖是丹麦的索伦·克尔凯郭尔（1813—1855），他的名字又译作"祁克果"。他的父亲是哥本哈根的一位出色的商人，所以他的生活条件优裕。克尔凯郭尔在他短暂的一生中，靠遗产度日并写作。在他的童年时期，家庭充满了精神危机，他的父亲生性忧郁，死亡和意外事件也频频降临这个家庭，以致他在很年轻时就知道精神痛苦意味着什么。

克尔凯郭尔勤于写作，他的作品采取了文学的形式，总是充满反讽和论辩。他的作品有《非此即彼》《恐惧与战栗》《哲学片段》以及《非科学的最后附言》等。

克尔凯郭尔把人生分为三个阶段，即审美的、伦理的和宗教的。这三个阶段代表了三种不同的对待人生的基本态度或存在方式。我们的存在完全被这三种不同的态度所塑造。它们是一个总体视角，给我们生活中的一切事物打上印记。不过，我们不能像在超市中挑选三种不同品牌的酸奶那样，在它们之间做出选择，每天换不同的口味喝。因为不存在超越这三种态度的中立立场，非此即彼。

审美阶段的特点，是体验生活的时候，从一种远距离的、自我放纵的角度出发。处在这个阶段中的人，他们不用伦理道德的严肃方式来介入生活，而只是被动地观察生活，就像欣赏艺术那样。就如同我们观赏悲剧或喜剧，会哭会笑，但并不真正参与其中。这是一种作为放浪不羁的艺术家的生活态度。

伦理阶段的特点，是为了生活而亲自选择了接受责任。伦理主义者选择对生活说"是"。尽管生活中有许多因素不在他们的控制之中，但他们勇于承担责任，接受义务，用自己的努力去改变一切，以满怀激情的方式接受生活。我们的行动是我们自己的，我们的死亡也是我们自己的。这是一种中产阶级的生活态度。

宗教阶段的特点，不仅是个体介入生活，更重要的是生存的介入，是对上帝的信仰介入生活。这种信仰不是一个客观知识的问题，也不是一个理智和洞见的问题，而是代表我们与生活、与自己、与他人关系的某种独特的品质。这是一种虔诚的宗教信徒的生活态度。

克尔凯郭尔认为，成为一个基督徒是一种绝对的承诺，是一种"信仰的飞跃"。人不可能认识上帝，也不了解有关他的情况，甚至不确定他是否存在。不过，人必须表现出一副坚信他存在并与他关系亲密的样子，就像父子或情侣那样的私密关系。用一种抽象的、理智的方式来认识上帝，这种态度遭到克尔凯郭尔的强烈反对。在他看来，最重要的是我们信仰上帝的激情，而不是拥有对上帝的观念。理解上帝与信仰上帝是两种完全不同的状态，它们是相互对立的，理性只会对信仰造成阻碍。

克尔凯郭尔说："当信仰开始丧失激情的时候，也就是需要论证来为无信仰鸣锣开道的时候。"在他看来，满怀激情地信仰上帝，实际上就是人的一种存在方式和存在状态。通过信仰不断超越自身而走向上帝，这就是人的自我实现。唯有与上帝产生关系，自我才可以克服有限性，达到有限和无限的统一。

20 世纪存在主义最主要的领军人物是法国的萨特和加缪。存在主义作为一种思潮，在 20 世纪下半叶影响甚广。

1905 年，让－保罗·萨特出生，后就读于巴黎高等师范学校，这是法国一所出了不少哲学家的著名学校。萨特很早就显露出了他的文学天赋。在巴黎高师期间，萨特受到柏格森的哲学吸引，后来又待在柏林，研究了现象学。"二战"中，萨特积极投身法国抵抗运动，当过德军的战俘。他的著作超过 30 卷，包括小说、戏剧和哲学等，多才多艺。

萨特是一个很有个性的人，曾获得 1964 年诺贝尔文学奖，但他没有去领奖，理由是他不想被"纳入到一个官方的体制中"。他终身未婚，却与女哲学家波伏娃保持长期的情人关系。他在 1968 年的法国学潮中坚定地站在学生这一边。1980 年，萨特去世的时候，巴黎有 10 万人自发走上街头为他送行。

萨特的名字几乎成了存在主义的代名词。由于他那种明晰顺畅的写作方式特别受人欢迎，因此存在主义因他的作品而广为传播。哲学家们总是用艰涩难懂的文字表达的那些东西，被萨特以通俗易懂、引人入胜的小说风格表达了出来。他撰写的《存在与虚无》一书是他对存在主义做出的最大贡献。但在某一段时间内，人们得知他的观点是通过他在 1946 年发表的简短演讲《存在主义是一种人道主义》。

在萨特的存在主义中，"选择"是非常重要的。在《存在与虚无》一书中，萨特一直强调，我们一直都是绝对自由的。我们一直都在行动着，只要我们行动，我们的决定和行动就不能被看作由任何原因所导致的被动结果。我们有做决定的需要，必须做出决定，没有任何信息和因果规律能够取代我们做这些决定的需要。

当然，我们可以选择顺其自然，而不去做决定。可即便这样，我们依然做了决定，因为我们选择了"不去选择"。萨特说，我们注定是自由的，我们的意愿仅仅是"考虑"而已。无论意愿有多强，只要我们的决心足够大，我们总能违背自己的意愿而行事。

无论大小，我们的每一个行动都是一项决定，而且我们的每一项决定都是自由的。即使我们没能遵守自己的决定，或是发现自己"无法"决定，我们也是有责任的。自由和责任是无法逃避的。对于萨特而言，自由始终是一次机会。

"存在先于本质"，这是萨特的名言，也是他对存在主义基本原则的经典表述。意思是说，人在出生时并没有什么本质，人的存在优先于本质，人在自己的生活中自由创造着自己的本质。

简单点说，没有人能规定你必须是什么样的人，没有人有权利决定你是什么样的人，你的人生由你自己做主，你来决定和选择自己成为什么样的人。你的存在先于你的本质，你的本质是由你自己选择的、由你自己创造的。

　　我们不能像描述人造物那样去描述人的本性。比如一把人造的刀，如果说刀的本质是指制造刀的那些程序和目的的话，那么我们就可以说，刀的本质先于它的存在。与思考刀的本质类似，当我们思考人的本质时，常常倾向于把自己看作上帝的创造物。

　　萨特说，我们通常会把上帝看作一位天工，即上帝是工匠，创造了人类。上帝对人的本性的看法，就好像工匠对刀的看法那样。那些启蒙哲学家们，尽管有的是无神论者，有的贬低上帝的观念，但是他们仍会这样想：人具有一种"人的本性"。

　　萨特通过一种严格理解的无神论，把这种观点彻底扭转过来。他相信，如果没有上帝，那么就没有被"给定"的人的本性。人的本性不能被预先规定，也不能被预先完全构想出来。人本身仅仅是存在着，只是后来我们才成了我们本质的自己。萨特指出，说存在先于本质指的是人首先存在着，出现在世界中，遭遇了自身，接着才自己将自己造就成为某种东西。

　　"他人即地狱"，也是萨特的名言，出自他的戏剧《禁闭》。这句话有各种各样的诠释，但绝不是"人不为己，天诛地灭"的意思。萨特最看重的是人的自由，因此要从个体的自由出发来理解这句话。

　　相对于我们自己来说，他人就是一个客体，是"他者"，那么他人的意志、言语、行为等就会对"我"产生影响。也就是说，他人的自由影响到了"我"的自由，他人的意志和"我"的意志处在一种胶着的状态。另外，他人的思想、价值观、态度等也会影响到"我"，有的人太在意别人的看法，太在意环境的压力，因此就会受到他人的影响和左右，进而失去了真正的自己。

　　他者的存在影响到了"我"的存在，影响到了"我"的自由、"我"的意志、"我"的本质、"我"的自我，这意味着客体对主体的一种侵略，那当然就是不好的了，"我"就会感觉很不舒服，好像身处地狱之中那样。因此，他人即地狱。

　　在这里还可以将萨特的思想和马丁·布伯的思想做一个比较。布伯说："'我'与它的关系是人与周围的物的一种普通的日常关系，是人与物的世界的关系。人也会把周围的人当作它（物）来对待，而且通常也是这样做的，他会冷眼旁观周围的人，把他们看作物，看作一种围绕着他的因果链中的东西。'我'与你的关系却迥然不同，在这种关系中，人会带着他最内在的全部本性参与进去，双方是以真正'对话'的形式进行交流的。与他人的内在交流只是一种反照，这种反照实际上是人与上帝的交流和对话。"

这里所说的"'我'与它"的关系，已经表述得很清楚了。因为自从我们产生自我意识之后，我们就会明白"我"与周围的客观世界是对立的，我们学会了区分内在的"我"与外在的世界。外在世界的一切东西，对于我们自身来说，都是"异己物"。这是我们对待物的世界的一种态度。我们会把别人（陌生人）当成一种"物"来看待，我们通常就是这么做的。

他人对于我们来说，跟动物、植物没有什么区别，只不过复杂一点儿而已。我们仅仅把别人看成一个符号、一个组织、一个客观的物。我们就像研究物理世界的运行规律一样去研究他人，看看他人的"习性"，预测他人可能的行为，一切都是为了我们自身的利益。我们可以毫不留情地利用他人，因为他不过是一个"物"而已。

我们会用冷冰冰的态度去注视这一切，把他人当成一个"物"、一个工具看待。比如我们到小卖部买东西的时候，会将售货员看作一台自动售卖机，给它丢硬币，就会得到矿泉水。我们不会跟售货员有更多的交流，因为这是"'我'与它"的关系，"我"与物的世界的关系。

"'我'与你"的关系就不同了。这种关系不是与陌生人的关系，而是我们与知己朋友、与亲人、与伴侣之间的关系。我们跟他们是真正的"对话"交流，我们把自己的全部本性投入其中，投入我们的感情，敞开心扉，这是两个灵魂的交流。"'我'与你"的关系，就是我们会对他人开放自我。我们会打破戒备，把对方真正看成一个人，一个有血有肉的、与我们自己一样的人，而不是把对方看成一个"物"。假如小卖部的售货员是你的亲朋好友，你在买东西时就不会是一种冷冰冰的态度，你会跟他聊聊天，即使不买东西你也可能会时不时去找他交流谈心。这时，这个小卖部在你眼里就不是一台自动售卖机，而成了你的"解忧杂货店"。

1913 年，阿尔贝·加缪在法国殖民地阿尔及利亚出生。加缪是一个直言不讳的新闻工作者，他出版的第一部小说《局外人》就使他在欧洲一举成名。1960 年，加缪不幸死于一场车祸。

加缪的哲学基础是"生活本质上是荒谬的"，人类对意义和正义的期盼永远无法在生活中得到满足。不过，这种观点并不是告诉我们生活不值得过，而是要我们反抗这种荒谬性，抵制世界的这种不公，尽情地享受生活，从而使生活值得过。

在《西西弗斯的神话》一书中，加缪表达了他对抗生活的无意义与荒谬的观点：诸神处罚西西弗斯把一块巨石不断地推上山顶，石头因受重力作用又从山顶上滚落下来。诸神认为，相对于其他惩罚，最可怕的惩罚莫过于既无用又无望的劳动。

加缪写道："如果说这神话是悲壮的，那是因为它的主人公是有意识的。如果每一步都有成功的希望支持着他，那他的苦难又将在哪里？今日的工人劳动，一生中每一天都干着同样的活计，这种命运是同样的荒谬。因此它只在工人有了意识那种很少的时候才是悲壮的。西西弗斯，这神的无产者，无能为力而又在反抗，他知道他的悲惨状况是多么深广，造成他的痛苦的洞察力同时也完成了他的胜利。没有轻蔑克服不了的命运。"

因此，面对生活的荒谬，我们要用西西弗斯的顽强精神，勇敢地反抗荒谬性，去嘲笑它、轻蔑它，做一个精神上的胜利者，无论怎样都不能被荒谬打垮，都不能沉沦堕落。

后现代主义

在 20 世纪前半叶，人类社会出现了一股"现代主义"思潮。现代主义是由许多新样式、新潮流、新的创作手法汇总而成的一股文艺思潮，涉及哲学、文学、美术、戏剧、建筑等许多领域。如果用一个词来描述现代主义，那就是"虚无"。

西方文明被抛入一场深刻的危机中，用爱尔兰诗人叶芝的诗句来形容就是："万物都已肢解，中心难以维系，只有混乱被松开捆绑，横行于世。"

到了 20 世纪 60 年代，在西方又出现了一股反近现代体系的思潮，这就是"后现代主义"。对于"后现代主义"这个概念，由于很多相关的理论家不愿意用某种约定俗成的形式来界定或规范它，所以很难精准地在理论上对它下定论。

后现代主义者在文学批评、教育学、政治学、社会学、法律学、精神分析学、建筑学等领域都提出了论述，并且自成体系。他们都对继承固有或既定的理念持反对意见。由于后现代主义是多重思想融合而成的大杂烩，因此我们根本不可能为后现代主义做出一种精准简练而公式化的定义。

后现代理论家之一的伊哈布·哈桑，提供了一张表格来显示"现代主义"和"后现代主义"两种思潮的区别。其中，现代主义的关键词有连续的、封闭式、目的、刻意设计、层级结构、在场、中心化、体裁与界限；而后现代主义相应的关键词有分离的、开放式、游戏、随机、混沌、不在场、分散、文本与文本间性。

后现代主义主要的思想家中有许多都是法国人，其中一位叫利奥塔。在他看来，后现代主义与对宏大叙事的怀疑有关，并且与异质性有关。

利奥塔区分了"科学性话语"和"叙事性话语"。他认为，并非只有科学知识这一种知识，"叙事性"的故事、神话、传说和历险记等也是一种知识，它们在传播这些故事的社会里是具有合法性的。科学性话语只是一种不同类型的语言游戏，而无法证明其自身的合法性。

利奥塔认为，科学是依靠政治性和哲学性的叙事方法来维持其合法性的。科学一直被认为是某种绝对知识，可以带领我们逐步走向完满自由，而在后现代社会，由于使科学具有合法性的"元叙事"被人们所怀疑，因此科学便不再扮演带领人们走向完满自由的英雄角色。于是，科学不再关心真理，而是看重操作性。因为对科学产生的研究越多，获得的证明越多，看起来就越正确，人们就越能得到更多的金钱和权力。

另一位法国人让·鲍德里亚，他的理论把很多学科领域的思想基础都破坏掉了，如马克思主义、政治学、符号学、文学、人类学、电影和传媒研究等。在鲍德里亚这里，现代性死亡了，真实性也死亡了，性也死亡了。

鲍德里亚说，被电脑和电视支配的后现代社会，已经进入了一种新的现实，即"拟像的序列"。"拟像"是指真实物体或事件的复制品，它在某种意义上代表真实物体。例如，在封建社会，骑士的盾徽代表他的社会阶级和地位，我们可以通过盾徽来识别骑士的阶级。庄严的玛利亚和耶稣的塑像处于符号等级之顶，我们向这些塑像膜拜，就等于在膜拜真人。这就是拟像的作用。

鲍德里亚描绘了真实和拟像的关系如何在历史中发展变化，这种变化经历了三个序列阶段。以涂料、水泥等成型的拟像，虽然是假的，却产生了一个新世界，这些由耐久的、可塑的、结实的材料制成的各种模型、塑像，在世上构筑了某种拟像的真实。鲍德里亚将此阶段看作拟像的初始阶段，即拟像的第一序列。

伴随着工业革命的到来，拟像的第二序列出现了。由于工业化的大生产，拟像此时变得具有"无限可复制性"。一个汽车厂可以生产出千万辆一模一样的汽车，一个电灯厂可以生产出千万个一模一样的灯泡。当摄影和电影出现后，甚至连艺术也屈服于机器复制的力量了。复制品被市场的力量所控制。

鲍德里亚认为，我们现在正处于拟像的第三序列，也就是后现代的时代——模型的时代。拟像不再是水泥塑像，也不再是流水线上的汽车那种无限的系列产品，这个时代的控制力量是"模型"或"符码"。

他在《拟像与仿真》中说："数字化是它的形而上原则，而DNA是它的先知。"就像语言被语法的"符码"所约束，就像我们的生物过程被DNA符码所控制，我们的文化生活也是基于一系列的符码之上的。我们有瑜伽光盘、操作指南、育儿手册、烹饪手册、广告、电视和报纸等来提供这些符码。

这些符码不但为我们的生活提供了范例，而且还不断地对我们进行调查。这些符码监控着我们的反应。每一次，面对某个商品、某种时尚、某个广告、某个电视节目、某个新闻事件、某次民意调查或某个政治候选人，当我们回答"是"或"否"的时候，就是一种信息反馈，符码会根据这种反馈做出调整，以便更好地控制我们。

在后现代时期，偶像、图像、复制品都成了"拟真"。"拟真"，顾名思义，就是模拟真实，但它们和真实没有任何相似之处。事实上，拟真、拟像、复制品，本身却成了真实！

鲍德里亚说，后现代社会的一个特征就是：我们每个人无不因游弋于拟像而神魂颠倒。在这样的世界里，好莱坞、电视、波普艺术、赛博朋克，以及媒体创造了令人炫目的景象，它们创造的这些符号和图像不再与"真实"世界具有任何相符之处，而是创造了一种属于其自身的"超真实"。也就是说，拟像的第三序列不是"不真实"，而是代替了"真实"，它高于真实，比真实更真实。

对于鲍德里亚来说，后现代社会处在一种消费至上的超现实中，极端科技化的图像在其中泛滥。这种超现实面对的是媒体景观或"内心银幕"，对此我们只能消极屈从。

雅克·德里达也是法国人，他的理论被称为"解构主义"。所谓解构，是指一种关注自身的、去中心化的阅读方法，目的是揭露一切中心的不确定的本质。

在德里达看来，一切西方思想都基于某一"中心"的观念，即某个始源、某个真理、某个理想形式、某个固定点、某个本质、某个神、某个坚定的原动力等。这个中心通常都是大写的，地位至高无上，为所有意义提供保证。

有中心存在，这是有弊端的，因为中心会试图排除异端。在这个中心清除异己的过程中，中心会漠视、压制或边缘化其他人，于是其他人就变成了"他者"。

因此，对于中心的渴望就会导致二元对立。对立中的一端处于中心，那么另一端就会被边缘化。并且，中心还会设法使这种二元对立的游戏稳固或冻结。于是，世界就被划分为两个部分，一个是统治者，另一个是被统治者。

解构就是去中心化的一种策略，一种阅读方式。它首先提醒我们中心性词语的中心地位，然后试图颠覆中心性的词语，于是边缘化的词语就可以变成中心性的。这样，边缘化的词语就暂时推翻了等级制度。

德里达声称，解构是一种政治性举措。只有经历这一逆转阶段，才能打破一方压倒另一方的原始等级制度。不过我们终究要知道，这个新的等级制度同样是不稳定的。因为获胜的一方又会压制其他人，就像农民当了皇帝后，又会重新压迫农民那样，只不过是大伙轮流坐庄罢了。只要这种二元对立的游戏还存在着，那这种状态就会没完没了。因此，我们必须解构，彻底地去中心化，消除二元对立的游戏，这样才能获得完全的自由。解构是一种重要的举措。慢慢地，你就可以发现，解构不仅是一种阅读方式，它在许多其他活动中也同样可行。

后现代主义的历史上发生过一次恶作剧。1996 年 5 月 18 日，美国《纽约时报》头版刊登了一条新闻：纽约大学的量子物理学家艾伦·索卡尔向著名的文化研究杂志《社会文本》投了一份稿子，稿子标题是《超越界限：走向量子引力的超形式的解释学》。

索卡尔在写这篇文章的时候，故意犯了一些常识性科学错误，以此来验证编辑们在学术上的诚实性。结果，五位主编都没有发现这些错误，也没能察觉出索卡尔的真实目的。经过他们的审核，这篇文章顺利发表，在知识界投下了一颗重磅炸弹，引起很大轰动。这就是著名的"索卡尔事件"。

其实，发生这样的事是有原因的。20 世纪 70 年代中期，随着后现代主义逐渐渗入科学领域，知识界人士开始怀疑科学的价值，掀起了以政治上的左派面目而出现的相对主义思潮。从文艺复兴时期开始，左翼思潮就与科学联合起来，共同抵制蒙昧，提倡理性。索卡尔之所以写这篇文章，最重要的目的就是想让左派摆脱相对主义思潮，为左派正名。

于是，索卡尔决定用恶搞的方式反击后现代主义。为了达到目的，一方面，他故意给编辑设了一个大圈套，在文章中犯下了几个非常离谱的错误，也就是让文章"坏"到极点，变成一种纯粹的胡说八道；另一方面，他又让文章看上去非常"好"，以致编辑们无法发现他的真实目的。这样一种强烈的反差和对比，就可以使后现代主义的真面目暴露无遗。

索卡尔查了所有能查的重要文章，以便证明后现代主义和当代科学的"联系"。由于他前期工作做得很好，所以这篇几乎"完美"地表明后现代哲学的进步已经被后现代科学，尤其是量子物理学的后现代发展所"证实"的文章成功蒙混过关，在《社会文本》上发表了。《社会文本》的编辑们认为，此文出自一个物理学家之手，这实在难能可贵，必须好好利用。

在这篇"诈文"发表不到一个月的时间，索卡尔的另一篇文章就在《大众语言》杂志上发表，即《曝光：一个物理学家的文化研究实验》。在这篇文章中，他指出了上篇文章所犯的错误。《社会文本》杂志于1979年创刊，一直以来在文化研究者中享有很高声誉，这回彻底闹了一个大笑话，丢脸可丢大了。

随后，这件事被西方各大媒体大肆报道，引发了一场科学与人文的大论战，全世界众多学者和媒体都被卷入其中，引起了人们的重视。学术界的大多数人站在了索卡尔那边，他们称赞索卡尔做得好，实在是大快人心，认为这是一场反对学术界中存在的蒙昧和虚伪的斗争。

20世纪下半叶，学术界还发生了另一场更加著名、影响更为深远的大论战，即"两种文化"之争。1959年，英国物理学家、小说家查尔斯·斯诺在剑桥大学作了一个著名演讲——"两种文化与科学革命"。在演讲中斯诺指出，科学与人文正被割裂为两种文化，自然科学家与人文学者之间存在严重的文化割裂，两个文化群体相互不理解、不交往、相互瞧不起对方，这种状况必然会妨碍社会和个人的进步和发展。斯诺希望科学和人文这两种文化能多沟通、多理解，让差异和鸿沟慢慢缩小，使科学家和人文学者之间的关系变得更融洽。

斯诺阐述的两种文化之间的割裂问题，构成了所谓的"斯诺命题"。围绕该命题，学术界展开了一场旷日持久的思想论战。"两种文化"之争的影响十分深远，而且这场争论的意义已经不仅限于文化领域和学术界，也辐射到了政治和经济等领域。这场争论的一个直接结果就是"第三种文化"的兴起。

顾名思义，"第三种文化"是企图跨越科学与人文这两种文化的新文化，代表人物由一批跨越人文与科学、学院与大众的主流科学家组成，他们既是科学先锋，又是思想者。实际上，第三种文化只是借用了斯诺的术语，但并不是斯诺所期望的两种文化的和解，而是科学文化对传统人文领域的主动出击，是科学家向人文学者争夺公众话语权。从某种意义上说，第三种文化是科学与人文之间相互对抗和敌视的新形态。看来，斯诺的愿望还远未实现，不知道未来情况会如何呢？

社会理论

　　社会学在19世纪作为一门独立的学科出现，社会理论对社会学的建立发挥了非常重要的作用。孔德、韦伯、涂尔干和马克思等社会理论家提出了十分丰富的关于社会的观点和理论。

　　与19世纪相比，20世纪的社会理论则大大发展了，变得越来越专业化，同时也不像过去那样和政治行动有明显的联系。但20世纪社会理论的大多数观点也受到19世纪某些先驱者们的影响。

　　20世纪的社会理论是一个内容十分丰富、涵盖面相当广的系统。它包括了结构主义、功能主义和新功能主义、吉登斯的结构化理论、福柯的考古学与系谱学、哈贝马斯的批判理论、理性选择理论、符号互动论、拟剧研究和常人方法学等。

　　结构主义和功能主义在20世纪的社会理论中长期处于统治地位，它们都采纳了涂尔干整体论的社会图像，所以它们有很多共同之处。

　　根据整体论，社会应该作为一个整体来研究，并且这个整体不能只是各个组成部分的简单加和，即是说"整体大于部分之和"。这个思想与自然科学的观点也是一致的。社会系统不同部分相互联系的范围，以及社会系统的不同部分是如何对系统做出贡献的，这两个问题是结构主义与功能主义共同感兴趣的问题。

　　结构主义主要研究的是那些制约和决定着人们思想和行动的基本社会结构。当然，人们并不一定能感觉到结构的存在，而且人们还很难意识到结构的制约效应，但是不管他们能不能意识到那些潜在的结构，结构都会对他们的思想行为产生影响和制约。

　　功能主义主要研究的是社会系统存在普遍的功能先决条件。功能主义认为，对于任何一个社会系统来说，为了保证系统能继续存在下去，就必须满足它的很多功能或需要，否则，社会系统就会崩溃。例如，一个社会系统若想不解体，就需要其成员之间的最低限度的团结。

　　因此，功能主义者关注的重点是系统的需求，关注各种社会实践如何满足社会系统的主要需求。这一点与结构主义十分类似，结构主义者关注那些人们很少注意到的潜在结构，而功能主义者关注那些人们通常没有意识到的功能。

不过，人们对功能主义社会理论一直有一种常见的批评，即认为它维护或加强了政治现状。这很容易理解，既然社会系统的功能和需要必须得到满足，所以最应该做的就是维护现状，如果社会发生动荡，那么系统就有可能崩溃。

为了理解那些非语言的社会现象，结构主义者常常用语言来做类比，因为语言中明显存在着某种结构。一般来说，他们是根据瑞士的弗迪南·德·索绪尔的著作来做的。索绪尔是现代语言学的奠基人，他的《普通语言学教程》一书广为流传，思想已经超出了语言学的范围，向更多的社会领域渗透。

《普通语言学教程》的出现，改变了原来确立的关于语言的观点。这些传统的观点认为，在任何一种语言中，某种观念或概念是用声音的一个独特的名称或形式来表达的，也便是口语。当我们追溯历史，会发现越久远的年代，概念和命名之间的关系就越不是任意的。语言是一种系统的命名法，是一套名称，附着于普遍概念之上，而普遍概念是不可改变的、独立于语言的。

相对于传统观点，索绪尔提出了一种整体论的语言观。他把语言看成一种结构，在其中，个别概念的意义依赖于它们在较大整体中的关系。语言不是一种系统命名法，原因很简单，如果它是，那么翻译就是一件非常容易的事情了，可事实并非如此。这也是为什么用翻译机器无法翻译出诗歌和文学语言，只能翻译一些简单的、程式化的东西。语言是以不同的方式来组织和构造世界的，同时，概念的边界和符号解释是处在不断变化之中的，而不是静止不变的。

概括来说，索绪尔的基本观点：一是区分"语言"和"言语"。要区分符号系统的指称，即"能指"和"所指"。能指是话语或者语迹，所指是附着于能指的概念。换句话说，能指是概念的外延，所指是概念的内涵。二是语言的意义取决于它与正在使用的其他语言的区别。三是符号具有"任意性质"。语言是约定俗成的，是可以变化的。差别原则与符号的任意性紧密联系，符号的任意性意味着，符号自身并不具有某种必不可少的性质，不存在那种肯定的、可以自我定义的符号。四是在任何层面上，语言都可以被归结为纵聚合关系和横组合关系。

美国语言学家、哲学家乔姆斯基提出一个"普遍语法理论"，他的观点在 20 世纪语言学领域影响巨大。世界上的语言林林总总，数量繁多，不同的语言之间看起来差异非常大。乔姆斯基认为，在这种差异的表象之下，深藏着一个共性，所有人类的语言都有一个底层的基本语法结构。儿童被他假定为天生具有适用于所有人类语言的基本语法结构和知识，这种与生俱来的知识使得儿童可以学习和掌握各种不同的语言，只要你给儿童合适的语言环境和教育即可。乔姆斯基认为语法主要包括基础和转换两个部分，基础部分生成深层结构，深层结构通过转换得到表层结构。

美国人沃尔夫提出了一个假说，他认为语言结构会决定某个文化群体成员的行为和思维习惯，我们所使用的语言会塑造我们的世界观和思维模式，语言和文化、思维之间存在着重要的关系。也就是说，使用中文的人和使用英文的人，他们看待世界的方式和思考问题的方式，天然就存在差别。一种语言即是一个世界，学习一种新的语言就意味着进入了一个新的世界，这个假说被称为"沃尔夫假说"。

20 世纪 70—80 年代，法国结构主义的发展最终导致了"后结构主义"的产生，二者有许多共同点。后结构主义者赞同尼采的透视法学说。按照这种学说，不存在绝对的立场，我们不能由某种绝对立场做出关于是什么，或者应当是什么的陈述。也就是说，后结构主义通常会采纳某种相对主义，他们认为，认识论构架不同，产生的意义也不同，每一种认识论构架都有属于自己的合理性和真理标准。

最著名的后结构主义者是法国人米歇尔·福柯。虽然从他所受的教育来看，他是一位历史学家，但是他的著作对社会理论产生了巨大的影响。他的历史方法论，他的研究方案的高度原创性质，他的放浪形骸和惊世骇俗的思想，都给我们留下深刻的印象。福柯的著作有很多，比如《诊所的诞生》《疯癫与文明》《规训与惩罚》《词与物》《性史》《知识考古学》等。

福柯提出了一种关于社会世界的知识形式，这种知识是"自我指认的"。意思是说，它的目的不是重建外在世界，而是揭露人们先前所持有的种种假定。实在论认为，科学是利用熟悉的现象作类比，以此来理解不熟悉的现象。与之相反，福柯的方法论是利用不熟悉的东西，比如遥远的过去，以及和不熟悉的东西的差异性，以此来获得进入"熟悉的陌生者"的机会。在福柯看来，"过去"不但是研究的对象和重点，在某种意义上它还是我们进入"现在"的媒介。

福柯的考古学使"现在"的结构显现出来，并表明它们不是普遍的、恒定不变的。他的早期著作描述了如何侵蚀"现在"。福柯指出，一旦人们开始发觉，那些一直以来被人们有意识地遵守着的假定或规则，与过去的人们所做的事在很大程度上是根本不同的，那么这些假定或规则就会受到损害。

福柯在很大程度上受惠于法国的结构主义史学。他也试图阐明长期延续的潜在结构。他认为，非连续性和断裂，非但不是理解历史的障碍，反而是历史学家的研究绝对必要的东西。所以，福柯的考古学方法目的在于指出两种现象：一是社会存在的基本结构，这种结构没有被个人注意到，并在很长一段时期内是相对稳定的。二是他寻求历史中的那些基本转型，寻求那些宣告一个时代终结并预示新时代来临的断裂。

20 世纪 70 年代，福柯因研究系谱学而放弃了考古学。所以，他的《规训与惩罚》和三卷本《性史》是作为系谱学提出来的。有许多人指出，在这一个时期，福柯受尼采的影响很大，因为尼采就是一个典型的系谱学家。

系谱学认为，在某一个历史时期，有一些概念被赋予了新的意义，新意义的产生是来自权力斗争或偶然事件，之后新意义会形成跨代传播，也因此成为文化的一部分。任何假定历史存在必然规律的历史决定论观点都受到系谱学家的反对，他们说："我们看起来最明白的东西，总是在不牢靠的、脆弱的历史进程里，在邂逅与机会的汇合中形成的。"历史是必然的吗？历史中充满了偶然。

"现在"被系谱学从各种方面所暗中破坏。系谱学就如同考古学一样，采取和"过去"并置的方法来侵蚀"现在"。它破坏对"现在"的辩护，告诉大家那迄今为止一直被认为是无害的东西，其实是受到权力斗争的极大污染的。

权力概念是系谱学的关键，权力斗争伴随并说明新意义的产生。有关权力的两个占统治地位的理论观点受到福柯的极力反对，即"司法、自由主义的"和马克思主义的观点。福柯认为，这两种观点都把权力局限于经济范围，而他的权力概念毫不含糊是"非经济的"。

福柯的方法论建议"自下而上的"权力分析，这与马克思主义者的"自上而下的"分析类型完全不同。他认为，应该把权力的功能比喻为"链条"，这些链条是"网状"的，并组织起"循环"。也就是说，个人并不是像"基本的原子"那样从属于权力体系，个人也不是权力的一个"实施点"，个人实际上是权力借以形成循环的"载体"。

"哪里有权力，哪里就有抵抗！"在福柯的"积极的"权力概念那里，权力总是包含着抵抗。福柯在一次谈话中说道："如果权力从来不是压抑的，如果权力从来不是说不，那么你确实认为权力会促使人们去服从它吗？使权力继续有用的，使它被接受的，只不过是这个事实：它并不是作为说不的力量压在我们心头，而是穿过并生产事情，它引起快乐、形成知识、产生话语。"

在《规训与惩罚》一书中，福柯竭力表明，社会惩罚不只是野蛮的体系，它的形式具有自己的逻辑，是既精致又内在连贯的。当"规训的社会"运转起来，惩罚的概念也就发生了根本改变。有规则地、成体系地训练并监控我们的身体，这就是规训权力扩张的目的。

到了20世纪后期，规训体制已经渗透进了很多社会领域。福柯说："对正常状态的裁决无处不在。我们所处的社会由教师裁决、医生裁决、教育学家裁决、社会工作者裁决，规范的普遍统治正是以他们为根据的；而且每一个个人，无论发现自己处在哪里，都使他的身体、他的姿势、他的行为、他的习性、他的成就服从它。它的网状系统——以其坚实的或散布的形式，具有其嵌入、分布、监控、监视的体系，在现代社会业已成为规范化权力的最大支柱。"

人们经常会认为，现在人们所持有的信念系统和进行的社会实践是正当的，相对于过去来说是一种连续的进步。

然而，福柯试图用系谱学证明，这种对进步连续性的假定是错误的。过去的概念和实践是非常独特的，因此，它们不可能形成连续的叙述。也就是说，过去和现在是"断裂的"。任何一个系统都有其自身的内在逻辑，有其自己独特的理由，人们不可能用某一独立的标准对其进行评价。这就是一种相对主义的态度。

新功能主义、布迪厄的生成结构主义、吉登斯的结构化理论和哈贝马斯的批判理论，在二十世纪七八十年代令人瞩目。这些社会理论都试图克服二元论，试图将互相对立的哲学和理论传统融合在一起。

布迪厄和吉登斯都认为，人们在生活中所遵循的日常惯例植根于理所当然的世界之中，人们很少去反思这些惯例。一般而言，人们对组成这个世界的那些内含的、共有的规则有所了解，也知道如何根据这些规则来行动，人们在日常生活中利用这些规则。在人们如此做的时候，这些规则就得到了发展。当然，这种发展是无意的，并不是人们有意促成的。

社会学与社会理论具有批判的潜力，奠定批判理论基础的工作很多是由法兰克福学派来承担的，特别是哈贝马斯。哈贝马斯提倡贯彻同等的人之间的公开的、不受约束的辩论程序，他提出的"沟通理性"和"理想的言语情境"等概念就出于这种洞见。哈贝马斯认为，如果能构筑一个理想的沟通交流的环境，人们根据理性来进行公开的辩论，就可以避免情感所带来的干扰，然后达成共识。

"解释的社会学"包括了符号互动论、拟剧研究和常人方法学。符号互动论和拟剧研究主要采用了美国哲学家米德的思想。它们都强调，人具有反思能力，能够反思自己和他人的行动。与结构主义和功能主义不同的是，它们认为，人的行动并不只是完全被动地接受社会结构的暗中影响，人会积极主动地解释他们周围的现实，并依此来行动。也就是说，这些理论强调了人的主观能动性。

加芬克尔的常人方法学同样强调人的主观能动作用和反思性。维特根斯坦的思想和舒茨的社会现象学深刻地影响了常人方法学。加芬克尔致力于研究人们的日常活动，观察这些主动性的常规活动究竟能使社会秩序重构到何种程度。

理性选择理论认为，经济学的逻辑是可以应用于社会现象的。理性选择理论的信奉者们坚持认为，借助于理性的、利己的动机概念，我们能够说明和预测社会现象与政治现象。他们是根据这种事实来阐述社会生活的，即人们有意图地行动，而且产生了许多结果，其中有些结果是可预期的，有些是不可预期的。某些理性选择理论家把他们的观点称为"经济学的研究方式"，这个理论在20世纪八九十年代十分流行。

20世纪的社会理论是如此丰富多彩，各种观点相互碰撞，这大概是因为20世纪人类社会的复杂度陡然增高。相比以往的社会，20世纪的人类生活有了很大的不同，人口越来越多，社会越来越复杂，那么相应的，思考和研究社会的理论也会越来越复杂。

女性主义

人类历史上，女性思想家很少。在20世纪，女性逐渐得到解放，女性的地位也大大提高了，在各个领域都出现了不少杰出的女性。思想领域也不例外，20世纪比较出名的女性思想家有波伏娃、阿伦特和安·兰德。

20世纪出现了一股"女性主义"的思潮，同时，女性主义也是一场运动和一种意识形态。女性主义又称为"女权主义"，但是二者在侧重点上略有不同，女权主义可以看作女性主义的初级阶段。

女性主义，是指为了结束性别主义、性剥削、性歧视和性压迫，促进性阶层平等而创立和发起的社会理论和政治运动，主要反对社会中存在的男女不平等现象，此外也着重于对性别不平等的分析，以及推动女性底层的权益与议题。

现时的社会是建立于以男性为中心的父权体系之上的。这是女性主义所秉承的观念基础。女性主义者还积极采取政治行动，在诸如生育权、教育权、堕胎权、家庭暴力、性骚扰、薪资平等、产假、代表权、投票权、性别歧视与性暴力等一系列议题中，努力维护女性的利益。女性主义探究的主题很广泛，包括刻板印象、歧视、物化现象（特别是关于性的物化）、父权、压迫与身体等。

　　用一句话来概括女性主义理论，就是在全人类中实现男女平等。一般而言，早期的女性主义者和最初的女权运动被称为"第一波女性主义"，而1960年以后的女性主义被称为"第二波女性主义"。还有"第三波女性主义"，这一阶段，女性主义者之间产生了意见分歧，对于理论与概念的意见不一。之所以称呼为"波"，是因为女性主义的发展就像海浪一样，一波接着一波，从未间断，后来者运用了前行者的成果和资源。

　　最著名的一位女性主义哲学家就是波伏娃（1908—1986），她在法国传统的中产阶级背景下长大。在法国，妇女直到二战后才获得普选权，那时她已接近40岁了。她还与萨特一起成为激进存在主义圈子的早期成员。波伏娃最有名的著作就是《第二性》。

　　波伏娃关注强加于妇女的那种不平等的社会角色。在父权制社会中，女人被界定为男人的"他者"，成了"第二性"。社会中占据主流地位的是男性的自我理解和男性对"他者"的理解，女人就这样被界定为第二等级，并从小被灌输接受这种观点。结果就是，女人获得了一种"非本真"的认同。

　　这种社会界定，被人们理解为某种自然的东西，并因此而获得正当的地位。对于波伏娃来说，这是一种特别令人气愤的冒犯。所以，波伏娃在她的著作中试图证明，女性作为"第二性"的社会界定并不是自然的，完全就是人为的。

　　波伏娃也是一位存在主义者。存在主义认为，首先，人是自由的，他们可以决定自己将成为什么样的人。自由被看作人类生存的一个基本特征和基本价值，而妇女的自由在一定程度上被剥夺了。相对于男人来说，妇女缺少决定自己生活模式的自由。所以，我们要重新界定这种性别角色模型，实现男女平等。

　　要重新界定这种角色模型，就必须使人们确信这只是一个社会界定的问题，而不是一个自然的问题。然后，我们还需要通过理论和实践的努力，使得男女双方都以一种新的、更加平等的方式来理解自己和对方。

　　当然，要达到这种新的状态是一项复杂的社会工程，路漫漫其修远兮，需要我们每个人的努力。波伏娃一生的工作就在于以理论和实践的方式，以哲学和文学的形式，来处理这个问题。她的一生专注于用各种专著和哲学论文来澄清这个问题，并用文学作品来充实这个问题。同时她在政治上也很活跃，并通过终身未婚和不生孩子的生活方式来实践自己的理论。

波伏娃的目标是平等。男人和女人应当互相把对方看作平等的，而不是一方凌驾于另一方之上，或认为一方比另一方更优越。当然，这并不意味着每个人是相同的，也不是要抹杀个性，但是对女性的普遍压迫是必须要反对的。承认男女双方是平等的，但又是根本不同的，这在现代主义和后现代主义的讨论中渐渐成为一个核心主题。

汉娜·阿伦特于1906年出生在德国的汉诺威。20世纪20年代，她在海德格尔、胡塞尔和雅斯贝尔斯的指导下学习哲学。作为一个18岁的学生，她与海德格尔发展到了一种亲密的关系。1933年希特勒上台后，她因反纳粹行动而被逮捕。后来，阿伦特逃亡到巴黎，1940年移居美国，直到1975年去世，她都生活在美国。

阿伦特是20世纪最重要的政治思想家之一，代表作有《人类的境况》《极权主义的起源》。但是，我们很难用左翼、右翼，或者保守的、激进的等标签来描述她。阿伦特要当一个独立的思想家，而不是哲学中的某种"主义"的代表。

在阿伦特看来，不应该把政治归结为权力和暴力，或者某种空洞的修辞和某种"交易"。真正意义上的政治也不是追逐政治权力，或是在权力走廊中获得影响的问题。政治的本质在于争论和讨论，也就是古希腊人所谓的"实践"。

阿伦特丝毫不关心政党政治。她对特殊利益的政治、议会民主和政治妥协一点儿兴趣也没有。她的目标是要恢复一种常常受到压制和遗忘，但在历史过程中还是会经常露面的政治观，这种政治观以希腊城邦为榜样和模型，认为政治就是人们参与到公共领域中去的活动。

在《人类的境况》一书中，阿伦特区分了劳动、生产和行动。什么意思呢？首先，人是一种劳动的动物，依靠劳动来生活，但不留下任何产品。希腊人认为，劳动属于家政范畴。其次，通过生产，人成为一种改造自身和环境的创造性存在。希腊人认为，生产就是创造一个"人为的"或人造的东西的世界。最后，通过行动，人可以自发地创造出新事物，这种创造是无法预测的，这就需要一个公共领域。行动不仅仅是劳动和生产。

为什么劳动、生产和行动之间的区别对阿伦特如此重要呢？理由就是她认为，19世纪和20世纪的政治运动试图将行动化约为劳动和生产。在政治家手中，政治似乎只是政治技术或者"社会工程"的一种形式。这样，行动的领域即公共领域就被消解了，政治问题被化约为社会问题，政治生活被劳动和生产所"殖民化"了。

许多政治运动的核心被阿伦特的批判击中，特别是纳粹主义。在《极权主义的起源》一书中，阿伦特是最早将"极权主义"一词用于纳粹主义的人之一。她认为，希特勒的纳粹德国的新颖之处，在于试图"生产"出一种新的人类和一种全新的政治秩序。与以往的专制统治不同，纳粹政权的基础是整体性的意识形态、对群众大规模地动员、系统地操纵和灌输，以及一贯的专家治国论的政治观。

那这一切是如何发生的呢？极权主义为什么会兴起呢？阿伦特认为，20世纪人类境况的一个基本事实，就是政治领袖认为人是可塑的，可以把人当作可塑材料那样去塑造。例如，纳粹试图塑造新人类，塑造金发碧眼的、完美优越的雅利安人。类似的情形也出现在其他政治运动中。

人类在极权主义环境下丧失了行动的能力。这些政权想方设法关闭公共领域，以便孤立和原子化人民，让他们丧失本真的行动能力，无法自由地参与和讨论公共事务。因此，现代的"众人"是新的独裁统治的对应物。

阿伦特表示，罪恶分为两种，一种是极权主义统治者本身的"极端之恶"，一种是被统治者或参与者的"平庸之恶"。平庸之恶是指在意识形态机器控制下的一种无思想、无责任的犯罪。人们无条件服从命令，丝毫不进行判断，不仅不阻止恶行，甚至还会亲自参与其中，他们是"沉默的大多数"。例如，纳粹建立集中营，人们竞相应聘集中营岗位；赵高指鹿为马，群臣点头称是等。这些都是典型的平庸之恶。

可以说，阿伦特倡导的是一种精英主义的参与性民主，认为只有少数人才是政治上积极主动的。在阿伦特看来，政治是公民追求荣誉和承认的交往战场，它成为每一个人自我实现的舞台。

安·兰德（1905—1982），俄裔美国人，是20世纪著名哲学家、小说家、公共知识分子。兰德的著作有《源泉》《阿特拉斯耸耸肩》等，她的哲学理论小说更是开创了客观主义哲学运动。

兰德为利己主义辩护，为自私正名，强调个人主义和理性的利己主义，以及彻底自由放任的市场经济。她主张，个人应该用理性来选择自己的价值观和行动，个人完全有权利为自己的利益而活，不管社会以什么样的名义来诱导，个人都可选择不为他人而牺牲自己的利益，但也不能强迫他人为自己牺牲利益。

兰德认为，任何人都没有权利通过诈骗或暴力抢夺他人的财产，也没有权利强迫他人接受自己的价值观。她的政治理念常被人形容为小政府主义和自由意志主义，虽然她从来没有使用第一个称呼自称过，而且也相当讨厌第二个称呼。

1957年，她的著作《阿特拉斯耸耸肩》正式出版，并很快受到世界范围的喜爱。兰德写这本书的目的是将她心目中的英雄展现给读者：一个人因为他的能力和独立性格而与社会发生冲突，但是在逆境中他没有放弃，依然朝着他的梦想坚持不懈地奋斗。

在兰德的所有小说中，被认为最广泛地陈述了客观主义的就是《阿特拉斯耸耸肩》。在小说的附录中，兰德对此总结道："我的哲学，在本质上，是将人类当成英雄一般，以他的幸福作为他生命中的道德目的，以他高尚的行为达成建设性的目标，以理性作为他唯一的绝对原则。"

这本书的主题是"人的心理在社会中扮演的角色"。兰德十分欣赏开创性的企业家，称赞他们是所有社会中最值得欣赏的人，并对普通人嫉妒和憎恶企业家的行为进行谴责。在小说中，她虚构了一个世界。某一天，这个世界中的美国企业家全体罢工，并隐居山林，不久后美国的经济和社会就开始崩溃，接着在原本就已经非常严格的基础上，政府对产业施加了更多严苛的控制。阿特拉斯是古希腊神话中扛着地球的大神，如果他耸一耸肩膀的话，会怎样？因此，这个书名是一个比喻，暗示了故事中的企业家就是扛起人类社会的人，负责维持社会的正常运转，其作用就像阿特拉斯那样。

简单来说，兰德的客观主义哲学思想就是，世界上有独立于心灵的现实存在，个人通过感官知觉与现实接触，并通过理性或"没有矛盾的识别"对接收到的信息进行处理，将信息转化为知识。一个人生命中恰当的道德目的，就是追求自身的幸福或"理性的私利"，而唯一和这个道德观相符的社会系统就是自由放任的资本主义社会。

第二十四章　意识的奥秘

心智和意识

意识之谜，是宇宙中最深邃的奥秘之一。在历史上，人们对心灵和意识进行了一些认真的思考，但有意义的成果依然非常少。进入现代社会后，曾有一段时间，人们停止了对意识的思考，认为这太难了。

到了 20 世纪的最后二三十年，随着科技的发展，在语言哲学、认知科学、神经科学、计算机科学、生物学、脑科学、心理学和人工智能等新兴学科的强势助推下，人们开始大踏步地向意识的领域进军。古老的心灵哲学经历了变革之后宛如重生，焕发出新的光彩，哲学领域发生了心灵哲学的转向。

关于灵与肉、心与身及心与脑的问题，心灵哲学提出了一连串的理论，比如交互作用论、平行论、物质主义、观念主义、中立一元论、行为主义、同一性理论、功能主义、心智计算理论、副现象论、涌现论、属性二元论、泛心论等。同时，对意识的科学研究也随着技术的进步，产生了许多有用的成果，并处于继续进步中。

意识的奥秘，正在一点一点地向我们打开它的大门。在人类不懈的努力下，也许终有一天，我们能拨云见日，真正地理解我们的心智、大脑和意识。我们期待着意识学领域的牛顿和爱因斯坦的出现，等待着一场深刻革命的到来。

人类的感官功能是有很大局限性的，我们只能感知这个世界很少的一部分信息。比如视觉，我们所能看到的只是特定的电磁波频谱，我们的听觉、嗅觉等方面也远远比不上一些动物。

鸟类可以看到四原色，狗对化学分子的嗅觉灵敏度是人类的一万倍，蛇可以感知红外线，海豚有回声定位系统，是最好的声呐，蝙蝠可以感知超声波，还有鹰眼、昆虫的复眼，如此等等，其他生命体对这个世界的感知和体验相比于人类而言，是如此的丰富。

哲学家托马斯·内格尔的成名作《作为一只蝙蝠是怎么样的》，谈到意识的"主观体验特性"问题。这是一个无法被物理学还原的意识之谜，也是一个意识哲学和科学的"困难"问题。

试想一下，如果你是一只蝙蝠，你所体验到的世界是什么样的呢？必然跟人类不同，你可以体验到更多的东西。我们如何能体验和理解一只蝙蝠的"意识"？就如同一个天生的盲人，他通过学习知道了一切关于色彩的知识，但是对于他的主观体验来说，我们能说这个盲人真正"懂"色彩了吗？

意识是难以定义的，很难有一个客观的、科学的定义能够抓住意识的本质。假定我们试图用所有意识现象中都会涉及的心理因素去定义意识，那么就可能包括决策和获取周围世界信息等一系列的信息加工过程。或者，我们试图用物理语言直接定义意识，那么这就可能涉及大脑中各个生理层面上的化学变化。

但是，这些尝试对意识下定义的做法似乎都漏掉了意识中最基本的一个组成部分，也就是说，这些定义都没有说明人在意识状态中的主观感受，亦即意识的"主观体验特性"。

无论我们掌握了多少有关蝙蝠的客观知识，我们都无法回答作为一只蝙蝠是怎么样的，因为我们没有任何线索来了解蝙蝠的感受。因此，关于意识的研究，分为"简单问题"和"困难问题"。在简单问题层面，我们只考察不同心理状态中的因果关系，以及这些因果关系是如何在不同物种的大脑中运作的。这些简单问题是可以用科学实验加以研究和验证的。

但是，这些"简单问题"并不能告诉我们任何有关主观感受方面的事情。因此，研究"困难问题"要做的就是解释主观感受的来源，要理解和解释意识的现象层面。尽管我们经常将意识的主观方面和客观方面混在一起，甚至想把主观还原为客观，但是我们始终不要忘记二者在本质上是有区别的，这便是"简单问题"和"困难问题"的区别。换句话说，"简单问题"是第三人称视角问题，"困难问题"是第一人称视角问题。

对于我们意识经验的主观方面和客观方面，它们二者是如何相匹配的呢？主观的或者现象的意识是如何与客观世界相匹配的，尤其是它如何与大脑中的运作过程相匹配的，这是一个很大的问题。

对于这个问题，我们有三个选择来对其加以解释，即二元论、唯物主义和神秘主义。许多研究意识的学者和专家也基本上是分为这三个阵营。

二元论认为，意识经验的主观感受在本质上与大脑的活动有所区别。那么，如果世界上存在主观的因素，那么它们又是如何与充满时空的客观物理实体相互作用的呢？这个问题起始于笛卡尔，但是笛卡尔并没有能力解决。

唯物主义认为，主观心智和客观大脑并不像它们表面看上去那样截然不同，在表象的背后存在一个物质实体。唯物主义对主观与客观、心智与大脑的区分进行了质疑。

神秘主义认为，意识是神秘的，意识的现象层面是如今的人类所无法理解的，或许人类永远也无法理解。持这种立场的人对问题及解决前景感到绝望，实际上，他们等于是放弃了对困难问题的探究。

哲学家大卫·查默斯是二元论的代表人物。他对意识的不可还原性问题进行了探讨，认为还原的解释根本无法作为说明意识的标准方法。而且他还批判了神经科学、认知科学和其他领域中存在的各式各种还原说明。

查默斯认为，意识理论必须采取一种新的非还原形式，才是令人满意的。这种新形式的意识理论被查默斯称为"自然主义的二元论"或"属性二元论"。因为意识经验属于自然世界的一部分，所以它是自然主义的；因为意识是世界上一个基本的不可还原的事实，所以它是二元论的。对于查默斯来说，只有坚持这样的立场，才是一种对待意识的认真态度。

首先，属性二元论不是笛卡尔形式的实体二元论，因为笛卡尔的二元论有一个对物理过程施加影响的单独精神实体领域。但当代科学的最佳证据告诉我们，物理世界或多或少是因果封闭的，对每一个物理事件，存在着一个物理上充分的原因。因此，精神的"机器幽灵"没有余地去做任何超出因果关系之外的事情。虽然量子理论不确定性的存在打开了一个小小的缺口，但是查默斯认为这一缺口不会被利用，以产生出一种非物理的心智的因果角色。

查默斯所指的二元论不是实体二元论，而是属性二元论。意识经验是属于个体的一种性质，而个体的物理属性并不蕴含这种性质，尽管意识经验可能合法地依赖于物理属性。意识是另一种特征，它在世界的物理特征之外。当然，这并非说意识是一种独立的"实体"，而是说，在这个世界中存在着个体意识的性质、现象的性质，在本体论上它独立于物理性质。

换句话说，你有物理的属性，比如身高、体重、神经元细胞等，同时你还有意识的属性，像感觉到疼痛、沮丧的情绪等。意识的属性虽然合法地依赖于物理属性，但它是一个独立的性质，不被物理属性所蕴含。

可以用一个"僵尸论证"来说明这一点。假如在科幻小说中用复制技术制造出一个生物，他没有任何意识和感觉，却和人一样有着相同的大脑神经和运动神经。从生理方面来说，僵尸和人是完全一样的，不同之处只在于他没有主观感觉。那么，如果意识的属性不是独立于物理属性的，就说明我们全部都是僵尸，这显然是不成立的。因此，意识属性必须独立于物理属性。这是一个归谬论证。

实际上，查默斯的二元论十分类似于一种唯物论的形式，因为他的理论假定了现象事实对物理事实的合法依赖，物理领域依然是自洽的。查默斯认为，二元论的观点与当代科学世界观是完全一致的，而且也是完全自然主义的。

按照这种观点，世界就是一个被基本定律联系在一起的基本性质的网络，并且一切事物最终根据这些术语来解释。查默斯指出，为了解释意识，只有特征和物理理论的定律是不够的，对于一种意识的理论，我们需要一种新的基本特征和定律。

二元论者倾向于一种颇为简单的身心同步观点，也就是"副现象论"，或者说是"逻辑附随性"。但它不同于莱布尼茨所说的"前定和谐"，不需要上帝全知全能的预先规划，也不违背物理世界的因果封闭性原理。

根据副现象论的说法，有意识的心智是大脑的"副现象""伴生品"，没有能力去影响大脑。大脑完全是由于物理原因的影响而运作的，即便大脑不具备任何的意识经验，仍然可以正常运作。打个比方，假设有一列物理的火车遵照物理世界的法则在行驶，在行驶过程中火车喷出非物质的"心智的烟"，这些烟在意识层面是真实的，但是却不会给火车的运动带来任何影响。

事实上，我们很难接受副现象论认为意识经验和行为无关的论点。尤其是在我们讨论言语行为时，这个论点就显得更奇怪了。难道我们在说话时，那些措辞和表达，那些从我们口中蹦出的词句是嘴巴肌肉自动产生的吗？难道我们只是一个 MP3 播放器，在自动播放着话语吗？

不过我们还有别的出路。要寻找其他出路，就不得不先质疑意识状态和物理状态是不同的这个观点，这就是唯物主义所选择的路径。这一选择的最大特点就是它决定要把构成原因的权力归还给意识经验。

如果意识状态就是大脑的物理状态，那么意识状态就能产生和大脑状态所产生的一样的物理后果。这样，我们也就无须为"僵尸"的喃喃自语而感到困惑。因为从唯物主义的立场来看，我们的物理复制品，同时也是我们意识的复制品。

当然，唯物主义并不是要取消意识经验，也不否认在快乐状态中我们感受的体验，不否认我们踩到钉子上的痛苦感觉。只不过，唯物主义认为这些感觉与相关的大脑状态并无区别。

也就是说，我们的意识处在疼痛状态中，即我们处在某一特定的大脑状态中。又或者说，如果我们处在某一特定的大脑状态中，那么我们就会有某种特定的感觉或意识。

唯物主义对待意识的态度和对待温度的态度是相似的。物理学家在对待温度的问题上，没有把温度归结为一种基本的实在，没有采用处理电磁学问题时的态度，而是用更基本的机械能，即平均动能来对温度进行解释。但是，这并不意味着就像物理学家取消"生命活力"和"燃素"那样，把温度取消了，温度依然是存在的。

同理，就像我们说温度只是平均动能那样，意识状态确实存在着，但是它并不是大脑活动之外的东西。所以，我们接受像疼痛这样的心理状态，但心理状态只不过是某种大脑状态而已。

唯物主义者想把意识经验与哪一种大脑状态相对等呢？功能主义是意识学中唯物主义进路的一个典型代表。功能主义认为，意识经验与结构属性相对等，而不是和物理或者生理属性相对等。也就是说，功能主义者把心智比喻为软件，而不是硬件。

正如不同配件和架构的计算机能够运行相同的软件一样，不同生理机能的生物也可以拥有相同的意识经验。这也就是为什么人和章鱼都能感到疼痛，尽管两者的生理构造极其不同。

因此，只要具备相应的结构属性，就符合功能主义对于意识经验的定义。但是，把意识属性对等于结构属性，这显得不合情理。按照这种思路，我们岂不是很容易就能制造出一台拥有意识的计算机？此外，说人的生理构成和人的感觉不相关，也有些匪夷所思。难道作为碳基生物的人类和作为硅基生物的外星人或者机器人，在心理体验和意识经验上也是一样的？

事实上，结构属性在不同的生物体中是借助不同的生理状态得以实现的。正是人类特有的神经突触之间的信号传递引起我们肌肉紧张，而不是人和章鱼一样的、抽象的结构属性引起肌肉紧张。正是人不同于章鱼的生理属性，让二者各自的身体产生运动，相比之下，结构属性并没有起到任何作为原因的作用。

最终，功能主义者还是不得不变成副现象论者，不得不把疼痛或快乐看成一缕烟雾，一缕由真正运动的火车释放出来的烟雾，而烟雾本身又是没有效能的。

唯物主义的观点并不能让所有的人都信服。有人认为，把意识经验等同于大脑活动，多少还有些荒谬，唯物主义所选择的大脑属性具有类别上的错误，高估了我们对于心灵和大脑的知识理解。英国哲学家麦金质疑说："彩色的视觉现象如何由浸在液体中的灰色物质产生呢？"对于他来说，把我们对于颜色的体验等同于凝胶状大脑中的神经元活动，这多少都有悖于常理。

正因为存在种种困境，很多哲学家就因此认为意识的问题远远超出了人类的理解能力。这是一个我们无法解决的难题。我们不能接受把意识等同于物质的做法，也不赞同取消其中的任何一个，这是一个无法解答的谜。

持有神秘主义观点的人，认为我们没有办法理解意识。在他们看来，我们关于心灵和物质的讨论都太拙劣，根本就不可能涉及身心关系的本质。或许未来的科学发展能够让一切更清楚些，但是以人类有限的心智，我们或许永远都不可能把握真理。英国哲学家麦金是心灵哲学中神秘主义的代表人物，在他看来，意识就如同"神秘的火焰"，是我们所面临的认知黑洞。麦金认为，理解意识所需要的理性能力远远超出了我们的智力水平，就像猴子永远不能理解微积分一样，人类智能也无法识别意识真正的本质。归根结底，意识问题只能是一个神秘问题。

有关心智和大脑的关系，我们有二元论、唯物主义和神秘主义的不同观点，但是，这些都只是一个基本立场和哲学态度，我们还未涉及大脑是如何与意识相关联的具体细节——大脑中哪些部位是和意识经验有关的呢？因此，我们需要一个有关意识的理论。

意识理论能告诉我们意识所需要的前提，还能区分有意识过程的大脑活动和没有意识过程的大脑活动。当然，最好这种理论还能告诉我们哪一种动物算是有意识的。探索这一理论不会因为你是二元论者、唯物主义者或神秘主义者而有所改变。无论你选择哪一种立场，你还是对和意识有关的大脑过程感兴趣。

实际上，不管持有什么样的形而上的立场，对具体的理论研究和科学研究来说并不会造成多大的影响。不管怎样，找出与意识相关的大脑过程，把能做到的细节问题弄明白，这就是我们的目的。

因此，对意识理论进行探索的过程，与形而上的选择是分开的。也正因为此，我们才能在逐步的探索中取得一点一滴扎实的进步。而关于意识研究的每一次进步、每一个成果，都会在将来汇集成一股洪流，那便有可能产生重大的理论突破。无论怎样，人类探索真理的事业永不止步，我们没有必要悲观或者乐观，只管扎扎实实去做就好了。

前沿专家的观点

对意识的研究，绝对不是某个单一的学科就能胜任的，而是涉及了许多学科、许多领域。这些不同领域的诸多学科，只有彼此交叉作用，互相启发、互相促进，共同努力向意识之谜发起持续不断的进攻，方能取得一定的进展。

现在，意识研究已经走到了科学的前台，走到了舞台的中央，它试图通过理解心智的所有层次——从分子，到神经元，到神经回路，到神经系统，到有机体，到社会秩序，到道德体系，再到宗教情感的机制，来解析人类心智的形式和内容。下面我们来看一看处在意识研究领域前沿的专家学者们是怎么说的。

丹尼尔·丹尼特是美国著名哲学家，对人工智能、谜因学和自由意志等问题抱有很大兴趣。他在意识研究领域最为人称道的工作是反对"笛卡尔剧场"，提出"多重草稿理论"和"他者现象学"。

丹尼特说："我觉得我最重要或最有影响的贡献是告诉人们，物质主义比他们想得更不简单，这比他们知道的更反直觉。"他认为，人脑是演化的事物中最复杂的，而我们正在尝试以人脑来理解人脑。我们已经演化出一定的自我知识，即一种对我们自己的通达，这种通达赋予我们主观体验，而主观体验则赋予我们一种从我们所在之处看待世界的方式。主观体验是非常难以理解的。

某个事物如何能具有一个"视角"呢？这个事物可能仅仅是一个东西，但它是具有一个视角的东西，具有对该视角反思并谈论它的能力。我们中的每一个人都被困在一个视角中，我永远不能进入你的头脑，而你也不能进入我的头脑，这就是"他心"问题。

拥有主观体验就等同于拥有一个视角，但是拥有一个视角不是一件简单的事。龙虾拥有一个视角，蚊子拥有一个视角，甚至一棵松树也有一个视角。人类与一棵松树或一只蚊子之间的鸿沟是巨大的，但可以通过一系列步骤跨过去。只是有些步骤是相当违反直觉的，同时，目前并不存在那种坚实的科学来迫使人们放弃他们的直觉。

丹尼特说，存在有力的理由认为这种鸿沟和差别最终可以被消除，因为必须如此。我们是物理世界的一部分，不存在神秘的东西，二元论是无望的。

美国的保罗·丘奇兰德是研究心灵哲学和认知科学的著名哲学家。他认为我们都想知道清醒与睡着之间的区别。我们可以用各种方式来监测我们睡着或醒来时的大脑，可以看到各种相当大的差异。但是，至于这些差别为什么要导致完全无意识的主体与思考费马大定理的主体性之间的差异，并没有答案。

"感受质"是心灵哲学的一个术语，意思是指主观体验的单个具体实例。丘奇兰德喜欢用"感受质"这个词来描述或者指出在人类的各种视觉之间存在着深刻差异这一事实，例如绿色感觉和红色感觉。在我们的嗅觉、味觉和触觉之间也存在很大的不同。

在科学的历史上，科学抛弃了"热质说"和"生命活力"，其实我们在对光和声音的理解上，情形也十分相似。在光和声音的问题上，都有客观对主观的作用。光对我们的视觉产生作用，使我们形成主观的视觉表象；声音对我们的听觉产生作用，使我们形成主观的听觉表象。这些问题都已经解决了、消失了，所以丘奇兰德认为，意识的"困难问题"也会是这样的结局，将来也会得到解决。

关于意识的主观体验特性，他说，客观来说，颜色会在我们身上产生完全一样的感觉，它们看起来都是红色，有意思的是它们却是不同的。拥有一种感觉，一种视觉感觉，譬如说我们有三组视锥细胞和对立的加工细胞，它们显示了一种相对激活模式。主观体验就是大脑的一种神经激活模式，在这个情境中的激活模式就是一种红色的感觉。也就是说，脑活动就是主观体验！在心灵哲学上，丘奇兰德的立场被称为"取消主义"。

丘奇兰德还说，如果你对大脑知道得足够多，比如它如何编码，可能的编码矢量空间如何映射可能的颜色空间，以及你的疼痛登记系统的可能编码矢量空间如何映射可能的疼痛反应刺激空间，那么你就明白在大脑的这些不同部分的活动，事实上是外部特征空间的一幅高度复杂的地图。你开始理解它如何是一个表征，然后它就不再这么神秘了。当然，在那之前，你只是瞎折腾罢了。

丹尼特在解释意识时并不需要"感受质"，只需要有报告能力，就可以声称具有一个意识现象。而丘奇兰德从一个更加生物学的视角出发，他认为确实存在那些质的体验，并且它们中许多确实是内在地产生的，诸如饥饿和饥渴的感受，而性欲和好奇心则不受刺激的限制。

丘奇兰德认为，存在各种质的体验，并且存在与它们同一的某种大脑状态。问题是要获得神经科学上足够丰富的理论，以此我们就可以详细说明一种性欲状态与哪种神经生物学活动是同一的，或者疲倦感与哪种活动是同一的。

英国科学家弗朗西斯·克里克是 DNA 双螺旋结构的发现者，《惊人的假说》一书的作者。他所采取的思路是，我们不应该迎面对抗意识的"困难问题"，而应该尽力寻找与我们所意识到的事物对应的神经相关物。我们脑中所发生的许多事情都是无意识的，我们想要知道的是，你的脑在你有意识与在你无意识的时候的活动差异是什么？

在已经做过的关于神经相关物的实验比如"双眼竞争"中，你可以发现，如果一个知觉印象居于支配地位，那么一组特定的细胞会激发，而如果另一个知觉印象居于支配地位，那么另一组特定的细胞会激发。

克里克说，前提是你需要知道那一组细胞是否激发了，或者它们是否以一种特殊方式激发，又或者是两种情况的结合，总之你需要一个工作假设。一个普遍的共识是，这是由于一些神经元联合体的相关性。

他相信，在任何时刻，存在一个一起激发的神经元联合体，在同一时间它或多或少地激发，并且可能超出某一阈值。由于大脑的本性，以及一个神经元与如此多其他的神经元相连接的事实，这必定意味着存在大量的已经联系在一起的神经元。

克里克是一个彻头彻尾的一元论者。在《惊人的假说》一书中，克里克的观点是：你只是一堆神经元。他提出了一个"僵尸体"的概念，意指人脑中存在的一种模式，即无意识做出反应的模式，它是某种神经相关物。例如我们在梦游时的反应，就是一个僵尸反应。

美国人克里斯托弗·科赫是一位科学家和哲学家，也是《意识探秘》

一书的作者。多年来，他和克里克合作，寻找意识的神经基质，最终发展了一个理解意识如何从皮层和丘脑神经元交互中产生的框架。

当科赫谈到"意识的功能"时，他实际上是说"意识和它的神经相关物的功能"，或者脑中正在发生什么。所以，科赫是一个唯物主义者。

科赫说："我现在告诉你，正是这些神经元在下颞叶皮层与前额叶皮层之间存在驻波，还有反馈，于是你才有了意识。但是这为什么产生了主观感受呢？我现在的回答是'我不知道'。"

对科赫与克里克而言，他们需要一个框架，以更好地理解意识。但是如果要问他们为什么一些神经活动感受起来像某种东西，他们就真的不知道了。这需要对他们的思想做一个根本的修正，或者需要一个根本的新法则，抑或它永远不可能得到解决。

科赫认为，我们取得进步的唯一方式是从事硬科学，我们正不断地尝试把这种进路推向它的极限，然后看看在适当的时候，我们是否能解释一切。

在科赫看来，哲学家提出了有趣的问题，而他们的答案通常没有用或者没有意义，科学家则很不同。科学家很谦恭，他知道所有这些知识都是暂时的，需要等待并观察它们是如何出现的。科学家不会采取独断的态度，而是尽自己所能去研究，一点一点突破。因此，对于意识之谜的探索，看不出有什么理由使我们不再继续采用过去 200 多年间大为成功的科学。

英国人罗杰·彭罗斯是一位物理学家，他关于意识及其同量子力学联系的研究发表在他的著作《皇帝新脑》《心智之影》中。

为什么意识是一个有趣的或困难的问题？彭罗斯认为，实际上有很多原因，其中一个显而易见的原因是，在我们关于宇宙像什么的物理理论中，没有任何一点谈到为什么有的事物有意识，而别的事物没有。

彭罗斯之前是一位计算主义者，着眼于计算机。但是后来由于接触了哥德尔定理，他转变了，认为对意识的真正理解是在计算之外的东西。他关于意识的思想是与非计算功能的思想有关的。套用维特根斯坦的名言"人生的意义在人生之外"，那么在彭罗斯这里，就是"意识的理解在计算之外"。

理解需要觉知，也包含意识。一个没有觉知到某物的存在者，我们通常不会说他理解了某物。如果他没有意识，实际上就无法觉知到某物，我们就会说他没有理解某物。在彭罗斯看来，某一存在物如果不具有理解的能力，将不被认为是智能的。

比如一个"计算—控制系统"，或者人工智能，虽然它可以很好地下象棋、下围棋，并且打败人类，比如深蓝和阿尔法狗。但对于彭罗斯来说，它永远不是智能的。当然，他的意思实际是指这些机器即使很聪明，却并没有意识。

彭罗斯认为，哥德尔定理告诉我们，我们不只是计算的存在物，我们的理解是计算之外的某种东西。当然，这并没有说意识是非物理的东西，但是一个关键的东西遗漏了，这与量子力学有关。也就是说，意识需要某种量子计算。

从根本意义上说，脑的运作需要量子力学，这早就是常识了，但是那还不够，彭罗斯还需要超越标准量子力学，需要涉及改进量子力学的一些东西。他尝试表达的是，如果你需要脑去做非计算的事情，那么你就要在脑中发现某种东西，它有一个孤立大尺度量子效应的合理机会，这就是微管进入的地方。

彭罗斯认为，首先，在每一个身体细胞中存在微管；其次，它们一般被认为有一个结构功能，来解释为什么它们在那里及它们做什么。彭罗斯对自己的微管理论保持开放态度，因为这只是他的一种猜测，是应该并可以接受检验的。

约翰·塞尔是美国著名的哲学家，他的"中文屋"思想实验可能是反对"强人工智能"可能性的最广为人知的论证。他声称大脑引起心智，并为生物自然主义辩护。他撰述关于语言、理性及意识的著作，包括《心灵的再发现》《意识之谜》等。

对于塞尔而言，意识是以某种方式成为与其他所有事物不同种类的事物的。种类的不同是指：意识只被人类或者一些有意识的动物所拥有。许多人认为，我们不能拥有关于意识的客观的科学。塞尔说："不，我们当然可以获得关于主观领域的客观知识。"

关于所谓的身心问题、意识如何匹配大脑的问题，塞尔认为，意识是由脑系统实现的脑过程导致的，脑导致了主观体验。首先，脑过程导致意识，低层次的神经生物学过程导致意识状态；其次，那些意识状态本身是整个脑系统的高层次属性。所以是一串神经元放电导致了意识状态，但是意识状态并不同于任何特定的神经元，你无法找到一个神经元，然后说这个神经元在想你的初恋女孩。

问题是，这个机制如何运作，脑机制如何产生这些？有两种方式来回答主观的东西如何能从客观的东西中产生。第一种方式是："看，我们知道它发生了，让我们进入系统然后弄清楚它在哪里以及是如何发生的。"第二种方式是暗示我们永远不能知道，它将永远是一个神秘之物。塞尔不相信第二种思路，他认为第一种是对的。

意识是一个统一的"意识场"。我们认为是，知觉的东西与其说是产生了意识状态，不如说是修正了已经存在的意识场。因此，关键问题不在于每一特定的意识特征（例如羊肉的味道或者对红色的知觉）的相关物是什么，而是有意识的脑与无意识的脑之间的区别是什么。

塞尔认为他的意识场理论是一个关于意识的非凡事实。我们不能只是认为意识状态对应于一种质的感受，而是要把它作为一个统一的整体的一部分。

例如，现在我不只是听到了我自己的声音，感受到我身上穿的衬衫，还让这两者都成为一个单一的、统一的有意识体验的一部分。这个单一的、统一的体验包括看见你这个人、听见你的声音，看见窗外的棕榈树和远山等。塞尔把所有这些当成一个单一意识场的一部分。简单点说就是，我们不能孤立地看待意识的各种单一的体验，如听觉、视觉等，而是要把整个意识状态看作一个完整的统一体，即意识场，其中包含了我们的各种体验和感知觉。

但是，塞尔的意思并不是说意识场中存在什么神秘的东西，也不认为存在一种精神力的场，只是在尝试给出一个有意识状态的典型特征到底是什么的语言描述。

神奇的大脑

20 世纪末，科学界目睹了"脑的十年"，大量新技术的发明和应用极大地改变了对人类大脑的研究。比如核磁共振成像、脑电图、正电子发射断层显像、轴向计算层析成像技术、经皮血气监测仪、经颅电磁扫描仪和深部脑刺激术等。

物理学和技术的进步，使得探索人类的心灵和意识成为可能。对大脑进行严肃的科学研究，将给我们带来对意识的一个全新理解，我们将使用全部的力量去探测隐藏在我们头脑中的巨大秘密。

加利福尼亚大学伯克利分校是研究心灵的中心，一个实验室团队完成了一项一度被认为是不可能的任务，即录制人的思想。他们是怎么做的呢？首先，将实验对象推进核磁共振成像机内；其次，让实验对象看视频片段。在长达数小时的实验期间，实验对象要一动不动地躺着观看这些影像，这样才能收集到足够的数据。

当实验对象观看视频时，核磁共振成像机就会制作一幅大脑血流的 3D 图像。这是一个 3 万个点或立体像素的集合，每个立体像素代表一个神经能量的具体位置，每个点的颜色对应信号的集中程度和血流速度。我们通过观看图像发现，大脑将大部分的心智能量集中在位于大脑后部的视觉皮层上。

核磁共振成像机的功能十分强大，能快速拍下每个拥有 100 个点的大脑区域。不过，这种彩色点的集合看起来像是令人费解的乱码。经过多年的研究后，实验团队研发出了一种数学方程式，可以用来发现一幅图的特定特征（边界、质地、密度等）和核磁共振成像的立体像素的关系。

当实验对象看到另一段影像时，计算机会对他观看这段影像时产生的立体像素进行分析，并重塑初始图片的大致近似值。通过这种方式，计算机便能制作出停留在他心灵中的视觉表象的模糊影像。通过数学方程式，计算机能收集核磁共振成像的立体像素，将其转化为图像，或者反过来，将图像转为立体像素。

因此，该项目不仅可以解码你所看到的事物，还能解码萦绕在你脑海中的虚构图像。我们最终的目的在于创建一部精确的字典，让你能迅速将现实世界中的物体和你大脑中的核磁共振成像模式匹配起来。当然，要达到细节上的匹配十分困难，现在的成果仍很粗略，我们还需要花费很多年的时间去完善。不过，有的类别解读起来十分容易，只需要快速浏览图库便可得出。

科学家已经开始解码大脑的核磁共振成像模式，虽然现在还处于初级阶段，但考虑到科学技术发展的速度如此惊人，会不会在不久的将来，我们就能真正地解读萦绕在人们心灵中的文字和思想呢？

此外，还有科学家用皮层脑电图的技术，来识别心灵中的文字，以及用意念来打字。科学家在癫痫患者身上做实验，取得了一定的成果。有一个办法可以克服将皮层脑电图传感器植入大脑的难题，在未来或许可以通过操控单个原子的纳米技术，把纳米探针网植入大脑，以此来探索人的思想世界。而这，就要看未来科学技术的发展程度如何了。

一旦解读和记录人的心灵成为可能，就会产生一连串的道德和法律问题，这是任何新技术的诞生都会遇到的普遍现象。虽然技术研究刚刚起步，但以后心灵感应可能会成为现实生活中的一个既定事实，这是经常在科幻小说中看到的设定，也许未来我们真的就可以通过心灵和外部世界进行互动了。

梦的现象一直困扰和迷惑着我们，但科学家们已经开始揭开梦的奥秘。事实上，科学家们现在所做的一些事情曾被认为是不可能的，他们可以用核磁共振成像仪拍下梦的模糊图像和影像。也许将来有一天，你可以通过观看自己昨夜的梦的视频来了解自己的潜意识，而不需要精神分析学家的解梦技术了。

大脑扫描揭开了梦的一些奥秘。我们清醒时的脑电波频率与入睡时是不同的，科学家将这几种不同的脑电波称为"阿尔法波""贝塔波""西塔波"。当人们进入梦境时，脑干发出的电能波就会急剧升高，上升到大脑皮层区域，尤其是视觉皮层，这说明视觉图像是梦的重要部分。最后，我们进入做梦状态，脑电波具有典型表现，眼球也会快速地运动，这叫作"快速眼动期"。

在我们做梦的时候，大脑的视觉区域表现活跃，同时，与嗅觉、味觉和触觉有关的区域基本关闭。身体处理的几乎所有图像和感觉都由自我生成，它们来自我们脑干中的电磁振动，而非外部刺激。在我们做梦时，我们几乎处于瘫痪状态，要不然的话，我们的身体会乱动，那样会伤到自己。至于"梦游"，是另一种特殊的状态。人在做梦时，大脑中的海马体保持活跃，这说明梦调用了我们的记忆存储；杏仁核和前扣带也是活跃的，这意味着梦可能高度情绪化，经常伴随恐惧。

科学家们还研究了曾经被认为很神秘的一种梦——清醒梦，即人在神志清醒状态下做的梦。这在字面上看起来有些矛盾，但这种梦得到了大脑扫描的验证。在做清醒梦时，做梦的人知道自己在做梦，而且能有意识地控制梦的发展方向。

把记忆下载到大脑中的想法本身看起来近乎痴人说梦，因为，记忆的产生涉及对不同感觉经验的加工，然后储存在位于新皮层和边缘系统的多个区域。但是，对人工记忆的研究已经开始了。

科学家成功地在老鼠的大脑中植入普通记忆，而且实现了植入虚假记忆。这意味着，将来有一天，未发生过的事件的记忆也有可能植入人类的大脑，这对于教育和娱乐等领域来说有着深刻的影响。美国的科幻鬼才菲利普·迪克创作的很多小说，主题都涉及记忆的植入和下载存储，以及虚假记忆，寓意引人深思。

目前，人工海马体还处在原始阶段，每次只能记录单段记忆。但科学家计划提升人工海马体的复杂性，使其能够储存多种记忆，可以应用于不同动物，最后达到可以记录猴子的记忆。

2012年，科学家公布了一项更具深远意义的实验。他们复制了灵长类动物更为复杂精密的大脑皮层的思维过程，也就是人工新皮层。人工海马体和人工新皮层只是第一步。最后，我们还可能制造出大脑的其他部位的人工配对物。例如，以色列科学家已经为一只老鼠制造出人工小脑。

记忆的录制、储存和上传也许在未来会成为现实。这也许可以使我们记录过去、掌握新的技能，就像经典电影《黑客帝国》中所描绘的那样，我们几秒钟就能学会驾驶直升机的技能。但这一切并不能改变我们消化、处理信息的内在能力。要做到这一点，我们还需要提升自己的智力。

2013 年 1 月，时任美国总统奥巴马宣布"大脑研究计划"正式启动。这一计划将通过绘制大脑中的电通路来揭开大脑神经皮层的秘密。只要能够获得大脑图谱，人类就可能了解很多棘手的疾病，从而增大治愈的概率。几乎在同一时间，欧盟的"人类大脑工程"开启。这个工程计划使用世界上最大的超级计算机对大脑进行电脑模拟，将用晶体管和钢铁复制出人类大脑。美国和欧盟的这两个方案都属于"大脑反向工程"，这个工作曾经被认为太过复杂而无法解决，但现在科学家却开始进行勇敢的尝试。

这是一项令人敬畏的工作，听起来就好像是科幻小说里的情节。人类大脑包含 1000 亿个神经元，每个神经元又与上万个神经元相连接，所有可能的连接加起来高达亿的 N 次幂个。因此，人的大脑能够产生的"思维"数量完全是天文级别的，超出了人类的认识范围。

然而，一小部分富有激情的科学家并没有因为巨大的困难而退缩，他们试图从零开始重构人类大脑，而且已经开始做了。科学家已经对线虫神经系统中的神经元逐个进行了解码。这个被称为"秀丽线虫"的微小生物拥有 302 个神经元、7000 个突触，这些都得到了精确的记录。

大脑如此复杂，对大脑的神经元逐个进行分解，至少有三种不同的办法。第一种是利用超级计算机对大脑进行电子模拟；第二种是绘制活性大脑的神经通路；第三种是我们可以对控制大脑进化的基因进行解码。

不过，就算将来人类克服了重重困难，完成了这种工作，我们得到的也不过是一堆数据，要知道它们是怎么结合在一起的还有很长的路要走。除此之外，即便我们把大脑每个神经元的位置都标定清楚，依然无法理解这代表着什么。因此，只是拥有一张包含大脑中所有神经连接的完整图画，并不代表人类就能知道这些神经元的功能以及它们之间的互动。这种事情已经有先例了，人类基因组的测定也是如此。大脑反向工程其实还算是比较容易的一部分，随后就进入了困难的部分，即对这些数据进行理解。至于我们能够做到什么程度，还是个未知数。

我们的大脑是这个宇宙中已知的最复杂的物体，我们对大脑复杂性的了解越是深入，就越感到惊讶。正如一位博士所言："大脑是多么令人迷惑的杰作啊，而我们又是多么幸运能够生活在这个时代，有科技和意愿去研究大脑。这是我们在宇宙中发现的最神奇的东西，这就是我们自己。"

我们的征途不仅是星辰大海，还包括心灵与自我。在两千多年以前，苏格拉底说："了解你自己是智慧的开始。"现在，我们正走在实现他的愿望的漫漫征程上。

第二十五章　复杂的世界

复杂性和复杂系统

笛卡尔是还原论最早的倡导者之一，他认为还原论是最重要的科学方法。笛卡尔对还原论的描述是"将面临的所有问题尽可能地细分，细至能用最佳的方式将其解决为止"，并且"以特定的顺序引导我的思维，从最简单和最容易理解的对象开始，一步一步逐渐上升，直至最复杂的知识"。

从17世纪开始，还原论就一直在科学中占据主导地位。从笛卡尔和牛顿时代到20世纪初，用基础物理学对所有现象进行还原论式的解释是科学的主要目标。到了20世纪初，物理学有了相对论和量子力学这样的革命性理论，而后，科学界进一步的发现和研究，见证了还原论梦想的破灭。

在解释极大尺度和极小尺度的事情上，尽管基础物理学和还原论取得了非凡的成就，但是在对于接近人类尺度的复杂现象的解释方面，它们却保持着沉默。解释复杂行为如何从简单个体的大规模组合中出现，还原论比不过混沌、系统生物学、进化经济学和网络理论等新学科。

在自然界中，存在着许许多多不适于或不能用还原论讨论的系统，在很多现象面前还原论的计划都行不通。比如说，天气的不可预测性是无法还原的，生物和疾病的复杂性与适应性是难以还原的，社会系统中的经济、政治及文化行为所呈现的高度复杂性、智能的本质以及用计算机实现智能的可能性也是很难用还原论来研究的，如此等等，所有这些都无法用还原论来解决。

20世纪中叶，有不少科学家意识到，对于复杂现象的研究无法归入某一个单独的学科，而是需要从交叉学科的角度来进行理解和研究。一些人开始尝试建立新的基础，这其中包括控制论、协同学、系统论，以及"复杂系统科学"。

1984 年，24 位科学家和数学家在美国新墨西哥州的圣塔菲聚会，这些人分别来自不同的学科。他们热烈地讨论了"科学中涌现的综合"。他们打算建立一家新的研究机构，主要致力于对各种高度复杂和相互作用的系统的研究。这些复杂系统只有在交叉学科的背景下才可能研究清楚。

此外，他们还希望推动知识的统一，以及提高科学家们共担责任的意识，打破目前知识界各自为政的状态。就这样，作为复杂系统的研究中心——圣塔菲研究所被建立起来了。在 20 世纪，"整体大于部分之和"这一反对还原论者的口号，影响力变得越来越大。

那么，复杂性是什么？复杂系统是什么？古往今来有很多智者哲人都思考过这些问题。除了对复杂性做出定性的回答之外，几十年以来，很多科学家都在努力建立起定量的定义，并希望用这些定义来对各种系统的复杂程度进行定量计算，以及对不同系统复杂程度的大小进行比较。

关于复杂性的定义是五花八门的，从不同的角度和不同的方法出发，定义也不同。有些定义很难搞懂，更难以计算。当然，重要的不是要有一个统一的定义，而是通过研究，增进我们对复杂世界的理解。

在物理学中，对"复杂性"的最初考虑与争论是从统计物理学建立时开始算起的，也就是从概率论的描述和统计方法引入物理学时算起的。在一百多年前，以奥地利人玻尔兹曼为代表的物理学家倡导统计物理学的时候，一切并不那么容易。玻尔兹曼本人也因为得不到同行的理解而郁郁寡欢，最后自杀了，这是科学史上的一个悲剧。

到了 20 世纪，人类发明了计算机，随后人类社会进入信息时代。伴随计算机飞速发展的通信技术自然地提出了量度、刻画"信息"的要求，信息论便随之产生。美国伟大的科学家约翰·冯·诺依曼和香农对此做出了巨大贡献。

1948 年，美国贝尔电话实验室发明了晶体管，这项发明引发了电子产业的革命，为电子技术的微型化和普遍应用开辟了道路。同一年，32 岁的香农发表了《通信的数学理论》，信息论就此诞生，一个重要的新词"比特"从此进入人类的视野。作为度量信息的基本单位，比特也成为量纲的一员。

关于信息的科学定义还没有完全统一，更多得到公认的定义是所谓的"香农定义"。香农信息也称为"信息熵"或者"负熵"，又可以说是对系统"无知程度"的度量。

物理学的进展增进了人们对复杂性的早期认识。诺贝尔化学奖得主、比利时化学家普利高津提出耗散结构理论、非平衡热力学和非平衡统计物理学，阐述了"自组织"现象的规律。根据热力学第二定律，世界一定会因为熵增加原理而越来越无序，但现实世界中却存在许多系统自发地趋于更加有序的现象，这便是自组织。问题是，它是如何发生的呢？

普利高津的理论表明，与遵循熵增加原理的平衡孤立系统不同，远离平衡的开放系统会自组织地向有序发展。开放系统之所以会产生这种行为，关键因素是外界对系统输入物质、能量与信息，也就是"负熵流"。

由于具备了这种条件，系统就会自发地产生有序的"耗散结构"。这是此前人们以为只有生物系统才具有的复杂进化特征。然而，普利高津用大量可以解析推导的实际系统模型的演化规律说明，许多物理学家习以为常的"简单系统"就能展示耗散结构的自组织形成。

与普利高津同时代的德国人哈肯创立了协同学。协同学强调，远离平衡开放系统中的各部分之间互相协作，形成整个系统有序结构的规律与理论。协同学认为，大量"子系统"构成的复杂系统常常表现出协同作用，从而自组织向各种各样的有序状态发展。协同学的一个重要概念是"序参数"。

复杂性研究中最重要的里程碑是"混沌理论"和"分形理论"。

什么是"混沌"呢？混沌就是一个动力学系统在演化过程中所体现出来的某种特征。动力学系统的演化经常用一组微分方程来描述。后来，数学家和物理学家们逐渐认识到，在描述接近实际系统的微分方程中，非线性微分方程比线性微分方程多得多。

第一个描述混沌系统的是19世纪法国天才科学家庞加莱。他创立了非线性微分方程的定性理论，并且发现：复杂到三体问题就可能导致微分方程动力学描述的本质改变，也就是在系统的相空间中的某些特定位置，产生"描述本质不同运动的图形"和"无限复杂的犬牙交错"的精细结构。这些结构足以使无限小的扰动产生运动结果的根本差别，从而使运动实际上不可预言。这就是"混沌"。

另一个描述混沌系统的是美国气象学家洛伦兹。他在 20 世纪 50 年代研究长期天气预报的理论。在大大简化了描述大气运动变化的模型之后，他得到了只有 3 个变量的一阶常微分方程组，并且发现，由此方程组描述的运动中存在一个"奇异吸引子"。这个后来被称为"洛伦兹吸引子"的东西有一个奇怪的性质，它显示为永不封闭的、两个螺旋线之间的随机跳跃，这是一个分形。它描述的是一个不确定、不规则、不可预言的演化。如果方程描述天气的变化，那么"巴西蝴蝶扇动翅膀，就可能在美国引起德克萨斯州的飓风"。

说到这里，就要简单解释一下"吸引子"是什么东西。吸引子是表示动力系统在相空间中的演化轨迹最终趋向于稳定的一种状态或模式。"相空间"是科学家用来描述系统运动变化的一个数学空间，可以由许多维（或变量）组成。考察一个单摆，它做着周期性的摆动，其运动轨迹可以在相空间中画出来。无论单摆最初如何剧烈摆动，它最终会在摩擦和空气阻力的影响下停下来，处于最低位置保持静止，那么，这个在相空间中表示最终停止不动的点，就是吸引子，被称为"不动点吸引子"。吸引子就是相空间的一个区域，它对系统施加了一种犹如磁铁般的吸引力，似乎要把系统都拉向它。

吸引子有许多种，最基本的除了"不动点吸引子"外，还有"极限环吸引子"和"环面吸引子"。"奇异吸引子"是最为特殊的一种，它刻画了混沌系统的特征。系统在奇异吸引子的作用下，循着它毫无规律地蹦来蹦去。像天气这样的混沌系统在局部上不可预测，但在整体上是稳定的。整体稳定性意味着，它们在相空间中的轨迹总是取其奇异吸引子的形状。

在混沌理论的建立和发展中，涉及的人非常多，这可能是现代科学发展的特征，即很难再由一个人包揽一个新学科的全部发现了。

混沌意味着系统对初始条件具有极端敏感依赖性，一点儿小变化就会导致结果的大不同。由于系统中存在混沌，那么拉普拉斯式的完美预测是根本无法做到的，拉普拉斯的美梦不仅在实践中行不通，而且在原则上也是根本不可能的。

在数学上，混沌有本质上的秩序，很多混沌系统具备共有的普适性。第一条普适性质是不断分岔直至混沌的过程，即"通往混沌的倍周期之路"；第二条性质是"费根鲍姆常数"，即一条作为临界现象的从规则向混沌过渡的道路。

混沌的发现使得科学的许多核心原则被重新加以思考。19 世纪的科学家几乎没人会相信这些新思想，比如，确定性系统有可能产生混沌的行为，不需要外部的随机源；由于对初始条件的敏感依赖性，即使在原则上我们也不能对一些简单的确定性系统的长期变化做出预测；混沌系统的具体变化虽然无法预测，但是却存在混沌系统的一些普适共性，也就是在混沌中存在着某种秩序，因此，虽然我们无法在细节上对混沌进行预测，但是在更高一级的层面上，混沌系统却是可以预测的。

从 20 世纪到今天，混沌理论对科学的影响越来越深入和广泛了。混沌理论暗示着，秩序与混沌之间并非是泾渭分明的，而是一体两面，彼此纠缠互通的。

什么是"分形"呢？分形指的是一种"自相似性"。法国数学家曼德尔布罗特认为，真实世界的图形充满了不光滑，例如把海岸线的图不断放大，就显示了处处不光滑而且"自相似"的特征。例如雪花的图案也是如此。

因此，用传统的长度、面积、体积等数学概念不能描述这些实际的图形，必须引入全新的概念和定义。曼德尔布罗特把这种图形称为"分形"。分形就是处处不光滑，而且具有严格的或者统计的无穷自相似结构的图形。

一般来说，分形具有无穷细节、无穷长度、无斜率、分数维度和自相似性等特征，不过如此复杂的图形，我们只需要通过简单的迭代操作就可以生成。曼德尔布罗特自己就使用计算机迭代了一个简单的代数表达式，得到了一个独特的复数集合，这个被称为"曼德尔布罗特集合"的分形图案被誉为"数学中最复杂的对象"。

描绘分形的关键在于找到跨越所有尺度的自相似法则，也就是说，用任何倍数的放大镜看分形，图形都一样。理解分形的关键在于理解"分数维度"，这需要我们暂时摆脱关于维度的常识观念。

我们一般都认为，维度的数量是整数，比如零维的点、一维的线、二维的平面、三维的立体等。可是，具有分数性质的维度意味着什么呢？一个物体怎么可能既是一维的又是二维的？怎么可能是介于一维和二维之间的分数维呢？

举个例子，我们研究一个毛线球的维度数是多少？从很远的地方看，这个毛线球就像一个点，因此是零维。靠近点看，一切回归正常，球的维数是三。可是，假如我们再靠近点看，就会看到一根根单条的、扭曲缠绕的毛线。因为球是由扭曲的线构成的，所以可以认为球是一维的。假如我们拿着放大镜再靠近点看，就能看到线是具有一定粗细的柱子形状，于是线重新变成三维的了。再靠近点会如何呢？此时我们就看不到原来的线柱了，只能看到构成原来线柱的相互缠绕的微细纤维，线球又变成一维的了。

也就是说，线球的"有效维数"不断从三变到一，然后又变回来。球的表观维数取决于我们从多远的位置来观察它。由此可知，维数与我们观察的方式有关。曼德尔布罗特认为，分形几何学突出了观察者和物体之间难以化解的纠缠关系，这与相对论、量子力学是一致的，都表明了观察者与被观察者之间是相互关联的。

因此，分数维度意味着一种定性的测度，它是一种关于物体相对复杂度的测度。海岸线的分维数越比 1 大，表明海岸线越不规则、越混沌；如果海岸线的分维数接近于 1，则海岸线十分光滑，没有精致的细节。

分形与奇异吸引子是密切相关的，奇异吸引子本身就是一种分形曲线。哪里发现了混沌，分形几何学就在哪里登场！

分形几何学比欧几里得几何学更好地反映出了大自然的秩序与创造性。它暗示着，物理世界的每个部分或每个现象，都代表着整体的一个缩影，在"部分"中存在着"整体"的一幅映像。

20 世纪八九十年代，有许多人把分形的知识运用于图形产生的方法，把分形和拓扑学结合起来可以逼真地重现极其复杂的图形。分形的知识在美术、印刷、纺织品设计等方面都得到了较好的应用。

美国当代伟大的科普作家、科幻小说家阿西莫夫受到分形理论的启发，猜想在科学知识领域也存在分形现象，所以我们要无穷地探索下去。因为无论我们深入到哪一个层次，都会遇到自相似，然后循环往复。

关于复杂性和复杂系统的定义和度量方法有许多种，其中不乏相当优秀、深刻的思想和建议，它们在复杂性科学的研究历史中起到了一定的作用。

2001 年，物理学家劳埃德发表了一篇文章，提出了度量一个事物或过程的复杂性的三个维度，即描述它有多困难？产生它有多困难？其组织程度如何？他列出了 40 种度量复杂性的方法，这些方法分别从动力学、热力学、信息论和计算等方面来考虑这三个问题。

下面让我们来看看几种度量复杂性的方法：

用熵度量复杂性，即用"香农熵"来度量。但这种方法有一些问题，它所针对的对象或过程必须转换成某种"消息"的形式，这并不总是那么容易做到的。

用逻辑深度度量复杂性。为了更加接近我们对复杂性的直觉，美国数学家查尔斯·班尼特提出"逻辑深度"的概念。一个事物的逻辑深度是对构造这个事物的困难程度的度量。虽然它具有很好的理论特征，也符合我们的直觉，但是并没有具体给出度量实际事物复杂性的方法。

用热力学深度度量复杂性。越复杂的事物越难构造，采用热力学深度来度量复杂性，首先要确定产生事物的合理时间序列，接着要测量事物的物理构造所需的热力源和信息源的总量是多少。与逻辑深度一样，热力学深度也只是在理论上有意义，要真的用来度量复杂性仍存在一些问题。

用算法信息量度量复杂性。事物的算法信息量指的是能对事物进行完整描述的最短计算机程序的长度。与熵类似，随机对象的算法信息量也会比我们直观上认为复杂的事物的信息量更大。

用计算能力度量复杂性。如果复杂系统能够执行计算，不管系统是天然的还是人工的，也许有可能用它们的计算复杂程度来度量它们的复杂性。系统的计算能力如果等价于通用图灵机的计算能力，那就是复杂系统。

用层次性度量复杂性。复杂系统最重要的共性就是层次性和不可分解性。复杂系统由子系统组成，子系统下面又有子系统，不断往下。因此可以用层次性来度量复杂系统。

用分形维度量复杂性。分形维数决定了物体的自相似复制的数量，同时也决定了随着层次的变化，物体总的大小会如何改变。分形维数"量化了物体细节的瀑流"，也就是说，当你沿着自相似的瀑流越走越深时，它决定了你能看到多少细节。许多科学家都用分形维来度量真实世界的现象。不过，除了崎岖度和细节瀑流，还有许多其他种类的复杂性我们也希望进行度量。

还有许多度量复杂性的方法，各种度量都抓住了复杂性思想的一些方面，但都存在理论和实践上的局限性，还远不能有效刻画实际系统的复杂性。度量的多样性也表明复杂性思想具有许多维度，也许无法通过单一的度量尺度来刻画。

复杂网络

我们可以把许多自然、技术和文化现象看成是一种网络，用网络的视角去考察诸多复杂系统和现象。例如，大脑是神经元通过突触连接起来的复杂网络，社会是由各种各样的关系连接起来的人组成的网络，互联网更是一种典型的网络。

越来越多的人开始着迷于网络，关于复杂网络的新科学也开始兴起。20 世纪 90 年代末，两篇分别发表在著名期刊《自然》和《科学》上的重要文章反响巨大，引发了网络研究的浪潮。这两篇文章就是《小世界网络的集体动力学》和《随机网络中标度的涌现》。此后，有关网络的各种新发现迅速涌现。

要想研究网络，首先就必须对网络做一个精确的定义。简单来说，网络就是一个集合，它由"边"和"节点"组成，边与边连接在一起组成一个网络，边与边的衔接点叫作"节点"。这是一个数学模型，就如同其他数学模型一样，其中的抽象元素可以指代现实世界中的真实事物。因此，节点对应着网络中的个体，比如人类、神经元、网站等，边则代表着个体之间的关联，比如社会关系、突触、网页超链接等。

"集群"指的是网络中存在的内部联系紧密、外部较为松散的群体。进出一个节点的数量称为该节点的"度"。在一个网络中，有少数高连接度的节点，以及大量低连接度的节点。"中心节点"是指那些连接度高的节点。在网络中，中心节点是主要的信息或行为的传递渠道。

网络科学家通过研究发现，大部分自然、社会及技术网络中存在高度的集群性、不均衡的度分布和中心节点结构的特征。这些特征显然并不是偶然产生的。

现实世界中的网络怎么会具备这些特征？现在，这个复杂网络科学的主要问题基本上已经凭借建立网络的发展模型得到了答案。其中，"小世界网络"与"无尺度网络"这两类模型已经被科学家们深入研究了。

在日常生活中，我们常常会感叹："这个世界真小！"为了搞清楚那种出人意料的关系到底有多常见，哈佛大学的心理学家米尔格兰姆做了一个实验。在实验中，参与实验的人被要求把一封信寄给一个陌生人。他可以把信交给他觉得最有可能把信送达的朋友或熟人，然后朋友再转交朋友的朋友，直到把信送到收信人手中。

通过这项著名的实验，米尔格兰姆发现，在送达的信件中，从发信人开始，平均只需要经过五个人，就能把信送到收信人手中。这一发现就是"六度分隔"，后来被广泛传播，广为人知。

不过，后来有人做了验证，发现这个实验被曲解了。事实上，大部分信件从没有到达收信人手中，而许多到达的信件，其熟人关系也不止五个。然而，六度分隔的小世界思想还是成了文化中的一个传奇，被人们广为传颂。

虽然米尔格兰姆的实验不能证明我们的社会是一个小世界，但是小世界网络在真实的世界中确实存在。有两位美国数学家，邓肯·瓦特和斯托加茨，他们从数学上对小世界网络的概念下了定义，并研究了这种特征会存在于什么样的网络结构中。

如果某一个网络只有很少的长程连接，并且相对于大量的节点数量来说，它的平均路径很短，那么这个网络就是一个"小世界网络"，它往往会表现出高度的集群性。两位数学家还研究了几个真实世界中的网络，结果表明它们都具有"小世界性"。其中一个是电影演员网络，一个是美国西部电网。一般人根本不会想象电影演员和电力系统之间会存在什么共性，但实际上它们都是小世界网络，平均路径很短，具有高度的集群性。

随后，科学家逐渐发现在现实世界中存在很多小世界网络，自然、社会和技术演化产生的很多生物、群体与产品好像都具有这种结构。为什么会这样？

有一种假说认为，这种结果是由两种相互矛盾的选择压力造成的。小世界网络的产生，源自在系统内快速传播信息的需求，以及产生与维持可靠的远程连接的高成本。小世界网络的平均路径长度比较短，而且只需要比较少的长程连接，所以可以将系统存在的这两个问题完美地解决掉。

"无尺度网络"指的是什么样的网络？"无尺度"又是什么意思？

互联网就是一个无尺度网络，节点是网页，边是网页之间的超链接。观察互联网，我们会发现，大多数网页是低连接度的，只有极少数网页具有高连接度。此外，网页之间的连接数量差别很大，这样就可以进行网页的排名了。换句话说，互联网具有度分布和中心节点结构，而且也具有高度的集群性，一些网页"群体"内部相互连接。

无尺度的意思指的是无尺度网络没有"特征尺度"。我们可以将无尺度分布与另一种著名的分布"钟形曲线"进行比较，以解释这一点。

假设我们绘制全世界成年人身高的分布，世界上最矮的成年人大约是70厘米，最高的大约是270厘米，成年人平均身高大约是165厘米，而且大部分成年人的身高介于150～200厘米，以此画出来的曲线就像一座钟，"钟形曲线"也因此而得名。

很多东西的分布都接近钟形曲线，如身高、体重、考试成绩、篮球赛得分等，自然界中有许多量都遵循这种分布，因此钟形曲线也被称为"正态分布"，意思是正常的状态。正态分布有特定的尺度，比如身高是70～270厘米，考试成绩是0～100分。

在正态分布中，平均值同时也是频率最高的值，例如165厘米既是身高平均值，也是最常见的值。大部分取值与平均值相差不大，分布相当单一。如果网页的"入度值"（连接入网页的数量）是正态分布，网页排名就不会起作用，因为几乎所有网页的入连接都差不多。

幸运的是，网页的度分布是"无尺度"，而不是钟形曲线。无尺度网络有四个显著特征：一是相对较少的节点具有很高的度（中心节点）；二是节点连接度的取值范围很大（度的取值多样）；三是自相似性（分形）；四是小世界结构。

所有的无尺度网络同时也具有小世界性，但并不是所有的小世界网络都是无尺度网络。无尺度网络一定遵循连接度"幂律"分布。"幂律"描述的是曲线的自相似与放大倍数的比例关系。所以，分形结构是产生幂律分布的一种方式。如果有某种量遵循幂律分布，你就可以假设造成这种情况的是某种自相似或分形系统。

无尺度网络在节点被删除时具有稳健性，这是它具有的一个十分重要的特性。也就是说，即使随机删除一些节点，网络的基本特性仍可以保持不变，仍然会有多样的度分布、很短的平均路径及很高的集群性，即使删除的节点很多也不会有什么变化。

之所以会这样，是因为随机删除的节点很有可能是低连接度的节点，毕竟网络中绝大部分节点都是低连接节点。删除这种节点对总体的度分布和路径长度的影响很小。互联网就是这样，网络上不断有计算机出故障或是被移除，但是这对互联网的运转不会有明显影响。类似的，网页和链接也在不断地被删除，但人们网上冲浪也不会受到影响。

只是，这种稳健性也存在隐患，有时会付出很重的代价。假如删除的是中心节点，网络很有可能不再具备无尺度性，而且没法正常运转。例如，北京（航班网络的中心节点）的暴风雪，可能会导致全中国大面积的航班延误或取消，而百度出了故障，也会对中国的互联网形成很大冲击。

总而言之，无尺度网络对节点的随机删除具有稳健性，但如果中心节点失效，或是受到攻击，就会非常脆弱。

无尺度网络是如何产生的呢？它是网络在形成过程中涌现的产物，是由网络的生长方式决定的。1999 年，美国物理学家巴拉巴西和艾伯特提出了一种网络生长机制，即"偏好附连"，用来解释大部分真实世界网络的无尺度特性。他们的主要观点是，在网络的增长过程中，相较于连接度低的节点，连接度高的节点更容易获得连接。

也就是说，朋友越多，就越有可能认识新朋友。网页的入度越高，就越容易被找到，因此也更有可能得到新的入连接。换句话说就是"富者越富"。这便是网络中的"马太效应"。

美国作家格拉德威尔在他的《引爆点》一书中介绍，不管是论文的引用，还是流行时尚等，这些过程都通过"正反馈"循环而开始剧烈增长，那个开始剧烈增长的点就叫作"引爆点"。此外，引爆点也可指系统中某个地方失效后，进而引发系统全面加速溃败。网络的偏好附连机制就会导致引爆点。

复杂网络的思想对许多科技领域都有影响。在科学领域，复杂网络思想为描述自然界复杂系统的共性提供了新的语言，也使从不同领域内获得的知识能够相互启发，进而产生新的观点。

在技术领域，网络思想为解决许多困难问题提供了新的思路。例如，如何让网络搜索变得高效，如何保护生态系统，如何管理大型组织，如何控制流行病，如何应付现代犯罪和恐怖组织等。甚至在更高的层面上，我们考察自然、社会和技术网络有怎样内在的稳健性和脆弱性，从而研究应当如何利用和保护这种系统，如何应对风险。

复杂性科学

一般情况下，"大统一理论"指的是物理学的一个目标，也就是用一个理论统一宇宙中的所有基本力。"超弦理论"就是对大统一理论的一种尝试，而试图弥合广义相对论和量子力学之间裂缝的"圈量子引力理论"则属于另一种尝试。不过，在弦论是否正确、大统一理论是否存在这两个问题上，物理学界仍存在分歧。

超弦理论的"超"字意思是"超对称性"，意味着费米子和玻色子之间可以互换。超弦是十维的，也就是三个空间维加上六个"额外维度"，再加上一维的时间，正好是十个维度。额外的六个空间维度是高度蜷曲的，构成一个"卡拉比－丘流形"，肉眼是看不到的。

即便物理学实现了大统一理论，也不代表科学终结了，更不代表复杂系统科学终结了。原因很简单，尽管现实世界中的一切都是由基本粒子组成的，但在基本粒子或者十维的超弦这样的层面上，复杂系统的行为是无法被理解的。这些层面并不适合解释复杂性，也不具备解释复杂性的适当词汇。

虽然万事万物在某种意义上都包含在物理学的大统一理论中，但这并不意味着我们就能理解一切。因为整体大于部分之和，一个尺度上组分的相互作用会导致更大尺度上复杂的全局行为，而这种行为一般无法从个体组成的知识中演绎出来。所以，大统一理论并不能解释复杂系统，还原论是失效的。

因此，如果我们要建构一个复杂系统的统一理论的话，它的出路并不是基础物理学。那这个统一理论会是什么呢？有没有呢？大部分复杂系统研究者可能会说，寻求复杂性的统一理论现在还为时尚早。

物理学已经发展了两千多年，而对于复杂系统的研究不过才刚刚起步。虽然时间长短并不一定能代表成果，但问题是，我们现在还不知道复杂性统一理论的概念组成或基本要素，谈论统一理论是没有什么意义的。

目前的研究提出的很多一般性原理，比如"所有复杂系统都具有涌现性质"，确实不太有用，因为它们给出的都是我们无法解释的名词，而不具备精确的操作性。事实上，相较于"一般性原理"，更适合的称呼是"共性"。这些共性帮助我们重新理解一些系统和现象的机制，给出了新概念，假如没有它们，我们就很难通过对这些系统进行分别研究然后进行类比来厘清。

对复杂系统共性的寻找有很长的历史，特别是在物理学中，但发展最快的阶段还是在计算机发明以后。一些科学家提出计算机与动物之间有很强的相似性。美国数学家、控制论的创始人诺伯特·维纳对此做出了很大的贡献。

维纳意识到，无论是生物还是工程中的复杂系统，研究它们的关键都不再是质量、能量和力这些物理学概念，而是反馈、控制、信息、通信和目的性等概念。维纳开创了控制论这个新的学科来研究这些复杂系统，并归纳出它们的共性。他将控制论归结为"整个控制和通信的理论，无论是关于机械还是动物"。

维纳的著作《控制论》是控制论的专业版，而《人有人的用处》是控制论的通俗版，更具有可读性。维纳试图为这个领域和许多相关学科提供统一的认识，其他的控制论学家也做出了一定的贡献。这些成就的影响一直延续至今。

还有一个寻找共性的类似尝试，就是所谓的"系统论"，于 20 世纪 50 年代由美国生物学家贝塔朗菲发起。他将其描述为"对一般性系统有效的原则进行形式化和演绎"。"系统"这个概念是在非常一般性的意义上进行定义的：它是由相互作用的组分组成的集合，组分通过相互作用一起产生某种形式的系统及行为。当然，这种定义什么都可以描述。系统论者最感兴趣的是生物系统的一般性质。

与控制论的研究目标一样，这些思想非常吸引人。不过，建构严格的数学框架来解释和预测复杂系统重要共性的尝试并未获得普遍成功。然而，这些尝试并不是徒劳的，它们提出的核心科学问题形成了一些现代科学和工程领域的基础。人工智能、人工生命、系统生物学、系统生态学、神经网络、控制理论等，都是由这些控制论学家和系统论学者播下的种子发展而来的。

后来的一些针对复杂系统一般性理论的尝试来自物理学，例如普利高津和哈肯的理论。但直到目前，仍然没有产生普利高津所预想的那种具有一般性和一致性的"复杂性词汇表"，更不要说能将这些不同的概念统一起来，解释自然界中复杂性的统一理论了。

许多人认为"复杂性"一词没有意义，一些人甚至避免使用它。大部分人不认为已经存在"复杂性科学"，至少不是在"科学"这个词的通常意义上的。对于复杂系统的研究似乎是四分五裂的，而不是统一的整体，每个学科都有人想插一脚进来，说自己研究的是复杂系统科学。此外，还有少数一些人担心，复杂系统领域也会和控制论等相关尝试一样，遭遇相同的结果。也就是说，它将阐明不同系统之间有趣的类似之处，而不会得出一致而严格的数学理论，从而解释和预测系统的行为。

虽然存在着消极的看法，但是大部分人对这个领域和它的前途还是抱以高度热情和信心。随着科学研究的深入，被发现的复杂现象会越来越多，这些发现需要有新的概念和理论来解释复杂性的来源和机制，也需要科学做出改变来适应新的情况。

因此，复杂性科学的主题和结果事实上已经触及了几乎所有的科学领域，而且像生物学和社会学这样的领域，已经被复杂性的思想深深地改变了。一位学者曾这样说道："我认为复杂性科学的一些形式正在改变整个科学思想。"

在未来，复杂系统科学可能会分化成两个独立方向。沿着其中一个方向，复杂性研究的思想和工具被提炼出来，并应用到更广泛的领域，复杂性和交叉科学的影响会越来越广、越来越远。另一个方向比较有争议，我们将在更高层面上进行复杂系统研究，将不同复杂系统间的共性严格化，寻找具有解释性和预测性的数学理论，而且还能对涌现现象进行解释和预测。这个方向当然是难度极高的了，所以还不好说。

当然，想要理解复杂性，就像想要理解意识一样，同样是极其艰难的事情。在意识的研究领域，我们渴望意识学的牛顿和爱因斯坦出现，同样的，在复杂性的研究领域，我们也渴望复杂系统理论的大师出现。

也可以开玩笑地说，我们是在"等待卡诺"。卡诺是19世纪初法国的一位物理学家，他提出了热力学的一些关键概念。类似的，对于自然界各种形式的复杂性，我们也在等待着恰当的概念和数学出现，以便我们能描述这些复杂性。

虽然复杂性科学仍然处于初期阶段，但这是值得追求的。追寻这些目标，我们要具有在知识上冒险和不惧失败的精神，敢于超越主流科学，进入疑点重重的未知领域，伟大的科学都是这样的。

某位探险家曾说过一句话："不敢远离海岸线，就别想发现新大陆。"没错，让我们一起向复杂性的新疆域勇敢地进发吧，这便是我们的未来！

终章　我们的未来

人类已经走进了 21 世纪。回首过去的风风雨雨，人类开始意识到一件惊人的事，那就是：我们现在正处于人类历史上最好的一个时代。

自人类文明诞生以来，饥荒、瘟疫和战争这三大问题始终是人类的心头大患。在世代繁衍中，人类曾求助于所有神明，还想了很多办法，发明了各种工具、制度及社会系统，却始终无法解决这些问题。

不过，我们在过去的几十年间成功地遏制了饥荒、瘟疫和战争。尽管我们仍然没有彻底解决这些问题，但我们已经有能力去应对它们，并把它们控制在可掌控范围内。而这一切，都要拜迅猛发展的科学技术所赐。

几千年来，人类面临的最大挑战就是饥荒。在过去，大多数人都在贫困线边缘挣扎，稍一放松就有可能面临吃不饱饭或者没饭吃的局面。在历史上，大饥荒事件时有发生，并因此引发了一系列的疯狂行径，比如人吃人。

饥荒也是古代社会发生政治动荡和政权更迭的原因之一。例如在中国古代，许多农民就是因为吃不饱饭，不得不揭竿而起。古代社会人类的生活，大多数都是围绕着吃饭问题而展开的，例如在婚配嫁娶中，会说"嫁汉嫁汉，穿衣吃饭"。

因为粮食问题太重要了，所以马尔萨斯认为，粮食的增长始终赶不上人口的增长，一旦人口过快地增长，就会发生大规模的饥荒，社会也会崩溃。

饥荒问题之所以没有解决，是因为农业是一个靠天吃饭的行业，具有很大的不确定性。在大自然的强大威力面前，人类除了俯首称臣，别无他法。此外，政治和经济制度的不科学，也使得本来就极不稳定的粮食生产在分配上出现不均衡、不公平现象。

幸运的是，在过去几百年，随着政治上的成熟、科技和经济的进步，我们逐渐建立了一张日益强大的安全网，人类逐渐摆脱了生物贫困线。如今，已经很少出现由于自然灾害而造成的大饥荒，偶尔的饥荒基本上都是由于其他原因造成的。

现在，对于世界上的绝大多数人来说，即使他失业了，变得一无所有，仍然不会活活饿死。饿死这件事，似乎已经不被列入现代人死亡方式的考虑范围了。尽管还有很多人是贫困的，但这种贫困不至于到饿死的地步。活着，已经不是个问题，生活才是一个问题。

实际上，现在世界上大多数国家面临的问题不是饥荒，而是肥胖。世界各地都普遍出现了许多体重超标的人，而且这种趋势还在增长。因为肥胖致死的人，是因为营养不良和饥饿致死的人的好几倍。有一种病叫"富贵病"，肥胖症就当属此病。这种情形若放在古代社会简直是不敢想象的。对于古人来说，我们现在的生活是天堂才有的。

人类的第二个敌人就是瘟疫和传染病。最著名的一次瘟疫就是中世纪欧洲的"黑死病"。此外，20世纪的"西班牙流感"也夺走了许多人的生命。美洲大陆被发现时，大批的印第安人就是死于欧洲人带过来的流行病，他们对此完全没有免疫力。人类与细菌、病毒的斗争一直伴随着人类的历史，这场斗争现在仍在继续，但我们与过去相比，已经取得了很大成功。

流行病的流行程度和影响力在过去的几十年间大大降低了，特别是全球儿童的死亡率达历史最低点。1979年，世界卫生组织宣布人类彻底战胜了天花，以后人类再也不用接种天花疫苗了。

当然，每隔一段时间总会暴发疫情，因为病毒在对抗抗生素的过程中发生了变异，这是一场还没有终结的游戏。2002年暴发"非典型肺炎"，2005年有"禽流感"，2009年又有"猪流感"，2014年出现埃博拉疫情。但是，人类凭借有效的应对措施，都将受传染的人数控制在了较少的数量，而且很快就平息了疫情。人类世界再也没有出现像"黑死病"那样死亡几千万人的惨事。虽然人类在对抗艾滋病的斗争中还困难重重，但总的来看，也是有所进步的。

21世纪是生命科学的世纪，生物科技和医学的进步，将使我们在与疾病的斗争中把握主动权。现在的问题反而是，生物科技的进步有可能带来负面影响，生化武器比大自然的天然病原体要更加可怕。但不管怎样，现在人类已经有能力对付流行病了，已经不再惧怕瘟疫了。

在21世纪，战争也在逐渐消失。过去，很多人都认为，战争是必然的，和平是暂时的，和平不过是两次战争中一个不起眼的中场休息。纵观人类历史，没有发生战争的时刻实在是少之又少、短之又短，以致我们可以得出结论说，人类就是一个好战的物种。同类相残，这么好战的物种肯定就是邪恶的，所以人们会认为，战争是人类的本性，因此战争是不可能消失的。

20世纪发生了两次世界大战，这在人类历史上是空前的。大概是由于这两次深刻的教训，人类决心让这种事情不再发生。因此，联合国建立了，各类国际组织也纷纷建立。从20世纪下半叶开始，人类社会的"丛林法则"终于被打破，世界上大多数地区已经很少发生战争了。

虽然冷战时期美苏争霸，还差点儿把全人类推到核战争的边缘，但是第三次世界大战并没有真的爆发。核武器从某种意义上说，反而促使和保证了和平，使得全面战争的成本过高，而且这是双方都不落好的事，于是便在国际关系上形成了一种新的博弈模式。打仗已经是不划算的事了，打核战争更是疯子才会做的事。

和平真的来了，虽然这几十年间局部地区零零散散还是有不少战争，而且恐怖主义也在威胁着世界的安全。但是，那些战争已经不是过去那种为了争夺资源和权力的频繁战争了。战争的动机似乎都没有了，与其去打仗，倒不如努力赚钱来得实在。战争已经由真实的战场转向了经济领域，或者象征性的体育领域，这些没有硝烟的"战争"反而更加激动人心。

过去，人们往往认为和平是短暂的，是战争的暂时缺席，而现在当人们想到和平，会认为和平是长久的，战争是难以想象的。我们现在生活在人类历史上最和平、最安全的时代，这是古人想都不敢想的事。虽然我们无法保证和平能永远延续，但至少我们已经找到了应对的方法，并且证明人类其实不是一个好战的邪恶物种。

英国著名科幻作家克拉克说过："任何非常先进的科技都与魔法无异。"我们的生活在古人看来，就像是魔法世界一般。拜科技所赐，现在大多数人的生活和享受，是古代的王公贵族才能享有的，甚至有许多是连皇帝都无法享受的。

当然，从纵向来比较，即使是现代的穷人看起来也比古代的富人更幸福，但关键还是横向比较。人们往往倾向于与自己同时代的人相比，与同一阶层的人相比，与身边的人相比，幸福感就存在于这种对比之中。知足常乐并非每个人都能做到，而消费的欲望正是资本主义发展的原动力。

我们生活在一个技术的世界里，被包裹在科技给我们打造的一层温暖舒适的壳里。人类与大自然已经很少能亲密接触了，而是需要通过技术的中介，技术把我们与自然隔了开来。于是，技术本身成为一个活生生的世界、一个有机体。

技术改变了人类的生活方式，使人类可以生产出大量的产品，创造了巨量的财富。虽然技术如此重要，却很少有人静下心来对技术进行深入思考。技术对于我们来说还蒙着一层神秘的面纱，我们不知技术从何而来，只是了解技术的原理。我们不知道技术到底是什么、技术如何形成，关于技术的本质我们还没有达成共识。

复杂性科学奠基人、美国技术思想家布莱恩·阿瑟创建了一套关于技术产生和进化的系统性理论。他在其著作《技术的本质》一书中提出了技术的"组合进化"观点。他指出，技术具有"组合"与"递归"两大特征，新技术全部都是在现有技术的基础上发展出来的，而现有技术又来自之前的技术。

技术无论是简单还是复杂，都是在应用一种或多种现象，经过一番改头换面之后，经过对现象有目的地编程之后，形成了技术。一直以来，人们都认为技术是科学的应用，可实际上是技术在引导着科学的发展。阿瑟的这个看法把传统的观点逆转了，是不是可以称为技术哲学的"哥白尼革命"呢？

阿瑟说："新技术可以是根据某个目的或需要发现一个可以实现的原

理，也可以从某一新现象出发，找到如何使用这种现象的办法。"对于原理，我们可以借用，也可以组合先前的概念，或者根据某个理论来总结。但不管怎样，一个概念只有转化成为现实，一项新技术才算是真正诞生。实际上，科学、数学、技术同属"目的性系统"，科学与数学中的原创，和新技术的创造没什么不同。

新技术的产生主要来源于"组合"。组合呈指数级增长，新技术会带来更多的新技术，当构成组合的元素数量超过一定的阈值，那么可能存在的组合数就会出现爆炸性增长。因此从某种角度上看，技术很像是一个生命体，技术进化和生物进化也没什么本质差别。

阿瑟认为，随着科技的发展，特别是基因组研究和纳米技术的发展，生物正在变成技术。同时，站在技术进化的角度上看的话，技术也正在变成生物。二者已经开始接近并且纠缠在一起。与自然融为一体，这是人类内心的强烈需要。假如技术把人与自然分离，那么技术带给人类的便是死亡；假如技术加强了人与自然的联系，那么技术就表现了它对生命和人性的厚爱。

除了技术哲学，阿瑟还致力于将复杂性思想应用到经济学领域，开创了"复杂经济学"，希望为经济学提供一个崭新的框架。因为占统治地位的新古典主义经济学是一种讲究均衡的经济学，对人类的假设是"完全理性经济人"，这幅图像显然并非真实的经济图像。为了反映出真实世界非均衡的、动态演化的、复杂的经济现象，复杂经济学应运而生，将来也会大有可为。

技术思想家凯文·凯利提出了"技术体"的概念，暗示科技是一种有自主意识的生命。凯文·凯利因为《失控》一书而名扬天下。之后，他又写了《技术想要什么》，在这本书中，他隐晦地作了一个类比，将人类和技术类比为造物主和被造物的关系，因为技术是由人类创造的。那么，当技术发展到了一定程度，作为被造物，它会要求造物主即人类给它某种权利。什么权利呢？就是像造物主一样的权利，也就是说，技术想要和人一样。这个观点也是此书的中心思想，正好回答了书名所提的问题：技术想要什么？

凯文·凯利认为，"技术体"已发展成为一种能够自在自为的、有活力的生命。人类已经嵌入了技术体这个复杂的无机生命体，而不是像传统观点认为的那样，是技术嵌入人类社会。由于互联网的普及，移动互联网的快速发展，以及大量智能终端接入网络，技术体这一人造网络拥有了和生命相同的复杂性和自适应性。生命的意识、一种机器的智慧，将会从这个混沌的网络中"涌现"出来，《黑客帝国》的预言很有可能变成现实。

生命被凯文·凯利定义为六类，所有类型的生命都有共同的生化蓝图，一切生命都会扩展自己的身体，人类对自身的扩展便是技术。而技术体，就是第七类生命。

在《技术想要什么》一书的最后，凯文·凯利写道："没有一个人可以成就人的所有潜能，没有一项技术可以满足所有的承诺。这需要所有的生命、所有的心灵、所有的技术共同憧憬一个现实。这需要所有的技术体，包括我们自己，去探索一个可以给这个世界一个惊喜的发明。随着我们创造出更多的选择、更多的机会、更多的联系、更多的多样性、更多的统一、更多的思想、更多的美和更多的问题。所有这些加在一起，就是更多的更好、一个更值得永远玩下去的游戏。这就是技术的所求。"

当然，也不是所有人都愿意接受技术的控制，把自己的生活嵌入现代技术中。比如阿米什人，他们是居住在美国和加拿大安大略省的一群人，全都是基督新教再洗礼派门诺会的信徒。他们是现代世界中一个独特的存在，因为特殊的生活方式而闻名于世。他们拒绝使用电力、汽车等现代设施，过着一种十分简朴的生活。他们有着传统、严密的宗教组织，不接受社会福利或任何形式的政府帮助，不买保险，不参军，出行用的是马车或者步行。阿米什人过着一种近乎与世隔绝的生活。如果你到他们的社区看看，你会感觉自己穿越了。

还有极少数人痛恨技术，比如著名的"邮包炸弹客"。他们觉得技术使人类堕落，应该停止技术的疯狂增长，让人类社会回到古朴的、与大自然和谐共处的时代。具有讽刺意味的是，他们自己虽然身体力行、离群索居，但一些生活用品还是会去商店购买，毕竟一个人无法制造所有的生活必需品。不管怎么说，他们要在现代社会活着，还是离不开技术体系。

对科技的发展忧心忡忡，对人类的未来持一种悲观和焦虑的态度，这样的人不在少数。当年《寂静的春天》的发表，引起了西方社会的一片震动，并引发了人们的环保意识和环保运动。此外，罗马俱乐部的专家学者们也经常会发出一些警告，提醒我们要有危机意识，不要盲目乐观。

另一种对未来的态度就是乐观主义，这样的人也不在少数。许多人纷纷撰文著述，认为未来的人类社会将迎来一个"富足"的时代，生活会越来越好，许多难以解决的问题都会随着科技的进步迎刃而解。这种思潮被称为"理性乐观派"。

20世纪还出现了一门新学科，叫作"未来学"。这个词是德国学者弗莱希泰姆在1943年首先提出和使用的。广义的未来学又称为"未来预测学"。问题是，未来学家们的预测真的准确吗？未来真的可以预测吗？历史是可以预测的吗？

以色列历史学家尤瓦尔·赫拉利在他的《未来简史》一书中，提出了自己对于未来的一些猜想，其中不乏许多惊人的甚至惊悚的论断。

赫拉利猜想，未来人类面临着长生不老、幸福快乐和化身为神三大新议题，将会实现从智人到神人的升级。"从智人到智神"是《未来简史》的副标题，正如"从动物到上帝"是他的那本著名作品《人类简史》的副标题一样，表达了全书的中心思想。

在从智人到智神的迈进过程中，人类会面对许多新问题。在解决这些问题的过程中，科学技术的发展将会颠覆人类很多所谓的"常识"。例如，自由意志将面临严峻的挑战，人工智能会代替人类做出更加正确的选择。

更为重要的是，当大数据、人工智能等科技发展得日益成熟时，人类将面临一次重大改变，这是自人类进化到智人以来最大的改变。到那时，绝大部分人将变成"无用的人"，这些人将形成一个"无用的群体"，许多工作岗位都会被机器取代，而只有少部分人才能通过升级变为"神人"。信数据，得永生，数据主义将成功征服全世界。

不过，赫拉利自己也说，他提出的只是一种未来的可能性，并不代表一定会实现。他说："我们无法真正预测未来，因为科技并不会带来确定的结果。同样的，科技也可能创造出一个非常不一样的社会。人工智能和生物科技的兴起肯定将改变世界，但并不代表只会有一种结局。"

在《历史决定论的贫困》一书中，波普尔指出，历史进程受制于人类知识的影响，而人类根本不可能预测知识的增长，因此人类就无法对未来的历史进行预测。所以，"历史决定论"实际上是毫无可能的。

历史充满了偶然，在人类社会这个超复杂的巨系统中，"蝴蝶效应"必定存在。因此，任何一点小小的偶然，都有可能引起未来结果的大不同。这也就意味着，在这个普遍联系的世界里，我们每一个人都不是无足轻重的，我们每一个人都有可能改变世界。乔布斯说："活着，就是为了改变世界。"

作为美国著名的科普作家、科幻大师，阿西莫夫被全世界的读者赞誉为"神一样的男人"，他一生出版了近500本书，涉及方方面面，可谓著作等身、博学多才。他最伟大的科幻小说就是《银河帝国》，被称为"科幻圣经"。其中的《基地》系列，启发了后来的许多人和作品，例如《星球大战》系列电影、《阿凡达》等。

在他的笔下，人类的未来无比辉煌，足迹将踏遍整个银河系，建立起一个广袤的银河帝国。我们已经不再是那些挥舞着石头和木棒的猿人，我们要迈向太空，成为银河系的主人。

在银河帝国前传《永恒的终结》中，阿西莫夫写道："任何一种有永恒时空存在的系统，都会让人类可以主动选择自己的未来。人类总会选择最安全、最中庸的道路前进，群星就会变成遥不可及的幻梦。只要永恒时空存在，那么人类的银河帝国时代就永远不会来临。为了恢复人类的辉煌，我们必须清除永恒时空。"

我们的未来，人类的无限时空，就此开启！